빅터 프랭클의
영혼을 치유하는 의사

ÄRZTLICHE SEELSORGE

VIKTOR E. FRANKL

빅터 프랭클의
영혼을 치유하는 의사

로 고 테 라 피 로   치 료 하 는   영 혼 과   심 리

빅터 프랭클 지음
유영미 옮김

Ärztliche Seelsorge

청아출판사

9판에 붙인 서문

출판사가 이 책의 아홉 번째 판을 출간하기로 한 것에 대해, 우선 책에 대한 애정의 차원에서 기뻐하는 바이다. 그와 동시에 나는 생각에 잠겼다. 이 책의 초판이 나온 건 1946년이었고, 몇몇 장은 1930년대에 쓴 것이다. 이렇게 오래전에 쓰인 책이 아직도 시의성이 있을지 묻지 않을 수 없었다. 그러나 이 책이 판을 거듭하고 있다는 사실은 이런 우려를 불식해 준다. 이 책은 오늘날까지 여덟 개의 언어로 43판 이상이 출간되었으며, 미국 판과 일본 판은 계속 베스트셀러에 올라 있다. 그러므로 이 책이 예나 지금이나 열린 시각을 가진 젊은 세대의 신경정신과 의사들, 심리학자들, 심리치료사들에게 기여하는 바가 있는 듯하다.

삶의 의미에 대한 전반적인 의심과 무의미한 느낌이 점점 만연하고 있는 현상이 이 책의 출발점이 되었고, 심리주의, 병리주의, 환원주의에 대항하는 것이 이 책의 주된 사안이었다. 즉 의미를 찾지 못하는 감정을 무의식적인 정신역학의 단순한 표현이나, 신경증의 단순한 증상으로 보는 것에 대항하고자 했다.

이 책은 앞서 말한 것처럼 여전히 시의성이 있을 뿐만 아니라, 다시금 시의성 있게 다루어져야 한다. 최소한 '실업신경증'을 다루는 장들이 그렇다. 그러나 '나치 강제수용소의 심리학에 대하여' 같은 장들이 앞으로 다시 시의성을 띠게 되는 일은 부디 없었으면 좋겠다.

지난 판과 비교하여 이렇다 할 수정이나 보완은 하지 않았다. 로고테라피의 기술적인 측면에 관해 더 자세하게 알고 싶은 사람은《실전 심리 치료Die Psychotherapie in der Praxis》와《신경증의 이론과 실제Theorie und Therapie der Neurosen》의 최신판을 참조하면 될 것이다. 로고테라피의 인류학적 토대는《심리치료의 인류학적 토대Anthropologische Grundlagen der Psychotherapie》라는 책에 상세히 소개되어 있다.

앞의 두 책은 전적으로 경험적 연구 결과를 소개하고 있다. 이런 결과들 덕분에 원래는 적잖이 직관적으로 터득되고 정립된 로고테라피의 명제를 테스트와 통계를 통해 확인할 수 있었다. 이런 연관에서 로고테라피에 관한 박사학위 논문들 목록에도 주목해 보면 좋을 것이다.

마지막으로 이 책이 어떤 계기로 탄생했는지, 그 배경이 되는 이야기에 관심 있는 사람은《심리치료에서의 의미에 관한 질문Die Sinnfrage in der Psychotherapie》이라는 책을 참조하면 될 것이다. 그 책에는 자전적 이야기가 실려 있다.

빅터 E. 프랭클

■목차

III. 세속적인 고해로부터 의료적 영혼 돌봄으로

도입[1]

헬무트 셸스키Helmut Schelsky는 언젠가 자신의 책 제목에서 당시의 젊은이들을 '회의懷疑하는 세대'라 일컬었다. 이런 표현은 오늘날의 심리치료사들에게도 들어맞는다. 우리는 조심스러워졌고 미심쩍어하게 되었다. 특히 우리 자신과 우리의 인식과 치료 성과에 대한 겸손과 회의는 오늘날 심리치료사들이 절절히 느끼는 바다. 어떤 기법의 치료든 심리치료가 이루어지는 경우 환자의 약 2/3 내지 3/4이 완치 또는 호전된다는 것은 오래전부터 알려졌던 사실이다.

하지만 이와 관련하여 섣부른 추론은 조심해야 한다. 심리치료와 관련한 결정적인 질문에 아직 답이 나와 있지 않기 때문이다. 그 질문은 바로 건강이란 무엇인가, 건강해진다는 것은 무엇인가, 치료란 무엇인가 하는 것이다. 그러나 한 가지는 분명하다. 다양한 방법들이 비슷비슷한 치료 성과를 나타낸다면, 그 성과를 이끌어 낸 것은 치료 기법 자체가 아니라는 사실이다.

프란츠 알렉산더Franz Alexander는 "어떤 형태의 심리치료든 간에, 치료의 주된 수단은 바로 치료사의 인격이다."라고 말했다. 이 말은 우리가 '기술'을 무시해도 된다는 말일까? 나는 하커Hacker의 말에 더 공감이 간다. 하커는 "심리치료를 '예술'로 여겨서는 안 된다."라고 경고했다. 심리치료를 예술로 보면 돌팔이 의사가 판을 칠 가능성이 있다는 것이다. 심리치료는 예술이자 기술일 것이다. 그렇다. 나는 심리치료를 예술이나 기술 중 어느 한쪽으로만 보는 것은 극단적이며, 그것이야말로 자의적이라고 말하고 싶다. 극단은 이론으로만 존재할 수 있을 뿐 실제는 극단과 극단 사이, 즉 예술로서의 심리치료와 기술로서의 심리치료 사이에 존재한다. 양극단 사이에 전체 스펙트럼이 펼쳐지고, 이 스펙트럼 안에 모든 기법과 기술이 자리매김한다. 예술적 극단에 가장 가까운 것이 바로 실존 치료(칼 야스퍼스Karl Jaspers와 루트비히 빈스방거Ludwig Binswanger의 '실존적 교제')이며, 정신분석에서 말하는 전이는 기술적 극단에 가깝다고 할 것이다. 보스Boss는 최근 논문에서 전이를 '조작(조종)하는' 방법이라고까지는 말하지 못했지만, '처리하는' 방법이라고 표현했다. 슐츠Schultz의 자율훈련법은 기술적 극단 쪽으로 좀 더 다가간 버전이며, 음반을 이용한 최면 기법은 예술적 극단과 가장 멀고 기술적 극단과 가장 가까이 있다고 할 것이다.

이런 스펙트럼에서 어떤 주파수대를 선택할 것인가, 즉 어떤 기법과 기술을 활용할 것인가는 환자뿐 아니라 의사에게도 달려 있다. 모든 기법이 모든 경우에 잘 들어맞는 것은 아닐뿐더러[2], 모든 의사가 모든 기술을 잘 다룰 수도 없기 때문이다. 나는 이 사실을 학생들 앞에서 다음과 같은 방정식으로 설명하곤 한다.

$$\Psi = x + y$$

선택된 심리치료 기법(Ψ)은 환자와 의사가 세상에 단 하나뿐인 독특한 존재라는 것을 고려하지 않고서는 성립될 수 없다는 점에서 두 미지수의 방정식과 마찬가지라는 뜻이다.

그렇다면 이는 우리가 게으르고 값싼 절충주의에 빠져 그것을 신봉해도 된다는 말일까? 심리치료 기법 간의 차이를 무시해도 된다는 말일까? 그런 말이 아니다. 그보다는 어느 심리치료 기법도 자신만이 옳다는 배타적 요구를 할 수는 없다는 것이다. 절대적인 진리에 이를 수 없는 한, 우리는 상대적인 진리들이 서로 보완하는 것으로 만족해야 한다. 그리고 그 가운데 한쪽으로 치우칠(한 가지 방법을 적용할) 용기를 내야 한다. 의식적으로 그렇게 해야 한다.

오케스트라의 플루트 주자가 오로지 플루트만 연주하지 않고 다른 악기를 든다고 상상해 보라. 생각할 수 없는 일이다. 그에게는 오직 플루트만을 연주할 권리뿐만 아니라 의무도 있기 때문이다. 물론 그것은 오케스트라 안에서만 해당하는 이야기이고, 오케스트라를 떠나 집으로 돌아가면 무엇을 연주하든 상관없다. 플루트만 연주하다가 이웃의 신경을 건드리지 않도록 조심해야겠지만 말이다. 다성부로 구성된 심리치료의 오케스트라에서도 마찬가지다. 의사들은 의식적으로 한쪽으로 치우칠, 즉 오로지 자신이 구사할 수 있는 치료를 할 권리가 있을 뿐만 아니라 의무도 있다.

그건 그렇고 예술에 대한 이야기가 나왔으니 말인데, 예술은 일찍이 다양성 안의 통일성으로 정의되었다. 나는 이와 비슷하게 인간을 통일성 속의 다양성으로 정의할 수 있다고 생각한다. 인간은 통일적이고 전체적인 면도 있지만 여러 가지 면을 가지고 있다. 인간은 다양한 차원으로 뻗어 나가므로 심리치료도 인간을 따라 그 모든 차원으로 뻗어 나가야 한다. 그리하여 신체적 차원, 정신적 차원, 영적 차원 등 모든 측면을 고려해야 한다. 그렇게 심리치료는

'야곱의 사다리'에서 움직여야 한다. 심리치료는 치료를 넘어서는 문제들을 도외시해서는 안 되며, 동시에 임상 지식(임상 경험)이라는 든든한 토대를 잃어버려서도 안 된다. 심리치료가 비의적인 고공비행으로 경도될 때마다 우리는 그것을 다시 현실로 데려와야 한다.

인간은 동물과 신체적, 심리적 차원을 공유한다. 그러나 인간의 동물됨은 인간의 인간됨으로 말미암아 차원적으로 고양되고, 그 특성이 달라진다. 비행기는 자동차와 마찬가지로 평지에서도 옮겨 다니지만, 3차원 공간으로 날아오를 때 비로소 진정한 비행기로 드러난다. 마찬가지로 인간 역시 동물이긴 하지만, 동물과는 비교할 수 없는 존재다. 바로 자유라는 차원에서 말이다. 인간의 자유는 신체적 자유든, 심리적 자유든, 사회적 자유든 간에 어떤 조건들로부터의 자유가 아니다. 그것은 어떤 것으로부터의(어떤 것에서 벗어나는) 자유가 아니라, 어떤 것으로의(어떤 것을 향하는) 자유다. 다시 말해 모든 조건에 대해 어떤 태도를 취할 수 있는 자유다. 이런 차원의 자유로 날아오를 때 비로소 인간은 진정한 인간으로 드러난다.

지금까지의 이야기로도 이미 이론에서의 행동학적 방법이 임상에서의 약리학적 방법만큼 합법적일 수 있음을 알 수 있다. 여기에서 나는 정신약리학이 심리치료를 대신할 수 있을지, 혹은 경미한 도움밖에 되지 못할지, 혹은 오히려 더 힘들게 할지를 논의하고 싶지는 않다. 다만 한 가지 언급하고 싶은 것은 최근 정신약리학적 치료(향정신성 의약품을 이용하는 치료)가 전기 충격 치료처럼 정신의학을 기계화하고, 환자를 더 이상 인간으로 취급하지 않는 상황에 이르게 할지도 모른다는 우려의 목소리가 제기된 것에 대해서 나는 이해하지 못하겠다. 중요한 것은 기법이 아니라 기법을 활용하는 사람이며, 그런 기법으로 치료받는 영혼이다.[3] 그리하여 어느 심리치료 기법이 환자를 비인격화하는 방법으로 시행되고, 질병 뒤에 있는 인격을 보지 않고, 정신을 무슨 기계처럼 본다면, 이런 경우 인간은 사물화되거나 조작의 대상이 된다. 즉 목적을 위한 수단이 된다.[4]

내인성內因性 우울증은 신경정신약리학의 도움을 받는 것이 전적으로 합당하다고 본다. 내인성 우울증의 경우 실제적인 죄가 기본에 깔려 있기에 죄책감을 진정시켜야 한다고들 하는데, 나는 그렇게 생각하지 않는다. 실존적인 의미에서 우리는 모두 죄가 있다. 그러나 내인성 우울증 환자들은 죄책감을 과도하게 느낀다. 너무 심하게 느껴서 절망한 나머지 자살 시도를 하기도 한다. 하지만 썰물에 암초가 보인다고 해서, 암초가 썰물의 원인이라 주장할 사람이 있겠는가. 이와 비슷하게 내인성 우울증을 앓을 때는 모든 인간의 기본에 깔려 있는 죄가 비정상적으로 심하게 드러난다. 그렇다고 심인성心因性이나 누제닉(noogenic, 영인성) 우울증의 원인을 따질 때처럼 실존적인 죄의식이 내인성 우울증의 원인이라고 할 수는 없다. 이런 실존적인 죄가 하필 1951년 2월부터 4월까지, 1956년 3월부터 6월까지 나타난 뒤, 다시금 오랫동안 병인으로 작용하지 않는다는 것만 생각해도 충분히 이상하지 않은가. 또한 지적하고 싶은 것은 하필이면 내인성 우울증이 나타나는 시기에 당사자를 실존적 죄와 대면케 하는 것은 부적절하다는 것이다. 불난 집에 부채질하는 듯한 방법은 자칫 자살 시도로 이어질 수 있다. 이런 경우 환자에게 약물 치료의 혜택을 유보하는 것은 좋지 않다고 본다.

내인성이 아닌 심인성 우울증일 때, 우울증이 아니라 우울 신경증일 때는 약간 다르다. 이 경우에는 약물 치료가 좋지 않을 수 있다. 모르핀으로 맹장염을 잠재우는 것처럼 진정한 병인을 가리는 사이비 치료가 될 수 있기 때문이다. 심리치료에서도 마찬가지로 진정한 병인을 비껴가는 치료를 할 수 있다. 신경정신의학의 기능 변화가 감지되고 있는 우리 시대에는 이런 위험이 더 크다. 하버드 대학의 판스워스Farnsworth는 얼마 전 미국 의학협회 강연에서 이렇게 지적했다.

"바야흐로 의학은 그 기능을 확대해야 하는 시기를 맞고 있다. 현재와 같은 위기에 의사들은 철학을 해야 한다. 우리 시대의 가장 큰 질병은 목표의 부재, 지루함, 삶의 의미와 목적의 결여다."

오늘날에는 이런 식으로 의학보다는 철학적인 성격의 질문이 의사들에게 주어지고 있으나, 의사들은 이에 답할 준비가 되어 있지 않다. 환자들은 삶에 회의를 느끼거나 삶의 의미를 찾지 못해 신경정신과 의사를 찾아간다. 나는 이런 현상을 '실존적 좌절'이라 부른다. 그 자체는 전혀 병리적인 현상이 아니다. 신경증으로 분류하자면 이것은 내가 '누제닉 신경증'이라 부르는 새로운 타입의 신경증이다. 신빙성 있는 통계(360쪽 참조)에 따르면 이런 신경증은 모든 신경증의 약 20퍼센트를 차지한다. 미국에서는 하버드 대학뿐만 아니라 조지아주 콜럼버스의 브래들리 센터에서 누제닉 신경증을 심인성 신경증(신체적 사이비 신경증)과 구별하여 진단하는 테스트[5] 개발에 착수하였다. 이런 신경증을 차별적으로 진단하지 못하는 의사는 심리치료의 병기고에 있는 가장 중요한 무기를 도외시할 위험이 있다. 그 무기는 바로 인간의 의미와 가치를 추구하는 경향이다.[6] 헌신할 과제가 없는 것, 즉 삶의 의미를 잃어버린 것이 장차 정신질환의 유일한 원인이 될 거라고 생각하지는 않는다. 하지만 의미를 적극적으로 지향하는 것이 정신질환의 치료 수단이라는 건 자명하다.

이런 식의 치료는 자칫 환자에게 부담을 주는 것이 아니냐고 이의를 제기할지도 모른다. 그러나 오늘날 실존적 좌절의 시대에 우리가 두려워해야 하는 것은 부담이 아니라, 부담이 너무 없는 것이다. 스트레스 때문에 정신질환이 생길 수도 있지만, 반대로 할 일이 너무 없어서 질병이 생길 수도 있다. 1946년, 나는 나치 집단 수용소 수감자들의 이병률(이환율, 질병에 걸린 비율)을 도구로 이와 관련한 정신병리학을 기술했다. 이후 W. 슐테W. Schulte 역시 이런 상태를 "식물인간 같은"이라는 말로 나와 비슷하게 분류하였고, 만프레드 플란츠Manfred Pflanz와 투레 폰 윅스퀼Thure von Uexküll도 나의 관찰을 확인해 주었다. 갖은 수단을 다해 긴장을 피하는 것이 중요한 것은 아니다. 오히려 인간은 어느 정도 건강하고 적절한 긴장이 필요하다. 항상성(Homeostasis, 평형상태)이 아니라, 인간과 인간을 통해 성취되는 의미 사이의 긴장의 장이 중요하다. 내가 영적 역동성(Noo-dynamics, 영적 원동력)이라 부르는 이런 장은 그냥 없어지거나 타협할 수 있는 성질의 것이 아니다. 미국에서는 이미 심리치료에서 에피쿠로스 시대가 끝나가고 스토아 시대가 시작되고 있다는 목소리가 나오고 있다. 인간이 의미나 가치를 지향하고 추구하는 경향을 '방어기제나 이차적 합리화'로 치부해서는 안 될 것이다. 나 개인적으로는 방어기제나 이차적 합리화 때문에 살거나 그것에 생명을 걸고 싶지는 않다. 물론 존재의 의미를 추구하는 것처럼 보이지만 그 배후에 다른 원인이 있는 경우도 예외적으로나마 있을 것이다. 그러나 이런 예외를 제외한 다른 모든 경우에는 존재의 의미를 추구하는 것이 인간의 진실한 관심사이다.

영적 역동성은 심리치료뿐 아니라 정신 위생에도 중요하다. 미국의 테오도르 A. 코첸Theodore A. Kotchen은 테스트 연구를 토대로 로고테라피Logotherapie의 기본 개념인 의미 추구, 즉 의미와 가치의 세계를 지향하고 추구하는 경향은 인간의 정신건강과 비례한다는 것을 보여 주었다. 데이비스Davis, 맥코트McCourt, 솔로몬Solomon은 감각박탈(감각차단) 실험에서 나타나는 환각은 결코 단순히 외부 자극(감각적 자극)을 공급해 줌으로써가 아니라, 진정한 의미관계(함축된 의미)를 재확립함으로써 비로소 해결할 수 있음을 보여 주었다.

이와 같은 의미 상실은 오늘날 집단 신경증의 토대다. 현대인은 점점 의미 상실의 감정에 지배당하고 있으며, 나는 이를 실존적 공허existential vacuum라고 부른다. 인간은 오늘날 본능 퇴화와 전통 상실로도 고통받는다. 본능과 전통은 이제 더는 인간이 무엇을 해야 하는지 말해 주지 못한다.[7] 인간은 곧 자신이 무엇을 하고 싶은지 더 이상 알지 못하게 될 것이고, 그냥 다른 사람들을 따라 하기 시작할 것이다. 인간은 콘포미즘(conformism: 획일주의, 순응주의, 공식주의, 자기 처지에 대해 의심 없이 틀에 박힌 태도로 일관하는 일 -옮긴이)에 빠질 것이다. 미국의 정신분석가들은 이미 자신들이 새로운 유형의 신경증에 대면하고 있음을 토로하고 있다. 이런 새로운 신경증의 특징은 의욕 상실(자발성, 자주성 상실)이다. 신경정신과 의사들은 이런 경우에는 전통적인 치료가 통하지 않는다고 한탄한다. 그리하여 환자들 편에서 제기된 삶의 의미에 대한 외침은 의사들 쪽에서 반향을 일으키고 있다. 즉 새로운 심리치료 방법의 필요성이 대두되고 있는 것이다.

이런 외침은 실존적 공허가 집단적 현상일 때 한층 더 절실하다. 독일어권, 즉 독일, 스위스, 오스트리아 대학생을 대상으로 한 나의 강연에서는 학생의 약 40퍼센트가 상당한 의미 상실감을 경험했다고 시인했다. 미국 대학생들을 대상으로 한 강의에서는 이런 감정을 경험한 비율이 80퍼센트로 나타났다. 물론 실존적 공허가 주로 미국인들에게 엄습한다는 이야기는 아니며, 우리가 이렇게 된 것이 소위 미국화 때문이라는 게 아니다. 다만 이런 경향은 고도 산업사회의 특징인 듯하다.

보스는 권태를 일컬어 "미래의 신경증"이라 했는데, 나는 그에 덧붙여 미래는 이미 시작되었다고 말하고 싶다. 아니, 그 이상이다. 이미 지난 세기에 쇼펜하우어Schopenhauer는 인간을 "고통과 권태 사이를 시계추처럼 오가는 존재"라고 표현했다. 신경정신과 의사들은 이제 오히려 권태가 우리를 더 힘들게 한다는 것을 깨닫고 있다.

그렇다면 심리치료는 이 모든 것에 대비하고 있을까? 나는 바야흐로 심리치료가 새로운 역할을 할 때라고 본다. 프란츠 알렉산더의 말을 빌리자면 심리치료는 '기계공 성향'이 지배하는 단계에서 벗어나지 못했다. 하지만 한편으로는 의학에서 이루어진 거대한 업적은 의학이 오랜 세월 기계주의와 물질주의를 지향한 덕분이라는 그의 지적 역시 옳다. 그리하여 나는 "후회할 일은 전혀 없으며, 다만 많은 것들을 다시 보완하면 된다."라고 말하고 싶다.

처음으로 이런 보완을 시도했던 이는 바로 지그문트 프로이트 Sigmund Freud였다. 프로이트의 정신분석과 더불어 현대 심리치료가 탄생했다. 그러나 프로이트가 이민을 가면서 심리치료도 따라서 이민 가고 말았다. 사실상 프로이트가 빈의 명망 높은 의사협회에서 강연하다 비웃음을 샀던 날에 이미 의학에서 떠나간 것이다. 그리하여 이제는 내가 몇 년 전 마인츠 의학협회에서 했던 강연 제목처럼 '심리치료를 다시 의학으로 데려와야 할 시기'인 듯하다. 이제 그럴 때가 되었다는 것은 원래 신경정신과 의사들이 해야 할 일을 현재 가정의들이 담당하고 있다는 사실에서 알 수 있다. 그러나 의료 행위는 아직도 다분히 기계적이며, 환자는 몰인격화되고 있다. 관료들에게서도 찾아보기 힘들 정도의 판에 박힌 틀이 의료 행위를 위협하고 있다. 이렇듯 과도하게 기술화된 의학에 물들수록 심리치료는 더욱 잘못될 수밖에 없다. 기술화된 의학에서 심리치료는 프란츠 알렉산더가 탄핵했던 정신을 다루는 엔지니어의 기술적인 이상을 신봉한다. 하지만 나는 이제 우리가 이런 위험을 몰아내려 하고 있다고 믿는다.

그렇게 심리치료는 종합의학의 품으로 돌아갈 것이다. 그러나 이런 심리치료의 귀환은 두 얼굴, 즉 의학의 얼굴과 심리치료의 얼굴을 바꾸어 놓을 것이다. 심리치료는 의학으로 귀환하고자 대가를 치러야 하기 때문이다. 그 대가는 심리치료의 탈신화화일 것이다.

그렇다면 심리치료가 의학으로 귀환하는 것이 의학에는 어떤 영향을 미칠까? 그것이 정말로 경계 없는 '의학의 심리학화'로 이어질까? 나는 다르게 생각한다. 의학이 심리학화되는 것이 아니라, 의학이 다시금 인간성을 회복하게 될 거라고 말이다.

요약

심리치료에서 의사와 환자 사이의 인간관계가 중요하다고 해서 기술을 경멸해서는 안 된다. 기법이 환자를 비인간화하는 것이 아니라, 기법을 다루는 사람이 그렇게 한다. 환자를 사물화하거나 조작 대상으로 만들려는 유혹은 정신약리학만큼이나 심리학에도 내재한다.[8] 특히 누제닉 신경증이 문제가 되는 경우, 심리치료는 신체 치료만큼이나 진정한 병인을 비껴가는 치료를 하게 될 수도 있다. 점점 더 만연하고 있는 실존적 공허는 새로운 로고테라피를 필요로 한다. 그러나 심리치료는 프로이트와 더불어 떠나갔던 종합의학으로 돌아올 때만이 다양한 과제에 부응할 수 있을 것이다. 심리치료의 귀환은 심리치료를 탈신화화하고, 의학에는 인간성 회복을 가져다주는 가운데, 의학의 얼굴과 심리치료의 얼굴을 바꾸어 놓을 것이다.

I

심리치료에서
로고테라피로

정신분석과 개인심리학

프로이트와 알프레드 아들러Alfred Adler를 논하지 않고 어떻게 심리치료를 이야기할 수 있을까? 심리치료에 관해 이야기할 때는 정신분석과 개인심리학에서 출발하는 것은 물론, 계속하여 다시금 이둘과 결부하지 않을 수 없다. 정신분석과 개인심리학은 심리치료분야의 양대 시스템이다. 프로이트와 아들러의 업적을 빼놓고는 심리치료의 역사를 생각할 수 없다. 그러니 정신분석이나 개인심리학의 원칙을 추앙할 때마다, 중요한 것은 그들의 가르침을 토대로 삼아 지속적인 연구를 해 나가는 것이리라. 빌헬름 스테켈Wilhelm Stekel은 프로이트에 대한 자신의 견해를 밝히며, 거인의 어깨 위에 선 난쟁이가 거인보다 더 멀리, 더 많이 볼 수 있다고 말한 바 있다.[1] 참으로 적확한 말이다.

모든 심리치료의 한계를 넘어서려면 기존의 한계를 명확히 규정하는 것이 필요하다. 한계를 넘어서는 것이 필요한지, 어떻게 하면 넘어설 수 있는지 하는 질문을 다루기 전에 명확히 해야 할 것은 기존의 심리치료가 그런 한계를 가지고 있다는 것이다.

프로이트는 정신분석의 본질적인 업적을 자위더르해Zuider-See를 간척하는 일에 빗대었다. 자위더르해를 간척함으로써 원래 물이 있던 곳이 비옥한 땅이 되는 것처럼, 정신분석을 통해 원래 '이드id'가 있던 곳에 '자아(ego, 에고)'가 있게 된다고, 즉 무의식의 자리에 의식이 들어온다고 말이다. '억압repression'이 사라지면 무의식적으로 행하던 것을 의식적으로 행하게 된다는 것이다. 따라서 정신분석은 무의식적 억압의 결과를 되돌리는 것이다. 정신분석은 무의식적인 이드로써 의식적인 자아가 제약을 받는다는 의미에서 억압이라는 개념을 가장 중심에 둔다. 그리하여 정신분석은 신경증을 의식으로서의 자아가 무력화된 것으로 보며, 치료를 통해 억압된 내용을 무의식으로부터 의식으로 돌려보냄으로써 자아에게 힘을 실어 주고자 한다.

정신분석에서는 억압이라는 개념이 중요하다면 개인심리학에서는 '배치arrangement'라는 개념이 중요하다. 신경증 환자는 배치를 통해 책임을 회피하고자 한다. 즉 무엇인가를 무의식적으로 만들려고 하는 것이 아니라, 스스로를 무책임하게 만들고자 한다. 증상이 책임을 떠맡아 환자의 책임감을 덜어 준다. 개인심리학의 시각에서 볼 때 증상은 배치를 통해 합법적인 질병으로써 환자가 자기 자신을 변호하고자 하는 것이다. 그리하여 개인심리학적 치료는 신경증 환자가 자신의 증상에 책임을 지게 한다. 개인심리학은 증상을 개인적으로 책임지게 하고, 책임성 강화를 통해 자아의 범위를 확대하고자 한다.

그러므로 신경증은 정신분석 입장에서는 의식하는 존재로서의 자아의 제약을 의미하고, 개인심리학에서는 책임지는 존재로서의 자아의 제약을 의미한다. 하지만 정신분석과 개인심리학 모두 하나에 집중함으로써 학문적으로 상당히 제한되어 있다. 정신분석은 인간의 의식에 집중하고, 개인심리학은 인간의 책임성에 집중한다. 그러나 선입견 없이 생각해 보면 의식과 책임성 모두 인간 존재를 이루는 두 가지 토대라는 걸 알 수 있다. 인류학적 공식으로 표현하면, 인간은 의식하는 존재이며 책임지는 존재라고 말할 수 있다. 정신분석과 개인심리학은 각각 인간의 한쪽 면만을 보지만, 이 두 면이 함께 있어야 비로소 인간에 대한 진정한 상이 될 것이다. 인류학적인 측면에서 볼 때 정신분석과 개인심리학은 상반된다. 하지만 이들의 상반성은 여기서 이미 서로 보완적인 것으로 드러난다. 그리하여 학문 이론적인 면에서 볼 때 심리치료 분야의 이 양대 산맥은 정신사적 우연의 산물이 아니라 체계적인 필요성에서 탄생한 것이라 할 수 있다.

정신분석과 개인심리학은 각각 일방적으로 인간 존재의 한쪽 면만을 본다. 그러나 의식하는 존재와 책임지는 존재가 얼마나 잘 어울리는 한 쌍인지는 가령 프랑스어나 영어 등에서 '의식'과 '양심'(양심은 책임감과 밀접한 관계가 있는 개념이다) 모두를 지칭하는 공통의 어간을 가진 비슷한 표현이 있다는 사실에서도 알 수 있다. 단어의 일치가 이미 존재의 일치를 암시한다.

의식과 책임이 합쳐져 통일적이고 총체적인 인간 존재를 이룬다는 것은 존재론적으로도 설명할 수 있다. 이를 위해 모든 존재는 본질적으로 각각 다른 존재(Anderssein: 철학에서 타재他在라고도 번역한다 -옮긴이)라는 데서 출발해 보자. 존재들로부터 어떤 존재를 뽑아내든지 간에[2] 모든 존재는 구분이 가능하다. 존재를 다른 존재와 관계지을 때 비로소 그 두 존재 모두가 성립된다. 존재가 각각 다른 존재인 것은 존재에 선행한다. 존재는 '다르게 존재함', 즉 관계다. 원래는 관계만이 존재할 뿐이다.[3] 그래서 모든 존재는 관계적 존재라 할 수 있다.

다른 존재는 서로 병존할 수도 있지만, 순차적으로 나타날 수도 있다. 의식은 최소한 주체와 객체의 병존, 즉 공간적 차원의 다른 존재를 전제로 한다. 반면 책임은 서로 다른 순차적 상태를 전제로 한다. 미래적 존재와 현재적 존재, 따라서 시간적 차원에서의 다른 존재, 즉 달라짐을 전제로 한다. 여기서 책임 담당자로서의 의지는 이 상태에서 저 상태로 옮겨 가고자 노력한다. 그러므로 '의식과 책임'이라는 존재론적 개념을 한 쌍으로 묶는 것은 존재가 병존과 순차라는 두 가지 차원으로 나뉘기 때문이다. 정신분석과 개인심리학은 이렇듯 존재론적 사실에 기초하여 인류학적으로 가능한 두 시각 중 각각 하나씩을 취한다.

정신적 존재로서의 차원을 열어 준 것은 프로이트라고 알려져 있다.[4] 그러나 프로이트는 아메리카 대륙을 발견했을 당시 아메리카 대륙을 인도로 착각했던 콜럼버스만큼이나 자신의 발견을 이해하지 못했다. 프로이트는 정신분석에서 중요한 것은 억압이나 전이 같은 메커니즘이라고 믿었다. 사실 중요한 것은 실존적 만남을 통해 자신을 더 깊이 이해하게끔 도와주는 것인데 말이다.

하지만 우리는 넓은 마음으로 프로이트가 오해한 것을 비난하지 말아야 한다. 정신분석에 들러붙어 있는 19세기의 잔재들, 시대 조건들을 다 무시해 버린다면 정신분석은 무엇을 이야기할까? 정신분석은 억압과 전이라는 두 가지 기본 개념에 기초한다. 억압의 경우, 정신분석에서는 의식화를 통해 억압을 저지하고자 한다. 우리는 모두 "이드가 있는 곳에 자아가 있게 하라."라는 프로이트의 자랑스러운 문장을 알고 있다. 나는 이 문장을 프로메테우스적인 문장이라 말하고 싶다. 그러나 두 번째 원칙인 전이는 내가 보기에는 실존적 만남의 수단이다. 그리하여 정신분석의 핵심은 예나 지금이나 의식화와 전이라는 두 원칙을 아우르는 "이드가 있는 곳에 자아가 있게 하라."라는 정리이지만, 여기서 자아, 즉 나는 비로소 '너를 마주하고 있는 나'다.

산업사회의 대중화는 역설적이게도 고독을 낳고, 그 고독으로 인해 말하고 싶은 욕구가 증가한다. 심리치료의 기능 변화는 고독한 대중의 나라인 미국에서 정신분석의 붐을 일으켰다. 미국은 청교도와 칼뱅주의 전통을 가진 나라로, 그간 성적인 면이 집단적으로 억압됐던 나라다. 그런데 이제 범성욕주의(pansexualism, 범성설)로 오해된 정신분석이 이런 집단적 억압을 좀 완화시켰다. 사실 정신분석은 결코 범성욕주의가 아니고, 범결정주의에 불과했지만 말이다.

정신분석은 본래 범성적이지 않으며, 오늘날에는 더더욱 그렇다. 문제는 다만 프로이트가 사랑을 부수 현상으로만 파악한다는 것이다. 사실 좌절된 노력에서든, 승화에서든 사랑은 실존의 근원 현상이지 단순히 부수 현상이 아닌데도 말이다. 즉 승화에 이를 때마다, 승화를 가능하게 하는 조건으로서 승화에 선행하는 것은 사랑임이 현상학적으로 증명될 수 있으며, 이런 이유에서 사랑의 능력은 승화의 전제 조건이지, 그 자체로 승화의 결과일 수 없다. 달리 말해 실존의 본질적이고 주된 능력인 사랑을 전제로 할 때, 즉 인간이 원래부터 사랑에 의존되어 있음을 전제로 할 때 비로소 성을 총체적인 인간 속으로 통합하는 의미에서의 승화가 이해가 된다. 한마디로 너를 지향하는 나만이 자신의 이드를 통합할 수 있다.

막스 셸러Max Scheler는 경멸적인 어조로 개인심리학은 특정 유형의 인간, 즉 야심형 인간에게만 적용된다고 지적했다. 좀 심한 비판인지도 모르겠다. 하지만 어쨌든 우리는 개인심리학이 스스로를 일반화하려는 노력 가운데, 어떤 사람들은 단순한 야심이 아니라 훨씬 더 급진적인 야심을 가지고 있음을 간과했다고 생각한다. 현세의 명예로 만족하지 않고 훨씬 더 나아가 영원한 것을 추구한다는 사실을 말이다.

심리학에는 심층심리학depth psychology이 있는데, 그렇다면 쾌락을 추구하는 의지뿐 아니라 의미를 추구하는 의지도 포괄하는 고층심리학highness psychology도 있어야 하는 게 아닐까?[5] 이제 심리치료

안에서 인간의 실존을 그 깊이뿐만 아니라 높이도 보아야 할 때가 된 것은 아닐까? 그로써 의식적으로 신체뿐 아니라 정신의 단계를 넘어 영적 영역을 아울러야 하는 것은 아닌가 싶다.

기존의 심리치료는 인간의 영적인 현실을 그다지 고려하지 않는다. 정신분석과 개인심리학이 대별되는 또 하나의 차이점은 잘 알려져 있듯이, 정신분석은 인간의 정신적 현실을 인과성의 범주에서 보지만, 개인심리학은 목적성의 범주에서 본다는 것이다. 목적성이 인과성보다 더 높은 범주이며, 이런 의미에서 개인심리학은 정신분석보다 한 걸음 더 나아간 것이고, 심리치료사적으로 더 진보한 것임은 부인할 수 없는 사실이다. 그러나 더 높은 단계가 기존의 심리치료를 보완할 수 있다는 점에서 진보의 길은 아직도 열려 있다. 이제 정신분석과 개인심리학이 낡은 것은 아닌지, 인과성의 '해야 한다must'와 목적성의 '하고자 한다will'에 '해야 할 것이다should'라는 새로운 범주를 추가해야 하는 것은 아닌지 물어야 할 것이다.

이런 숙고는 삶의 현실과 동떨어진 것처럼 보일 수도 있다. 하지만 그렇지 않다. 의사와 더더구나 심리치료를 하는 사람에게는 특히 그렇지 않다. 심리치료사는 환자에게서 최선의 것을 끌어내고자 한다. 신비한 것이 아니라 인간적으로 소중한 최선의 것을 말이다. 심리치료의 기본 원칙으로 삼을 만한 괴테의 이 문장을 기억해보라.

"인간을 지금 모습 그대로 받아들이면, 우리는 그들을 더 망치게 된다. 하지만 인간을 그들이 바라는 바람직한 모습이 된 것처럼 대하면, 그들을 바람직한 모습으로 만들 수 있다."

인류학적 측면과 정신병리학적 범주 외에 심리치료가 지향하는 최종 목표와 관련해서도 정신분석과 개인심리학은 서로 입장이 다르다. 하지만 여기서도 그냥 단순히 상반되는 것이 아니라 일종의 순차적 단계가 나타난다. 우리는 이런 순차적 단계가 아직 끝나지 않았다고 믿는다. 드러내 놓고 이야기하지는 않지만, 정신분석에 암묵적으로 깔린 세계관적인 목표를 살펴보자. 신경증 환자를 대상으로 한 정신분석은 최종적으로 무엇을 이루고자 할까?

정신분석의 목표는 무의식의 요구와 현실의 요구 사이에 타협을 이끌어 내는 것이다. 정신분석은 충동을 현실과 조화시키는 인간을 추구한다. 이때 현실은 종종 —'현실 원칙'에 맞게— 충동의 포기를 가차 없이 요구한다. 반면 개인심리학의 목표는 거기서 상당히 더 나아간다. 개인심리학은 '해야 하는must' 이드에 '하고자 하는will' 자아를 대립시켜서, 환자가 단순히 현실에 적응하는 것을 넘어서 현실을 용감하게 형상화하기를 요구한다.

그러나 우리는 이제 이런 목표들이 불완전한 것은 아닌지, 다른 차원으로 나아갈 수 있거나 나아갈 필요가 있는 것은 아닌지를 물어야 한다. 완전한 신체적, 정신적, 영적 현실인 '인간'에 대한 적절한 상에 도달하고자 한다면, 적응이나 형상화의 범주에 제3의 범주를 추가해야 하는 것은 아닐까? 이런 적절한 인간상만이 우리로 하여금 우리에게 맡겨진 고통받는 인간들을 고유의 현실로 데려가게끔 해 준다. 우리는 이런 제3의 범주가 바로 성취의 범주라고 본다.

외적으로 삶을 형상화하는 것과 내적으로 성취하는 것은 본질적으로 다르다. 삶을 형상화하는 것은 외연적인 단위이고, 삶을 성취하는 것은 내연적인 단위다. 삶의 성취는 방향이 있다. 개개인에게 제시되고, 부과되고, 남겨진 가치를 지향한다. 삶에서 이런 가치를 실현하는 것이 중요하다.

이런 차이를 분명히 하기 위해 열악한 환경에서 자란 한 젊은이를 상정해 보자. 이 젊은이는 자신을 속박하고 구속하는 상황에 '적응'하는 것으로 만족하지 않고, 의지를 가지고 환경을 거슬러 자신의 삶을 '형상화'하여 좋은 직업을 얻고자 계속 공부했다. 이 젊은이가 자신의 적성과 기호를 따라 의학을 공부하고 의사가 되었다고 해 보자. 그 뒤 돈을 많이 벌 수 있는 자리에 취직했고, 우아한 개인병원도 오픈했다. 그렇게 삶을 외적으로 풍성하게 형상화할 수 있었다. 그런데 사실 그에게는 이런 자리에서는 발휘할 수 없는, 자신의 특수한 전공 분야에 대한 재능이 있었다고 해 보자. 그래서 그는 외적으로 보면 운 좋게 성공적인 삶을 일구었음에도, 삶에서 내적 성취감을 느끼지 못한다. 돈도 많이 벌고 꽤 행복해 보이며 멋진 집에서 호화로운 자동차를 몰며 물질적으로 풍요롭게 산다. 하지만 때로 깊은 생각에 잠기며, 자신이 잘못 살아가고 있다는 생각을 할지도 모른다. 외적인 부와 안락함을 포기하고 자신의 소명에 충실하게 살아온 사람을 보면, 헤벨Hebbel처럼 "나란 인간이 내가 될 수 있을 인간에게 슬프게 인사하는구나."라고 고백할지도 모른다.

반대로 화려한 외적인 커리어와 물질적 풍요를 포기하고 자신의 재능을 살려 자신이, 아마도 자신만이 잘할 수 있는 일을 하며 삶의 의미와 내적 성취를 추구하는 사람은 어떨까? 이런 시각으로 보면, 자신이 꼭 필요한 환경에 뿌리를 내리고 충실히 소명을 다하는 일개 시골 의사가 대도시의 출세한 의사들보다 더 훌륭할 수도 있다. 또한 변방에서 별로 주목받지 못하는 연구를 하는 이론가가 삶의 한가운데에서 죽음과 사투를 벌이는 임상의들보다 더 중요한 일을 하는지도 모른다. 미지의 것과 투쟁하는 학문의 전선에서, 비록 그 전선의 작은 구간만을 담당하고 있다 해도, 그 이론가는 그곳에서 다른 사람은 도무지 할 수 없고 오로지 그 자신만이 할 수 있는 일을 하고 있을 수도 있다. 그는 자기 자리를 발견했고, 그 자리를 감당하고 있는 것이며, 그로써 자기를 실현하고 있는 것이다.

그렇게 우리는 심리치료에도 채워야 할 빈자리가 있음을 증명할 수 있다. 오이디푸스 콤플렉스와 열등감을 넘어서는, 일반적으로 말해 모든 정서적 역학을 초월하는 심리치료 방법으로 기존의 심리치료를 보완할 필요성이 있는 것이다. 따라서 이런 정서 역학을 거슬러 신경증을 보이는 사람들의 정신적 고통 배후에 있는 영적인 몸부림을 보고자 하는 심리치료가 아직 빈자리로 남아 있다. '영성에서 출발하는' 심리치료 말이다.

심리치료가 탄생한 것은 사람들이 신체적 증상 배후에 정신적 원인이 있음을 깨닫기 시작하면서, 즉 '심인성'을 발견하면서부터였다. 이제는 마지막 걸음을 디딜 시간이다. 신경증의 정서 역학을 넘어, 정신 작용 배후에서 영적 곤궁에 처한 인간을 보고 영성에서 출발하여 도와야 한다. 여기서 우리는 의사가 환자를 돕는 입장에 있다 보니, 이로써 문제가 생길 수 있음을 간과하지 말아야 한다. 의사는 아무래도 환자를 평가하는 자세를 취하게 되고, 이것이 자칫 문제가 될 수 있기 때문이다. '영성에서 출발하는 심리치료'의 땅으로 발을 들여놓는 순간, 그전까지의 단순한 의료 행위에서는 숨겨져 있던 의사의 전반적인 영성과 구체적인 세계관이 드러난다. 단순한 의료 행위에서는 모든 의료 행위가 애초부터 건강에 가치 있는 것으로 치부된다. 이런 가치를 의학의 원칙으로서 인정하는 것은 문제가 없다. 의사는 인간 사회가 건강을 유지하고자 자신을 투입하고 치료를 위임했음을 주장할 수 있었다.

반면 우리가 요청하는 심리치료의 확장, 즉 정신질환의 치료에 영적인 것을 포함하는 것은 어려움과 위험을 내포하는 일이다. 우리는 특히 의사가 자신의 개인적인 세계관을 치료받는 환자에게 적용할 위험과 싸워야 한다. 그러므로 우리가 생각하는 것처럼 이런 방법이 심리치료를 보완할 수 있는가 하는 질문은 이런 세계관의 강요를 피할 수 있는가 하는 질문과 함께 답변되어야 한다. 이런 질문이 열려 있는 한 '영성에서 출발하는 심리치료'에 대한 요청은 소망에 불과할 것이다. 이런 심리치료는 그 필요성을 이론적으로 추론하는 것에 그치지 않고 구체적인 방법을 제시하고, 정신뿐 아니라 영적인 면을 의료 행위로 받아들이는 것에 대한 원칙적 정당성을 증명할 수 있어야 한다. 따라서 우리가 '단순한' 심리치료를 비판하면서 월권하지 않으려면, 심리치료 내부에서 기존의 심리치료가 좋을지, 영성에서 출발하는 심리치료가 좋을지 판단할 수 있는 방법들을 제시해야 한다. 하지만 이 일은 이 책의 마지막 장으로 유보하고, 우선 이런 판단의 실제적인 필요성을 살펴보려고 한다.

경험적 지식은 우리가 이미 추론했던 것을 확인해 준다. 즉 영성에서 출발하는 심리치료가 특별하다는 것을 말이다. 심리치료사는 임상에서 매일 매시간, 구체적인 상황 속에서 세계관 질문에 봉착하게 된다. 그리고 기존의 심리치료 장비로는 그런 질문을 다루는 것이 불충분하다.

실존적 공허와 누제닉 신경증

오늘날 신경증의 약 20퍼센트는 내가 실존적 공허라 부르는 무의미함을 통해 유발된다. 그러한 현실에서 환자가 자신의 고유한 가치관 및 세계관을 가질 수 있도록 돕는 것은 의사의 시급한 과제가 아닐 수 없다. 동물과 달리 인간은 본능에 따라 움직이지 않는다. 오늘날에는 전통도 더 이상 인간에게 무엇을 해야 할지 말해 주지 않는다. 인간은 머지않아 자신이 무엇을 하고 싶은지 더는 알 수 없게 될 것이고, 단지 다른 사람들이 요구하는 일만을 하게 될 것이다. 다시 말해 독재와 전체주의에 취약해지는 것이다.

오늘날 환자들이 신경정신과 의사들을 찾아오는 이유는 삶의 의미를 의심하거나 삶의 의미를 찾지 못해서다. 로고테라피에서는 이를 '실존적 좌절'이라 부른다. 실존적 좌절 자체는 전혀 병리적인 것이 아니다. 한 가지 예를 들어 보자. 대학교수인 한 환자가 존재의 의미를 찾지 못한다는 이유로 나를 찾아왔다. 그런데 상담을 해 보니 그는 내인성 우울증으로 밝혀졌다. 추측과는 달리 삶의 의미에 대한 고민은 우울한 시기에 그를 압도하는 것이 아니었다. 이런 시기에 그는 오히려 우울함에 사로잡혀 삶의 의미 같은 것은 전혀 생각할 수 없었을 것이다. 다만 중간중간 건강한 시기에 삶의 의미를 고민하는 것이었다! 그의 경우 영적 고민과 정신질환은 심지어 배타적인 관계에 있었다. 마리 보나파르트Marie Bonaparte에게 보내는 편지에 "삶의 의미와 가치를 묻는 순간 사람은 병든 것이다."[6]라고 썼던 프로이트는 다른 의견이었지만 말이다.

하버드 대학 사회관계학과의 롤프 폰 에카르츠베르크Rolf von Eckartsberg는 하버드에 다녔던 100명을 대상으로 20년 이상 장기 연구를 했다. 나는 그에게 개인적으로 이렇게 들었다.

"이들 중 25퍼센트가 삶의 의미에 대한 질문과 연관하여 위기 상태라고 말했다. 절반이 사회생활을 하고 있으며 직업에서 아주 성공한 사람도 많았고 벌이가 좋은데도, 그들은 자신만이 할 수 있는 생의 과제가 없다는 것을 탄식했다. 그들은 소명과 자신의 삶을 떠받쳐 줄 수 있는 가치를 찾고 있었다."

이를 신경증이라고 한다면 우리는 이제 새로운 신경증을 마주하고 있다고 하겠다. 미국에서는 하버드 대학뿐 아니라 조지아주 콜럼버스의 브래들리 센터에서도 누제닉 신경증을 심인성 신경증과 구별하여 진단할 수 있는 테스트를 개발하기 시작했다. 제임스 C. 크럼보James C. Crumbaugh와 레오나드 T. 매홀릭Leonhard T. Maholick은 자신들의 연구 결과를 이렇게 개괄한다.

"1,151건을 분석한 결과는 누제닉 신경증이라 부르는 새로운 유형의 신경증이 종래의 신경증과 거의 비등한 정도로 존재한다는 프랭클의 가설을 뒷받침해 준다. 우리가 새로운 신드롬을 마주하고 있음이 분명하다."[7]

누제닉 신경증에는 이에 특화된 치료인 로고테라피(의미치료)라는 치료법이 있다. 그러나 그 효용성이 입증되었음에도 의사가 로고테라피를 적용하기를 꺼려한다면 그것은 왜일까? 자신의 실존적 공허와 대면하는 것이 두려워서일 수도 있다는 의심을 지울 수 없다.

누제닉 신경증으로 나타나는 실존적인 문제를 정신역학적이고 정신분석적으로만 치료하려고 하면 환자의 "비극적 실존"(알프레드 델프Alfred Delp)을 간과해 버리게 된다. 로고테라피는 이런 실존적인 문제에 진지하게 맞서며, 이런 문제를 방어 메커니즘이나 반동 형성일 뿐이라고 심리주의적, 병리학적으로 곡해해 버리지 않는다. 미국의 심리분석가 아서 버튼Arthur Burton의 말을 빌리자면[8], 의사가 환자가 느끼는 죽음의 공포를 거세 공포로 폄하하는 등 실존적으로 대수롭지 않은 것으로 치부해 버린다면 환자에게 값싼 위로를 선사하는 것이 아닐까? 내가 괴로운 것이 장차 다가올 죽음의 시간에 내 인생을 돌아보며 의미를 발견할 수 있을까 하는 고통스러운 의심 때문이 아니라, 차라리 거세 공포일 뿐이라면 얼마나 좋을까?

누제닉 신경증이 등장하면서 심리치료의 지평이 넓어졌을 뿐 아니라, 심리치료를 받고자 하는 사람들이 바뀌었다. 인생에 절망해서 삶의 의미를 찾고자 하는 사람들이 신경정신과 의사의 진료실을 찾게 된 것이다. V. 겝자텔Victor Emil von Gebsattel의 말대로 "서구 인류가 성직자에게서 신경정신과 의사에게로 이민을 가고" 있기에, 심리치료가 감당해야 하는 역할이 커지고 있다.

그러나 사실 오늘날 그 누구도 인생의 의미가 없다고 탄식할 필요가 없다. 눈을 들어 조금만 멀리 보면, 우리는 풍요를 누리고 있지만 삶의 궁지에 처한 사람들도 있다는 걸 알 수 있기 때문이다. 우리는 자유도 누리고 있다. 그러나 다른 사람을 위한 책임은 어디에 있을까? 수천 년 전, 인류는 유일신에 대한 믿음에 도달했다. 일신교(일신론) 말이다. 그러나 하나의 인류에 대한 지식은 어디에 있을까? 피부색이나 정치색 등 모든 다양성을 초월한 하나된 인류에 대한 지식 말이다.

심리주의의 극복

모든 심리치료사는 치료 과정에서 인생의 의미에 대한 질문이 얼마나 자주 표명되는지를 알고 있다. 하지만 삶의 의미에 대한 환자의 의심과 그의 세계관적 절망이 심리적으로 어떻게 생겨났는지를 아는 것은 별로 도움이 되지 않는다. 우리는 영적 곤궁이 정신적 열등감에서 연유했음을 증명할 수 있을지도 모른다. 또는 환자의 염세적 세계관이 어떤 콤플렉스에서 비롯되었다고 믿고 그렇게 설파할 수도 있다. 하지만 그런 말들은 환자를 제대로 파악하지 못한 것이다. 그런 경우 우리는 심리치료 대신 무조건 신체요법이나 약물을 처방하는 의사와 마찬가지로 문제의 핵심을 놓치는 것이다. 그렇게 볼 때 "치료는 약이 아닌 마음으로!Medica mente, non medicamentis"라는 옛 격언은 얼마나 지혜로운가.

우리는 이제 공공연히 의학과 의사의 이름을 걸고 하는 그런 '핵심을 벗어난 말'들이 남발되고 있음을 보여 주고자 한다.

여기서 필요한 것은 환자들에게 우리가 지금 논의 중이며, 영적인 무기 등 더 적절한 수단으로 대처하는 법을 배워 나가고 있다고 해명하는 것이다. 우리가 필요로 하는 것, 아니 신경증 환자가 요구할 수 있는 것은 그의 세계관적 주장에 대한 내재적 비판(immanent criticism: 어떤 이론이나 입장을 외부의 관점에서 비판하는 것이 아니라 그 이론과 같은 입장 또는 목적을 견지하며 내부적으로 논리적인 문제점을 지적하여 그러한 이론이나 입장이 일관성이 없거나 목적을 달성하지 못함을 지적하는 비판이다 -옮긴이)이다. 우리는 환자의 논지에 대해 반대 논지로 정직하게 대처해야 한다. 그냥 편하게 생물학적인 영역이나 사회적인 영역의 전혀 다른 논지를 취해서는 안 된다. 그렇게 하는 것은 내재적 비판을 피하는 것이고, 문제가 제기된 영역에 남아 영적인 입장에 대해 영적인 무기를 동원하여 대처하는 대신, 문제가 제기된 영역을 그냥 떠나 버리는 것이다. 그보다는 일종의 세계관적 페어플레이를 하는 가운데 같은 무기를 가지고 싸워야 할 것이다.

물론 때로는 응급적인 도움을 주는 것이 필요한 상황도 있다. 환자가 삶의 의미를 의심할 뿐 아니라, 절망에 빠져 자살할 위험이 있는 경우가 그렇다. 그런 응급처치 차원에서 문제를 학술적으로 다루는 것은 언제나 효과적이다. 환자가 자신을 힘들게 하는 것이 동시대 실존 철학의 중심 주제와 일치한다는 것을 깨닫게 되자마자, 그의 정신적 괴로움은 인류가 겪는 영적 괴로움이 되고, 이제 환자는 그런 괴로움을 부끄러운 신경증으로 여기지 않고 오히려 자랑스러워하게 된다. 그렇다. 자신을 괴롭히는 문제들이 사실은 이런저런 실존 철학서에서 다루어진다는 걸 확인하고 안도하는 환자들이 있다. 이런 확인을 통해 그들은 자신의 문제와 감정적으로 거리를 두게 되는 동시에, 문제를 이성적으로 객관화하게 된다.

따라서 인식 비판적 훈련을 받은 의사는 영적 씨름을 하는 인간의 절망 앞에서 단순히 신경안정제를 처방해 주지는 않을 것이다. 오히려 영적인 것을 지향하는 심리치료를 통해 환자에게 영적인 뒷받침을 제공해 주고, 영적인 정박을 돕고자 할 것이다. 전형적으로 신경증적 세계관이 문제가 되는 경우 이런 자세는 매우 중요하다. 그럴 때 환자의 세계관은 옳은 것일 수도 있는데, 그런 경우 우리가 심리치료적인 방법으로 그의 세계관과 싸우는 건 환자에게 부당한 일이 된다. 신경증 환자가 표방하는 세계관이라고 하여 그것을 '노이로제적'이라며 거부해 버려서는 안 된다. 하지만 한편으로는 환자가 표방하는 세계관이 옳지 않을 수도 있다. 그럴 때는 세계관을 수정해 주어야 하는데, 이때는 심리치료적인 방법으로는 되지 않고 다른 방법이 필요하다. 그러므로 다음과 같이 요약할 수 있다.

"환자가 옳다면, 심리치료는 불필요하다. 올바른 세계관을 고쳐 줄 필요가 없다. 환자가 옳지 않다면, 심리치료는 불가능하다. 올바르지 않은 세계관을 심리치료로 수정할 수는 없다."

이로써 모든 영적인 면에 대해 기존의 심리치료는 불충분한 것으로 드러난다. 그뿐만 아니라 이런 분야는 심리치료의 담당 소관이 아니다. 기존의 심리치료가 정신적 현실 전체에 대해 불충분한 것으로 드러났다면, 이제 전혀 다른 분야인 영적 현실에 대해서는 무능한 것으로 나타났다.

그러나 이런 무능력은 세계관을 심리치료하려는 시도에서 비로소 드러나는 것이 아니라, 오히려 심리치료가 가정하는 '세계관의 정신병리학'에서 먼저 드러난다. 사실 세계관의 정신병리학 같은 것은 존재하지 않으며, 존재할 수도 없다. 영적 소산물은 심리적으로 환원할 수 있는 것이 아니기 때문이다. 영적인 것과 정신적인 것이 공통분모가 없기 때문에 그렇다. 세계관의 내용은 세계관을 만든 사람의 정신으로부터 탄생한 것이 아니다. 그러므로 특정 세계관을 표방하는 인간이 정신적으로 병들어 있다고 하여, 그의 세계관도 틀린 것이라고 추론해서는 안 된다. 어떤 신경증 환자의 염세주의나 회의주의나 운명론이 심리적으로 어떻게 생겨난 것인지를 아는 것은 우리에게 별 소용이 없고, 환자에게도 전혀 도움이 되지 않는다. 우리는 일단 그의 세계관을 반박해야 하고, 그런 다음에야 비로소 그런 '이데올로기'를 그의 개인적인 인생 이력에 비추어 이해하는 단계로 옮겨 갈 수 있다. 즉 이데올로기가 심인적으로 어떻게 탄생했는지를 파악하는 단계로 말이다.

따라서 세계관 자체를 정신병리적으로 다루거나 심리치료를 하는 건 있을 수 없는 일이다. 기껏해야 그런 세계관을 가진 사람, 즉 머릿속으로 해당 세계관을 만들어 내는 구체적인 인간만을 정신병리적으로 다루거나 심리치료할 수 있을 따름이다. 정신병리학이 세계관의 옳고 그름을 판단할 수 없음을 애초부터 분명히 해야 한다 (루돌프 알러스Rudolf Allers 참조). 정신병리학은 결코 특정 철학적 학설에 대해 발언할 수 없다. 정신병리학은 기본적으로 각각의 철학을 가진 인간에게만 적용되는 것이다. '건강하다-병들었다'라는 정신병리학적 범주는 인간에게만 적용할 수 있을 뿐, 인간이 만든 것에 대해서는 적용할 수 없다. 한 인간에 관한 정신병리학적 발언은 결코 어떤 세계관이 옳은지 그른지에 대한 철학적 검증을 대신해 줄 수도 없고, 면제해 줄 수도 없다. 어떤 세계관을 표방하는 사람의 정신건강이나 질병이 이런 세계관의 정당성 또는 부당성을 입증할 수도, 반박할 수도 없는 것이다. 조현병(정신분열증) 환자가 주장한다 해도, 2 곱하기 2는 4다. 계산 오류가 있다면 검산에서 증명해야지, 정신 치료를 통해 입증할 수는 없다. 마비 증상이 있으니 계산상 실수가 있을 거라고 추론할 수는 없다. 계산상 실수를 마비 탓으로 돌릴 수는 있겠지만 말이다. 그리하여 영적인 내용이 정신적으로 어떻게 생겨나는지, 그것이 정신질환의 소산인지 하는 것은 영적인 내용을 판단하는 데 원칙적으로 중요하지 않다.

여기서 문제가 되는 것은 결국 심리주의다. 심리주의란 어떤 행위가 정신적으로 어떻게 탄생하는지를 보고 그 영적 내용의 유효성 또는 무효성을 판단하고자 하는 사이비 학문적 입장이다. 이것은 애초부터 말이 안 되는, 성공할 수 없는 시도다. 객관적 영적 소산물은 이렇게 전혀 다른 관점에서 접근해서는 안 되기 때문이다. 영적인 것은 엄연히 별개의 분야라는 것을 결코 무시해서는 안 된다. 신의 개념이 압도적인 자연의 위력에 대한 두려움에서 생겨났다는 논리로 신적 존재 자체를 부정해서는 안 되는 것이다. 예술가가 정신병을 앓는 상태로 작품을 탄생시켰다는 이유로 그 작품의 예술적 가치 또는 무가치를 판단해서는 안 되는 것과 마찬가지다. 영적인 업적이나 문화적 현상이 때론 본질적으로 다른 모티브나 이해관계에 활용된다 해도, 즉 어떤 모양으로 오용된다 하더라도, 이런 사실 때문에 원래의 그 영적 소산물의 가치를 의심해서는 안 된다. 예술 작품이나 종교적 체험이 경우에 따라 신경증에 활용된다고 하여 예술이나 종교가 가진 가치를 간과해 버리는 것은 목욕물을 버리려다가 아이까지 함께 버리는 격이다. 그렇게 판단하는 사람은 황새를 보고 놀라서 "어라, 난 황새는 없다고 생각했는데?"라고 말하는 남자와 같다. 황새가 민담(황새가 아기를 물어다 준다고 하는 전설 -옮긴이)에 등장한다고 해서 이 새가 현실에는 존재하지 않는다고 생각하는 것이 말이 되는가?

이 모든 것에도 영적 소산물이 심리적, 나아가 생물적, 사회적으로 어떤 식으로든 '제약을 받는다'는 것은 물론 부정할 수 없다. 그러나 심리적, 생물적, 사회적 요인에 의해 '생겨나지는' 않는다. 벨더Wälder는 영적 소산물과 문화 현상에 주어지는 이 모든 제약(조건)이 오류의 원천이라며, 그로부터 치우침(편협함)이나 과장이 생겨날 수도 있다고 보았다. 그러나 본질적인 내용은 이런 조건으로 설명할 수 없다고 했다. 셸러는 이미 개인적인 세계관 형성과 관련하여 한 인간의 개성은 세계관 선택에 영향을 준다는 점에서만 세계관에 영향을 미친다는 것을 보여 주었다. 즉 개성은 세계관의 내용에는 관여하지 않는다는 것이다. 셸러는 개성이 미치는 영향의 속성을

'구성하는constitutive'이 아닌 '선택하는elective'이라 칭한다. 이런 속성으로 인해 사람은 개인적인 방식으로 세계를 바라볼 수 있다. 하지만 개인적인 속성이 세계관을 제공할 수는 없다. 아무리 개별적이고 일방적인 세계관이라도 말이다. 아무리 특수한 시각이라도, 또 아무리 단면적인 세계관이라도, 그것은 세계의 객관성을 전제로 한다. 천문학자들의 관측에서도 그렇지 않은가. 결국 천문학적 관측에도 오류와 제약이 있지만, 그런 주관성을 넘어 시리우스라는 별이 정말로 있다는 사실 자체는 그 누구도 의심할 수가 없다. 그러므로 심리치료는 세계관적인 질문들을 담당할 수 없다. '건강'과 '질병'이라는 카테고리를 가진 정신병리학은 영적 소산물의 진실성과 가치에 대한 질문은 다룰 수 없기 때문이다. 이와 관련하여 단순한 심리치료가 판단을 하려고 한다면, 그 순간 심리치료는 심리주의의 오류에 빠지게 될 것이다.

철학사에서 심리주의가 극복되었던 것처럼, 이제 심리치료도 로고테라피를 통해 심리주의를 극복해야 한다. 로고테라피는 우리가 '영성에서 출발하는 심리치료'에 제기했던 과제를 담당해야 한다. 즉 좁은 의미에서의 심리치료를 보완하고, 우리가 이미 이론적으로 추론해 보았고, 추후 신경정신과 의사의 임상에서 확인하고자 하는 그 빈자리를 채우는 과제 말이다. 로고테라피는 부적절한 심리주의적 비평으로 떨어지지 않는 가운데, 정신적으로 고통받는 인간의 영적 곤궁을 객관적으로 다루는 방법으로 적절하다.[9]

로고테라피는 본질상 심리치료를 대신할 수도, 대신해서도 안 되며, 다만 보완할 수 있고 보완해야 할 따름이다. 이 또한 특정 경우에 한해서이다. 로고테라피가 하려고 하는 것은 사실 오래전부터 늘 이루어져 왔던 일이다. 대부분은 무의식적으로 말이다. 하지만 로고테라피를 합법적으로 적용할 수 있는지, 어느 정도로 그렇게 할 수 있는지가 중요하다. 이를 분명히 하려면 우리는 방법론적 연구에서 우선 로고테라피적 요소를 심리치료적 요소와 구분해야 할 것이다. 그러나 이 두 요소가 임상에서 서로 깊이 연결되어 있다는 점도 잊지 말아야 한다. 이 둘은 의료 행위에서 서로 녹아들어 있다. 결국 심리치료 혹은 로고테라피의 대상인 인간의 정신과 영은 인식을 돕는 의미에서만 서로 구분될 수 있을 뿐, 총체적 인간 존재의 실재적 통일체에서는 서로 뗄 수 없이 연결되어 있다.

따라서 원칙상으로는 영적인 것과 정신적인 것을 분리해야 한다. 이 둘은 본질적으로 다른 영역들이다.[10] 심리주의의 오류는 한 영역에서 다른 영역으로 마음대로 옮겨 갈 수 있다고 보는 것이다. 그러면 영적 영역의 고유 법칙은 고려되지 않는다. 그리고 이런 소홀로 인해 자연스럽게 '다른 유類로의 전이Metabasis eis allo genos'[11]에 이르게 된다. 심리치료의 영역에서 이를 피하는 것, 그로써 심리치료 안에서 심리주의를 극복하는 것은 우리가 요구하는 로고테라피의 의도이자 본연의 관심사다.

유전적 환원론과 분석적 범결정론

　오늘날은 가히 전문가들의 시대다. 그들이 우리에게 중재해 주는 것은 현실의 특정한 면이나 시각에 불과하다. 연구자는 연구 결과라는 나무 앞에서 더 이상 현실의 숲을 보지 못한다. 연구 결과들은 특수할 뿐 아니라, 서로 괴리되어 있어서 통일적인 세계상 또는 인간상으로 융합하기가 어렵다. 이제 발전의 바퀴를 되돌릴 수는 없다. 팀워크를 통한 연구가 대세인 시대에 우리는 그 어느 때보다 전문가들에게 의존하고 있다. 그러나 사실 위험한 것은 연구자들이 전문화되는 것이 아니라, 전문가들이 일반화되는 것이다. 세상을 무작정 단순화하려는 무서운 사람들terribles simplificateurs이 있다. 그리고 이들과 더불어 세상을 무작정 일반화하려는 무서운 사람들 terribles generalisateurs이 있다. 세상을 무작정 단순화하려는 사람들은 모든 것을 단순화시킨다. 모든 것을 하나의 라스트(last, 구두골)에 맞춘다. 그러나 세상을 무작정 일반화하려는 사람들은 이에 그치지 않고 자신들의 연구 결과를 일반화시킨다. 나는 신경학자로서 컴퓨터를 중추신경계의 모델로 활용하는 건 전적으로 합당하다고 생각한다. 그러나 여기서 더 나아가 인간이 컴퓨터에 불과하다는 주장은 잘못된 것이다. 인간은 컴퓨터다. 그러나 동시에 컴퓨터를 뛰어넘는, 컴퓨터와는 도무지 비할 수 없는 존재다. 니힐리즘(Nihilism, 허무주의)은 무無를 이야기함으로써 정체를 드러내지 않고, '단지 ~일 뿐nothing but'이라는 용어로 위장한다.

정신분석의 영향으로 유발되어 보스의 비판을 받았던 '정신 내적 심급들을 의인화하는 풍조'에는 곳곳에서 속임수와 핑계들을 찾아내고, 그 정체를 폭로하고 노출시키려는 경향이 자리 잡고 있다. 1961년 빈에서 열린 제5차 국제심리치료학회에서 레이먼 사로 Ramon Sarro가 "분석의 광기"라 칭했던 이런 경향이 의미와 가치 앞에서도 중단되지 않는 현상은 심리치료를 그 뿌리부터 위협하는 일이 아닐 수 없다. 미국 학자들은 이런 경향을 '환원주의reductionism'라 부른다. 나는 이런 환원주의가 다분히 사이비 학문적인 방법이라고 본다. 이를 통해 인간 특유의 현상들이 '인간 이하'의 현상들로 환원되거나 인간 이하의 현상들로부터 추론된다. 환원주의는 '인간 이하주의'라고 할 수 있을 것이다. 환원주의의 관점에서 사랑은 좌절된 충동일 뿐이며, 양심은 초자아에 불과하다. 하지만 현대의 정신분석은 이미 양심과 초자아의 동일시를 인정하지 않고 있으며, 이 둘 사이의 차이를 인정하고 있다. 한마디로 양심과 사랑 같은 인간 고유의 현상들이 모두 부수 현상이 되어 버리는 것이다. 그렇게 되면 영이라는 것은 어느 저명한 학자가 논문에서 언급했듯, 단지 높은 수준의 신경 활동쯤으로 전락해 버린다. 이 무슨 영의 부수현상학epiphenomenology이란 말인가.

환원주의가 학문적 니힐리즘이라면, 이와 짝을 이루는 삶 속의 니힐리즘도 있다. 실존적 공허 상태를 바로 그렇게 해석할 수 있다. 환원론은 인간을 물화, 객관화, 탈인간화함으로써 실존적 공허를 부추긴다. "인간은 의자나 테이블 같은 물체가 아니다. 인간들이 만약 자신의 생명이 단순히 의자나 테이블과 같은 존재밖에 안된다는 것을 발견하면, 자살해 버릴 것이다."(《Main Currents in Modern Thought》 19, 1962)라고 이야기한 미국의 젊은 사회학자 윌리엄 어빙 톰슨William Irving Thomson의 말은 과장처럼 들리지만 그렇지 않다. 때에 따라 인간들은 정말로 그렇게 한다. 내가 미시건주 앤 아버 대학에서 강연하면서 실존적 공허를 이야기했을 당시, 토론 시간에 마주한 그 대학의 학생 주임은 자신은 대학상담소에서 매일 같이 실존적 공허로 괴로워하는 학생들을 만난다며, 삶의 의미를 찾지 못해 자살한 학생들의 명부를 뽑아 줄 수도 있다고 했다.

미국 학자들은 그들 자신이 이름 붙였던 환원주의에 대해 가장 먼저 자아비판적인 태도를 취하면서, 진정한 것을 그 자체로 인정하고 액면 그대로 받아들여야 한다고 요구하며 유럽의 현상학적 연구에 동조했다. 그렇다고 이들이 프로이트의 업적을 인정하지 않는 것은 아니다. 다만 그들은 프로이트를 진정한 것으로 인정되어서는 안 되는 동기(모티브)들의 전문가로 본다. 현재 미국에서 가장 비중 있는 심리학자라 할 수 있는 하버드 대학의 고든 W. 올포트Gordon Willard Allport는 프로이트를 "액면 그대로 받아들일 수 없는 동기들의 전문가"라고 일컫는다.(《Personality and Social Encounters》, Beacon Press, Boston 1960, p.103) 올포트는 종교에 대한 프로이트의 견해를 예로 든다.

"프로이트에게 종교는 본질적으로 개인에게서 나타나는 신경증이며, 개인적 도피 양식이다. 그 뿌리에 아버지 이마고(imago: 본인도 모르게 사람의 행동에 영향을 미치는, 상상 속에 완벽한 모습으로 새겨져 있는 인물의 상 -옮긴이)가 놓여 있다. 따라서 인성 가운데 종교성이 존재할 때, 그것을 액면 그대로 받아들일 수 없다고 본다."(위의 책, p.104)

올포트는 이런 해석 방법은 사실 굉장히 오래된 것임을 지적한다.

"미국 정신분석협회에 보내는 통지에서 크리스Kris는 동기를 이드 측면으로 국한하여 해석하려는 시도는 꽤나 오래된 방법에 불과하다고 지적한다. 현대 정신분석학에서는 자아를 다루면서 방어기제를 분석하는 것에 국한하지 않고, 소위 '정신의 표면psychic surface'에 더 비중을 둔다."(위의 책, p.103)

이런 정신분석적인 환원주의는 객관적일 뿐 아니라 인간적으로도 문제가 된다. 심리치료를 받는 가운데 환자가 지향하는 의미와 가치가 진정한 것으로 받아들여지지 않는다면 무슨 일이 일어날까? 그러면 환자는 더 이상 인간으로서 존중받지 못하게 된다. 자신의 믿음을 아무도 믿어 주지 않는 상황이라고 할까. 다시금 올포트의 말을 빌리자면 "개인은 신뢰받을 권리를 잃어버리는 것"(위의 책,

p.96)이다. 이런 상황에서 어떻게 신뢰 관계가 형성될 수 있을지 알 수 없다.

루트비히 빈스방거의 말을 빌리자면, 프로이트에게 철학은 "억압된 성의 가장 점잖은 승화 형식"일 따름이었다.(《Erinnerungen an Sigmund Freud》, Bern 1956, p.19) 그러니 정신분석 추종자들의 눈에 신경증 환자의 개인적인 세계관은 얼마나 미심쩍어 보이겠는가! 이런 시각에서 보면 철학은 신경증(노이로제)을 이론이나 신학으로 위장한 것에 다름 아니다. 반대로 신경증이 잘못된 철학에서 기인하는 것은 아닐까 하는 질문은 고려되지 않는다.

어떤 사람이 신앙을 잃은 것을 교육과 환경 탓으로 돌리는 등 인간의 어떤 능력이 아니라 능력의 장애에 대해서만 유전적, 분석적으로 해석한다 해도 환원주의는 여전히 옳지 않다. 우리는 늘 아버지 이마고로 인해 신의 이미지가 왜곡되고, 신을 부인하게 되기도 한다는 이야기를 듣는다.

나의 동료들은 만 24시간 동안 접하는 환자들을 대상으로 아버지 이마고와 종교 사이의 상관관계를 연구해 보고자 했다. 그렇게 조사한 환자 중 23명은 아버지 이마고가 매우 긍정적이었고, 13명은 그렇지 못했다. 그런데 이상한 것은 아버지에 대해 좋은 이미지를 가지고 있는 사람들 중 나중에 신과 인격적인 관계에 이른 사람은 16명뿐이고 7명은 믿음을 저버렸는데, 아버지 이마고가 부정적이었던 13명 중에서는 단 2명만 빼놓고 11명이 신앙을 가지고 있었다는 것이다. 따라서 나중에 신앙을 가지게 된 27명은 결코 좋은 환경에서 자란 사람들로만 이루어지지 않았으며, 반대로 종교가 없는 9명 역시 부정적인 아버지상으로 종교를 갖지 않은 것이 아니었다. 아버지 이마고와 신에 대한 이미지 간에 상관관계가 있는 경우는 교육의 결과로 해석해야겠지만, 아버지 이마고와 신의 이미지가 일치하지 않는 경우에는 그것이 결단력에서 비롯되었음을 인정해야 할 것이다. 결단력이 있는 인간은 어떤 행동을 결정할 것처럼 보이는 요인들을 거스를 수 있다. 무엇보다 강력해 보이는 조건들로부터 자유로워지게 하는 것이 바로 심리치료의 과제가 아니겠는가. 그저 '억압된 성의 승화에 불과한 것'으로 비하되는 철학이 환자가 그런 자유로 나아갈 수 있는 길을 밝혀 줄지도 모른다. 철학을 의학으로 활용하라는 칸트Kant의 충고만 따른다면 말이다. 이런 일을 꺼려서는 안 된다. 가령 의학은 화학을 활용하는 것을 합법적으로 여기지 않는가!

물론 건강한 결정주의에 대해서는 이의를 제기하지 말아야 할 것이다. 우리가 등을 돌리고자 하는 것은 '범결정론Pandeterminism'이다.[12] 물론 인간은 결정되어 있는 존재다. 생물적인 것이든, 심리적인 것이든, 사회적인 것이든 간에 조건에 종속되어 있는 존재다. 이런 의미에서 인간은 자유롭지 않다. 조건들로부터 자유롭지 않은 것이다. 인간은 무언가로부터 자유로운 것이 아니라, 무언가를 위해서 자유롭다. 즉 무언가를 할 수 있는 자유가 있고, 모든 조건에 대해 나름의 태도를 취할 자유가 있는 것이다. 범결정론은 인간의 이런 고유한 능력을 완전히 간과하고 잊고 있다.

그 누구도 내게 인간의 제약성에 대해 환기해 줄 필요가 없다. 나는 신경과와 신경정신과 전문의로서 인간이 가진 생물심리학적 제약성을 잘 알고 있다. 그러나 나는 이 두 과의 전문의일 뿐 아니라, 네 곳의 나치 강제수용소를 전전하고 살아남은 사람이다. 그래서 나는 내가 영적 저항력이라 부르곤 하는 힘으로 모든 제약을 뛰어넘으며, 가장 열악하고 비참한 조건과 상황에서도 버티고 저항하는 인간의 자유에 대해서도 잘 알고 있다.

인간의 형상

　다원론적 학문의 환원주의적 노력에 직면하여 철학자 니콜라이 하르트만Nicolai Hartmann과 인류학자 막스 셸러만큼 인간다움을 구하기 위해 애쓴 사람은 별로 없었다. 하르트만은 존재론에서, 셸러는 인류학에서 신체와 정신과 영을 서로 다른 층 또는 위계로 구분했다. 신체에는 생물학, 정신에는 심리학 등 각각 하나의 학문이 이들 영역에 상응한다. 그러나 이런 서로 다른 층 또는 단계로부터 학문의 다원론이 생겨난다. 그렇다면 인간의 통일성은 어디에 있는 것일까? 인간 존재의 "질적 도약"(헤겔Hegel)은 어디에 있을까?

　주지하다시피 예술은 다양성 속의 통일성으로 정의되었다. 이제 나는 인간은 다양성에도 불구하고 통일적인 존재라고 정의하고 싶다. 존재론적 상이성, 즉 서로 다른 존재 방식의 차이가 있음에도 인류학적 통일성이 있기 때문이다. 인류의 실존은 인류학적 통일성과 존재론적 상이성의 공존이라 할 수 있다. 인간의 공통되는 존재 방식과 서로 다른 존재 방식이 공존하는 것이다. 토마스 아퀴나

스Thomas Aquinas의 말을 빌리자면, 인간의 실존은 "복합적 단일체 (unitas multiplex: 하나이자 여럿이며, 여럿이자 하나 -옮긴이)"다. 그러나 인간의 실존은 다원론도, 베네딕트 스피노자Benedicti de Spinoza의 《기하학적 질서에 따라 증명된 윤리학Ethica ordine geometrico demonstrata》(일명 《에티카》)에서 볼 수 있는 일원론도 아니다. 하지만 나는 여기서 기하학적 질서에 따른 인간의 형상Imago hominis을, 즉 기하학적 유추를 이용한 인간의 형상을 스케치해 보려 한다. 이것이 바로 차원적 존재론(Frankl, 〈Jahrbuch für Psychologie und Psychotherapie〉 I, 186, 1953)이며, 차원적 존재론에는 두 가지 법칙이 있다. 첫 번째 법칙은 다음과 같다.

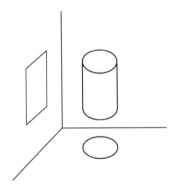

동일한 물체가 자신의 차원보다 더 낮은, 서로 다른 차원들로 투영되면 투영된 상은 서로 모순된다. 가령 내가 물컵, 즉 기하학적으로 말하자면 원기둥(원통)을 3차원적 공간으로부터 2차원적 평면, 즉 밑면과 측면에 투영시키면 밑면에는 원 모양이, 측면에는 직사각형이 나타난다. 또한 물컵은 원래 위가 열려 있는 용기인데, 투영해 놓으면 그것이 닫힌 형상처럼 취급된다는 점에서 투영은 또 다른 모순을 낳는다.

차원적 존재론의 두 번째 법칙은 다음과 같다.

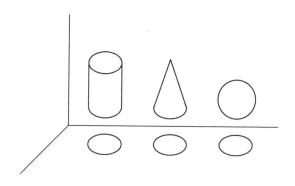

동일하지 않은 서로 다른 사물을 그들의 원래 차원보다 더 낮은 하나의 동일한 차원으로 투영시키면, 투영된 상은 서로 다르지 않지만 다의적이다. 가령 원기둥, 원뿔, 구를 3차원적 공간으로부터 2차원적 평면인 밑면에 투영시키면 모두 다 원으로 나타난다. 이것이 그림자라고 해 보자. 이런 똑같은 그림자를 보고 그것이 원기둥인지, 원뿔인지, 구인지 추론할 수 없다는 점에서 다의적이라고 할 수 있다.

이제 이것을 어떻게 인간에게 적용해야 할까? 자, 인간 역시 더 낮은 차원으로, 즉 생물적인 차원과 정신적인 차원으로 투영시키면, 투영된 상들은 서로 다르다. 생물적인 차원으로 투영시키면 신체적인 현상이 나타나고, 정신적인 차원으로 투영시키면 정신적인 현상이 나타난다. 그러나 차원적 존재론에서 볼 때 이런 모순은 인간의 통일성과 모순을 빚지 않는다. 원과 사각형이 원래 같은 원기둥이 투영된 모습인 것처럼 말이다.[13] 하지만 명심해야 할 것이 있다. 다양한 존재 방식을 포괄하는, 즉 신체와 정신의 대립을 포괄하는 인간 존재의 통일성을, 다시 말해 니콜라우스 쿠사누스Nikolaus Cusanus의 말을 빌리자면 "반대의 일치coincidentia oppositorum"를 우리가 인간을 투영시키는 차원에서 찾고자 하는 것은 헛수고라는 것이다. 그것은 그보다 높은 차원, 즉 인간 특유의 차원에서 찾을 수밖에 없다.

정신물리학적인 심신의 대응 문제를 해결할 수 있다는 이야기는 아니다. 하지만 차원적 존재론은 이런 문제를 해결할 수 없는 이유를 알려 준다. 의지의 자유 문제도 마찬가지다. 위가 열린 용기라도 밑면이나 옆면으로 투영하면 막힌 물체처럼 보이듯이, 인간을 생물적 차원으로 투영하면 생리학적 반사들의 닫힌계Closed system로, 심리적 차원으로 투영하면 심리적 반응들의 닫힌계로 보인다. 따라서 투영은 다시금 모순을 빚는다. 세계를 향해 열려 있는 인간의 "개방성"(셸러, 겔렌, 포르트만)은 인간의 본질에 속하기 때문이다.

인간으로 존재한다는 것은 이미 스스로를 넘어선다는 뜻이다. 나는 인간 실존의 본질은 자기초월self-transcendence에 있다고 말하고 싶다. 인간으로 산다는 것은 이미 무엇인가를 또는 누군가를 지향하고, 그쪽을 향한다는 것을 말한다. 어떤 일이나 사람, 혹은 신에게 헌신한다는 것을 말한다. 이런 자기초월은 단자론Monadology적 의미에서 인간이 스스로를 넘어서서 의미와 가치를 추구하지 못하고, 세계를 지향하지 못하며, 항상성을 유지하고 회복하기 위해 자기 자신에게만 관심이 있다고 보는 모든 인간상을 타파한다. 베르탈란 피Bertalanffy, 쿠르트 골드슈타인Kurt Goldstein, 올포트, 샤를로테 뷜러 Charlotte Bühler가 증명할 수 있었듯이 항상성 원리는 심리학은 고사 하고 생물학에서조차 일반적이지 않다는 점을 단자론은 무시한다. 그러나 차원적 존재론의 시각에서 보면 생리적 반사와 심리적 반응 이라는 계가 닫혀 있음은 인간성과 전혀 모순되지 않는다. 이런 닫 혀 있음은 원기둥을 밑면과 옆면에 투영시킨 상이 닫혀 있는 것처 럼 보이는 것과 마찬가지로 열려 있음과 모순되지 않는다.

확실한 것은 낮은 차원에서 얻은 발견은 이런 차원 내부에서는 늘 유효하다는 것이다. 이것은 파블로프의 조건반사론이나, 왓슨의 행동주의, 프로이트의 정신분석, 아들러의 개인심리학처럼 약간 일 면에 치우친 연구 분야에도 동일하게 적용된다. 프로이트는 자신 의 이론이 차원적인 관점에 매여 있다는 걸 알만큼 천재적이었다. 프로이트는 루트비히 빈스방거에게 "나는 늘 건물의 지하실과 1층 에만 머물렀다."(Ludwig Binswanger, 《Erinnerungen an Sigmund Freud》, Bern 1956, p.115)라고 했다. 이어 프로이트가 "'인류의 신경증'이라는 범주 와 만나게 된 이래, 나는 이 아래층에서 종교가 거할 공간을 찾았 다."(위의 책)라고 말한 순간, 프로이트는 ―나는 병리학주의라고 부 르고 싶은― 심리주의로 환원론의 유혹에 굴복한 것이었다. 바로 이 부분에서 프로이트는 오류를 범했다.

프로이트의 '아래층'이라는 단어야말로 핵심어다. 하지만 더 낮은 차원이나 더 높은 차원을 말할 때마다 분명히 해야 할 것은 그것에 어떤 서열이나 가치판단이 들어 있지 않다는 점이다. 차원적 존재론의 의미에서 더 높은 차원은 낮은 차원을 포함하는 보다 더 포괄적인 차원을 의미한다. 헤겔의 다의적인 의미에서 더 낮은 차원이 더 높은 차원 안에 전적으로 "지양되어 있는(헤겔이 말하는 'aufheben'은 폐기와 보존의 의미가 함께 들어 있는 지양을 의미한다 -옮긴이)"것이다. 그렇게 인간 역시도 인간이지만 여전히 동물적, 식물적 요소를 가지고 있다. 지상에서는 자동차같이 움직이는 비행기처럼 말이다. 물론 비행기는 바닥에서 공중으로 날아오르자마자 자신이 비행기임을 입증하게 된다. 그리고 분명한 것은 전문가는 비행기가 땅에 머무는 동안에도 비행기의 구조를 보고 그것이 날 수 있음을 알아볼 수 있다. 내가 이 말을 한 것은 포르트만Portmann을 빗대고 싶어서다. 포르트만은 신체 구조만 보고도 인간의 인간됨을 추론할 수 있다는 것을 증명했다. 인간의 몸도 이미 그 영의 영향을 받기 때문이다.

그러나 학문은 현실의 다차원성을 배제할 권리뿐 아니라 의무도 있다. 현실을 다 비추지 않고, 현실의 스펙트럼 속에서 하나의 주파수를 걸러낼 수밖에 없는 것이다. 따라서 투영은 정당한 것 이상으로 의무적인 것이다. 학자는 마치 현실이 일차원적인 것처럼 해야 한다. 그러나 스스로 무엇을 하고 있는지도 알아야 한다. 자신의 연구로 간과할 수밖에 없는 오류의 원천도 알아야 하는 것이다.

이로써 우리는 차원적 존재론의 두 번째 법칙이 인간에게 적용되는 지점에 이르게 된다. 내가 3차원적 구성물을 2차원 평면에 투사시키는 것처럼, 표도르 도스토옙스키Fyodor Dostoevskii나 베르나데트 수비루(Bernadette Soubirous, 루르드의 성녀) 같은 인물을 정신의학적 평면에 투사시키면, 신경정신과 전문의인 내게 도스토옙스키는 다른 간질 환자들과 다를 바 없는 간질 환자로, 베르나데트는 환각 증상을 보이는 한 사람의 히스테리 환자로만 보이게 될 것이다. 이 이상의 것은 정신의학적 평면에는 모사되지 않는다. 그것들은 정신의학적 평면 밖에 있다. 그러나 정신의학적 평면 내부에서 모든 것은 그림자와 마찬가지로 다의적이다. 그림자를 던진 원래 물체가 원기둥인지, 원뿔인지, 구인지를 확인할 수 없다는 점에서 그림자가 다의적인 것처럼, 정신병리학에서도 그 배후에 혹은 그 위에 존재하는 다른 어떤 것이 드러나기까지는 모든 것이 다의적이다.

모든 병리학은 일단 진단Diagnose이 필요하다. 진단이란 Dia-gnosis(그노시스란 인식 혹은 깨달음이라는 뜻 –옮긴이), 즉 파토스Pathos 뒤의 로고스Logos를, 괴로움이 갖는 의미를 간파하는 것이다. 모든 증상은 일단 진단하는 것, 즉 원인을 간파하는 것이 필요하다. 원인이 다차원적인 만큼 증상도 다의적이기 때문이다.

심리주의의 심리발생론

　이번 장의 마지막에서 우리는 심리주의로 하여금 자신을 반대하여, 자신을 등지고, 자신의 무기로 스스로를 쳐부수게 하고자 한다. 심리주의가 어떻게 생겨났는지를 고찰하고, 그 배경에 깔린 모티브를 살펴보면서, 창끝을 스스로에게 돌리게 하고자 한다.

　이렇게 물어보자. 심리주의의 숨겨진 기본 태도, 그것의 은밀한 경향이 무엇인가? 이런 질문에 우리는 가치 비하의 경향이라고 답할 수 있다. 즉 정신적 행위에 나타나는 영적 내용에 대한 가치 비하다. 이런 가치 비하 경향으로 말미암아 심리주의는 계속해서 가면을 벗기고자 하고 정체를 폭로하려고 안간힘을 쓴다. 늘 신경증적인 동기부여를 찾는다. 내용의 영역에서 행동의 영역으로 도피하는 가운데, 종교, 예술, 심지어 학문의 영역에서 가치에 대한 모든 질문을 피한다. 그리하여 심리주의는 결국 엄청나게 많은 인식해야 할 사실들과 결정 가능한 과제 앞에서 도망하며, 그에 따라 존재의 현실과 가능성에서 도피한다.

심리주의는 곳곳에서 가면을 본다. 그러나 가면 뒤에서 신경증적인 모티브 외에는 아무것도 인정하지 않으려 한다. 그에게는 모든 것이 가짜고, 본연의 것이 아니다. 심리주의에서 예술은 삶 혹은 사랑에서 도피하는 것 외에 아무것도 아니며, 종교는 우주의 위력에 대한 원시인들의 두려움에서 나왔을 뿐이다. 그런 시각으로 보면 위대한 정신적(영적) 창조자들은 신경증 환자나 사이코패스일 따름이다. 정체를 폭로하는 심리주의가 가면을 벗기고 나면 사람들은 가볍게 안도하면서, 가령 괴테도 사실은 신경증 환자에 불과했구나 하고 말하게 될 것이다.

심리주의는 본연의 것은 아무것도 보지 못한다. 그래서 결국 아무것도 보지 못한다. 무엇인가가 어느 때는 가면이었고, 어딘가에서는 목적을 위한 수단이었다고 하여 그것이 언제나 가면에 불과하고, 언제나 목적을 위한 수단에 불과한 것일까? 직접적인 것, 참인 것, 원래의 것은 있을 수 없을까? 개인심리학은 용기를 설파하지만 겸손은 잊어버린 듯하다. 세상 안에 있는 영적 소산물과 그 본질과 가치를 단순히 정신적 차원에 투영할 수 없는 세계 자체로서의 영성 앞에서의 겸손을 잊은 듯하다. 그러나 진실한 겸손은 최소한 용기와 마찬가지로 내적 강인함을 보여 주는 표지다.

'정체를 폭로하는' 심리치료에서 결국 문제가 되는 것은 판단이 아니라, 유죄 판결이다. 우리가 바실리스크 도마뱀(거울에 비친 제 모습을 보면 죽는다는 약점을 지닌 전설 속의 괴물)에게처럼 심리치료에 거울을 들이대고 스스로의 모습을 보게끔 하면, 그것은 모든 심리주의와 마찬가지로 세계관과 학문의 영역에서 가치에 대한 문제들을 회피한다는 것이 드러난다.

따라서 심리주의는 가치 절하 경향의 수단이라 할 것이다. 그리하여 심리주의적 학풍은 어떤 것에 대한 인지적 몰입의 표현이 아니다. 하지만 우리가 보기에 이런 심리주의는 더 포괄적인 추세의 부분적 현상이다. 19세기 말과 20세기 초에 인간상은 완전히 왜곡되었다. 인간을 여러 가지에 매여 있는 존재로, 구속하는 것들에 무기력한 존재로 보았기 때문이다. 인간을 생물적인 것, 심리적인 것, 사회적인 것에 매여 있는 존재로 보았으며, 이런 구속에 대한 자유, 자연에 대한 영의 자유 등 인간은 본래 자유인이라는 본질은 간과되었다. 심리주의뿐 아니라 생물주의와 사회주의도 마찬가지로[14] 인간의 왜곡된 상을 지향했다.

정신사적으로 이런 자연주의적인 관점에 대한 반작용으로, 인간됨의 기본적인 사실, 즉 자연이 인간을 구속하지만 그에 대해 인간은 자유롭다는 사실을 다시금 환기하자고 촉구하는 목소리가 있었던 것은 놀랄 일이 아니다. 인간은 원래 책임지는 존재라는 사실이 다시금 환기되자, 인간은 또한 의식하는 존재라는 사실을 최소한 심리주의도 부인할 수 없었다. 실존철학은 인간의 존재를 '수이 제네리스(Sui generis: 그 자체로 독특하고 유일무이하다는 의미)'라는 존재 형식으로 제시한 공적이 있다. 야스퍼스는 인간의 존재를 결정하는 존재라고 명명한다. 단순히 존재하는 것이 아니라, '무엇으로 존재할 것인지'를 결정하는 존재라는 것이다.

이런 상황들을 명확히 함으로써 인간 행동의 윤리적 판단이 비로소 가능해진다. 인간이 자연적인 현실에 맞서고, 자신의 생물적(인종), 사회적(계급), 심리적(성격) 유형에 매여 살거나 그런 제약에 맹목적으로 순응하는 것을 중단할 때 인간의 도덕적 판단이 시작된다. 공로나 책임처럼 일상에서 흔히 다루어지는 개념들은 인간 본연의 능력을 인정해야만 비로소 의미를 지닌다. 즉 이미 언급한 모든 제약을 운명적인 것으로 그냥 감수하지 않고, 주어진 조건들 앞에서 운명과 삶을 형상화해 나갈 과제를 분별하고, 그런 조건들에 대해 어느 정도 주체적인 태도를 취하는 능력을 인정해야만 말이다.

그리하여 특정한 민족에 소속되어 있다는 사실은 공로나 과실이 되지 않는다. 과실은 가령 한 민족의 특별한 재능이 장려되지 못하거나, 민족의 문화적 가치가 등한시될 때 비로소 시작된다. 반면 해당 민족의 성격적 약점들이 각 구성원들의 의식적인 자기 교육으로 극복되는 것은 공로에 해당할 것이다.[15] 하지만 얼마나 많은 사람들이 민족의 성격적 약점으로 그들 자신의 성격적 약점을 핑계 삼는 실수를 저지르는가. 그럴 때 그들은 소 뒤마(아버지 알렉상드르 뒤마는 대大 뒤마, 아들은 소小 뒤마라 불린다 -옮긴이)를 기억해야 할 것이다. 소 뒤마에 관해 다음과 같은 일화가 전해진다.

어느 날 상류층 부인이 뒤마에게 이렇게 말했다.

"아버지가 그렇게 자유분방했으니 분통이 터지겠어요."

이에 대해 소 뒤마는 이렇게 대답했다.

"오, 아닙니다. 아버지는 내게 모범이 되지는 못하지만 반면교사로 기능하지요."

아들이 아버지를 타산지석으로 삼을 수 있다면 좋을 것이다. 그러나 민족성에는 자부심이 있으면서, 그것을 개인적으로 연마하여 개인적인 공로를 만들어 내지 못하는 경우가 얼마나 많은가. 아무런 책임이 따르지 않는 것은 공로가 될 수도, 과오가 될 수도 없다. 이런 이해는 결국 고대 철학 이래, 더욱이 기독교가 성립된 이래 모든 서양 사상의 토대다. 자유롭게 결정하고 행동에 책임질 수 있는 곳에서 비로소 모든 도덕적 판단이 시작되며, 더 이상 자유와 책임이 가능하지 않은 곳에서는 도덕적 판단이 불가능해진다.

우리는 로고테라피의 필요성을 우선 이론적으로 추론하고, 이어서 '영성에서 출발하는 심리치료'의 필요성을 보여 주고자 했다. 로고테라피의 필요성과 관련하여, 좁은 의미의 심리치료는 결정적으로 불충분한 것으로 드러났으며, 영성에서 출발하는 심리치료와 관련해서는 기존의 심리치료가 영적인 것을 다루지 못하거나, 심리주의에 매몰되는 것으로 드러났다.

이제부터는 영성에서 출발하는 심리치료로서의 로고테라피의 실제적 가능성을 보여 주고자 한다. 그래야 결국은 그에 대한 이론적 가능성을 입증할 수 있다. 즉 이미 제기했던 세계관의 반입을 피할 수 있는가 하는 질문에 답할 수 있으니 말이다. 하지만 영성에서 출발하는 심리치료의 기술적 실행 가능성과 관련하여 지금까지의 이야기에서 중요한 지침들이 나왔다. 인간 존재의 본질적 토대, 즉 인간 실존의 토대인 책임성을 다시금 상기할 필요가 있음이 반복적으로 드러났기 때문이다. 그러므로 로고테라피를 기점으로, 심리치료가 인간 존재를 책임지는 존재로 보는 실존분석[16]으로 방향 전환을 해야 한다는 점은 자명하다.

II

정신분석에서

실존분석으로

A. 일반 실존분석

1. 삶의 의미에 대하여

정신분석은 정신적인 것을 의식하게 하고자 노력한다. 반면 로고테라피(의미치료)는 영적인 것을 의식하게 하고자 한다. 실존분석으로서의 로고테라피는 인간이 특별히 실존적 본질상 책임지는 존재라는 것을 인간에게 의식시키고자 한다.

여기서 책임은 의미에 대한 책임을 말한다. 따라서 이번 장을 시작하면서 삶의 의미에 관한 질문을 던져야 할 것이며, 그 질문은 계속해서 중심에 남게 될 것이다. 실제로 삶의 의미에 대한 질문은 아주 흔한 질문이다. 영적 고민에 휩싸인 정신질환자는 의사에게 이런 질문을 퍼붓는다. 의사가 이런 질문을 끄집어내는 것이 아니라, 환자가 영적 곤궁 가운데 의사에게 이런 질문을 던지는 것이다.

존재 의미 묻기

명백하게 제기될 수도 있고 모호하게 제기될 수도 있지만, 삶의 의미에 관한 질문은 인간적인 질문이라 할 것이다. 그러므로 삶의 의미를 묻는 것 자체는 결코 병적이지 않다. 이런 질문은 오히려 인간됨의 표현이요, 어쩌면 가장 인간적인 면이 드러나는 질문이다.

꿀벌이나 개미처럼 고차원적인 동물들을 한번 생각해 보자. 이들은 고도로 발달한 조직 속에서 살아간다. 인간 국가와 비슷한, 오히려 인간 사회보다 더 우월한 장치 가운데서 말이다. 하지만 그런 동물들이 실존의 의미를 묻고, 자신의 존재를 의문시할 수 있을까? 결코 그럴 수 없을 것이다. 오로지 인간만이 자신의 실존을 의문시하고, 존재적 의심을 경험한다.

실존의 의미를 찾지 못해 힘들다고 내게 왔던 환자가 있었다. 그런데 상담 도중에 그가 내분비성 우울증을 앓고 있다는 사실이 드러났다. 예상과는 달리, 삶의 의미에 대한 고민은 우울한 시기에 그를 덮치지 않았다. 오히려 그런 시기에는 우울함에 사로잡혀 삶의 의미 따위를 생각할 수조차 없었다. 중간중간, 우울하지 않고 건강한 시기에만 삶의 의미에 대해 고민했던 것으로 드러났다! 다시 말해, 영적 곤궁과 정신질환 사이에는 오히려 배타적인 관계가 있었다. 그러나 이렇듯 삶의 의미에 대한 의심과 절망이 우울증과 관련이 없을 수도 있지만, 반대로 삶의 의미에 대한 고민으로 인해 누제닉 우울증이 생길 수도 있다.

갑작스레 삶의 의미에 대한 질문에 부딪히게 되면 굉장히 혼란스러울 수 있다. 특히 사춘기에 그런 일이 잦다. 사춘기는 영적으로 이제 막 성숙해 가는 젊은이에게 인간 실존의 본질적인 문제들이 다가오는 시기다. 어느 중학교 과학 선생님이 아이들 수업 시간에 인간을 비롯한 모든 생물의 삶은 결국 산화 과정 내지 연소 과정일 뿐이라고 이야기했다. 그러자 한 학생이 갑자기 벌떡 일어나더니 흥분한 목소리로 선생님께 물었다.

"그렇다면 과연 이런 삶이 대체 무슨 의미가 있을까요?"

이 학생은 인간은 우리 앞에 놓인 탁자 위에서 타들어 가는 초와는 다른 존재임을 옳게 파악했던 것이다. 촛불의 존재(하이데거 Heidegger는 이를 '눈앞의 존재vorhanden-sein'라 부를 것이다)는 연소 과정으로 보아도 된다. 하지만 인간은 본질적으로 그와 다른 역사적 존재다. 역사 속에 집어넣어져 그 좌표계로부터 빠져나올 수 없는 존재다. 이런 좌표계는 드러내놓고 시인하거나 표현할 수 없다 해도 어떤 의미에 좌우된다. 개미 무리가 움직이는 것을 목적 지향적이라고 할 수는 있겠지만, 의미가 있다고 할 수는 없다. 의미라는 범주가 없으면 '역사적'이라고 부를 만한 요소도 없는 것이다. 즉 개미 나라에는 역사가 없다.

에르빈 슈트라우스Erwin Straus는 그의 책《사건과 체험Geschehnis und Erlebnis》에서 그가 '창조되는 현실'이라고 부르는 인간 삶의 현실—특히 신경증 환자의 삶의 현실—은 역사적 시간 요소를 빼놓고는 생각할 수 없다고 했다. 인간이 신경증으로 인해 이런 창조되는 현실을 일그러뜨리는 상황에서도 말이다. 아니, 그런 상황에서는 더더욱 그런 요소를 빼고 생각할 수 없다고 했다. 이런 일그러뜨림은 인간의 원래 존재 방식으로부터 이탈하고 거기서 떨어져 나오려는 시도를 말한다. 슈트라우스는 이런 방식을 '현재적인' 존재 방식이라고 일컫는다. 슈트라우스에 따르면 이것은 모든 지향성을 포기할 수 있다고 믿는 삶의 태도다. 따라서 과거에 기반을 두지도, 미래를 지향하지도 않는 태도, 역사 없이 순수 현재에만 관계하는 태도다. 일종의 심미주의로의 신경증적인 도피, 즉 신경증 환자가 예술에 탐닉하거나 자연에 지나치게 열광하는 것으로 도피하는 행동이 그런 태도다. 그는 그렇게 하면서 어떤 의미에서 자기 자신을 잊어버린다. 하지만 그런 순간에 그가 의무를 잊어버린다고도 할 수 있다. 그가 그런 순간에 개인적, 역사적으로 의미가 있는 모든 의무를 도외시하고 살아간다면 말이다.

평균적 기준이나 윤리적 기준의 의미에서 정상적인 인간은 특정 시기, 어느 정도까지만 현재적인 태도를 취할 수 있다. 가령 축제 때처럼, 일시적으로 틀에 박힌 삶에서 빠져나와 즐기는 시간 같은 때 말이다. 이렇게 의도적이고 인위적으로 만들어 낸 자기 망각 가운데 이따금 짓누르는 책임감을 의식적으로 벗어던질 수 있는 것이다. 그러나 최소한 서구인은 자신이 가치를 창조적으로 실현해야 한다는 압박에서 한시도 벗어날 수가 없다. 물론 그가 자신의 창조적 활동에 심취하여 거의 마비되다시피 하는 것이 불가능하지는 않다. 셸러는 '시민'에 관한 자신의 논문에서 가치 실현의 수단에 몰두하다가 최종 목적인 가치 자체를 잊어버리는 사람들이 있다고 말했는데, 바로 이런 사람들이 일에 심취하여 거의 마비되다시피 하는 사람들이다. 일주일 내내 힘들게 일하고 일요일이 되어서야 삶이 공허하고, 삭막하고, 텅 비어 있음을 의식하며 우울해하는 사람들(일요신경증), 또는 영적 관계에서 공간 공포로 인해 그 어떤 중독 상태로 도피하는 사람들이 이에 속한다.

삶의 의미에 대한 질문은 사춘기처럼 성숙하는 시기에 많이 제기되지만, 간혹 충격적 경험을 할 때처럼 운명적으로 생겨나기도 한다. 사춘기에 삶의 의미를 의심하는 것이 전혀 병적인 것이 아니듯이, 충만한 삶을 갈구하는 인간의 정신적 곤궁과 영적 투쟁은 전혀 병적이지 않다. 로고테라피로 확장된 심리치료나 로고테라피 형식으로서의 실존분석이 정신적으로 힘들어하지만 임상적으로 전혀 병들었다고 볼 수 없는 사람들을 대상으로 하고 있음을 결코 잊지 말아야 한다. 이런 인간적인 괴로움은 '영성에서 출발하는 심리치료'의 대상이 되는 괴로움이다.

그러나 실제로 임상 증상이 있는 경우에도 로고테라피를 통해 환자에게 확실한 영적 뒷받침을 제공해 주어야 한다. 건강한 보통 사람은 그런 뒷받침이 별 필요 없겠지만, 정신적으로 불안한 사람은 불안을 상쇄하고자 그런 뒷받침이 시급하게 필요하다. 인간의 영적인 문제를 결코 '증상'으로 경시해서는 안 된다. 어느 경우에라도 그것은 오스발트 슈바르츠Oswald Schwarz의 반명제를 빌리자면 '성취'

이다. 한편으로는 환자가 이미 이룬 성취이고, 다른 한편으로는 우리가 그를 도와서 이루어야 하는 성취이다. 순전히 외적인 이유로 정신적 균형을 잃어버린 사람들에게는 이런 도움이 중요하다. 일생 동안 헌신적으로 돌보아 온 사랑하는 가족을 잃은 뒤, 불안한 마음으로 이제 자신의 삶이 무슨 의미가 있을까 하는 질문을 던지는 사람도 그중 하나다. 그런 사람들은 안타깝게도 그런 순간에 존재의 의미에 대한 믿음을 대폭 상실하고, 빈손으로 서게 된 것이다. 이들에게는 무조건 삶을 긍정하는 세계관만이 불어넣어 줄 수 있는 힘 —그런 힘은 꼭 명확히 의식되거나 개념적으로 정리되지 않아도 좋다—이 없어서, 인생이 힘든 시기에 가혹한 운명을 받아들이게 되고, 운명의 힘을 스스로 상쇄할 수가 없다. 그러다 보니 일종의 정신적 기능 상실이 생긴다.

삶을 긍정하는 세계관이 얼마나 중요하며, 이것이 생물적인 영역까지 얼마나 큰 영향력을 행사하는지는 장수에 관한 대규모 통계 연구에서도 드러난다. 장수의 원인에 관한 연구에서 학자들은 실험에 참여한 모든 장수 노인에게서 삶을 긍정하는 밝은 인생관을 확인할 수 있었다.

심리적 영역에서도 세계관이 상당히 중요하다. 그리하여 부정적인 인생관을 숨기고자 하는 환자들에게서도 그것은 어떻게든 여실히 드러나며, 결코 완전히 위장될 수 없다. 염세적 세계관은 신경정신과적인 방법으로 즉각 들추어낼 수 있다. 어떤 환자가 겉으로는 숨기고 있지만 속으로 자살할 마음을 품고 있다는 의심이 들면 우리는 이렇게 대처한다. 우선 환자에게 자살하려는 생각이 있느냐고, 혹은 전에 자살하고 싶다고 했는데 아직도 그런 생각을 하느냐고 묻는다. 그러면 자살할 생각이 없거나, 아니면 있는데 숨기고 있는 경우 모두 환자는 이 질문에 아니라고 부인할 것이다. 그러고 나면 그 환자가 정말로 자살 생각에서 벗어난 것인지, 아니면 숨기고 있을 뿐인지를 감별해 주는 질문을 또 하나 던진다. 약간 잔인하게 들릴지 모르지만 그에게 왜 더 이상 자살할 생각을 하지 않느냐고 묻는 것이다. 그러면 정말로 자살 생각에서 해방되었거나 치유된 환자는 곧장 가족을 생각해서라거나 해야 할 일이 있어서라는 식으로 답변한다. 하지만 자살할 마음이 없는 척, 겉으로만 위장한 환자는 이런 질문에 당황하는 반응을 보인다. 살고 싶은 것처럼 위장했으나 막상 논지가 부족해진 것이고, 이미 입원해 있는 경우에는 이런 상황에서 보통 퇴원시켜 달라고 조르거나, 공연히 자살 생각 같은 거로 퇴원도 못 하는 일은 없도록 하겠다고 누누이 맹세하기 시작한다. 요컨대 인간은 삶을 긍정하고 계속 살고자 하는 논지, 밀려오는 자살 생각을 거스르는 논지를 거짓으로 꾸며댈 수 없다. 그런 논지들이 정말로 있다면, 이미 생각 속에 준비되어 있을 것이고, 자살 계획에 더 이상 휘둘리지 않고 그 어떤 거짓말도 할 필요가 없을 것이다.

초의미

삶의 의미에 대한 질문은 여러 가지 종류가 있다. 그러므로 삶의 의미를 계속해서 논하기 전에 우리가 다룰 수 없는 문제들을 먼저 걸러내고자 한다. 가령 '세계의 목적과 목표'처럼 모든 사건의 의미를 묻는 것이나, 운명이나 닥쳐오는 일들의 의미에 대한 물음은 우리가 다룰 수 없다. 이런 질문에 적극적으로 답변하는 것은 신앙의 몫이다. 섭리를 믿는 신앙인들은 이와 관련하여 별달리 문제가 없을 것이며, 나머지 사람들은 이런 식의 문제 제기를 인식 비판적으로 점검해야 한다. 전체적인 것의 의미를 물을 수 있는 것인지, 이런 질문 자체가 의미 있는 것인지 말이다. 우리는 본래 세계적 사건의 목적이 아니라, 부분적 사건의 의미만을 물을 수 있을 따름이다. 세계의 목적은 세계 외부에 놓여 있다는 점에서 초월적이다. 그러므로 세계 전체의 의미는 기껏해야 한계 개념으로 파악할 수 있을 뿐이다. 이런 의미를 '초의미super-meaning'라고 일컬을 수 있다. 전체 의미를 더 이상 파악할 수 없는, 파악할 수 있는 것을 넘어선다는 뜻에서다. 이런 개념은 칸트의 이성과 유사하다. 생각의 필연성과 동시에 불가능성을 이야기하는 것이니 말이다. 이런 이율배반을 해결할 수 있는 것은 신앙뿐이다.

파스칼Pascal은 이미 가지는 결코 나무의 뜻을 알 수 없다고 이야기했다. 최근의 생물환경학도 모든 생물이 종 특유의 환경에 갇혀 있고, 그 환경을 박차고 나올 수 없음을 보여 주었다. 그래도 아직은 인간에게 예외적인 지위를 부여할 수 있다 해도, 인간이 '세계에 열린' 존재이고, 환경을 넘어서는 존재이며, "세계를 가지고 있다"(막스 셸러)고 해도, 이런 세계 너머에 초세계가 존재하지 않는다고 누가 그러던가? 오히려 세계에서 인간이 최종 지점에 있는 것은 겉보기에만 그런 것이며, 자연 안에서 동물에 대해서만 높은 위치에 있는 것이라고 보아야 하지 않을까? "세계 내 존재"(하이데거)에 대해서도 결국 동물의 환경과 유사하게 적용될 거라고 말이다. 동물이 자신의 환경으로부터 인간의 세계를 이해할 수 없는 것처럼, 신앙 안에서 영감으로 뻗어 나가지 않는 이상 인간도 초세계를 파악할 수 없다. 길들여진 동물은 사람이 그를 줄에 묶어 놓는 목적을 알지 못한다. 인간 역시 자신의 삶에 어떤 '최종 목적'이 있는지, 전체 세계가 어떤 '초의미'를 가졌는지 어찌 알 수 있겠는가?

인간의 자유와 책임은 인간에게 숨겨진 동시에 더 상위에 있는 목적성과 모순된다는 하르트만의 주장은 적절치 않아 보인다. 하지만 하르트만도 인간의 자유는 '종속에도 불구하고의 자유'라는 걸 인정한다. 영적 자유는 자연법칙을 초월하여 존재의 낮은 층에 매여 있지만, 낮은 층에 대해서 '독립적인' 존재의 더 높은 층에서 생겨나기 때문이다. 인간의 자유 영역과 그보다 높은 곳에 위치하는 영역 사이에는 유사 관계가 있어서, 어떤 섭리가 작용하든지 간에 인간은 의지의 자유가 있는 듯하다. 길들여진 동물이 인간에게 봉사하는 동시에 자신의 본능을 좇아 사는 것처럼 말이다. 인간은 자신의 목적을 위해 동물의 본능을 이용하는 것이다.

내가 특정 제품을 특정 방식으로 포장하는 기계를 하나 만든다고 해 보자. 그러면 이런 기계를 만드는 데 내가 어느 정도의 지능을 가지고 있어야 하는 건 분명한 사실이다. 그리고 그 지능은 해당 제품을 내가 직접 포장할 때 필요한 정도보다 더 높은 지능이어야 한다. 이제 이런 비유를 본능의 문제에 적용해 보자. 그러면 소위 본능의 지혜와 관련하여, 동물의 종이나 속에 특정 본능을 만들어 준 본능 배후에 있는 저 지혜가, 해당 동물이 지혜롭게 반응하도록 해 주는 동물적 본능 자체가 가진 지혜보다 훨씬 더 높은 수준일 거라는 결론을 내려야 하지 않을까. 그렇다면 인간과 동물의 다른 점은 동물은 본능을, 인간은 지능을 가지고 있다는 게 아닐지도 모른다(인간 이성의 배후에 놓인 그러나 이성으로는 설명할 수 없는 아프리오리a priori를 생각하면, 인간의 모든 지능은 '더 고차원적인' 본능일 뿐이라고 볼 수 있을 것이다). 오히려 인간과 동물의 본질적인 차이는 인간은 지능이 높다 보니 자신의 지혜보다 본질적으로 뛰어난 지혜, 즉 초인적인 지혜가 있고, 이 지혜가 인간에겐 이성을, 동물에겐 본능을 심어 주었음을 깨달을 수 있다는 데 있을지도 모른다. 인간은 인간의 지혜와 동물의 지혜로운 본능을 창조하고, 각자에게 맞는 세계를 마련해 준 지혜를 깨달을 수 있다는 것이다.

슐라이히Schleich는 인간의 세계와 초세계와의 관계—동물의 환경세계(Um-Welt, 야코브 폰 윅스퀼Jacob von Uexküll의 표현)와 인간 세계의 관계와 비슷하게 상상해야 할 관계—를 다음과 같이 아주 함축적이고 아름답게 표현했다.

"신이 가능성의 오르간 앞에 앉아 즉흥적으로 세계를 작곡한다. 우리 가련한 인간들은 늘 그중 인간의 소리와 비슷한 소리를 내는 오르간 음전vox humana 하나만을 듣는다. 그것만으로도 아름다운데, 전체는 얼마나 근사할 것인가!"

좁은 동물 세계와 넓은 인간 세계의 관계, 다시금 인간 세계와 모든 것을 포괄하는 초세계와의 관계를 황금분할에 비유하면 꽤 적절할 것이다. 황금분할에 따르면, 작은 부분과 큰 부분의 비는 큰 부분과 전체의 비와 같다. 혈청 채취를 위해 주사를 맞는 원숭이의 예를 들어 보자. 이 원숭이는 자신이 왜 아픔을 겪어야 하는지 파악할 수 있을까? 원숭이는 원숭이를 실험에 끌어들이려는 인간의 생각을 좇아오지 못한다. 원숭이는 인간적인 세계, 의미와 가치의 세계에 접근할 수 없기 때문이다. 원숭이는 그 세계에 도달하지 못하며, 그런 차원에 이르지 못한다. 그렇다면 인간의 세계 외에 인간이 접근할 수 없는 더 높은 세계가 있다고, 그런 더 높은 세계의 의미, 즉 초의미가 비로소 인간의 고통에 의미를 줄 수 있을 거라고 볼 수 있지 않을까?

믿음 안에서 초인간적 차원으로 나아가는 것은 사랑을 통해 이루어진다. 이것은 익히 알려진 사실이다. 하지만 동물에게도 이런 형태의 행동이 나타난다는 사실은 별로 알려지지 않은 듯하다. 강아지를 수의사에게 데려갔을 때 강아지가 수의사를 통해 가해진 아픔을 견디면서도 신뢰 가득한 눈빛으로 주인을 바라보는 모습을 본적이 있는가. 자신이 당하는 아픔이 어떤 의미가 있는지 알 수 없지만, 강아지는 주인을 신뢰하고 사랑하기에 믿고 견디는 것이다.

한계 개념으로 이해되건, 종교적 섭리로 이해되건 간에, 초의미에 대한 믿음이 심리치료와 정신건강에 탁월한 효과를 발휘한다는 것은 자명하다. 초의미에 대한 믿음은 창조적이며, 믿음은 강하게 만든다. 믿음의 눈으로 보면 의미가 없는 것은 아무것도 없다. 아무것도 헛되게 보이지 않으며, "예정되지 않은 일이 없다."(빌트간스 Wildgans) 이런 측면에서 보면 그 어떤 위대한 생각도 없어지지 않는다. 그것이 비록 알려지지 않고, 그런 생각을 한 당사자와 무덤으로 들어가 버린다고 해도 말이다. 드라마틱하고 비극적인 한 인간의 내적 인생 여정 또한 결코 헛되지 않다. 그런 이야기가 대화의 도마 위에 오르지 못하고, 이를 소재로 어떤 소설도 쓰이지 않는다 해도 말이다. 한 사람이 삶으로 쓴 소설은 누가 쓴 것과는 비교할 수 없이 위대하고 창조적인 업적이다.

우리는 삶의 내용과 성취된 삶이 그 어딘가에 보존되어 있다는 것을, '폐기'와 '보존'이라는 헤겔의 이중적 의미에서 '지양'되어 있다는 것을 알고 있다. 시간, 즉 삶의 유한성은 삶의 의미나 가치에 전혀 손상을 입히지 못한다. 있었던 존재Gewesen-sein 또한 존재의 일종이다. 아마도 가장 확실한 종류의 존재일 것이다. 이런 관점에서 보면 삶의 모든 활동은 가능성이 현실로 구출된 것이라 할 수 있다. 이미 지나갔지만, 과거에 영원히 안전한 상태가 된 것이며, 시간의 계속적인 개입으로부터 구출된 것이다.

흘러간 시간은 되돌릴 수 없다. 그러나 그 가운데 일어난 것은 훼손될 수도, 손상될 수도 없다. 그리하여 흐르는 시간은 강도일 뿐 아니라 관리자이기도 하다. 존재의 유한성을 염두에 두는 세계관이 결코 염세적인 것은 아니다. 비유를 들어 보자. 염세주의자는 달력을 걸어 두고, 매일매일 한 장씩 떼어 내면서 점점 얇아져 가는 달력을 두려움과 슬픔으로 바라보는 사람과 비슷하다. 반면 위에서 이야기한 것처럼 인생을 이해하는 사람은 막 떼어 낸 달력의 장들을 하나씩 조심스럽게 모아 두는 사람이다. 각 장의 뒷면에 일기처럼 메모하기도 하며, 뿌듯함과 기쁨으로 그런 메모를 떠올린다. 자신이 살아온 모든 삶을 말이다. 이런 사람이 스스로 늙어 간다고 느낄 때는 어떨까? 다른 사람들의 젊음을 질투하거나 자신의 젊었던 시절을 슬프게 돌아볼까? 오히려 그는 이렇게 생각할 것이다. '내가 젊은이들의 어떤 점을 부러워해야 할까. 젊은이들이 가진 가능성을? 아니면 그들의 미래를?' 그리고 나서 그는 이렇게 말할 것이다.

"내겐 젊은이들의 현실 대신에 과거에 이미 행한 일들의 현실이 있어. 게다가 그간의 사랑과 괴로움도 있어. 그리고 그것이 자랑스러워. 그러니 젊은이들이 뭐가 부럽겠어."

모든 좋은 것, 아름다운 것이 과거 속에 안전하게 보존되어 있다. 그러나 한편으로 모든 죄와 악으로부터 살아가는 동안 구제받을 수 있다.(Scheler, 《Wiedergeburt und Reue》) 따라서 결코 완성된 영화가 있는 것이 아니다. 완성된 영화의 필름을 돌리는 것이 아니라, 오히려 영화가 비로소 촬영되는 것이다. 과거는 '다행히도' 안전하게 보존되어 있고, 미래는 '다행히도' 열린 채, 인간의 책임 앞에 놓여 있다.

그렇다면 책임이란 무엇일까? 책임은 져야 하는 것이기도 하고, 저버릴 수 있는 것이기도 하다. 이런 말은 인간 안에 책임지는 것을 방해하는 반대의 힘이 있다는 걸 암시한다. 이것이 바로 책임의 불가해한 점이다. 책임에 대해 더 오래, 더 깊이 생각할수록 우리는 그런 점을 더 많이 의식하게 되어 나중에는 어지러울 지경이 된다. 인간의 책임성의 본질을 파고들어 가자마자 우리는 전율을 느끼게 되기 때문이다. 책임은 뭔가 두렵고, 뭔가 근사하다! 두려운 것은 내가 매 순간, 다음 순간을 위해 책임진다는 걸 알고 있고, 크든 작든 모든 결정은 영원하다는 것을 알기 때문이다. 내가 매 순간 한 가지 가능성을, 즉 그 순간의 가능성을 실현할 수도 있고 상실할 수도 있음을 알기 때문이다. 매 순간은 무수한 가능성을 품고 있지만, 나는 그중 한 가지만을 선택해서 실현할 수 있다. 말하자면 다른 모든 가능성은 저버린 것이며 영원히 존재하지 못하게끔 판결해 버린 것이다. 하지만 책임이 근사한 것은 미래가, 즉 나 자신의 미래와 내 주변 사람들과 일들의 미래가 매 순간 나의 결정에 달려 있음을 알기 때문이다. 내가 결정을 통해 실현하는 것, 결정을 통해 내가 '세계 속으로 데려오는 것'은 내가 현실 속으로 구해 오는 것이고, 그로써 소멸하지 않고 보존된다.

쾌락 원리와 상쇄 원리

지금까지 세계 전체에 해당하는 의미의 문제를 다루어 보았다. 이제는 환자들이 흔히 묻는 삶의 의미, 즉 개인적인 삶의 의미로 되돌아가고자 한다. 그러려면 우리는 우선 문장 하나를 살펴보고 넘어가야 한다. 이것은 삶의 의미에 대한 토론에서 환자들이 자꾸 들먹이는 말이며, 윤리적 허무주의로 이를 확률이 높은 말이다. 그것은 삶의 의미는 그저 쾌락에 있다는 주장이다. 이런 주장은 인간의 행동은 결국 쾌락 원칙에 좌우된다는 명제를 준거로 한다. 알다시피 정신분석은 인간의 모든 정신생활에서 쾌락 원리를 지배적인 위치에 둔다. 이 이론에 따르면 현실 원리는 원래 쾌락 원리에 상반되는 것이 아니라 쾌락 원리를 확장한 것일 뿐이며, 또한 기본적으로 쾌락을 달성하고자 하는 쾌락 원리의 '수정 버전'으로서 쾌락 원리에 봉사한다.[1]

그러나 우리는 쾌락 원리를 심리학이 인위적으로 만들어 낸 산물이라고 생각한다. 실제로 쾌락은 일반적으로 노력의 목표가 아니라 성취의 결과물이다. 칸트도 이미 이런 사실을 지적한 바 있으며, 셸러는 행복주의와 관련하여 쾌락은 행동 목표로서 존재하는 것이 아니며, 행동이 쾌락을 등에 걸머지고 간다고 했다. 물론 쾌락이 의지적 행동의 목표가 되는 특별한 상태나 상황도 있을 것이다. 하지만 그런 특별한 경우를 제외하면 쾌락 원리 이론은 모든 정신활동이 갖는 본질적으로 지향적인 특성을 간과한다. 보통의 경우 인간은 쾌락을 원하는 것이 아니라, 자신이 원하는 것을 원한다. 인간이 원하는 것은 서로 다르다. 반면 가치 있는 행동이든, 가치에 어긋나는 행동이든 쾌락은 늘 같은 것일 터이다. 그러므로 쾌락 원리를 인정하는 것은 인간의 목표를 평준화하는 것이라고 할 수 있다. 그렇게 보면 인간이 무슨 행동을 하든 전혀 중요하지 않을 것이기 때문이다. 그러면 선한 목적으로 기부하는 것은 비싼 돈을 내고 미식가적 즐거움을 누리는 것과 마찬가지로 그저 불쾌감을 제거해 주는 것일 뿐이다. 하지만 가령 동정심이 일어나는 것의 의미는 불쾌감 제거라는 부정적 의미를 갖는 자선 행동 이전에 이미 존재한다. 왜냐하면 같은 상황에 대해서도 어떤 사람은 동정심을 느끼는 반면, 어떤 사람은 똑같은 불행을 보고도 가학적인 즐거움을 느끼는 가운데 긍정적인 쾌락을 경험할 수 있기 때문이다.

사실 인생에서 즐거움이냐 괴로움이냐 하는 것은 별로 중요하지 않다. 연극을 보러 온 관객들에게 보는 연극이 희극이냐 비극이냐는 본질적이지 않다. 중요한 것은 내용이다. 위장된 마조히스트가 아닌 이상, 무대 위에서 진행되는 슬픈 사건을 보며 느끼는 불쾌감이 연극을 관람하는 목표라고 주장할 사람은 아무도 없을 것이다. 쾌락이 간혹 노력의 결과물로서 주어지는 것이 아니라 모든 노력의 최종 목표라는 주장은 이런 주장을 거꾸로 뒤집어 보면 말도 안 되는 것임이 드러난다. 가령 나폴레옹이 전쟁에서 승리해 쾌감을 느끼려고만 전쟁을 했다면 —그렇게 다른 군인들은 먹고 마시고 오입질하는 것을 통해 얻는 것과 동일한 쾌감을 얻고자 했다면— 나폴레옹의 마지막 전투의 '최종 목표'는 승리에 따라오는 쾌감처럼 패배에 따라오는 고통스러운 느낌이었던 걸까?

인생의 의미를 단지 쾌락에서 찾고자 한다면, 삶은 결국 무의미해 보인다. 쾌락이 정말로 삶의 의미라면, 삶은 도무지 의미가 없을 것이기 때문이다. 그도 그럴 것이 결국 쾌락이란 무엇인가? 그것은 상태다. 물질주의자—쾌락주의는 일반적으로 물질주의와 함께 간다—는 심지어 쾌락이 두뇌의 신경세포에서 일어나는 일종의 과정일 따름이라고 말할지도 모른다. 그렇다면 고작 그런 과정에 도달하려고 살고, 경험하고, 고생하고, 뭔가를 해야 하는 걸까? 사형수가 처형을 몇 시간 앞두고 마지막 식사를 마음대로 고를 수 있다고 해 보자. 그러면 그는 이렇게 질문할 것이다. 어차피 두 시간 뒤에는 시신으로 변할 텐데, 죽음을 코앞에 두고 맛있는 음식을 먹은들 무슨 의미가 있을까? 죽기 전에 신경세포가 그 쾌락이라 불리는 과정을 거치건 안 거치건 무슨 상관이란 말인가? 그렇게 보면 죽음에 직면해 있는 것은 모든 생명이 마찬가지고, 누구의 쾌락이든 동일하게 의미가 없는 것이 아니겠는가. 이런 삭막한 인생관은 삶의 한가운데에서도 삶의 의미를 의심하게 한다. 이런 인생관은 자살 시도 뒤에 자신의 다음과 같은 경험을 이야기해 준 환자의 인식과 일맥상통한다. 그 환자는 시내에서 떨어진 외딴곳으로 가서 자살하고자 했지만, 그곳까지 가는 전철이 없어서 그냥 택시를 타기로 했다.

"하지만 그다음에 나는 택시를 타면 돈이 드니까 몇 실링(오스트리아 화폐단위) 아껴야 하지 않을까 생각했어요. 그러고는 어차피 죽을 거면서 죽음 직전에 몇 푼을 아끼려고 했다는 것 때문에 웃음이 나왔죠."

세상을 사는 것이 쾌락을 위한 것이 아님을 삶 자체가 아직 충분히 가르쳐 주지 않았다면, 러시아 실험심리학자의 통계에 주목해야 할 것이다. 그는 보통 사람은 하루 동안에 평균적으로 쾌감보다는 불쾌감을 훨씬 더 많이 느낀다는 것을 보여 주었다. 쾌락 원칙이 인생관으로서, 즉 실생활에서 별로 만족스럽지 않을 뿐 아니라, 이론상으로도 그렇다는 것은 일상적인 경험에서도 드러난다. 우리가 누군가에게 왜 의미 있어 보이는 무언가를 하지 않느냐고 묻고, 그가 그 이유로 "그냥 하고 싶지 않아서요."('Ich habe keine Lust dazu.' 이 문장의 Lust라는 말이 쾌감이라는 뜻이므로, '그냥 쾌감이 느껴지지 않아서요.'라고도 직역할 수 있다는 데 착안해야 하는 문장 -옮긴이)라고 대답한다면, 우리는 이런 대답을 불만족스럽게 생각할 것이다. 그런 대답은 대답이 아니라고 생각하기 때문이다. 내키느냐 내키지 않느냐, 즉 쾌감이 느껴지느냐 느껴지지 않느냐를 결코 어떤 행동의 의미와 관련한 찬성 논지나 반대 논지로 여길 수가 없기 때문이다.

프로이트가 그의 저서《쾌락 원리의 저편Jenseits des Lustprinzips》에서 주장한 것이 사실이라 하더라도, 쾌락 원리가 원리로서 지탱하지 못한다는 사실에는 변함이 없다. 즉 프로이트는 유기적인 것이 무기적인 것으로 귀환하는 경향이 있다고 했고, 그로써 모든 쾌락 추구와 죽음 본능과의 관계를 증명할 수 있다고 본다.

이제 이 모든 심리학적, 생물학적 원초적 경향은 더 환원되어 모든 존재 영역에서 긴장의 해소를 추구하는 보편적 상쇄 원리(평준화 원리)에 이를 수 있을 듯하다. 물리학에는 이와 비슷하게 우주적 최종 상태를 상정하는 엔트로피entropy라는 이론이 있다. 니르바나(Nirvana, 열반)는 이런 우주의 '열사heat death'에 대한 심리적 상대 개념이라고 할 수 있으며, 불쾌감으로부터의 해방을 통한 정신적 긴장의 해소는 거시적 엔트로피의 미시적 대응물로 볼 수 있다. 즉 니르바나를 '안에서 본' 엔트로피라 할 수 있는 것이다. 그러나 이런 상쇄 원리는 '개체화의 원리'의 반대 개념이다. 개체화의 원리는 모든 존재는 개별적인 존재로서, 다름을 유지하고자 한다는 원리다.[2] 상쇄 원리에 대해 이런 반대쌍이 존재한다는 것만 보아도, 보편적인 원리의 발견, 그 어떤 우주적 경향의 규명이 윤리적 연관에서는 별로 소용이 없다는 것이 드러난다. 객관적인 사건은 주관적으로는, 즉 주체에게는 결코 구속력이 없기 때문이다. 누가 우리에게 이 모든 원리나 경향들과 스스로를 동일시하라고 말할 수 있겠는가? 설사 우리가 이런 경향을 우리의 정신활동에서 발견하게 된다고 해도, 그런 경향에 복종할 것인지는 또 다른 문제다. 이런 내적, 외적 완력에 저항하는 것이 바로 우리 본연의 과제라고도 생각할 수 있지 않을까.

우리는 일방적으로 자연주의적 교육을 받았기에 정확한 자연과학 연구 결과들, 즉 물리학적 세계상을 지나치게 존중하는지도 모른다. 하지만 우주적 규모의 최후의 재앙이 우리와 우리 후대의 노력을 무색하게 할 수 있다고 하여, 열사 혹은 세계 멸망을 두려워해야 할까? 오히려 이론적 선입견이 없는 단순한 내적 경험이, 가령 아름다운 노을을 보며 기뻐하는 것이 지구가 태양에 먹힐 시점을 천문학적으로 계산해 내는 것보다 더 현실적이라는 사실을 가르쳐 주지 않을까? 자기 경험(책임지는 존재로서의 인간 존재의 자기 이해)만큼 직접적으로 주어지는 것이 또 있을까? 누군가는 '가장 확실한 것은 양심'이라고 했다. 어떤 체험의 생리적인 본질에 대한 이론도, 즐거움은 대뇌 신경절 세포 내의 분자 혹은 원자 혹은 전자의 일종의 춤이라는 주장도, 지고의 예술을 향유하거나 순수한 사랑의 행복을 경험하는 가운데 삶의 의미가 있다고 느끼는 한 인간의 확신만큼 강하게 와닿지는 않는다.

그러나 기쁨은 스스로 의미를 지니고 있을 때만이 삶을 의미 있게 만들어 줄 수 있다. 하지만 기쁨의 의미도 기쁨 안에 있지는 않다. 의미는 밖에 존재한다. 기쁨은 각각 어떤 대상을 지향하기 때문이다. 셸러는 기쁨이 단순한 쾌락과는 달리 지향적인 감정임을 보여 주었다. 쾌락은 지향적이지 않고 상태적인 감정이다. 그냥 감정상태일 뿐이다. 셸러는 기쁨과 쾌락의 이런 차이는 일상에서 사용하는 언어에도 반영된다는 사실을 지적한다. 즉 쾌락은 무엇무엇 '때문에' 느껴지는 것인 반면, 기쁨은 무엇무엇에 '대하여' 갖는 감정이라는 것이다. 그렇게 말하니 에르빈 슈트라우스가 명명한 '현재적인' 생활방식이 떠오른다. 이런 삶에서 사람은 바야흐로 쾌락의 상태에 취한 것처럼 머문다. 대상의 영역에, 그로써 가치의 영역에 도달하지 않고 말이다. 하지만 가치를 감정적으로 지향하는 것만이 비로소 인간에게 진정한 기쁨을 줄 수 있다. 그러므로 기쁨은 결코 목적 자체가 될 수 없다. 기쁨 자체를 지향하지 않기 때문이다. 기쁨은 가치를 인식하고, 가치를 지향하는 행위를 완수할 때만 실현되는 '성취의 현실'이다.[3] 키르케고르Kierkegaard는 "행복의 문은 항상 밖으로만 열린다."라는 말로 이를 멋지게 표현했다. 이 문은 억지로 밀어서 열려고 하는 사람에게는 열리지 않는다. 행복해지고자 안간힘을 쓰는 사람은 그로 인해 이미 행복으로 가는 길이 막혀 버린다. 그리하여 행복하고자 애쓰는 것은 이미 그 자체로 불가능한 것으로 드러난다.

가치는 그것을 지향하는 행위를 초월하고, 그것을 인식하는 행위를 초월한다. 인식 행위의 대상이 좁은 의미에서의 인식적 행위 밖에 놓여 있는 것처럼 가치 인식 행위 역시 외재하는 가치를 지향한다. 현상학은 지향적인 행위 대상이 갖는 초월적(외재적) 특성은 내용적으로 이미 주어진 사실임을 보여 주었다. 그리하여 내가 불 켜진 전등을 볼 때, 전등은 이미 거기에 존재한다. 눈을 감거나, 전등에서 등을 돌릴지라도 전등이 거기에 존재한다는 사실은 이미 주어진 것이다. 본다는 것 자체가 이미 눈의 외부에 있는 것을 본다는 의미다. 자신이 바깥세상에 있는 것을 보는 것이 아니고, 자신의 눈 망막 위에 있는 상들을 본다고 말도 안 되는 주장을 한다면, 이런 주장은 감각적 데이터를 기본으로 하는 마흐Mach의 논리실증주의logical Positivism의 근본적 오류를 범하고 있다고 할 것이다. 실로 감각 자체에 주목하는 것은 이차적이고 사색적인 입장이며, 기껏해야 학문적, 심리학적 입장이지 결코 자연스러운 인식 태도에 부합하는 입장은 아니다. 인식론은 심리학적 인식론이[4] 되려고도, 되어야 하지도 않는다. 더 나아가 위의 사람이 자신은 안경을 통해 안경알만 본다고, 사물 자체는 보지 않는다고 주장한다고 하자. 그 역시 말도 안되는 주장이다. 물론 안경알에 묻은 더러움이나 먼지, 얼룩 같은 것에 주목할 수는 있다. 그러나 그런 입장은 각각 안경알의 흠에 주목하는 것임을 잊지 말아야 한다. 인식 비판적 입장이 인식의 흠에 주목하는 것처럼 말이다. 인식의 오류의 원천에 주목하는 것은 그런 오류의 원천이 있지만 그럼에도 인식이 정당성을 갖는다는 것을 전제로 한다!

어떤 대상을 실제적인 것으로 인식하는 것은 자신이나 다른 누군가가 그 대상을 실제로 인식하는가와 무관하게 그 대상의 실재를 인정한다는 의미다. 가치 인식의 대상도 마찬가지다. 이런 예를 들어 보자. 어떤 남자가 자신이 성적으로 흥분 상태에 있을 때는 자신의 성적 파트너가 매우 아름답게 보이는데, 성적 흥분이 잦아들면 파트너의 매력이 사라지는 듯한 경험을 한다고 하자. 그는 이제 이런 경험으로부터 자신이 경험한 미적 가치가 실재하는 것이 아니고, 육욕으로 인한 감각적 혼란일 따름이라고 추론한다. 따라서 그런 가치들이 객관적인 것이 아니라 그의 신체 상태에 좌우되고, 충동의 주관성에 기인한다고 말이다. 하지만 이런 추론은 틀리다. 특정한 주관적 상태가 그 어떤 가치들을 알아차리게 하는 조건이 될 수는 있었을 것이다. 주체의 특정한 상태가 가치를 파악하는 수단이나 방법이었던 것이다. 그러나 이것은 가치의 객관성을 배제하는 것이 아니며, 오히려 가치의 객관성을 전제로 하는 것이다. 따라서 미적 가치, 윤리적 가치는 그것을 파악하고자 적절한 행위를 필요로 한다. 하지만 동시에 그런 가치 대상들은 그것을 지향하는 행위를 초월한다. 그런 행위에 대해 외재하는 것, 즉 객관적인 것이다. 우리의 세계상이 우리로 하여금 세계의 한 부분, 즉 한 단면만 보게 함으로써 우리가 특정 시각에 매이게 된다는 사실도 그런 객관성을 침해하지 못한다. 그렇기 때문에 모든 당위성은 각각 구체적인 상황에서만 인간에게 주어지는 것이다. 즉 그가 '지금 여기서 무엇을 해야 하는지' 하는 구체성 안에서 말이다. 가치들은 그날의 요구와 개인적인 과제에서 떠오르며, 과제 배후의 가치들은 과제를 통해서만 지향될 수 있는 것처럼 보인다. 그러므로 구체적인 시각에 매인 개개인은 결코 전체적인 것을 볼 수 없다.[5]

각각의 인간은 유일하며, 그가 처한 상황은 일회적이다. 개개인의 구체적 과제도 이런 유일성과 일회성에 좌우된다. 그리하여 모든 순간에 인간은 단 하나의 과제를 가질 수밖에 없다. 바로 이런 유일성이 과제의 절대성을 이룬다. 따라서 세계는 관점에 좌우되는 것이고, 처한 위치에 따라 단 하나의 적절한 관점이 있는 것이다. 그리하여 시각의 상대성에 절대적 정당성이 존재하는 것이 아니라, 바로 시각의 상대성 때문에 절대적 정당성이 존재하는 것이다.

➤◀ 주관주의와 상대주의

의미의 객관성에 대해 잠깐 언급하고 넘어가고자 한다. 의미의 객관성은 그의 주관성을 배제하지 않는다. 모두에게 적용되지 않고, 모두에게 각기 다른 의미가 있다는 점에서, 의미는 주관적이다. 하지만 각각의 의미는 순전히 주관적일 수는 없다.[6] 의미는 주관주의[7]와 상대주의가 설파하는 것과는 달리 내 존재의 단순한 표현이거나 거울일 수는 없다.

의미가 주관적일 뿐 아니라 상대적이라는 말은 의미가 사람과 사람이 처한 상황과 관계가 있다는 뜻이다. 이런 의미에서 어떤 상황이 갖는 의미는 정말로 상대적이다. 의미는 일회적이고 유일한 상황과 관련되어 있다.

사람은 상황의 의미를 파악하고, 이해하고, 인지하고, 인정하고, 실현해야 한다. 따라서 상황에 매여 있다는 점에서 의미 역시 그 자체로 유일하고 일회적이다. 이런 불가피한 유일성으로 인해 의미는 주관성을 초월하는 것(trans-subjectivity, 초주관성)이 된다. 우리가 의미를 결정하는 것이 아니라, 의미가 우리에게 주어지는 것이다. 물론 의미를 지각하고 실현하는 데 인간의 주관적인 지식과 양심이 많이 개입한다 해도 말이다. 인간의 지식과 양심에 오류가 있다 해도, 인간의 양심이 지향하는 존재와 당위성이 가진 초주관성은 손상되지 않는다. 이런 특성을 확신하는 사람은 잘못된 양심만이 살인이나 자살 같은 것을 변호할 수 있음을 확신할 것이다. 이런 확신으로 인해 예외적인 경우 의사가 치료 과정에서 자신의 가치관과 세계관을 반입하는 것도 용인될 수 있다. 하지만 그럴 때라도, 의사는 자신의 양심과 환자의 양심이 다를 수 있음을 염두에 두어야 한다.

인간만이 양심을 가지고 있다. 양심은 모든 상황에 내재된 유일하고 일회적인 의미를 감지하는 직관적 능력이라 할 수 있다. 한마디로 양심은 '감각기관'이다.

그러나 인간의 조건에 참여하고, 그의 특징인 유한성에 복종하는 것은 인간적일 뿐 아니라, 너무나 인간적이어서 양심은 인간을 오도할 수도 있다. 나아가 마지막 순간, 마지막 호흡을 할 때까지 인간은 자신이 정말로 자기 인생의 목표를 실현한 것인지, 아니면 착각한 것인지 알지 못한다. 우리는 알 수 없으며, 앞으로도 모를 것이다. 그러나 페터 부스트Peter Wust 이래로 '불확실성과 모험'은 함께 가는 것이다. 양심은 인생의 의미를 정말로 발견하고 파악했는가 하는 질문과 관련하여 인간을 불확실성에 방치할지도 모르지만, 이런 불확실성은 인간으로 하여금 양심에 복종하거나 일단 양심의 목소리를 따르고 보는 모험을 면제해 주지는 않는다.

그러나 모험뿐 아니라 겸손도 불확실성에서 비롯된다. 죽음에 이를 때까지도 감각기관인 우리의 양심이 착각을 한 것인지 알지 못한다는 사실은 다른 사람의 양심이 옳았을 수도 있음을 의미한다. 따라서 겸손은 관용을 의미한다. 그러나 관용은 무관심을 의미하지 않는다. 다른 신앙을 가진 사람의 신앙을 존중한다는 것이 다른 신앙을 받아들인다는 의미는 아니기 때문이다.

인간은 경우에 따라 의미를 이해할 수 있을 뿐만 아니라, 의미를 해석하기도 해야 한다는 걸 부인할 사람은 없을 것이다.[8] 그렇다고 그런 해석이 자의적이라는 뜻은 아니다. 그런데 인간에게 의미를 해석할 자유가 있다면, 그것을 올바르게 해석할 책임도 있지 않을까? 하지만 모든 질문에는 대답이 하나뿐인 걸까? 즉 정답만 있을까? 모든 문제에는 효과적인 해결책이 단 하나뿐일까? 모든 삶과 삶의 모든 상황에 단지 하나의 의미만, 즉 참된 의미만 있는 걸까? 로르샤흐 테스트Rorschach test에서 의미는 주어지는 것이다. 테스트 대상의 주관성을 근거로 그 대상의 특징이 드러난다. 그러나 삶에서는 의미 부여가 아니라 의미 발견이 중요하다. 고안이 아니라 발견이다. 삶의 의미는 고안될 수 없고, 발견될 수밖에 없기 때문이다.

다음의 에피소드는 해석에 주관성이 수반되지만, 그럼에도 해석의 의미에 최소의 초주관성이 주어진다는 것을 보여 준다. 어느 날 나는 미국에서 강연한 뒤 토론 시간에 서면 질문을 받았다. 쪽지에는 "당신의 이론에서 600은 어떻게 정의됩니까?"라고 적혀 있었다. 토론 사회자는 이 문장을 쓱 보더니 내게 "말도 안 돼. 당신 이론에서 600을 어떻게 정의할 수 있냐니."라고 하면서 그 질문이 적힌 쪽지를 치워 놓으려 했다. 나는 그 쪽지를 달라고 해서 쓱 훑어본 순간, 토론 사회자가 —부수적으로 말하자면 그는 신학자였다— 잘못 보았음을 알았다. 질문자의 필체가 거의 인쇄체에 가까워서 영어 철자로 'GOD'를 쓴 것인데 숫자 '600'이라고 쓴 것처럼 보이는 것이었다. 이렇게 유발된 이중적인 의미로 즉석에서 의도치 않은 투사 테스트가 이루어졌던 것이고, 신학자인 사회자와 정신의학자인 내가 서로 다른 결론에 도달했던 것이다. 나는 그 쪽지를 버리지 않고 있다가 빈 대학 강의에서 미국에서 온 학생들에게 그 쪽지를 보여 주었다. 그러자 아홉 학생이 600이라고 읽었고, 아홉 학생이 GOD라고 읽었으며, 네 학생은 두 가지 해석 사이에서 오락가락했다. 그런데 내가 여기서 말하고자 하는 것은 이런 해석이 동일하지 않다는 사실이다. 두 가지 중 하나의 해석이 요청되었던 것이다. 질문 제기자는 오로지 '신'을 의미한 것이었으며, 그 질문을 보고 '신'이라고 읽어 낸 사람만이 질문을 이해한 것이었다! 그러므로 인간 역시 구체적인 상황이 어떤 의미가 있는지에 대해 자신의 양심에 따라 판단해야 한다. 그리고 자신의 양심이 구체적인 상황 가운데서 오류를 범하고 있는지 그렇지 않은지를 죽는 순간까지도 알지 못한다 해도, 이런 오류의 위험을 감수하고 자신이 불완전하고 유한한 인간임을 고백해야 한다. 고든 W. 올포트가 말한 바와 같다.

"우리는 반쯤 의심하는 동시에 온 마음을 다할 수 있다."[9]

인간의 자유가 유한하고, 인간이 전능함과 거리가 먼 것과 마찬가지로 인간의 책임도 유한하다. 인간은 다 알지 못한 상태에서 그저 '최대한의 지식과 양심으로' 결정해야 한다.

어떤 상황에서 단 하나의 의미가 발견되거나 보편적인 가치에 대해 "예" 혹은 "아니요"라고 말해야 할 때마다 양심이 무엇을 할 것인가 하는 문제는 우리가 '의미에의 의지'라 칭하는 영역으로 넘어가는 듯하다. 제임스 C. 크럼보와 레오나드 T. 매홀릭은 의미의 형태를 현실적인 것뿐 아니라, 가능한 것에서 발견하는 인간의 능력을 '의미에의 의지'라 칭한다.[10]

베르트하이머Wertheimer는 이렇게 주장했다.

"'7 더하기 7은 …….' 이는 빈자리가 있는 체계다. 이 빈칸은 여러 가지 방법으로 채울 수 있다. 하지만 14라는 해답이 상황에 부합하며, 빈자리에 맞는다. 이것이 바로 이 체계에서 이 자리에 구조적으로 요구되는 해답이다. 15 같은 다른 답들은 맞지 않는다. 여기서 상황의 요구, 즉 '필요'라는 개념이 대두된다. 이런 질서에서 '필요조건'은 객관성을 띤다."[11]

이런 의미는 유일하고 일회적인 상황에 매인 것인 반면, 이를 넘어 인간의 조건 자체에 관련한 보편적인 의미가 있다. 이런 포괄적인 의미 가능성이 바로 '가치'다. 사람은 인간 사회에서 역사 속에서 걸러진 일반적으로 통용되는 가치들과 도덕적이고 윤리적인 원칙들이 있어 수월한 면이 있다. 하지만 대신 대가를 지불해야 한다. 그 대가는 바로 갈등에 빠질 수 있다는 것이다. 하지만 그것은 양심의 갈등이 아니다. 사실 양심의 갈등 같은 것은 없다. 양심이 말하는 것은 분명하기 때문이다. 갈등 요소는 오히려 가치들에 내재해 있다. 각각의 상황에서 유일하고 일회적이며 구체적인 의미(그리고 의미는 늘 개인적일 뿐 아니라, 내가 버릇처럼 이야기하듯 '상황적'이다)와는 달리, 정의를 통한 가치들은 추상적인 보편적 의미들이기 때문이다. 이런 의미들은 일회적인 상황에 처한 특정인에게 적용될 뿐 아니라, 반복적이고 전형적인 상황이라는 넓은 영역에 적용된다. 그런데 이런 영역은 서로 중첩되기도 하며, 그로 인해 인간이 가치를 선택해야 하는 상황이 빚어진다. 서로 모순적인 원칙들 사이에서 선택해야 하는 것이다. 이때 자의적인 선택을 하지 않으려면, 다시 양심으로 돌아가서 양심의 목소리를 들어야 한다. 양심만이 인간이 자유롭게 결정하지만 자의적으로 하는 게 아니라 책임 있게 결정하도록 해 준다. 물론 인간은 양심에 대해서도 자유롭다. 하지만 이런 자유는 두 가지 가능성 중 하나를 선택하는 자유다. 즉 양심의 소리를 들을 것인가, 아니면 그것을 날려 버릴 것인가 하는 선택 말이다. 양심이 체계적으로 억압되고 억눌리면, 서양의 콘포미즘(conformism, 체제 순응주의)이나 동양의 전체주의에 이르게 된다.

그럼에도 가치 내부에 갈등 속성이 있다는 것은 그리 확실하지는 않다. 가치들의 적용 영역이 중첩되는 것처럼 보이는 것은 겉보기에만 그럴 수 있기 때문이다. 차원 하나를 줄여서 투영하거나 하면 중첩되는 것처럼 보일 수 있다. 즉 우리가 두 가치의 위계질서적인 차이를 배제하면, 두 가치의 영역이 중첩되는 것처럼 보이고 서로 충돌하는 것처럼 보인다. 두 개의 구를 3차원 공간으로부터 2차원 평면에 투영하면 일부분이나 전체가 겹쳐 보이는 것처럼 말이다.

가치의 세 범주

우리는 환자들이 종종 표명하는 근본적 회의주의에 반론을 제기하고, 허무주의를 타파하고자 했다. 그러려면 가치 세계의 풍요함, 가치 영역의 충만함을 보여 주는 것이 필요하다. 하지만 때로는 한 가지 범주의 가치만 고집하지 말고, 다른 가치 범주로 융통성 있게 전환하는 것도 필요하다. 특히 바로 지금 처한 상황에서만 실현할 수 있는 가치들이 있다면 말이다. 삶은 이와 관련해 굉장한 융통성을, 즉 자신에게 주어진 기회에 탄력 있게 적응할 것을 요구한다.

자신이 별로 가치가 없는 일을 하기 때문에 자신의 삶이 의미가 없다고 토로하는 환자들이 많다. 그런 환자들에게 우리는 어디에서 무슨 일을 하느냐는 상관없으며, 오히려 일을 어떻게 하는지, 자신이 맡은 일을 성실히 감당하는지가 중요함을 알려 주어야 한다. 따라서 중요한 것은 그의 행동반경이 얼마나 넓은가가 아니다. 자신의 과제를 성취하고 있는지가 중요하다. 직업적으로, 가정적으로 주어진 구체적인 임무를 다하는 소박한 사람이 '작은' 삶을 살고 있는 것 같지만, 사실은 싸인 하나로 수백만 명의 운명을 좌우하지만 양심 없이 결정을 내리는 고위 정치인보다 더 '크고' 귀한 삶을 살고 있는 것이다.

하지만 활동을 통해 실현되는 가치들만 있는 건 아니다. 활동을 통해 실현되는 가치를 '창조적 가치'라 부르고자 한다. 이외에 체험에서 실현되는 가치들, 즉 '경험적 가치'도 있다. 가령 자연이나 예술의 아름다움에 몰입하면서 세상을 향유할 때 그런 가치들이 실현된다. 자연이나 예술이 인생에 선사해 주는 충만한 의미 또한 과소평가해서는 안 된다. 특정 순간의 삶의 의미가 활동을 통한 가치 실현과 무관하게 단순한 체험에서 실현될 수 있는지 의심스러운 사람은 다음의 사고 실험을 해 보라.

음악 애호가가 콘서트홀에 앉아 자신이 좋아하는 교향곡을 들으며 지고의 아름다움에서만 경험할 수 있는 전율을 느낀다고 해 보자. 그리고 그 순간 그에게 그의 삶이 의미가 있느냐고 묻는다고 해 보자. 그러면 질문을 받은 사람은 자신이 이런 매혹적인 순간을 경험하기 위해서라도 사는 것이 보람 있겠다고 대답할 것이다.[12] 한순간에 불과할지라도, 삶의 위대함은 순간의 위대함에서 이미 측정할 수 있기 때문이다. 산맥의 높이는 낮은 봉우리들의 높이가 아니라 최고봉의 높이로 평가하는 법이다. 인생에서도 마찬가지로 최고봉이 그 의미를 결정한다. 한순간이 지금까지 살아온 전 인생에 의미를 부여할 수 있는 것이다. 등산하면서 알프스의 저녁노을을 보며 자연의 장엄함에 소름 돋는 감동을 느낀 사람에게, 이런 경험 뒤 인생이 완전히 무의미할 수 있겠느냐고 물어보라.

이 두 범주 외에 가치의 세 번째 범주가 있다. 창조적인 열매가 없고, 풍성한 경험이 없어도 삶은 기본적으로 의미 있는 것으로 드러나기 때문이다. 세 번째 범주의 가치는 인간이 삶의 제약에 어떤 태도를 취하는가 하는 점에서 실현된다. 가능성의 제약을 대하는 태도에서 새롭고 고유한 가치의 영역이 열리는 것이다. 더 나아가 이런 가치 영역이 가치 중 가장 높은 영역임이 틀림없다. 그리하여 아주 빈약해 보이는 실존에게도, 그러나 실제로는 단지 창조적 가치와 경험적 가치 면에서만 빈약한 실존에게도 여전히 가치를 실현할 수 있는 마지막이자 가장 위대한 기회가 주어진다. 우리는 이런 가치를 '태도적 가치'라 부르고자 한다. 변경 불가능한 운명에 대해 어떤 태도를 취하는가를 말하는 것이기 때문이다. 따라서 그냥 받아들이고, 그냥 짊어져야 하는 운명에 처한 사람은 늘 이런 태도적 가치를 실현할 가능성이 있다. 중요한 것은 그런 운명을 어떻게 짊어질 것인지, 자신의 십자가를 짊어질 것인지 하는 것이다. 괴로움 속에서도 용기를 잃지 않는 태도, 몰락과 좌절 속에서도 품위를 잃지 않는 태도 등이 그런 것들이다.[13]

이런 태도의 가치를 가치 범주의 영역에 포함하자마자, 인간의 실존은 결코 의미가 없을 수 없음이 드러난다. 인간의 삶은 최후에 이르기까지 의미를 지닌다. 숨을 쉬는 한, 의식이 붙어 있는 한, 인간은 가치에 대한 책임을 진다. 그것이 단지 태도의 가치일 뿐이라도 말이다. 가치 실현의 의무는 존재의 마지막 순간까지 인간을 놓아 주지 않는다. 가치 실현 가능성이 매우 제한되어 있다 하여도 태도의 가치를 실현하는 것은 언제나 가능하다. 인간 존재는 의식하는 존재이고, 책임지는 존재라는 문장의 유효성이 그렇게 입증되는 것이다.

살아가면서 매시간, 이런 가치 혹은 저런 가치에 집중할 기회가 제공된다. 삶은 때로는 창조적 가치를 실현하도록 요구하며, 때로는 경험의 가치에 열중하기를 원한다. 때로는 행동으로 세계를 더 풍요롭게 만들어야 하고, 때로는 체험으로 스스로를 풍요롭게 만들어야 한다. 시간이 우리에게 제기하는 요구가 때로는 행위를 통해 실현되기도 하고, 때로는 경험에 몰입함으로써 실현되기도 한다. 그러므로 인간은 '기쁨에도 의무가 있다'고 할 수 있다. 전철에 앉아 아름다운 저녁노을을 감상하거나, 아카시아 꽃향기를 느끼며 자연을 향유하는 대신, 그냥 주구장창 신문을 읽는 사람은 그런 순간 의무를 잊었다고도 할 수 있다.

이 세 개의 가치 범주 모두를 차례차례 거의 극적으로 실현했다고 볼 수 있는 환자가 있었다. 그의 인생 이력은 마지막에 이렇게 전개되었다. 그는 꽤 젊은 나이에 불치의 척수암에 걸려 입원해 있었다. 직업 활동은 진즉에 그만두었고, 마비 증상으로 인해 일을 할 수 없었으므로 창조적 가치는 더 이상 실현할 수 없는 상태였다. 그러나 이런 상태에서도 그에게 경험적 가치 영역은 열려 있었다. 그는 다른 환자들과 꽤나 지적인 대화를 했고(동시에 다른 환자들을 즐겁게 해 주고, 그들에게 용기와 위로를 주기도 했다) 늘 좋은 책들을 가까이했다. 무엇보다 방송을 통해 늘 좋은 음악을 들었다. 헤드폰도 더 이상 쓰지 못하고, 손이 점점 마비되어 책도 더 이상 들고 있을 수 없는 상태가 될 때까지 말이다. 이런 상태가 되자, 그의 삶은 다시 한번 전환국면을 맞았다. 이전에는 창조적 가치에서 경험적 가치로 퇴각해야 했고, 이제는 태도적 가치로 나아갈 수밖에 없었다. 그렇게 그가 병원 동료들에게 모범이자 조언자로 남았다면, 그의 태도를 어떻게 해석할수 있을까? 그는 마지막까지 고통을 용감하게 견디는 모습을 보여주었다. 죽기 전날 ―그는 죽음을 내다볼 수 있었다― 그는 당직 의사가 때를 보아 ―마지막 순간에― 그에게 모르핀 주사를 놓아 주라는 지시를 받았다는 걸 알고 있었고, 오후 회진 때 이 의사가 찾아오자 모르핀 주사를 미리 저녁에 놓아 달라고 부탁했다. 그러면 의사가 밤에 자다가 깨는 수고를 하지 않아도 될 것이기 때문이었다.

안락사

자, 여기까지 이야기했으니 이제 우리가 죽음을 앞둔 환자에게서 '자신의 죽음'을 선택할 기회를 박탈해 버릴 자격이 있는지 한번 물어보자. 이제는 비록 태도의 가치밖에 실현할 수 없을지라도, 즉 환자가 고통의 정점이자 최종점에서 자신의 고통에 어떤 태도를 취할까 하는 것만이 문제 된다고 해도, 환자는 존재의 마지막 순간까지 존재를 의미로 채울 기회를 가지고 있는 게 아닌가. 진정 자신의 죽음을 택할 수 있다면, 죽음 역시 삶에 속하는 것이며, 삶을 비로소 의미 있는 전체로 완성하는 것이다.

우리가 여기서 살펴보려는 문제는 바로 안락사다. 죽음이 임박한 환자의 죽음을 수월하게 해 주는 의미에서뿐 아니라, 더 넓은 의미에서의 안락사 말이다. 지금 거의 죽어 가는 사람의 죽음을 수월하게 해 주는 좁은 의미의 안락사는 의사에겐 전혀 문제가 되지 않았다. 경우에 따라 죽음의 고통을 약물로 경감해 주는 것은 당연한 일이다. 개입 시점은 알아서 판단할 문제라서 논의거리가 되지 않는다. 하지만 이런 좁은 의미의 안락사를 넘어서서, 소위 살아갈 가치가 없는 생명을 파괴하는 것을 법적으로 허용하려는 노력들이 곳곳에서 이루어졌다. 이에 대해 이렇게 이야기할 수 있다. 우선은 어떤 인간의 생명이 가치 있느냐 무가치하냐 하는 것은 의사가 판단할 수 있는 문제가 아니다. 의사는 다만 인간 사회로부터 가능한 한 도와주고, 진통을 경감해 주도록 위임받은 사람이다. 할 수 있는 한 치료하고, 더 이상 치료할 수 없을 때는 사람들을 돌보아 주도록 말이다. 환자와 그 가족들은 의사가 그런 위임을 진지하게 여기고 최선을 다해 줄 거라고 확신한다. 그렇지 않으면 의사에 대한 신뢰는 단번에 사라질 것이다. 환자는 의사가 그에게 도움을 주는 존재로 접근하는지 그냥 사형집행인지 알 수 없게 될 것이기 때문이다.

이런 원칙적인 입장은 신체적으로 불치병에 걸린 경우가 아니라 정신적으로 불치병인 경우에도 예외를 허락하지 않는다. 치료할 수 없는 것으로 여겨지는 정신병이 얼마나 오래 불치로 남아 있을지 누가 예측할 수 있단 말인가? 무엇보다 우리는 어떤 정신질환을 불치라고 진단하는 것이 어느 정도 주관적이라는 걸 잊지 말아야 한다. 이와 관련하여 사례 하나를 소개한다.

한 남자가 5년 내내 혼수상태로 누워 있었다. 다리 근육도 다 위축되었고 인공영양으로 생명이 유지되었다. 이런 경우 어떤 의사들은 분명히 어깨를 으쓱하며, 이런 사람은 차라리 죽는 것이 더 낫지 않느냐고 물을 것이다. 이런 질문에 대해 이 환자의 미래가 최상의 답변을 준다. 어느 날 이 환자는 상태가 호전되어 일반식을 먹을 수 있게 되었고 침대에서 일어나고자 했다. 그러고는 열심히 걷기 연습을 하여 위축됐던 다리 근육이 다시금 자신의 무게를 지탱할 수 있게 했으며, 몇 주 뒤에 퇴원하여 곧장 시민대학에서 강연을 했다. 그가 병에 걸리기 전에 했던 여행들에 대해서였다. 그리고 신경정신과 의사들도 끼어 있는 친한 그룹에서는 자신이 병들어 누워 있던 시기의 체험담을 전해 주었다. 그에게 불친절하게 대했던 몇몇 간호인들에게는 유감스러운 일이었다. 그들은 그가 몇 년 뒤에 그동안 있었던 일을 그렇게 이성적으로 설명할 수 있으리라고는 생각하지 못했던 것이다.

누군가는 정신질환자는 사리를 분간할 수 없으므로, 의사들이 그의 병든 의지를 대신해 그를 죽여 주는 편이 낫다고 말할지도 모른다. 그 환자가 만약 정신착란 증세가 없어서 자신의 형편을 인지했더라면 스스로 목숨을 끊었을 거라고 말이다. 하지만 우리의 입장은 다르다. 의사의 사명은 환자의 삶의 의지를 북돋우고 삶의 권리를 찾아주는 것이지, 환자에게서 삶의 의지나 권리를 박탈하는 것이 아니다. 이와 관련하여 다음 사례는 시사하는 바가 크다.

어떤 젊은 의사가 흑색육종에 걸려, 스스로 그런 진단을 내린 상태였다. 그의 동료들은 그가 자신의 병을 알게 될 것을 염려하여 그의 소변을 다른 환자의 것과 바꿔치기해서 소변 검사 결과가 음성이라고 그를 속이려 했지만 실패했다. 그가 밤에 검사실로 들어가 직접 검사했던 것이다. 질병이 꽤 진행되자 동료들은 그가 자살 시도를 할까 봐 염려했다. 그런데 이 병든 의사는 어떻게 했을까? 그는 원래 올바른 진단을 했는데도 진단 결과를 의심하기 시작했다. 그리고 간에 전이가 되었을 때도 이것이 무해한 질병이라고 해석하기 시작했고, 그렇게 그는 무의식적으로 자신에게 거짓말을 하고 스스로를 속였다. 그랬기에 말기에도 생의 의지가 넘쳐났다. 우리는 어떤 경우든 이런 생의 의지를 존중해 주어야 한다. 그 어떤 이데올로기 때문에 그것을 무시하고, 인간에게서 생명을 박탈해서는 안 된다.

종종 제기되는 또 하나의 논지는, 불치의 정신병 환자, 특히 지적 장애가 심한 사람은 사회에 경제적인 부담만 줄 뿐이며 비생산적이어서 공동 사회에 하등의 쓸모가 없다는 것이다. 이런 논지는 어떠한가? 사실은 최소한 손수레라도 끌 수 있는 바보가 양로원에서 여위어 가는 고령의 노인보다 더 생산적이라 할 것이다. 하지만 이런 노인들을 비생산적이라는 이유로 죽음에 이르게 하는 것은 평소 공동체를 위한 유용성을 중시하는 사람들에게조차 말도 안 되는 일일 것이다. 사랑하는 가족에게 둘러싸인 사람은 그 누구도 대신할 수 없는 사랑의 대상이며, 그로써 그의 삶은 —제아무리 수동적 의미라 하여도— 의미가 있다는 걸 모두가 인정할 것이다. 그러나 지적 장애 아동들 역시 사회의 생산성에 도움이 되지는 않지만, 부모에게서 더없는 사랑을 받고, 사랑으로 둘러싸여 있다는 사실을 알지 못하는 사람들이 있는 듯하다.

할 수 있는 한 구해야 한다는 의사의 무조건적 의무는 생명을 버리고자 자살 시도를 해서 생명이 경각에 놓인 환자를 대할 때도 변함없어야 한다. 이런 상황에서 의사는 다음과 같은 질문에 직면하게 될 것이다. 자살 시도자를 그가 스스로 택한 운명에 위임해야 하는가, 아니면 그러지 말아야 하는가. 자살자의 의지를 거슬러도 되는가, 아니면 그 의지를 존중해야 하는가. 즉 이미 자살을 시도한 경우, 자살 시도자의 목숨을 구하기 위해 개입하는 의사는 운명에 자유로운 길을 터 주는 대신, 운명을 방해하는 건 아닌가 하는 생각이 들기도 하는 것이다. 이에 대해 우리는 삶에 싫증이 나서 자살 시도를 한 사람이 만약 죽을 운명이었다면 의사가 개입해도 때가 늦고 말았을 거라고 반박하고 싶다. 그러므로 '운명'이 아직 목숨이 붙어 있는 사람을 의사의 손에 넘겨주었다면, 의사는 의사의 임무를 다해야지, 결코 개인적인 세계관에 따라 혹은 자의적으로 생사를 결정하는 심판관의 역할을 해서는 안 된다.

자살

외부자로서 의사가 자살에 대해 취할 수 있는 입장을 살펴보았으니, 이제 이 문제를 내부자의 입장에서 한번 조명해 보자. 죽고 싶은 사람의 입장에서 자살 문제를 이해해 보고, 그 동기가 내적으로 정당한지 살펴보자.

때로 소위 인생 청산 수단으로서의 자살이 이야기된다. 이제 더 이상 사는 게 의미가 없다고 생각해서 자살로 삶을 청산할 수 있다고들 하는 것이다. 쾌락 측면에서 인생을 결산해 보면, 사는 것이 별로 의미 없어 보인다는 것은 '삶의 의미로서의 쾌락' 문제를 논할 때 이미 드러난 사실이다. 그러므로 여기서는 가치 측면에서 인생을 결산해 보아도 부정적인 결과가 나와 계속 살아가는 것이 가치 없게 보이는지를 한번 살펴보기로 하자.

일단 인간이 충분한 객관성을 가지고 삶을 청산할 수 있는지 의심스럽다. 도저히 출구가 보이지 않고, 자살만이 유일한 출구라는 주장만 해도 그렇다. 당사자가 정말로 그렇게 확신한다 해도, 그 역시 주관적이다. 출구가 없는 상황이라고 확신해서 자살을 시도한 많은 사람 중 단 한 명만이 그른 판단을 했다 해도, 단 한 사람만이 추후에 다른 출구를 발견한다 해도, 이미 모든 자살 시도가 부당한 것이 된다. 자살을 결정한 모든 사람은 자신의 주관적 판단을 굳게 확신했을 것인데, 그의 확신이 객관적이고 정당한지, 아니면 얼마 못 가서 당사자가 더 이상 경험하지 못할 가까운 미래에 금방 거짓으로 판명되어 버릴지는 사전에 아무도 알 수 없기 때문이다.

또한 이론적으로는 의식적인 희생의 행위로서 자살하는 것은 정당하지 않을까 하는 생각이 들 수도 있다. 하지만 경험적으로 우리는 그런 자살 동기는 사실 대부분 복수심임을 알고 있다. 또한 그런 경우 역시 그 어떤 출구가 보이게 될 수도 있음을 알고 있다. 그리하여 정말로 자살은 어떤 경우에도 정당화될 수 없다. 속죄로서의 자살도 정당화될 수 없다. 속죄의 의미에서 자살해 버리면 —태도적 가치의 의미에서— 자신의 고통 가운데 성장하고 성숙하는 것이 불가능해지며, 또한 다른 이에게 가한 고통을 그런 식으로 되돌리는 것은 불가능하기 때문이다. 자살은 이미 벌어진 불행이나 부당 행위를 없애는 대신, 오히려 과거를 영속시킨다.

이제 자살 동기가 병적인 정신 상태에 있는 경우를 살펴보자. 물론 정신의학적으로 살펴볼 때 정신병리적 토대가 조금도 없는 자살 시도가 있을까 하는 질문은 여기서는 그냥 차치하기로 하자. 여기서 중요한 것은 우리가 삶에 싫증이 난 사람들에게 그럼에도 자살은 무의미한 것이며, 삶은 무조건 의미가 있음을 증명하려는 것이기 때문이다. 이와 관련해서는 무엇보다 죽고 싶은 마음은 느낌이며, 느낌은 그 어떤 경우에도 객관적인 논지가 될 수 없음을 지적해야 한다. 자살해도 문제는 해결되지 않는다. 우리는 무엇보다 자살을 결심한 사람에게 자살은 문제를 해결해 줄 수 없음을 말해 주어야 한다. 자살하려는 것은 체스를 두다가 어려운 수가 나왔다고 체스판을 엎어 버리는 것과 비슷하다는 점을 지적해야 한다. 체스판을 엎는 것으로는 체스의 문제를 해결할 수 없는 것처럼, 삶에서도 목숨을 버리는 것으로는 문제가 해결되지 않는다. 체스판을 엎어 버리는 것이 체스의 규칙에 어긋나는 것처럼, 자살은 삶의 원칙을 침해하는 것이다. 삶의 원칙은 우리에게 무슨 수를 써서라도 이 길 것을 요구하지 않는다. 다만 절대 포기하지 말 것을 요구한다.[14]

우리는 자살을 결심한 사람이 그 계획을 취소하게 만들고자 세상에서 모든 불행을 몰아낼 수도 없고, 그럴 필요도 없다. 실연당한 사람에게 연인을 데려다줄 수도 없고, 경제적 곤궁에 빠진 사람에게 돈벌이를 마련해 줄 수도 없다. 그러나 이런 사람들에게 어떤 이유로든 그들이 더 이상 가질 수 없게 된 것들 없이도 계속 살아갈 수 있으며, 뭔가에 실패했어도 그런 불행을 내적으로 극복하고, 그 가운데 성장하고, 그것에 대처해 나가는 데서 삶의 의미를 찾아야 한다는 걸 가르쳐 주어야 한다. 우리가 환자들에게 삶의 내용을 부여해 주고, 존재 가운데 의미와 목적을 발견하게 해 줄 수 있을 때, 즉 스스로의 인생 과제를 볼 수 있게 해 줄 때, 비로소 그들은 삶을 가치 있고 의미 있는 것으로 여길 수 있게 될 것이다.

니체Nietzsche는 "살아야 할 이유를 아는 사람은 어떤 상황도 견딜 수 있다."[15]라고 말했다. 삶의 과제를 아는 것은 정말로 탁월한 심리치료적, 정신위생적 가치를 지닌다. 사람에게 있어 삶에서 할 일이 있다는 의식만큼 객관적 어려움과 주관적 불편을 극복하고 견디게 해 주는 것은 없다. 무엇이 자신이 해야 할 일인지를 알 때, 즉 개인적인 미션이 무엇인지를 알 때 말이다. 이런 미션은 당사자를 그 누구도 대신할 수 없는 사람이 되게 하며, 그의 삶에 유일한 가치를 부여해 준다. 니체가 한 말은 또한 '이유'가 중심에 오면 '방법', 즉 삶의 상황은 그만큼 중요하지 않은 것이 된다는 말이다. 더 나아가 그렇게 보면 삶에 명백한 이유가 있을 때는 삶이 어려울수록 더 의미가 있다고 할 수 있다.

삶의 과제의 특성

환자들이 최대한 능동적인 삶을 살게끔 도와주고자 한다면, 그로써 환자들을 '견디는 자'가 아니라 '행동하는 자(주체)'가 되게 하고자 한다면, 환자들이 자기 자신은 가치 실현 가능성에 책임이 있는 존재임을 경험하게 할 뿐만 아니라, 그들이 실현할 책임이 있는 과제는 사람마다 특수하다는 것을 보여 주어야 한다. 삶의 과제가 가진 이런 특수성은 이중적이다. 과제는 개인에 따라, 즉 개인의 유일성에 따라 달라질 뿐만 아니라 시간에 따라, 즉 상황의 일회성에 따라서도 바뀌기 때문이다. 셸러는 이를 '상황적 가치'라 하여, 모든 사람과 모든 상황에 적용되는 '영원한 가치'와 차별화했다. 이런 상황적 가치는 때가 되어, 인간이 이를 실현하기 위한 유일한 기회를 포착하기를 기다린다. 이런 기회를 놓치면 기회는 영원히 지나가 버리며, 이런 상황적 가치는 실현되지 않고 영원히 남는다. 그 사람이 이런 가치를 잃어버린 것이다. 따라서 우리는 유일성과 일회성이라는 두 요소가 인간 실존의 기본 요소라는 걸 알 수 있다.

생의 철학의 모호한 인생 개념에 반하여, 인간 존재를 구체적인

'나만의' 존재로 제시한 것은 현대 실존철학의 업적이다. 이제야 비로소 인생은 구체적인 형태로 구속력을 가지게 된 것이다. 그러므로 실존철학을 '호소하는 철학'이라 칭하는 것도 공연한 일이 아니다. 인간 존재를 유일하고 일회적인 존재로 본 것은 유일하고 일회적인 가능성을 실현하라는 호소를 담고 있는 것이다.

실존분석의 의미에서 로고테라피를 사용하여 환자가 최대한 힘 있게 살게끔 하려면, 우리는 그에게 모든 인간의 삶은 일회적인 길을 통해 이를 수 있는 유일한 목표를 가지고 있음을 보여 주기만 하면 된다. 이 길에서 인간은 안개 자욱한 밤에 공항으로 계기비행(맹목비행)을 하는 파일럿과 같다. 이미 정해진 길만이 파일럿을 목표로 인도한다. 마찬가지로 개개인 역시 모든 삶의 상황 가운데 자신의 가능성을 실현할 수 있는 각각의 일회적이고 유일한 길을 갖는다.

그러나 어떤 환자가 자신은 정말로 삶의 의미를 모르겠다고, 존재의 유일한 가능성이 다 막혀 있다고 한다면, 우리는 그가 먼저 해야 할 일은 자신의 과제를 찾아내어 그 유일성과 일회성 가운데 삶의 의미로 나아가는 것이라고 대답해 줄 수밖에 없다. 그리고 어떻게 존재로부터 당위의 방향을 읽어 낼 수 있는지 그 가능성에 대해서는 괴테의 답변으로 대신하는 것이 가장 좋을 듯하다. 괴테는 이렇게 말했다.

"어떻게 하면 자기 자신을 알 수 있을까? 그냥 관찰하는 것으로는 결코 되지 않는다. 아마 행동하는 것으로 알 수 있을 것이다. 그대의 의무를 하도록 하라. 그러면 자신이 어떤 사람인지 금방 알게 될 것이다. 그대의 의무란 무엇인가? 바로 그 날의 요구를 행하는 것이다."

이제 삶이 각 개인에게 유일한 과제를 준다는 것을 인정하고, 자신의 구체적이고 일회적인 상황적 가치들을 실현하고자 하지만, 자신의 상황이 '가망 없다'고 여기는 사람들도 있을 수 있다. 이럴 때 우리는 가망이 없다는 것이 무슨 뜻인지를 물어야 한다. 사람은 미래를 내다볼 수 없다. 그럴 수 없는 것은 미래에 대한 지식이 —성격에 따라 영향을 받는 정도는 약간씩 다르겠지만— 미래의 자신의 태도에 영향을 끼치기 때문이다. 아무튼 이런 식으로 미래를 다르게 형상화해서 원래의 예언이 들어맞지 않게 될 것이다. 예언을 할 수 없는 한, 사람은 자신의 미래가 가치를 실현할 가능성을 품고 있는지 없는지를 결코 판단할 수 없다.

옛날에 한 흑인이 평생 강제 노동을 하라는 판결을 받고 마르세유에서 악마의 섬(Devil's island: 프랑스령 기아나 앞바다에 있는 섬으로 프랑스의 유형 식민지)으로 가는 배에 올랐다. 깊은 바다를 지나던 중 이 배에서 불이 났는데 힘이 굉장히 센 남자였던 이 흑인 수감자는 수갑을 풀고는 열 사람의 목숨을 구했다. 나중에 그는 그 덕분에 사면되었다. 마르세유의 부두에서 그에게 앞으로의 삶이 의미가 있을 것 같냐고 물었다면 그는 아마 고개를 저었을 것이다. 하지만 삶에서 무엇을 더 기대할 수 있을지, 어떤 위대한 시간이 기다리고 있을지는 그 누구도 알 수 없다.

아무도 그 자신에게 가능성이 없다면서 스스로의 가능성을 폄하

할 권리는 없다. 자신에 대해 절망하고 자학하는 가운데 자신을 심판하고 있다 하여도, 그렇게 하고 있다는 사실 자체가 이미 그를 변호해 준다. 모든 인식(또한 모든 가치 이해)의 상대성과 주관성에 대한 탄식에 이미 인식의 객관성이 전제된 것처럼, 인간의 자기 비난 역시 인격적 이상, 인격적 존재와 당위를 이미 전제로 하고 있기 때문이다. 따라서 이런 사람은 가치를 보게 된 것이고, 그로써 가치의 세계에 참여하고 있는 것이다. 이상의 잣대를 자신에게 들이댄 순간, 그는 더 이상 전혀 가치가 없을 수 없다. 그로써 그는 이미 자신을 구조하는 수준에 이른 것이기 때문이다. 자신을 자신 위에 세움으로써 그는 영적인 영역으로 입장한 것이며, 영적인 가치를 지닌 영적 세계의 시민이 된 것이다. "우리의 눈이 태양과 같지 않다면, 어떻게 태양을 바라볼 수 있겠는가."

절망스럽고 인간성을 의심하게 되는 것도 그렇게 볼 수 있다. 사람들은 인간이란 기본적으로 악하다고 말할지도 모른다.[16] 하지만 이런 염세적인 생각으로 인해 행동이 마비되는 일이 있어서는 안 된다. 누군가가 모든 인간은 결국 이기주의자일 따름이며, 인간이 간혹 이타주의적인 행동을 한다 해도, 그 행위로 단지 동정심을 떨쳐 버리려는 것뿐이기 때문에 그 역시 이기적인 행동이라고 주장한다면, 우리는 이렇게 반박해야 한다. 첫째, 동정심을 없애는 것은 목적이 아니라 결과라는 것, 둘째, 동정심이 느껴진다는 것이 이미 진정한 이타주의를 전제로 한다는 것이다. 더 나아가 인류의 삶에 대해서도 우리가 개인의 삶의 의미에 관해 이야기했던 것이 적용된다. 즉 가장 높은 봉우리로 산맥의 높이를 표시하는 것처럼 역사에서도 클라이맥스가 중요하다고 말이다. 소수일지라도 모범적으로 살다간 사람들, 우리가 진정으로 사랑하는 이런저런 사람들이 전 인류를 변호할 수 있다.

마지막으로 사람들이 인류의 영원하고 위대한 이상이 도처에서 오용되고, 정치, 사업, 개인적인 욕망이나 사적 허영의 수단이 되고 있음을 지적한다면, 우리는 이렇게 반박할 수 있다. 이런 모든 현상은 이런 이상이 가진 일반적인 구속력과 불멸의 힘을 증명하는 것일 뿐이라고 말이다. 어떤 일이 도덕적인 외투를 걸쳐야 효과를 발휘할 수 있다는 자체가 결국 도덕성이 통한다는 것을 보여 주는 것 아니겠는가. 즉 인간 자신의 도덕성에 의지해서 인간에게 영향력을 미칠 수 있는 것이다.

인간이 실현해야 하는 과제는 기본적으로 늘 있는 것이고, 원칙적으로 실현하지 않을 수 없다. 따라서 실존분석은 인간에게 자신의 과제에 대한 책임감을 경험하게 하고자 한다. 인생에서 할 일이 있음을 깨달으면 삶이 더 의미 있게 보인다. 책임을 의식하지 못하는 인간은 삶을 그냥 '주어진 상태'로 받아들이는 반면, 실존분석은 삶을 '맡겨진 상태(부여받은 상태)'로 보게 한다. 그러나 여기서 한 걸음 더 나아가 인생을 한 차원 더 넓게 경험하는 사람들이 있다. 그들은 과제뿐만 아니라, 그 과제를 부여하는 심급을 경험한다. 그들은 과제를 위탁받은 일, 즉 사명으로 경험한다. 그러면 삶은 초월적인 사명 부여자 앞에서 살아가는 것이다. 이것이 종교적 인간(homo religiosus, 호모 렐리기오수스)의 본질적 특성이다. 이런 사람의 의식과 책임감에는 인생의 사명뿐 아니라, 사명 부여자가 함께한다.[17]

우리는 인간 존재를 책임지는 존재로 보았다. 이런 책임은 가치 실현에 대한 책임이다. 그리고 우리는 가치들 중에서 일회적인 "상황적 가치"(셸러)를 고려해야 한다고 말했다. 가치 실현의 기회는 이로써 구체성을 띤다. 그러나 그 기회들은 상황뿐만 아니라 사람에 따라 달라진다. 즉 사람에 따라, 시간에 따라 달라지는 것이다. 각자가 가진 가능성은 일회적인 역사적 상황이 제공하는 가능성과 마찬가지로 특수하다.

실존분석적으로 보면 모두에게 구속력을 갖는 보편적인 인생 과제를 도출하는 것은 도무지 불가능하다. 그러므로 정관사 'the'를 붙인 인생 과제나 삶의 의미를 묻는 것은 의미 없는 일이다. 그것은 마치 체스 세계선수권자를 인터뷰하는 기자가 이렇게 묻는 것과 비슷하다. "챔피언님, 가장 좋은 수는 뭔가요?" 이런 질문에 대해서는 일반적으로 대답할 수 없고, 구체적인 상황(또는 사람)과 관련해서만 대답할 수 있다. 그러므로 이 질문에 진지하게 답하고자 한다면, 체스 챔피언은 대략 "각자 스스로 할 수 있는 만큼, 상대가 허락해 주는 만큼 그 한도 내에서 최상의 수를 쓰도록 해야겠지요."라고 대답할 것이다. 이런 대답에서 두 가지를 강조할 수 있다. 첫째, '스스로 할 수 있는 만큼' 해야 한다는 것, 즉 재능이라 불리는 내적 상황을 고려해야 한다는 의미다. 둘째, 체스를 두는 사람은 늘 구체적인 게임 상황에서, 즉 말들이 어떻게 배치되어 있는지를 보고 '각각의 경우에 가장 맞는 수'를 쓰고자 할 수밖에 없다는 의미다. 즉 애초부터 절대적으로 최상의 수를 쓰고자 하는 사람은 의심하고 망설이다가 주어진 시간을 초과해 게임을 포기해 버리게 될 것이다. 삶의 의미에 대한 질문 앞에 선 인간도 그와 비슷하다. 그 역시 삶의 의미에 대한 질문을 구체적인 상황 또는 자신의 구체적인 인격과 관련하여 제기할 수밖에 없다. 이를 넘어, 절대적으로 최상의 것을 고집한다면 그것은 잘못된 것이다. 물론 최상의 것을 지향해야 할 것이다. 그렇지 않으면 좋은 결과가 나오지 않을 테니까 말이다. 하지만 동시에 점근적(asymptotic, 선에 근접하게만 달성하는 것 -옮긴이)인 달성 이상으로 상정하면 안 될 것이다.

삶의 의미에 대한 질문과 관련하여 지금까지 한 이야기를 정리해 보면, 삶의 의미에 대한 질문 자체가 문제성이 있는 것으로 드러난다. 보편적인 삶의 의미를 묻는 것은 의미가 없다. 그런 질문이 구체적으로 '나만의' 실존이 아니라, 모호한 'the Life'를 의미한다면 잘못된 질문이다. 그러므로 우리는 삶의 의미에 관한 질문에 '코페르니쿠스적 전환'을 주어야 한다. 즉, 인간에게 질문을 던지는 것은 삶 자체다. 인간은 질문할 필요가 없다. 인간은 오히려 삶에서 질문을 받는 자다. 그리고 삶에 대답해야 하며, 삶을 책임져야 하는 자다. 하지만 인간의 답변은 구체적인 삶의 질문들에 대한 구체적인 답변일 수밖에 없다. 삶을 책임감 있게 살아가는 가운데 답변하는 것이며, 실존하는 가운데 실존적 물음에 답변해 나가는 것이다.

발달심리학에서도 '의미부여(의미를 해석하는 차원)'보다 '의미획득(의미를 적극적으로 이끌어 내는 차원)'을 더 높은 단계로 친다(샤를로테 뷜러). 그렇게 보면 우리가 앞에서 논리적으로 전개했던 내용은 심리적 발달에 부합한다고 할 것이다. 모순적으로 보이지만, 질문하는 것보다 답변하는 것이 더 우위에 있는 것이다. 이것은 각각 질문을 받은 자로서의 인간의 자기 경험에서 나온 인식이다. 우리가 살펴보았듯이 인간을 자신의 삶의 과제로 인도하는 본능이, 삶을 책임지면서 삶의 질문에 답변하는 일에서도 인간을 인도한다. 이런 본능은 바로 양심이다. 양심은 자신의 목소리로 우리에게 이야기한다. 부인할 수 없는 놀라운 사실이다. 그러나 양심의 이야기는 답변이다. 종교적 인간은 여기에서 이야기를 들을 뿐만 아니라, 그 이야기를 한 자를 경험한다. 따라서 종교가 없는 사람보다 더 귀가 밝다고 할 수 있다. 종교적 인간에게 양심과의 대화, 즉 아주 은밀한 자기 대화에서 신은 곧 대화 파트너다.[18]

항상성 원칙과 실존역학

로고테라피는 임상에서는 실존을 로고스(의미)와 대면시키고, 이론에서는 로고스를 통해 실존에 동기부여를 하는 것에서 출발한다.

인간을 로고스와 대면하게 하고, 의미와 가치의 세계로 향하게 하는 것이 사람에게 부담을 주는 일이라는 이의가 있다. 이런 두려움이 예전보다 훨씬 덜해졌다는 사실은 차치하고라도, 사실 그런 두려움은 출발점부터 잘못된 것이다. 폰 베르탈란피[19] 이래로 극복된 항상성 원리를 부여잡고 있는 것이기 때문이다. 신경정신의학 영역에서는 쿠르트 골드슈타인[20]이 정신분석적, 정신역동적 가설의 토대를 이루는 '긴장 해소' 원칙은 사실 극도로 병리학적인 원칙임을 증명했다. 오히려 인간에게는 일반적으로 긴장을 견디거나 가치를 지향하는 것이 중요하지, 어떻게 해서든 긴장을 피하는 것이 중요하지는 않다는 것이다.

우리는 존재와 당위 사이의 긴장 가운데 존재하는 것, 의미와 가치 앞에 존재하고, 가치와 의미의 요구를 받는 것이 인간 존재의 본질적인 특성이라고 본다. 이런 요구로부터 도망치는 것이 신경증적 삶의 특징인 만큼, 심리치료는 이런 신경증적 '현실 도피'에 대항해야지, 항상성 붕괴를 두려워한 나머지, 환자에게서 모든 긴장을 멀리 떼어 놓고 의미와 가치를 외면하게 해서는 안 된다.

로고테라피에서는 존재와 당위 사이의 긴장 가운데 있는 역동성을 모든 정신역동psychodynamics과 차별하여 '영적 역동noodynamics'이라 부른다. 영적 역동과 정신역동의 다른 점은 우선 영적 역동에는 자유의 요소가 들어간다는 점이다. 충동은 휩쓸리는 것인 반면, 자유는 이끌림을 받는 것이다. 즉 가치의 요구에 가부可否를 표현할 수 있다. 따라서 이렇게 혹은 저렇게 결정할 수 있다. 즉 입장 표명의 자유는 생물적, 심리적, 사회적 조건들로 말미암은 강제에 대해서뿐만 아니라, 실현할 수 있는 가치 가능성에 대해서도 적용된다.

영적 역동성에서 기인하는 긴장이 적을수록 인간은 더 위험해진다. 고든 W. 올포트는 칼 로저스Carl Rogers의 연구 결과에 고무되어 이렇게 말했다. "자신과 이상적인 자신 사이, 현재의 실존과 동경 사이에는 늘 건전한 갭이 있다. 반면 만족감이 너무 높은 것은 병적 조짐이다."[21] 올포트는 현실적인 자기상과 이상적인 자기상 사이의 표준적인 상관관계를 +0.58이라는 계수로 표시할 수 있다고 주장한다. 따라서 —나는 테오도르 A. 코첸[22]만 인용하겠지만— 미국의 저자들이 로고테라피의 통계적 연구를 근거로 인간의 의미 추구 행동을 정신건강의 지표로 평가하기로 한 것은 전적으로 합당한 일이다.

미국에서는 두 조류의 심리학이 지배적이다. 기계론적 심리학과 —그것에 대한 반응으로서의— 인본주의 심리학이다. 기계론적 심리학은 항상성 원리로 지탱되며, 인본주의 심리학에서는 자아실현의 이상(골드슈타인, 호나이Horney, 매슬로우Maslow)이 부각된다.

올포트는 긴장을 제거하고 항상성을 유지하려는 노력을 인간의 동기부여로 보는 일반적인 이해는 인간의 본래적인 노력의 본질과 상충한다고 지적한다.[23] 프로이트는 '정신적 장치Apparat'를 안팎에서 다가오는 많은 자극과 흥분을 억제하고 해결하려는 의도를 가진 것으로 상정했다.[24] 칼 구스타브 융Carl Gustav Jung의 원형들 역시 항상성의 성격을 띠고 있다. 거기서 인간은 원형적으로 미리 형성된 가능성들을 실현하고자 노력하는 존재로서, 그 노력의 바탕에는 오직 실현되지 못한 원형의 반항이나 복수를 면하고자 하고, 원형에서 유발된 긴장을 피하고자 하는 의도가 있을 뿐이다.

샤를로테 뷜러는 이렇게 말했다. "프로이트의 초기 쾌락 원칙부터 긴장 차단과 항상성이라는 지금의 마지막 버전에 이르기까지, 전 인생에 걸친 모든 행위의 최종 목표는 개인 안의 균형 회복이라는 의미로 이해되었다."[25] 그러나 샤를로테 뷜러도 이미 프로이트적 적응의(프로이트는 정신 기능의 목적을 적응으로 보았다 -옮긴이) 이해에 대해 "창조하는 자는 그의 생산물이나 업적을 긍정적으로 이해된 현실에 위치시키는 반면, 적응하는 자의 균형 잡기 노력에서 현실은 부정적으로 이해된다."라고 비판했다.[26] 현실에 봉사하는 현실 원칙이 쾌락 원칙의 단순한 수정 버전으로서 똑같이 기본적으로 쾌락을 목표로 하는 한, 현실 원칙은 스스로 쾌락 원칙에 봉사하는 것이다.[27] 그리고 쾌락 원칙이 가능하면 낮은 긴장 수위를 유지하거나 그런 수위를 회복하고자 하는 경향인 항상성 원칙이라는 더 높은 원칙에 봉사하는 한, 쾌락 원칙 역시 항상성 원리의 수정 버전에 불과하다.

정신분석이 쾌락에의 의지를 쾌락 원칙이라는 말로 부각한다면, 개인심리학은 권력에의 의지를 인정 욕구라는 말로 부각한다. 그러나 아들러의 인정 욕구는 더 이상 무엇인가로 떠밀려 가는 상태가 아니라, 개인이라는 "행동센터"(셀러)에서 나오는 의지가 중요하다.

쾌락 원칙이 지배하는 '정신적 장치'의 닫힌 시스템에는 우리가 '의미에의 의지'라고 부르는, 인간을 세계로 향하게 하는 의지가 있을 자리는 없다. 의미에의 의지라는 개념을 주의주의(主意主義, voluntarism: 주의주의는 주지주의主知主義와 반대로 의지가 지성보다 우위에 있다고 생

각하는 철학적 입장이다 -옮긴이)적인 의미로 오해해서는 안 된다. 우리가
'의미에의 충동' 대신 '의미에의 의지'라고 한다고 해서 주의주의를
신봉하자는 것은 아니다. 인간에게 시종일관 의미가 중요하다는 뜻
에서 직접적으로 의미를 지향하는 현상을 도외시해서는 안 된다고
하는 것이다. 정말로 충동이 문제가 되는 거라면, 인간은 충동의 반
항을 제거하고 균형을 되찾기 위해서만 의미를 실현하게 될 것이
다. 하지만 그러면 인간은 의미 때문에 행동하는 것이 아니게 되고,
우리의 동기 이론은 다시금 항상성 원칙이 되어 버린다.

유럽에서는 아직도 로고테라피를 "의지에 대한 호소"와 같은 빈
정대는 말로 비판하는 반면, 미국의 정신의학은 유럽에서는 비웃음
을 당하는 의지에 다시금 정당한 지위를 부여하기 시작한 지 오래
다. 뉴욕의 실존철학을 선도하는 롤로 메이Rollo May는 "정신분석은
환자를 자꾸 더 수동적으로 만들고, 환자가 자기 자신을 결정 능력
이 있는 존재로 보지 않고 자신의 어려움에 책임이 없는 것처럼 보
게 한다."고 주장했다. 그는 "실존적 접근은 결정을 하고, 그림의 중
심부로 돌아가고자 한다."라며 신랄한 언급을 계속한 뒤, "건축자가
버린 돌이 집 모퉁이의 머릿돌이 되었다."라는 시편 구절로 의미심
장하게 끝맺는다.[28] 미국 조지아주 콜럼버스에 소재한 브래들리 센
터의 제임스 C. 크럼보와 레오나드 T. 매홀릭은 〈실존정신의학저널
Journal of Existential Psychiatry〉에 발표한 논문(프랭클의 '의미에의 의지'의 사례)
에서 의미에의 의지가 존재한다는 우리의 가설을 실험적으로 확인
했다고 말했다.

의미에의 의지라는 개념을 의지에 호소한다는 뜻으로 곡해해서는 안 된다. 믿음, 소망, 사랑은 조작하거나 억지로 만들어 낼 수 없다. 그 누구도 이런 것들을 명령할 수 없으며, 의지적으로 이루어질 수 있는 것도 아니다. 나는 의지적으로 믿으려고 할 수도, 사랑할 수도, 소망할 수도 없다. 무엇보다 나는 의지적으로 무언가를 원할 수가 없다. 그러므로 어떤 사람에게 '의지적으로 의미를 얻고자 하라'고 요구하는 것은 불필요한 일이다. 의미에의 의지에 호소한다는 것은 오히려 의미 자체가 빛을 발하도록 하는 가운데, 의미를 원하는 일은 의지에 위임하는 것이다.

샤를로테 뷜러는 다음과 같은 정리로 충동만족이론과 자아실현 이론을 비교한다.

"현재 심리치료에서 다루는 삶의 기조는 두 가지가 있다. 그중 하나는 정신분석의 견해로, 항상성적인 균형을 회복하는 것이 바로 삶의 유일한 기조라는 것이고, 두 번째 기조는 삶의 최종 목표가 자아실현이라는 학설이다."[29]

하지만 인간은 의미를 성취하는 만큼만 자아실현을 할 수 있다. 자아실현은 의미 성취의 결과로 저절로 따라오는 것이지, 자아실현이 목적이 되는 것이 아니다. 자신을 초월하는 인간만이 자신을 실현할 수 있다. 반면 자신을 지향하거나 자아실현을 지향하는 인간은 스스로를 그르치게 될 뿐이다. 그것이 무엇이든, 사람이든, 이념이든, 어떤 인격이든, 뭔가를 지향하고 그쪽으로 나아가는 것이 인간의 본질이다![30]

"자아실현 원칙의 대표자들이 진정으로 의미하는 자아실현은 바로 잠재력을 발휘하는 것이다."라는 샤를로테 뷜러의 말은 아주 옳다. 물론 자아를 실현한다는 것은 결과적으로 자신의 가능성을 실현하는 것이다. 하지만 한번 물어보자. 오늘날 인간에게 주어진 이런 학설의 배후에는 과연 무엇이 있는가? 인간이 정말로 단순히 자신의 내적 가능성을 펼치려고 하는 것인가, 아니면 일부에서 하는 말처럼 스스로를 표현하고자 하는 것인가. 내가 보기에 그 뒤에 숨은 모티브는 한 인간의 있는 그대로의 상태와 되어야 하는 상태 사이의 분열로 인해 생기는 긴장을 줄이는 것이다. 현실과 이상 사이의 긴장을, 다르게 표현하면 실존과 본질 사이의 긴장, 존재와 의미 사이의 긴장을 말이다. 실로, 이상과 가치는 스스로를 표현하는 것에 불과하기에, 이상과 가치들에는 신경 쓰지 말고 그냥 자신과 자신의 가능성을 실현하기만 하면 된다고 공언하는 것은 기쁜 소식일 것이다. 이런 방식으로 인간은 의미나 가치를 실현하고자 애쓸 필요가 없다는 것을 알게 되기 때문이다. 모든 것은 오래전에 이미 제대로 되어 있으며, 최소한 실현해야 하는 가능성의 형태로 이미 존재하기 때문이다. 이제 "너 자신이 돼라."라는 핀다로스Pindar의 명령은 명령적 성격을 잃고 직설법 명제가 된다. 즉, 이제 '인간이 무엇이 되어야 하든, 그는 이미 그런 존재다!'라는 의미가 되기 때문이다. 그러므로 이상Ideal 같은 것에 하등 신경 쓸 필요가 없다. 비유적으로 표현하자면, "별을 따서 지구로 가져오려고 할 필요가 없다. 지구가 이미 별이 아니냐."라고 하는 것이다.

이제 같잖은 도덕에 공연히 불편을 느끼던 속물들은 안도의 한숨을 내쉰다. 하지만 우리는 존재와 의미 사이의 긴장이 정말로 지울 수 없게끔 인간 본질에 터를 잡고 있음을 안다. 존재와 당위 사이의 긴장도 역시 인간됨에 속한다. 그리고 바로 그 때문에 그런 긴장이 정신건강의 필수 조건이다. 미국에서 시행한 테스트 연구 결과 로고테라피의 기본 개념인 '의미지향성'은 나아가 정신건강의 가장 탁월한 시금석인 것으로 나타났다.

그리고 좀 더 깊은 의미에서도 존재와 당위 사이, 존재와 의미 사이의 갭은 모든 인간됨에 본질적인 것이다. 실존과 본질은 일치하지 않는다. 오히려 의미가 각각의 존재에 앞서야 한다. 그럴 때라야 의미는 의미가 될 수 있고, 존재의 인도자가 될 수 있는 것이다! 반대로 실존이 자기 자신을 넘어서고자 하면서 자신을 초월하지 못하는 한, 실존은 무너질 수밖에 없다.

성경에는 어떻게 되어 있는가. 이스라엘이 광야를 방랑하는 동안 하느님은 이스라엘 민족 앞에 구름을 세워 그들을 인도한다. 이를 의미(내가 '초의미'라고 부르는 의미)가 존재에 선행하는 것으로 해석하는 것도 그리 틀리지 않을 것이다. 존재가 의미를 따라오도록, 의미가 존재를 데려가도록 말이다. 하지만 만약 하느님의 영광이 이스라엘보다 앞서가지 않고, 이스라엘 민족 한가운데에 머물렀다면 어떻게 되었을까? 그야 물론 자명하다. 구름은 광야에서 이스라엘을 인도하여 목적지로 데려가지 못하고 희뿌옇게 안개를 드리워, 이스라엘 민족은 아무도 길을 찾지 못하고 헤매게 되었을 것이다.

일단 이런 실존적인 역동성을 깨닫고 나면, 우리는 인간 유형을 둘로 구분할 수 있다. 나는 그 유형들을 '페이스메이커(pacemakers, 인도자)'와 피스메이커(peacemakers, 중재자)'라고 부르고 싶다. 인도자는 우리를 가치, 의미와 대면하게 하고, 우리의 의미에의 의지에 가치와 의미를 제공한다. 반면 피스메이커들은 의미와 대면하는 짐을 덜어주고자 한다.

이런 의미에서 가령 모세는 페이스메이커였다. 그는 민족의 양심을 잠재우려 하지 않았고, 반대로 일깨우고자 했다. 모세는 시내산을 내려오면서 이스라엘 민족에게 십계명을 가져갔고, 이상과 대면하고, 이상에 뒤처지는 현실을 파악하는 것을 게을리하지 않았다.

피스메이커 유형은 균형이 흐트러지지 않도록 내적 균형을 돌보는 사람이다. 이를 위해 수단과 방법을 가리지 않을뿐더러, 전 세계를 오로지 수단으로 변질, 강등시켜 버린다. 충동을 만족시키는 수단이든, 자기실현의 수단이든, 욕구 충족의 수단이든, 초자아를 진정시키는 수단이든, 원형을 펼치는 수단이든 말이다. 이렇게 혹은 저렇게 인간은 스스로와 화해되고, 균형이 잡힌다. 중요한 것은 사실이다. 이제 극소수만이 이상에 근접한다는 것 또한 사실이다. '우리가 이상과 무슨 상관이야? 우리가 왜 평균과 다르게 되어야 해? 뭐 하러 그렇게 이상적이 되어야 해? 그냥 평범하게 남자!' 이제 어떤 의미에서 킨제이Kinsey를 피스메이커라고 부를 수 있는지 이해가 갈 것이다.

샤를로테 뷜러는 건강한 유기체는 긴장해소와 긴장획득이 교대

되는 가운데 기능한다고 말한다.[31] 그렇다면 이런 개체발생적 리듬 외에 계통발생적으로도 유사성이 있지 않을까?(즉 '개인뿐만 아니라, 역사적으로도 그렇게 말할 수 있지 않을까?'라는 뜻 -옮긴이) 쇼펜하우어는 인생에는 고통과 권태가 교대된다고 지적했는데, 이는 역사적, 사회적 차원에서도 나타나는 것이 아니겠는가? 물론 건강한 사람에게처럼 나란히 등장하지는 않아도, 역사적으로도 고통의 기간과 권태롭고 지루한 시기가 교대된다. 더 나아가 인간은 '항상성적 시기(풍요로운 사회affluent society)' 외에 그와 상반되는 고통을 자원해서 감수해야 한다고 주장하고 싶다. "고통의 압박은 인류학적으로 굉장한 의미가 있다."고 보았던 겔렌Gehlen은 이런 연관에서 "인간이 하나의 출구를 상상할 수 있다면, 그것은 고행뿐일 것"이라고 말했다. 겔렌이 기독교의 거의 모든 요소들 중 고행만이 세속화되지 않았기에[32] 그런 말을 한 거라면, 우리는 그에게 동의할 수 없다. 사실 우리가 보기에 신체를 주기적인 스트레스에 방치하고, 편안한 삶 가운데 인간을 인공적이고 일시적인 고통 상태로 들어가게 하는 미션을 맡은 것은 바로 운동(스포츠)이라고 생각하기 때문이다.

그러나 그보다 더 우려스러운 것은 정신건강이다. 정신건강이 '인간 안에 긴장이 생기지 않도록 하는 것'이라는 잘못된 명제에 기초하는 한, 다시 말해 정신위생이 항상성 원칙을 즉, "열반 원칙"(프로이트)을 신봉하는 한, 정신건강은 애초에 글러 먹은 듯하다. 인간에게 정말로 필요한 것은 전적인 긴장 상태가 아니라, 적정 수준의 건강한 긴장이다. 의미를 통해 요구받고, 사용됨으로 말미암은 적정 수준의 긴장 말이다.

풍요로운 사회에서는 긴장이 너무 적게 생겨난다. 오늘날의 사람들은 예전에 비해 긴장과 어려움이 많이 없는 상태다. 그래서 그런 것들을 참는 법을 잊어버렸다. 욕구불만 내성(좌절 내성)이 낮아졌고, 포기하는 법을 잊어버렸다. 바로 이런 상황에서 인간은 사회가 공급해 주지 않는 긴장을 인공적으로 만들어 낸다. 자신에게 필요한 긴장을 알아서 조달하는 것이다. 그렇게 그는 자신에게 무엇인가를 요구하고, 성과를 요구한다. 무엇보다 '포기의 업적'을 말이다. 그렇게 그는 다 누릴 수 있는 와중에 스스로 뭔가를 포기하고 단념하기 시작한다. 의도적이고 인공적으로 고통의 상태를 만들어 풍요로운 사회 가운데 '고행의 섬'을 만들기 시작하는 것이다. 나는 이것이 바로 운동이라고 본다. 운동은 현대적이고 세속적인 고행이다.

미국의 교수들이 탄식하듯이, 오늘날의 대학생들은 굉장히 냉담하다. 캘리포니아에서 뉴잉글랜드까지 거의 모든 캠퍼스에서 대학생의 냉담함이 대화의 주제로 떠올랐다. 이것은 교수들과 대학생들이 참여하는 우리의 토론에서 가장 많이 언급되는 주제였다.[33]

미국의 교수들은 자유의 이상을 떠받든다. 그러나 그들이 이야기하는 자유는 소극적인 것이어서, 책임성이라는 적극적인 생각으로 보완될 필요가 있다. 동해안에 있는 '자유의 여신상'을 보완하는 서해안의 '책임의 여신상'은 언제쯤 세워질까?[34]

미국의 정신분석가들은 이제 자신들이 새로운 유형의 노이로제를 대면하고 있음을 한탄한다. 이 새로운 노이로제의 가장 두드러진 특징은 바로 주도권과 관심의 결핍이다.

사람은 물리학적인 의미에서 절대적인 무중력 상태를 견디지 못하는 것처럼, 정신적으로도 절대적으로 걱정도 없고 부담도 없고 편안한 상태를 견디지 못하는 듯하다. 공기 없는 공간에 존재할 수 없는 것처럼 의미 없는 공간에도 존재할 수 없는 것이다.

우주비행을 위한 모의실험에서 볼 수 있듯이 감각적 인상을 전적으로 박탈하면 환각이 나타난다. 하지만 예일 대학과 하버드 대학의 연구 결과 "감각적 자극의 부재 자체가 감각적 인상을 박탈하는 결과를 초래하는 것이 아니라, 의미 있는 자극이 없는 것이 그런 결과를 초래하는 것"으로 나타났다. 학자들은 이런 결과를 소개하면서 두뇌에 필요한 것은 의미라고 설명한다. 인간의 의미에 대한 기본 욕구가 생물적 토대에까지 거슬러 올라간다는 게 드러나는 것이다. 생리적 차원으로의 투영으로부터 인간 특유의 현상으로 조바꿈하는 가운데 로고테라피의 라이트모티브(Leitmotiv, 주도 동기)가 마치 푸가처럼 울려 퍼진다. 로고스 즉, 영(정신, 이성)과 의미 사이에 다리를 놓아 주는 것이다. 영은 의미를 필요로 한다. 영은 로고스를 필요로 하고, 누제닉 신경증은 로고테라피를 필요로 한다.

누제닉 신경증 외에 심인성 신경증과 내가 기술한 체인성 somatogenic 사이비 신경증이 있다. 갑상선 기능 항진으로 나타날 수 있는 광장공포증이나, 잠복 테타니로 인해 나타날 수 있는 폐소공포증, 부신겉질 부전이 원인이 되어 나타날 수 있는 이인증 등이 체인성 신경증에 속한다. 따라서 로고테라피는 이론적으로는 영적이고, 임상적으로는 도덕적이라고 말할 수 없다. 그런 말은 오히려 정신신체의학(심신상관의학)에 적용되는 이야기다. 정신신체의학은 신체적 질환이 삶의 이력으로 생긴 것이며 영과 정신의 표현이라고 보지만, 결코 그런 것만은 아니다. 인간의 신체는 결코 정신과 영의 충실한 거울이 아니다. 물론 모든 질병은 그 의미가 있다. 하지만 질병의 진정한 의미는 질병 자체에 있는 것이 아니라, 오히려 환자가 이런 괴로움을 어떻게 대할지에, 즉 환자가 질병에 대해 보이는 자세와 질병에 대처하는 태도에 있는 것이다.

로고테라피는 임상에서 도덕적일까? 그렇지 않다. 이유는 단순하다. 의미는 무슨 약처럼 간단하게 처방할 수 있는 것이 아니기 때문이다. 의사는 환자의 삶에 의미를 줄 수 없다. 의미는 결국 주어지는 것이 아니라 찾아내야 하는 것이다. 환자 스스로가 의미를 찾아야 한다. 로고테라피는 의미와 무의미, 가치와 무가치를 판단하지 않는다. 낙원에서 인간에게 '하느님처럼 선악을 분간하는 존재'가 될 거라고 약속했던 건 로고테라피가 아니라 창세기의 뱀이었다.

죽음의 의미에 관하여

삶에서 질문을 받은 자로서, 삶을 책임져야 하는 자로서, 인간은 스스로 —질문 중 가장 인간적인 질문인— 삶의 의미에 대한 질문에 답해야 한다. 따라서 인간은 인간 존재는 책임지는 존재라는 원초적 상황에 주목해야 한다. 실존분석에서 책임성은 인격과 상황의 구체성으로부터 생겨나고, 이런 구체성과 함께하는 것으로 드러났다. 책임은 인간의 유일성, 상황의 일회성과 더불어 생겨난다. 이미 이야기했듯이 유일성과 일회성은 인간의 삶의 의미를 구성하는 것이다. 그러나 실존의 두 본질적 요소인 유일성과 일회성에는 동시에 인간의 유한성이 반영된다. 따라서 유한성은 인간의 삶에 의미를 부여하는 것이지, 의미를 빼앗는 것이 아님이 틀림없다. 우리는 이제 이를 설명하며 인간의 시간적 유한성, 즉 인간의 삶이 시간적으로 유한하다는 사실, 따라서 죽는다는 사실이 정말로 삶을 의미 없게 만들 수 있는가 하는 질문에 우선 답해 보고자 한다.

사람들은 종종 죽으면 무슨 소용이냐고, 죽음이 삶의 모든 의미를 앗아 가 버리는 것처럼 말한다. 죽음이 모든 것을 파괴할 것이기 때문에 마지막엔 모든 것이 무의미하다고 한다. 그렇다면 죽음이 삶의 의미를 정말로 없앨 수 있을까? 아니, 그 반대다. 삶이 유한하지 않고 시간적 제한이 없이 무한하다면 어떻게 될까? 우리가 불멸한다면 우리는 모든 행동을 무한히 미룰 수 있을 것이며, 지금 어떤 행동을 하는 것이 중요하지 않을 것이다. 내일 혹은 모레, 일 년 뒤 혹은 십 년 뒤에 한들 무슨 상관이 있을까. 하지만 삶이 유한하기에 우리는 넘어설 수 없는 시간과 가능성의 한계로서의 죽음 앞에서 주어진 삶의 시간을 활용하고, 유일한 기회들—이 기회들의 '유한한' 총합이 바로 전 인생을 의미한다—을 그냥 흘려보내지 않게 할 수밖에 없다.

따라서 유한성, 즉 시간성은 인간 삶의 본질적인 특징일 뿐만 아니라 삶의 의미를 구성한다. 인간 존재의 의미는 불가역성(돌이킬 수 없음)을 토대로 한다. 그러므로 삶에 대한 한 인간의 책임은 시간성과 일회성에 대한 책임으로 봐야만 이해할 수 있다. 실존분석의 의미에서 인생에 대한 책임 의식을 환기시키고, 환자들이 책임성을 자각할 수 있게 하고자 할 때, 우리는 비유를 도구로 삶의 역사성과 그로 인한 인간의 책임을 보여 줄 수 있다.

상담 시간에 마주 앉은 소박한 사람에게 가령 그가 인생의 황혼에 이르러 자신의 전기를 뒤적이면서 현재 시기에 해당하는 장을 펼쳤다고 생각해 보라고 권할 수 있다. 그런데 지금 기적이 일어나 다음 장에 무슨 내용을 써넣을지 결정할 수 있는 기회가 있다고, 그렇게 아직 쓰이지 않은 내면의 삶의 역사를 수정할 수 있다고 말이다. 실존분석의 원칙을 다음과 같은 명령형으로 표현할 수 있다. '첫 번째 인생은 모든 것을 그르쳤고, 이제 두 번째 인생을 사는 것처럼 살라.' 그래서 이제 막 어떻게 살까 하는 것처럼 말이다. 이런 상상에 깊이 들어갈 수 있는 사람은 인생의 매 순간 인간이 지니는 책임이 얼마나 큰지를 의식하게 될 것이다. 이어지는 시간들을 어떻게 보내야 하는가, 다음날을 어떻게 형상화할 것인가 하는 책임이다.

또는 환자들에게 자신의 삶을 지금 막 상영되는, 그러나 편집할 수 없는 영화처럼 상상해 보라고 할 수 있다. 즉 한번 받아들여진 것은 돌이킬 수 없다고 말이다. 그럼으로써 인생의 불가역성, 존재의 역사성을 보게 할 수 있다.

처음에 인생은 아직 사용하지 않은 물질이다. 하지만 세월이 흐르면서 삶은 점점 많은 물질을 잃어버리고, 점점 더 기능으로 바뀐다. 그리하여 마지막에는 당사자, 즉 각자가 무슨 행동을 하고, 무엇을 경험하고, 어떤 일을 겪었는지만 남게 된다. 그렇게 인생은 라듐을 연상시킨다. 알다시피 라듐은 수명이 제한되어 있다. 라듐 원자가 분열하고, 물질이 점점 에너지로 변화되어 방사된다. 이런 물질은 다시 되돌릴 수 없고, 결코 다시금 물질로 전환되지 않는다. 원자분열 과정은 비가역적, 즉 '방향'을 가지고 있기 때문이다. 따라서 라듐에서도 원래의 물질성이 점점 더 감소한다. 삶도 마찬가지다. 원래의 물질이 점점 사라지다가 마지막에는 순수한 형태가 된다. 인간은 끌과 망치로 돌을 다듬어 물질에 점점 형태를 부여하는 조각가와 같다. 인간은 운명이 그에게 공급해 준 재료로 작업을 한다. 창조하고 경험하고 견디는 가운데 인간은 삶으로부터 그가 할 수 있는 만큼 가치를 만들어 낸다. 창조적 가치, 경험적 가치, 태도적 가치를 말이다. 우리는 이런 조각가의 비유에 시간적 요소도 도입할 수 있다. 조각가가 예술작품을 완성하는 데 할애할 수 있는 시간이 한정되어 있다고 해 보자. 하지만 작품 양도일은 고지되어 있지 않다. 어느 때 소환될 것인지 그는 결코 알지 못한다. 바로 다음 순간에 소환될 수도 있다. 하지만 그는 자신의 작품이 토르소로 남을 위험을 감수하면서 어쨌든 시간을 활용해야 한다. 작품을 완성할 수 없었다고 해서 작품이 가치가 없는 것은 전혀 아니다. 삶의

"미완성적 성격"(짐멜Simmel)은 삶의 의미를 저해할 수 없다. 우리는 결코 인생의 길이로 그 인생이 얼마나 의미가 있었느냐를 판가름할 수 없다. 누군가의 전기를 그 '길이'로 평가하는 사람은 없다. 페이지 수가 아니라 내용적 함량으로 평가할 것이다. 훌륭하게 살다가 젊은 나이에 생을 마감한 사람의 인생이 속물처럼 살아가며 장수한 사람의 인생보다 더 의미 있고 내용이 있을 것이다. '미완성'이지만 정말 아름다운 교향곡들이 있는 것처럼 말이다!

인간의 삶은 대학 입학 자격시험을 앞두고 있는 것과 비슷하다. 소논문을 써내는 시험에서 소논문의 완성 여부보다는 그 내용이 양질인가 하는 것이 더 중요하다. 시험을 치르는 학생이 종소리가 울려 주어진 시간이 끝날 것에 대비하듯이, 삶에서도 늘 '소환'을 각오하고 있어야 한다.

인간은 —이런 유한한 시간 속에서— 유한성을 감수하고 삶이 끝날 것을 의식하는 가운데 뭔가를 완성해야 한다. 이런 태도를 거창하다고 생각할 필요는 없다. 평범한 사람의 일상적인 행동에서도 이미 이런 태도를 엿볼 수 있다. 가령 영화 관람객에게는 영화가 해피엔딩으로 끝나는가보다는 끝난다는 것이 더 중요하다. 일상적 인간이 영화나 연극 같은 것을 필요로 한다는 사실 자체가 이미 시간성이 갖는 의의를 보여 주는 것이 아닐까? 중요한 내용을 이야기해 주는 것, 즉 시간 속에서 전개되고, 시간적으로 묘사하는 것이 중요하지 않다면, 관객은 장시간 극장에 앉아 있는 대신 '이야기의 교훈'에 대해 잠시 설명을 듣는 것만으로 충분할 것이다.

따라서 삶에서 죽음을 배제할 필요가 없다. 죽음은 어엿이 삶에 속하는 것이다! 자손 번식을 통한 불멸을 추구하면서 죽음을 극복하는 것도 절대 가능하지 않다. 인생의 의미가 후세를 잇는 것에 있다는 주장은 잘못된 것이기 때문이다. 이 주장은 조금만 생각해 봐도 말도 안 된다는 걸 쉽게 알 수 있다. 우선 우리의 생명은 무한정 이어질 수 없기 때문이다. 결국은 한 집안 전체도 멸절하게 될 것이고, 언젠가는 인류 전체가 사멸할 것이다. 전 지구적 차원의 재난을 통해서라도 말이다. 그러므로 유한한 삶이 의미가 없다면, 그 생명이 언제 끝나든 상관없이 의미가 없는 것이다. 종말이 조망할 수 있는 시점에 오든, 그렇지 않든 상관없다. 이렇듯 시점이 중요하지 않다는 사실을 인식하지 못하는 사람은 1조 년이 지나면 우주가 멸망할 거라는 천문학자의 예언에 엄청나게 경악했다가 되묻고 나서는 "비로소 1조 년이 지나야 한다."라는 말에 안도의 한숨을 내쉬며 "아, 난 처음에 백만 년(독일어의 1조와 백만은 빌리온Billion과 밀리온Million으로 발음이 비슷한 데서 비롯된 상황 -옮긴이)이라는 줄 알았어요."라고 말했던 여성과 같다. 삶이 의미가 있다면 길든 짧든 상관없이, 번식과 상관없이 의미를 지니는 것이며, 삶이 의미가 없다면 삶이 아주 오래 지속되거나 무한히 계속되어도 의미를 갖지 못한다. 자식을 낳지 않은 여성의 삶이 자식이 없었다는 이유로 의미가 없다면, 그것은 인간이 오로지 자녀들을 위해서만 살며, 실존의 의미는 오로지 다음 세대에 있다는 말이 될 것이다. 하지만 이로써 의미의 문제는 미루어질 따름이다. 모든 세대는 스스로 해결하지 않고 그 문제를 다음 세대에게 전가하기 때문이다. 그렇다면 한 세대의 삶의 의미는 다음 세대를 키우는 것 외에 어디에 있을까? 그리고 그 자체로 무의미한 것을 계속하는 것은 무의미하다. 그 자체로 무의미한 것이 영원히 계속된다고 하여 의미가 생기는 것이 아니기 때문이다.

횃불이 꺼질지라도 그 빛은 의미가 있다. 그러나 횃불 경주를 끝없이 계속한다 하여도, 횃불이 타오르지 않는다면 의미가 없다. 빌 트간스는 "빛을 발해야 한다면 타오름을 견딜 수 있어야 한다."라고 말했다. 타오름이란 고통을 견뎌야 한다는 의미일 것이다. 그러나 또한 타서 재가 되는 것, '끝까지' 타들어 가는 것을 견뎌야 한다고도 말할 수 있다.

그리하여 자손 번식에만 의미를 두는 삶은 그 자체로 의미가 없고, 마찬가지로 번식도 의미가 없어진다는 모순에 이르게 된다. 생명의 번식은 각각의 생명이 그 자체로 의미가 있을 때만이 비로소 의미를 갖게 된다. 따라서 여성의 삶은 오로지 자녀를 낳아 어머니가 되는 것에만 의미가 있다고 보는 사람은 자녀를 낳지 않은 여성의 삶에서 의미를 앗아 가는 것이 아니라, 자녀를 낳아 어머니가 된 여성의 삶에서 의미를 앗아 버리는 것이다. 따라서 자녀가 없다고 해서 비중 있는 한 인간의 실존이 무의미해질 수는 없다. 아니, 더 나아가 그의 조상들은 그들이 이런 훌륭한 사람을 배출했다는 사실만으로도 소급적으로 영광스러운 의미를 얻게 될 것이다. 이 모든 것을 통해 우리는 다시 한번 생명 자체가 목적이 될 수 없으며, 생명 번식이 결코 삶의 의미가 될 수 없음을 알게 된다. 삶의 의미는 오히려 다른 비생물적 연관으로부터 비로소 얻어진다. 그러므로 이런 연관은 초월적인 요인이다. 삶은 번식의 의미에서 그 '길이'로 나아가는 것이 아니라, 의미를 추구하면서 '높이'로 나아가는 것이다.

공동체와 군중

인간 존재의 일회성—시간적으로 유한하고 순차적인 존재—과 짝을 이루는 개념이 바로 병존하는 존재로서의 인간의 유일성이다. 시간적, 외적 제약으로서의 죽음이 삶을 무의미하게 하지 못하고 오히려 의미 있게 만드는 것처럼, 인간의 내적 제약도 삶을 의미 있게 할 따름이다. 모든 인간이 완벽하다면 모두가 똑같을 것이고, 개인이 다른 개인을 대신할 수 있을 것이다. 인간은 불완전하기 때문에 각 개인이 필수 불가결하며 다른 사람이 대신할 수 없다. 개개인은 불완전하지만, 각자 자기 나름대로 불완전하기 때문이다. 개개인은 다재다능한 존재가 아니고 한쪽으로 치우쳐 있지만, 그로써 유일무이한 존재다.

이런 연관에서 생물학적 모델을 예로 들어 보자. 단세포 생물이 다세포 생물로 진화한 것은 '불멸성'을 대가로 한 것이었다. 세포는 만능성을 희생하여 이를 특수성과 교환했다. 가령 그 어느 세포도 레티나 세포의 기능을 대신할 수 없는 상태가 된 것이다. 세포의 기능 분담 원칙은 세포의 만능성을 앗아 갔지만, 대신에 특화된 기능으로 말미암아 유기체에 상대적인 특수성을 부여해 주었다.

모자이크에서도 마찬가지로 각각의 조각은 형태와 색깔이 불완전하고 불충분하다. 하지만 비로소 조각조각이 전체를 구성하며, 전체를 위해 중요성을 지닌다. 미니어처처럼 각 조각이 완전한 모양이라면 그 조각들은 서로를 대신할 수 있을 것이다. 동일한 형태의 결정들은 각각 서로를 대신할 수 있는 것처럼 말이다. 정팔면체는 모두 같은 모양이 아닌가.

인간이 서로 다를수록, 각 개인은 표준에 부합하지 않는다. 평균에 부합하지 않을 뿐만 아니라 이상에도 부합하지 않는다. 하지만 개개인은 이런 표준과 이상을 대가로 자신의 개성을 획득했다. 이런 개성 또는 인성은 공동체를 지향하고, 공동체와 관련하여 의미를 지닌다. 모자이크 조각의 유일무이성이 전체 모자이크와 관련해서만 가치를 지니는 것처럼, 인격의 유일무이성도 상위의 전체와 관련해서 의미를 지닌다. 인간의 인격적 실존, 인격체로서의 인간의 의미는 자신의 경계를 뛰어넘어 공동체로 나아간다. 각 개인의 의미는 공동체를 향하는 가운데 자신을 초월하는 것이다.

인간에게 상태적으로 주어져 있는(소여성) 사회성을 뛰어넘어 공동체는 과제를 부여받은 것을 특징으로 한다. 그런 단순한 심리적, 혹은 더 나아가 생물적 사실—인간은 '정치적 동물'이다—로부터 윤리적 요구가 나온다. 하지만 개개인의 실존이 공동체를 통해 의미를 얻듯이, 공동체 역시 개개인의 실존을 통해 의미를 얻는다. 이것이 공동체와 단순한 군중의 차이점이다. 군중은 개성을 참지 못한다. 하물며 개인적인 실존이 군중 속에서 의미를 실현하는 것은 불가능하다. 개인과 공동체의 관계를 모자이크 조각과 전체 모자이크에 견준다면, 개인과 군중의 관계는 규격화된 보도블록과 그런 블록이 깔린 칙칙한 포장도로에 비유할 수 있다. 균일하게 만들어진 블록은 다른 모든 블록으로 대치될 수 있다. 개별 블록은 커다란 전체를 위해 질적인 의미를 갖지 않는다. 그러면 이 커다란 전체는 전체라기보다는 그냥 커다란 것에 불과하다. 단조로운 포장도로는 모자이크와 달리 미적 가치 또한 지니지 않고, 유용성의 가치만을 지닐 따름이다. 군중이 인간의 유용성만을 알지, 개인의 가치나 품위는 알지 못하는 것처럼 말이다.

개성의 의미는 공동체 속에서 비로소 실현된다. 그런 점에서 개인의 가치는 공동체에 의존되어 있다. 그러나 공동체 역시 자체적으로 의미를 지니려면 공동체를 이루는 개개인의 개성 없이는 안 된다. 반면 군중 속에서는 개개인의 유일한 실존은 의미가 없으며, 없어야 한다. 개개인의 유일성과 독특성은 군중에게는 방해 요소로 작용하기 때문이다. 공동체의 의미는 개성을 통해 구성되고, 개성의 의미는 공동체를 통해 구성된다. 반면, 군중의 의미는 군중을 이루는 개인의 개성으로 말미암아 방해를 받으며,[35] 개성의 의미는 군중 속에서는 져버린다(반면 개성의 의미는 공동체 안에서 피어난다).

우리는 개개인의 유일성과 모든 삶의 일회성이 존재의 의미를 만들어 낸다고 말했다. 하지만 이것은 단순한 수적 단일성과는 구분되어야 한다. 수적 단일성 자체는 가치가 없는 것이다. 지문이 같은 사람이 없다는 단순한 사실이 사람을 인격적인 존재로 만들어 주는 것이 아니다. 인간 존재의 의미 요소로서 유일성을 이야기할 때는 이런 '지문'의 유일성을 말하는 것이 아니다. 그러므로 ─헤겔의 '좋은 무한성', '나쁜 무한성'과 비슷하게─ 좋은 유일성과 나쁜 유일성을 이야기할 수 있을 것이다. 좋은 유일성은 공동체를 지향하는 것일 터이다. 공동체를 위해 인간이 유일한 가치를 갖는 것 말이다.

인간 존재의 유일성은 존재론적 토대를 가지고 있다. 하지만 개인의 실존은 특별한 존재 형태다. 가령 집은 층으로 이루어져 있고, 층은 방으로 이루어져 있다. 집은 층을 더한 것이며, 방은 층을 나눈 것으로 파악할 수 있다. 그로써 우리는 존재 안에서 어느 정도 자의적으로 경계를 그을 수 있다. 존재하는 것을 자의적으로 경계 짓고, 존재의 전체성에서 끄집어낼 수 있는 것이다. 오로지 인간 존재, 인격적 실존만이 이런 자의적인 경계지움이 불가능하다. 한 인격은 그 자체로 완결되어 있으며, 그 자체로 존재한다. 나눌 수도 더할 수도 없다. 그리하여 '존재=다른 존재(다르게 존재하는 것)'라는 우리의 원래 명제에 따라, 존재 내부에서의 인간의 특별한 위치, 인간의 특별한 존재 방식을 다음과 같이 규정할 수 있다. 인간 존재(인간의 현존재, 실존)는 절대적으로 다른 존재라고 말이다.[36] 개개인의 본질적이고 가치 있는 유일성은 바로 그가 다른 모든 인간과는 다르다는 뜻이기 때문이다.

따라서 인간 존재는 어떤 더 높은 차원의 복합적인 존재로 합쳐질 수 없다. 그런 상급의 존재가 인간 존재의 품위를 잃지 않고서는 그렇게 될 수 없다. 우리는 이를 군중에서 가장 극명하게 본다. 사회적 법칙은 개개인을 지나쳐 작용하는 것이 아니고, 개인들을 통과해서만 작용한다. 그 법칙들이 군중에서 통할 수도 있지만, 그것은 군중심리적 확률계산이 유효한 것만큼만 유효하다. 심리학적으로 평균적인 유형을 계산할 수 있는 만큼만 유효하다. 그러나 이런 평균적인 유형은 학문적 허구이지, 진정한 인간이 아니다. 평균적인 유형은 계산이 가능하기 때문에 결코 진정한 인간이 될 수 없다.

인간은 군중 속으로 도피함으로써 가장 본연의 것인 책임성을 잃어버린다. 반면 자신이 태어나면서 혹은 후천적으로 들어가게 된 공동체가 그에게 부여해 주는 과제에 헌신함으로써 책임성을 갖게 된다. 따라서 군중 속으로 도피하는 것은 개인적 책임 앞에서 도피하는 것이다. 자신이 전체의 단순한 부분인 것처럼, 이런 전체가 본연의 것인 것처럼 하자마자 책임의 짐을 벗은 것 같은 기분이 들 수 있다. 이렇듯 책임에서 도피하려는 경향은 모든 집합주의 collectivism의 모티브다. 진정한 공동체는 본질적으로 책임지는 인간들의 공동체다. 그러나 단순한 군중은 탈개인화된 존재들의 집합일 따름이다.

인간을 판단하는 문제에서 집합주의는 책임 있는 개인 대신 한 가지 유형의 인간상만을 제시하고, 인간이라면 모두가 이런 인간상에 부합할 것을 요구한다. 그러나 이런 집합주의적 태도는 판단의 객체의 편에서뿐만 아니라 주체 편에서도 탈책임으로 이어진다.

한 가지 유형을 기준으로 한 평가가 판단에 대한 책임을 부분적으로 면제해 주는 가운데, 판단 주체로 하여금 판단을 수월하게 해 준다는 점에서 말이다. 인간을 유형으로 평가한다면 개별적인 경우를 상관할 필요가 없다. 이것은 아주 편한 일이다. 브랜드나 종류에 따라 엔진을 평가하는 것만큼이나 편하다. 누군가가 특정 타입의 자동차를 타고 다니면 사람들은 그가 어떤 차를 타고 다니는지 안다. 타자기의 브랜드를 보고 그 타자기의 성능을 점칠 수 있다. 강아지 종만 해도 마찬가지다. 푸들은 보통 이런저런 성향과 특성을 보이며, 셰퍼드도 특유의 성향과 특성이 있다. 인간의 경우에만 이것이 통하지 않는다. 인간은 특정 유형에 대한 소속이 그를 말해 주지 않으며, 유형을 통해 그를 계산할 수도 없다. 즉, 이런 계산은 결코 들어맞지 않는다. 늘 무언가가 남는다. 이런 나머지가 특정 유형을 통한 제약을 벗어나는 인간의 자유에 해당한다. 인간이 특정 유형에 대한 구속에 맞설 자유가 있는 곳에서 인간은 도덕적 평가의 대상으로 선다. 비로소 그곳에서 인간 존재가 책임 있는 존재가 되고, 비로소 그곳에서 인간이 본연의 인간으로 존재하기 때문이다. 기계는 규격화될수록 좋겠지만, 인간은 규격화될수록 —그가 그의 유형(민족, 계급, 또는 성격)에 들어맞고 평균적 규격에 부합할수록— 윤리적 규범을 등지게 된다.

도덕적 영역에서 집합주의는 인간에 대한 평가나 판단에 있어서 인간에게 '집단적으로 책임을 지게' 한다. 책임이 없는 일에 책임을 지게 하는 것이다. 사람들은 그로써 판단의 책임을 면하고자 한다.

전체 종족을 싸잡아 치켜세우거나 비하하는 것이 각각의 사람이 도덕적으로 괜찮은 종족에 속하는지, 무례한 종족에 속하는지를 판단하는 것보다 훨씬 더 편한 것이다.

자유와 책임

실존분석에서 그렇게나 중요시하는 인간의 책임은 실존의 유일성과 일회성에 대한 책임이다. 인간 존재는 삶의 유한성 앞에서 책임이 있는 존재다. 삶의 시간적 유한성은 삶을 무의미하게 하지 못한다. 오히려 반대다. 우리는 이미 죽음이 삶을 의미 있게 만드는 것을 보았다. 또한 우리는 모든 상황의 일회성이 삶의 일회성의 일부라고 이야기했다. 그렇다면 이제 모든 운명의 유일성은 삶의 유일성의 일부라고 하겠다.

운명은 죽음과 마찬가지로 삶에 속한다. 인간은 자신의 구체적이고 유일한 운명에서 벗어날 수 없다. 거역할 수 없고, 스스로는 어떤 책임도 죄도 없는 운명에 대해 불평하고 만족하지 못한다면, 그는 운명의 의미를 간과하게 된다. 운명은 의미가 있다. 운명은 죽음과 마찬가지로 삶에 의미를 준다. 자신만의 배타적인 운명에서 모든 인간은 그 누구와도 같지 않다. 그 누구와도 운명을 바꿀 수 없다는 점이 그에게 운명을 형상화할 책임을 부여한다. 운명이라는 것은 자신만의 고유한 운명을 말한다. 전 우주를 통틀어 모든 인간은 자신의 유일한 운명을 안고 살아간다. 그의 운명은 반복되지 않는다. 그 누구도 그와 동일한 가능성을 지닌 사람이 없으며, 그 자신도 앞으로는 결코 다시금 그런 가능성을 지니지 못한다. 창조적이거나 경험적인 가치 실현의 기회에서 그에게 무슨 일이 생기든, 어떤 운명적인 일을 만나든 ─즉 변화시킬 수 없으며, 태도적 가치의 의미에서 짊어지고 갈 수밖에 없는 것이 무엇이든 간에─ 이 모든 것은 유일하고 일회적이다.

운명에 거역하는 것이 말도 안 되는 일이라는 것은 다음에서 드러난다. 누군가가 지금의 아버지가 아닌 다른 아버지 아래에서 태어났더라면 어떻게 되었을지 묻는다고 해 보자. 이런 경우 그는 '그'가 아니게 되고, 그런 운명을 지닌 자는 전혀 다른 사람이라서, 그는 더 이상 '자신의' 운명에 관해 이야기할 수 없음을 잊고 있는 것이다. 따라서 다른 운명의 가능성을 묻는 것은 그 자체로 모순적이고 불가능하고 무의미한 일이다.

운명은 중력이 붙들어 매고 있는 땅처럼 인간에게 속하는 것이다. 중력이 없으면 걷는 것이 불가능하다. 우리는 운명을 우리가 서 있는 땅처럼 대해야 한다. 땅, 즉 자유를 위한 도약판으로 말이다. 운명 없는 자유는 불가능하다. 자유는 운명 앞에서의 자유일 따름이다. 운명에 대해 자유로운 태도를 취하는 것 말이다. 인간은 정말로 자유롭다. 그러나 진공 속에서 자유 유영을 하는 것이 아니라 많은 구속에 둘러싸여 있다. 이런 구속은 자유의 시작점이다. 자유는 구속을 전제로 하고, 구속에 의존해 있다. 그러나 이런 의존성이 종속성을 의미하지는 않는다. 인간이 걷는 땅은 걸으면서 이미 초월되며, 초월되는 만큼 땅은 도약의 토대가 된다. 인간을 정의하고자 한다면, 인간은 그를 규정하는 것(생물적, 심리적, 사회적 유형으로 규정하는 것)에서 자유로운 존재라고 해야 할 것이다. 따라서 이 모든 제약을 극복하거나 형상화하면서, 혹은 그냥 그것에 복종하면서 그것들을 초월하는 존재 말이다.

이런 모순은 인간의 변증법적 특성을 보여 준다. 인간의 영원한 미완결성과 자기포기가 이런 특성의 본질이다. 인간의 현실은 가능성이고, 그의 존재는 능력이다. 인간은 결코 현사실성(Facticity: 현재완료적 존재의 사실 -옮긴이)에 매몰될 수 없다. 인간 존재는 사실에 기반을 둔 존재가 아니라, 선택 능력이 있는 존재다!

인간이 책임지는 존재인 것은 인간이 자유로운 존재이기 때문이다. 인간은 야스퍼스의 말마따나 자신의 모습을 결정하는 존재다. 결정하는 존재는 단순한 '객체적 존재Vorhanden-sein'가 아니라 "현존재(現存在, Dasein)"다(하이데거). 내 앞에 놓인 테이블은 현재 있는 그대로 있고 그렇게 남는다. 인간에 의해 변화되지 않는 이상, 스스로 어떤 변화도 일으킬 수 없다. 하지만 그 테이블 맞은편에 앉은 인간은 다음 순간 어떤 존재가 될지, 다음 순간 내게 무엇을 말하고 무엇을 침묵할지 자의적으로 결정한다. 다양한 가능성이 있고, 그중 하나만을 실현할 수 있다는 점이 인간의 현존재적 특성이다. 인간은 삶의 단 한 순간도 가능성들 중에서 선택하지 않을 수 없다. 다만 다른 선택이 없는 것처럼, 결정의 자유가 없는 것처럼 행동할 수 있을 따름이다. 이렇게 '마치 ~인 것처럼 행동하는 것'이 인간의 희비극의 일부를 이룬다.

오스트리아의 황제 프란츠 1세의 일화를 들어 보자. 프란츠 1세는 몇 번이나 같은 사안으로 자신을 알현하러 와서는 매번 거절당하고 돌아간 어느 청원자에 대해 신하들에게 이렇게 말했다. "그대들은 저 얼간이가 뜻을 관철하는 것을 보게 될 것이다." 이 말이 약간 우습게 들리는 것은 왜일까? 그것은 여기서 프란츠 1세가 마치 자신에게 자유가 없는 것처럼, 얼간이가 다음번에 정말로 뜻을 관철할 수 있을지 없을지를 스스로 결정할 수 없는 것처럼 말했기 때문이다.

본연의 결정의 자유를 의식하지 못하는 인간의 희극성은 많은 위트에서 드러난다. 한 가지 예를 들어 보자. 한 남성이 아내에게 요즘 사람들이 얼마나 부도덕한지를 이야기하며 이런 증거를 든다. "가령 오늘 내가 지갑을 하나 주웠다고 해 봐. 그것을 유실물 보관소에 가져다줄 생각이 나겠어?" 이 남자의 말이 우스운 것은 자신의 부도덕에 대해 자신이 전혀 책임이 없는 듯이 말한다는 것이다. 이 남자는 사람들이 다른 사람들의 부도덕을 그냥 주어진 사실로 받아들이듯, 자신의 부도덕을 이미 주어진 사실로서 그냥 단순히 받아들여야 하는 것처럼 행동하고 있다. 자신이 지갑을 가질지, 유실물 센터에 넘겨줄지 스스로 결정할 자유가 없다는 듯이 말하고 있는 것이다.

생명의 본질을 산화 과정 혹은 연소 과정이라고 말한 교사에 대해 앞서 언급한 바 있다. '객체로 존재'하는 초는 연소 과정을 지휘하지 못하고 끝까지 타들어 간다. 반면 '현존재'인 인간은 자신의 존재를 자유롭게 결정할 가능성을 갖는다. 결정 가능성은 스스로를 파괴하는 데까지 나아간다. 그리하여 인간은 자기 자신을 없애 버릴 수도 있다.

결정하는 자유, 소위 의지의 자유는 선입견에 사로잡히지 않은 인간에게는 당연한 것이다. 그는 자기 자신을 자유로운 존재로 경험한다. 결정론적 철학에 사로잡혀 있거나, 편집증에 시달리는 나머지 자신의 의지를 부자유한 것으로 만드는 사람만이 의지의 자유를 진지하게 의심한다. 한편 신경증적 숙명론에서는 의지의 자유가 은폐된다. 신경증적 인간은 자신의 가능성으로 가는 길을 막고, 스스로의 '존재 능력'으로 가는 길을 방해한다. 그렇게 그는 자신의 삶을 왜곡하고, 의지의 실현을 완성하는 대신 그것을 기피한다. 우리가 처음에 모든 존재는 다르게 존재하는 것이라고 말했다면, 이제는 이렇게 말해야 한다. 인간으로 존재하는 것은 다르게 존재하는 것일 뿐만 아니라, 다르게 할 수 있는 것이라고 말이다.

의지의 자유에 대립하는 것이 운명이다. 인간의 자유를 벗어나는 것, 인간의 영향력이나 책임을 벗어나는 것을 운명이라 하기 때문이다. 하지만 우리가 절대 잊지 말아야 할 것은 인간의 자유는 오로지 운명 안에서, 운명을 토대로 펼쳐진다는 점에서 운명에 의존하고 있다는 것이다.

무엇보다 과거가 바로 운명에 속한다. 불변한다는 점에서 말이다. 사실(행한 것, 된 것, 지나간 것)은 기정사실이다. 그럼에도 인간은 과거에 대해, 그로써 운명에 대해 자유롭다. 과거는 현재를 이해할 수 있게 한다. 하지만 미래가 오로지 과거에 의해 좌우되는 것만은 아니다. 이런 생각은 신경증적 숙명론이 범하는 전형적인 오류다. 신경증적 숙명론은 과거에 저지른 실수들을 이해하는 동시에 미래에 똑같은 실수를 해도 용서할 것을 요구한다. 과거의 실수를 학습의 기회로 삼고, 더 나은 미래를 일구어 가는 비옥한 재료로 삼아야 하는데 말이다. 과거를 그냥 숙명적으로 받아들일지, 아니면 과거로부터 배울지는 각자의 자유다. 이렇게 배우는 데 결코 늦은 때란 없다. 또한 너무 이른 때도 없다. 언제나 최고의 시간이다. 이를 간과하는 사람은 이제 그만 술 좀 끊으라는 충고에 이미 늦었다고 대답한 술고래와 비슷하다. 그에게 결코 늦은 때는 없다고 이의를 제기하자 그는 "그렇다면 아직 시간이 있네 뭐!"라고 대답했다.

과거는 불변하는 것이며, 운명이 되어 버렸다는 점에서 이제 인간의 자유가 일깨워진다. 운명은 책임을 의식하는 행동을 촉구한다. 우리가 이미 살펴본 것처럼, 인간은 삶에서 매 순간 많은 가능성 중 한 가지 가능성을 취하고, 그것을 실현함으로써 그 가능성을 과거의 영역으로 옮겨 안전하게 한다. 역설적으로 들릴 수도 있겠지만, 지나간 것은 과거의 영역에 남는다. 지나갔음에도 불구하고 남는 것이 아니라, 바로 지나갔기 때문에 남는 것이다. 우리는 이미 앞에서 과거의 현실은 폐기와 보존이라는 이중적 의미로 지양되어 있음을(헤겔) 살펴보면서, '있었던 존재'는 존재의 가장 안전한 형태라고 말했다. 그것은 과거가 됨으로써 소멸로부터 구조된 것이다. 소멸되는 것은 단지 가능성들이다(일회적인 상황의 가치와 돌이킬 수 없이 지나가 버리는 실현의 기회에 대해 이미 했던 이야기들을 참조하라). 과거 안에 보존되어 있고, 과거로 구조된 현실은 소멸로부터 보호된다. 현재가 품은 가능성이 현실이 되어 과거 안에 영원히 간직될 때, 그 순간은 영원이 된다. 이것이 바로 모든 실현의 의미다. 이런 의미에서 인간은 어떤 행위를 하거나 업적을 이룰 때뿐만 아니라 체험을 할 때도 실현을 하는 것이다. 그리고 이런 의미에서 체험에서 실현되는 것은 그것이 깡그리 잊혀 버린다 해도, 즉 체험의 주체의 죽음으로 인해 기억의 가능성이 완전히 없어져 버린다 해도 파괴되지 않는다고 주장할 수 있다.[37]

일반적으로 사람은 소멸되고 남은 황량한 들판만 보지, 과거라는 가득 찬 창고는 보지 못한다. 과거적 존재는 그 무엇도 완전히 사라지지 않는다. 모든 것이 잃어버릴 수 없게끔 보존된다. 이미 일어난 일은 그 무엇도 폐기될 수 없다. 하물며 세상 속으로 들여보내진 것이 어떻게 없어질 수 있겠는가?

정신의 저항력에 대하여

인간의 운명은 주로 세 가지 형태로 등장한다. 첫 번째는 탄들러 Tandler가 "신체적 운명"이라고 칭한 '소질'이 그것이다. 두 번째는 외적 형편의 총합으로서의 그의 '상황'이다. 그리고 첫 번째 소질과 두 번째 상황이 합쳐져서 인간의 '조건'을 이룬다. 이런 조건에 대해 사람은 '태도'를 갖는다. 그러나 태도는 —기본적으로 운명적인 '조건'과 달리— 자유로운 것이다. 태도가 자유롭다는 증거는 우리가 이런 도식에 시간적 차원을 포함시키자마자 '전환'이 등장하기 때문이다. 이런 전환은 시간 속에서, 시간과 더불어 나타나는 태도의 변화를 의미한다. 우리가 교육, 재교육, 독학이라 부르는 모든 것과 넓은 의미의 심리치료, 그리고 회심과 같은 현상들이 이런 전환에 해당한다.

소질은 인간의 생물학적 운명이며, 상황은 사회적 운명이다. 여기에 심리적 운명이 추가된다. 부자유하며, 자유로운 영적 입장을 취하지 않는 한, 정신적 태도도 운명에 속한다. 자, 그렇다면 이제 인간의 자유가 이런 생물학적 운명, 심리적 운명, 사회적 운명을 어떻게 거스를 수 있는지 차례대로 살펴보기로 하자.

생물학적 운명

인간의 생물학적 운명과 대면하여, 우리는 신체적 사건에서 인간의 자유가 어디까지 미칠 수 있는가 또는 인간의 자유의지의 힘이 생리적인 것에 얼마나 깊이 개입할 수 있는가 하는 질문 앞에 서게 된다. 그로써 우리는 정신-신체적 문제에 접근한다. 하지만 여기서 인간의 신체적 고통이 영적, 정신적인 것에 얼마나 좌우되는지, 반대로 영적, 정신적 고통이 신체적인 것에 얼마나 좌우되는지 하는 문제는 살펴보지 않으려고 한다. 그것은 공연히 끝없는 토론을 양산하기 때문이다. 우리는 두 가지 정황을 서로 대비하며, 그것들 자체가 제공해 주는 해석을 살펴보는 것으로 만족하고자 한다.

정신의학자 랑게Lange는 언젠가 다음과 같은 경우에 대해 보고했다. 랑게는 오랜 세월 동안 따로따로 각자의 삶을 살아온 일란성쌍둥이 형제를 알고 있었다. 그런데 둘 중 한 형제가 편집증(망상장애)으로 랑게에게 정신과 치료를 받는 중에, 정확히 같은 시기에 다른 도시에 살고 있는 쌍둥이 형제로부터 동일한 종류의 망상장애를 앓고 있다는 편지를 받았다. 이들 형제가 가진 동일한 질병 소인이 운명적으로 작용했던 것이다. 이들은 일란성쌍둥이로서 동일한 생식세포로부터 발육했고, 같은 소질을 지니고 있었다.

그렇다면 우리는 이런 생물학적 운명의 힘 앞에서 속수무책이어야 할까? 신체적 소질이 얼마나 힘이 센지를 보여 주는 이런 사실 앞에서 그것을 인정할 수밖에 없을까? 생물학적으로 어떤 소질을 지닌 사람들의 운명은 그냥 그렇게 정해지는 것일까? 인간 영혼이 가진 자유가 운명을 형상화할 여지는 없을까? 유전 질환의 소인을 가진 쌍둥이들을 대상으로 한 연구 결과를 보면 상당히 숙명적인 생각이 든다. 그러나 이런 생각은 운명을 거스르려는 의지를 마비시키기에 상당히 위험하다. 자신의 운명을 변치 않는 것으로 여기면, 그것을 이겨 낼 수 없기 때문이다.

자, 이제 이에 대비되는 두 번째 정황은 다음과 같다. 빈의 신경과 병원의 호프Hoff와 동료들은 실험대상자들에게 최면을 걸어 순수한 감정 상태를 불러일으키고자, 한 번은 즐거운 최면을, 한 번은 슬픈 최면을 걸었다. 그러고는 혈청을 채취하여 티푸스균에 대한 항체의 양을 비교한 결과, 즐거운 감흥 상태에 있을 때가 슬픈 감흥 상태에 있을 때보다 항체의 양이 훨씬 많은 것으로 나타났다. 이런 연구 결과는 우울하고 초조한 사람들이 감염에 대한 저항력이 약한 이유와 반대로 사명감으로 충만한 간호사가 전염병동이나 나병 전문 병원에서 근무해도 그런 병에 잘 감염되지 않아, 기적이라거나 전설을 운운하게 만드는 이유를 짐작할 수 있게 해 주었다.

사실 '영혼의 힘'과 '자연의 힘'을 서로 반목시키는 것은 좋지 않다. 우리는 이미 이 둘은 모두 인간에게 속하며, 인간 안에서 이 둘이 서로 의존하고 있음을 언급한 바 있다. 인간은 삶 속에서 본질적으로 이 두 가지 양극적인 힘의 긴장 가운데 살아간다. 우리가 이 두 힘을 서로 견주고, 서로 우열을 다투게끔 하면 그것은 '데드 히트(dead heat: 승부를 가리기 어려운 백중세. 육상경기에서 두 선수가 거의 동시에 결승선으로 들어오는 대접전을 말한다 -옮긴이)'가 될 것이다. 알다시피 이런 경주가 가장 생동감 있게 진행된다. 그리하여 인간 속에서 일어나는 인간의 자유와 외적, 내적 운명과의 영원한 경주가 바로 인간의 삶을 이루는 것이다. 심리치료를 하는 우리 의사들은 운명, 특히 생물학적인 운명을 경시하지 않는 가운데, 그럼에도 이런 운명을 인간의 자유를 검증하는 테스트로 여긴다. 최소한 경험적인 이유에서 우리는 운명적인 불가피함에 대해 자유로운 능력이 무한히 뻗어 나갈 수 있는 것처럼 해야 한다. 그래야만 가능한 한 멀리 나아갈 수 있다.(루돌프 알러스)

생리적인 것과 심리적인 것이 긴밀한 관계에 있는 두뇌 질환의 경우에도 신체의 병변이 종국적인 운명이 아니라, 자유로운 형상화를 위한 출발점이 되기도 한다. 이런 의미에서 두뇌는 '가소성 plasticity'이 있다고 말한다. 그리하여 두뇌의 상당 부분이 손상된 경우에도 다른 부분이 이 손상된 부분을 '대신해' 줄 수 있다. 대신 투입되어 조만간 기능이 다시금 회복될 수 있는 것이다. 미국의 신경외과 의사 댄디는 심지어 이렇다 할 정신적 후유증을 일으키지 않고 오른손잡이의 오른쪽 대뇌겉질을 수술로 다 들어낼 수 있었다. 문제는 그런 수술 이후 왼쪽 반신 마비를 동반하는 장기적 신체 불편을 해당 병자와 가족들이 감수할 수 있을 것인가다. 다시금 의료행위의 세계관적 토대가 드러나는 질문이다.

오늘날 우리는 인간 대뇌의 모든 부분이 이용되고 있는지, 놀고 있는 부분은 없는지 알지 못한다. 모든 신경절 세포가 이용되고 있는지도 확실하지 않다. 손상된 중추의 경우 다른 것들이 그 기능을 넘겨받을 수 있다는 사실은 그렇지 않다는 것을 보여 준다. 무엇보다 최근의 연구 결과 계통발생적 대뇌 발달은 도약적으로 일어나는 것으로, 즉 신경절 세포 수가 점차적으로 늘어나는 것이 아니라 갑자기 두 배씩 늘어나는 것으로 알려졌다. 오늘날 우리 인간들이 인간 대뇌의 현재 조직 단계에 상응하는 모든 가능성을 이미 실현하고 있다고 누가 주장할 수 있겠는가? 기능 발달이 두뇌가 가진 최대의 가능성, 최대 출력에 아직 못 미친다고 생각할 수 있을 것이다.

생물학적 운명은 인간의 자유가 비로소 형상화해야 할 재료이다. 이것이 생물학적 운명이 가진 종국적 의미이다. 우리는 실제로도 인간이 생물학적 재료로 그의 역사적 혹은 전기적 삶의 틀을 의미 있게 장착해 나가는 모습을 본다. 생물학적인 면에서 자신의 자유를 제한하고 속박했던 것들, 자신의 영적, 정신적 성장을 가로막았던 어려움들을 모범적으로 극복한 사람들을 만난다. 그리하여 그들의 종국적인 삶의 모습은 예술이나 운동 분야의 업적과 비견된다. 다루기 힘든 생물학적 재료를 형상화했다는 점에서 예술적 업적과 닮았으며, 스포츠를 즐기는 앵글로색슨족이 최선을 다하라는 말을 일상적으로 가장 자주 쓰는 모토로 삼았다는 점에서 스포츠 분야의 업적과 닮았다. '자신의' 최선을 다해 가능한 것을 한다는 말은 또한 어떤 업적을 평가할 때 '상대적'으로 평가해야 한다는 것으로, 출발 상황, 즉 내적, 외적 장애물 같은 어려움이 있는 구체적인 상황을 고려해서 평가해야 한다는 의미다.

전 인생이 운명적인 생물학적 장애물에 대한 저항일 수 있고, 출발은 힘들었지만 독특하고 위대한 인생을 살 수도 있다. 우리가 아는 한 남성은 선천성 뇌성마비로 인해 사지가 마비되고 다리가 위축되어 일생 동안 휠체어 신세를 져야 하는 사람이었다. 그는 청춘이 다 가기까지 지적장애가 있는 것으로 간주되었고 문맹이었다. 그러다가 어느 한 학자가 그를 받아들여 가르치기 시작했는데, 놀랍게도 그는 아주 짧은 시일 안에 읽기, 쓰기뿐 아니라 대학에서 배우는 전공 지식까지 습득했다. 특히나 자신이 흥미 있어 했던 과목들에서 말이다. 그러자 이제 저명한 학자들과 대학교수들이 그의 개인 교사가 되는 영예를 누리고자 줄을 섰고, 그는 주중에 여러 번 자신의 집에서 문예 모임을 개최하였는데, 그 모임의 사교적 중심 인물은 바로 그 자신이었다. 아름다운 여성들이 그의 사랑을 갈구하였고, 그로 인해 여성들 사이에서 스캔들과 자살 소동까지 벌어졌다. 이 남자는 말도 제대로 할 수 없는 사람이었는데 말이다. 아테토시스(꼼지락운동: 뇌의 장애로 인해 주로 사지의 말단에 일어나는 불수의적 운동 장애)가 심해 발음을 제대로 할 수가 없었고, 한 마디 한 마디 할 때마다 있는 대로 얼굴을 찌푸리고, 땀이 송골송골 맺히는 가운데 무던히도 애를 써야 했다. 이 사람의 삶은 정말로 커다란 업적이었다. 평균적으로 그보다 훨씬 더 쉬운 출발 조건을 가진 우리 환자들에게 그의 삶은 정말로 강력한 모범으로 작용한다. 그가 이 정도 조건에서 그냥 '운명'을 좇았더라면, 그냥 시설에서 연명하다 어느 날 그곳에서 세상을 뜨고 말았을 것이다.

심리적 운명

자, 이제 우리가 인간의 심리적 운명이라 칭한 것, 곧 인간의 자유를 가로막는 정신적인 것을 한번 살펴보자. 신경증 환자들은 심리적인 면에서 맹목적으로 운명을 믿는 경향이 있어 자신이 어느 쪽 충동이 강한지 혹은 자신의 의지와 성격이 약하다는 이야기를 누누이 한다. 신경증 환자들의 숙명론에는 다음 공식이 지배하는 듯하다. '사정이 이렇고, ─즉 그가 그런 상태라는 것!─ 계속 그렇게 남을 것'이라는 공식 말이다. 그러나 공식의 뒷부분은 옳지 않다.

자아는 의도하고, 이드는 밀려간다.[38] 하지만 자아는 결코 그냥 떠밀리지 않는다. 노 젓는 것 또한 보트를 바람에 그냥 떠밀리게 내버려 두는 것이 아니다. 노 젓는 자의 기술은 오히려 원하는 방향으로 바람의 힘이 미치게 해 바람을 거슬러 나아가는 것이다.

원래 의지박약 같은 것은 없다. 의지의 강함에 대해서 신경증 환자들은 그런 것이 정말로 있다고 생각하지만, 강한 의지는 고정된 것이 아니고, 최종적으로 주어진 것이 아니며, 명확한 목표 인식, 정직한 결심, 훈련이 그런 기능을 할 따름이다. 어떤 일을 시도해 보기도 전에 그 시도가 실패할 것임을 계속 염두에 둔다면 그런 시도는 성공할 수 없을 것이다. 스스로 모순을 빚지 않기 위해서라도 말이다. 그러므로 결심을 할 때는 반대 논지를 아예 배제해 버리는 것이 중요하다. 가령 "이제 술을 끊을 거야."라고 말하면서, "그래야 해. 하지만……"이라던가 "하지만 난 아마 유혹을 견디지 못할 거야."라는 식으로 다양한 이의들을 염두에 두는 것은 좋지 않다. 그냥 단순히 "마시지 않을 거야. 일절 다른 말은 필요 없어."라고 반복해서 되뇌는 편이 옳다.

의지가 약하냐는 질문에 어느 여성 조현병 환자는 다음과 같이 지혜롭게 —물론 그 환자는 그럴 의도도 없었고, 그 대답이 지혜로운지 어떤지도 알지 못했지만— 대답했다. "나는 뭔가를 하고자 할 때는 의지가 약해요. 하지만 하기 싫을 때는 의지가 약하지 않아요." 이 환자는 많은 신경증 환자들에게 인간은 의지의 자유를 의지 박약이라는 핑계 뒤에 숨기려는 경향이 있음을 가르쳐 준다.

신경증적 숙명론은 개인심리학 명제를 오해하고 오용한 나머지 유년 시절의 교육과 환경이 사람에게 어떤 영향을 끼치는지를 곧잘 언급하곤 한다. 이런 식으로 성격적 약함을 환경 탓으로 돌리고자 한다. 성격적 약함을 어떻게든(독학이나 재교육을 통해) 고쳐 보고자 하는 대신에 그것을 그냥 주어진 사실로 받아들인다. 언젠가 자살 시도 뒤에 신경병동으로 이송된 한 여성 환자가 심리치료사의 질책에 이렇게 역정을 내었다. "내게서 뭘 바라는 거죠? 난 알프레드 아들러의 전형적인 '외동'이라고요!" 마치 전형적인 것을 벗어날 수 없다는 듯이 말이었다. 그러나 개인심리학을 제대로 이해했다면 개인심리학의 윤리는 이렇게 말할 것이다. 인간은 어릴 적 양육 환경에서 그에게 달라붙었을지도 모르는 전형적인 잘못들과 성격적 약함에서 자유로워져야 한다고, 그래서 '외동'이든 뭐든 이제 자신에게서 그런 것들이 더 이상 표시가 나지 않도록 해야 한다고 말이다.

위의 여환자로 하여금 외동이라고 큰소리치게 한 개인심리학 법칙은 보통 사람들에겐 그냥 이론에 불과하다. 그것을 실제로 받아들이고자 할 때라야 그것은 실존적이고 실제적인 것으로 다가온다.

부모가 양육에 실패했다는 말은 변명이 되지 못한다. 오히려 자기 교육으로 상쇄해야 하는 것이다. 반면 신경증적 숙명론은 유일성과 일회성이 인간들에게 지우는 책임으로부터 도피한다. 신경증적 숙명론은 유형과 운명으로 도피한다. 그 유형이 인종이든, 계급이든 중요하지 않다. 즉 그런 유형이 심리적 제약으로 이해되든, 생물학적 제약으로 이해되든, 사회적 제약으로 이해되든 중요하지 않은 것이다.

인간의 영적 태도는 신체뿐 아니라 정신에 대해서도 자유 여지를 가지고 있으므로 인간은 결코 심리적 운명에 맹목적으로 복종할 필요가 없다는 것은 정신질환에 대한 자신의 태도를 자유롭게 선택하는 것이 중요한 상황에서 명백하게 드러난다.

어느 여환자가 주기적으로 재발하는 내인성 우울증 때문에 입원 치료를 받고 있었다. 내인성이기에 약물 치료가 처방되었고, 신체에 초점을 맞춘 치료가 진행되었다. 그러던 어느 날 담당 의사는 그녀가 상당히 격앙된 상태에서 우는 모습을 발견하였다. 짧은 대화 끝에 이 순간의 우울증은 내인적인 것이 아니고, 심인적인 것이라는 결론이 내려졌다. 그 여환자는 자신이 우울하다는 것 때문에 울음을 터뜨렸던 것이다. 그렇게 우울은 더 배가되었다. 내인성 우울에 심인성 우울까지 추가된 것이다. 지금의 우울은 내인성 우울로 인한 것이었다. 즉, 내인성 우울에 대한 반응이었다. 이렇듯 현재의 우울증이 반응성 우울증으로 진단되면서 심인성 요소에 부합하는 추가적인 심리치료도 처방되었다. 말이었다. 심리치료에서 이 환자는 되도록 우울함에 대한 골똘한 생각이나 고민을 피하라는 권고를 받았다. 자꾸 생각하면 공연히 비관하게 되기 때문이었다. 여환자는 우울한 기분을 그저 지나가는 구름처럼 여기라는 충고를 들었다. 구름이 지나가면서 일시적으로 태양을 가리지만 눈에 보이지 않아도 태양은 여전히 존재하고 있는 것처럼, 우울로 인해 지금은 삶의 가치가 보이지 않을지 몰라도 가치들은 여전히 존재하고 있다는 것이었다.

그런데 심리치료를 받기 시작하자 환자의 영적인 곤궁이 드러났고, 삶의 내용적 궁핍과 실존의 무의미성이 노출되었다. 재발성 우울증이라는 운명으로 인해 핸디캡을 느끼는 한 인간의 실존이었다. 이제 치료는 좁은 의미의 심리치료를 넘어 로고테라피로 나아가게 되었다. 그 과정에서 그녀는 인간은 정신질환에 대해 영적으로 어떤 태도를 취할지 선택할 수 있으며, 자꾸 재발하는 우울증은 자신으로 하여금 이런 상태에 대해 유일하게 올바른 태도를 취하도록 일깨우고 있음을 깨닫게 되었다. 즉, 우리가 태도의 가치라고 명명한 것을 실현하도록 일깨우고 있다는 것을 말이다. 그리하여 이 환자는 차츰 시간이 흐르면서 우울증에도 불구하고 삶을 개인적인 과제로 가득한 것으로 바라보게 되었으며, 이런 상태에서 또 하나의 과제를 마주하게 되었다. 그것은 바로 이런 상태를 딛고 그 위에 우뚝 서는(그것을 초월하는) 과제였다. 이런 실존분석 후에 그녀는 주기적으로 내인성 우울증이 찾아왔음에도 불구하고, 아니 우울의 한가운데에 있는 기간에도 치료를 받기 전보다, 심지어는 아직 우울증에 걸리지 않아 치료가 필요 없었을 때보다 훨씬 의미로 충만한 삶을 살아갈 수 있게 되었다.

앞에서 모든 심리치료의 최상의 원칙이라며 인용했던 괴테의 말이 떠오른다. "인간을 있는 그대로 받아들이면, 우리는 그들을 더 망치게 된다. 하지만 인간을 그들이 이미 바람직한 모습이 된 것처럼 대하면, 우리는 그들을 그런 모습으로 만들 수 있다."

정신질환에 대한 자유로운 영적 태도는 많은 경우 그 운명적 질병과 화해하는 형태로 일어난다. 이런 운명적 상태에 대항해 헛된 싸움을 계속하면 우울증이 더 심해지는 반면, 문제가 되는 상태를 편안하게 받아들이면 오히려 그것을 넘어서게 된다.

몇십 년째 중증 환청에 시달리며, 자신의 일거수일투족에 대해 비아냥거리는 끔찍한 음성을 지속적으로 들으며 사는 한 여자 환자가 있었다. 어느 날 이 환자에게 그런데도 어떻게 늘 기분이 좋으냐고, 환청에 관해서 하고 싶은 말이 있냐고 묻자 그녀는 이렇게 대답했다. "나는 이렇게 생각해요. 이런 음성을 듣는 것이 난청으로 고생하는 것보다 낫다고 말이죠." 고통스러운 조현병에 시달려야 하는 끔찍한 운명에 대해 이런 솔직담백한 태도를 보일 수 있다니, 이 얼마나 훌륭한 삶의 기술이며 얼마나 큰 성취(태도적 가치 면에서의 성취)인가. 이 환자의 이런 심오한 우스갯소리는 정신질환에 대한 일말의 영적 자유를 품고 있지 않은가?

모든 정신과 전문의는 사람들의 정신 자세가 서로 다른 것만큼이나, 같은 정신질환이라도 환자들의 태도가 굉장히 다르다는 것을 알고 있다. 같은 마비 환자라도 어떤 사람은 굉장히 예민하고 주변 사람들을 적대적인 태도로 대하는 데 반해, 질병 조건은 같은데 어떤 사람은 상냥하고 온순하고, 나아가 매력적이기까지 하다. 이런 사례도 알려져 있다. 나치 수용소의 한 막사에 여남은 명의 발진티푸스 환자들이 누워 있었다. 모두는 의식 장애와 더불어 환각 증세까지 보였는데, 그중 한 사람은 밤에 의도적으로 깨어 있음으로써 밤에 나타나는 이런 환각 증상을 피하고자 노력했다. 그는 수용소에 들어오면서 아직 출판하지 않은 학술서적 원고를 빼앗긴 상태였는데, 고열로 인한 흥분과 정신적 자극 상태에서도 16일 동안을 밤마다 어둠 속에서 작은 쪽지에 핵심어들을 휘갈겨 끄적임으로써 그 상황을 그 원고를 되살려 내는 기간으로 활용했다.

사회적 운명

개개인은 어디에 있든지 사회적 관계 속에 있다. 개인의 삶은 이중적인 면에서 공동체에 좌우된다. 한편으로는 사회의 제약을 받는 동시에 한편으로는 사회를 지향한다. 개인 속에 사회적 인과성causality이 있을 뿐만 아니라, 개인의 사회적 목적성finality도 있는 것이다. 사회적 인과성에 대해서는 다시금 사회 법칙이 개인을 결코 완전히 결정할 수 없으며, 따라서 의지의 자유를 앗아 갈 수 없다는 점을 강조해야 할 것이다. 사회적 법칙은 그것이 개인의 행동에 영향을 미칠 수 있기 전에, 우선 개인의 자유라는 구역을 통과해야 한다. 그리하여 인간은 생물학적, 심리적 운명과 마찬가지로 사회적 운명에 대해서도 자유로운 결정 가능성을 지닌다.

사회적 목적성에 대해서는 심리치료의 영역에서 무엇보다 개인 심리학이 빠지기 쉬운 오류를 지적해야 할 것이다. 즉, 인간의 행동 중에서 사회적으로 올바른 행동만이 가치가 있다는 잘못된 이해가 그것이다. 공동체를 이롭게 하는 행동만이 가치가 있다는 입장은 지탱될 수 없다. 그것은 인간 존재 가치의 상실을 초래할 수 있다. 가치와 관련하여 개인적인 예외가 있다는 것은 쉽게 증명할 수 있기 때문이다. 모든 공동체를 넘어, 공동체와 상관없이 실현될 수 있거나 실현되어야 하는 가치들이 있다. 우리가 경험적 가치라고 이름 지은 가치도 공동체의 유익이라는 잣대가 통하지 않는다. 홀로 예술이나 자연을 경험하는 것을 통해서 열리는 충만한 가치는 이로부터 공동체가 언젠가 유익을 얻을 수 있는가와는 상관없이 본질적이고 기본적인 것이다. 물론 다른 한편으로 일련의 경험적 가치들은 공동체적 경험 가운데 내재하고 있음도 간과하지 말아야 한다. 그런 가치들은 친구들 그룹이나 단체 등 커다란 공동체에서 실현될 수도 있고, 둘만의 에로틱한 공동체에서 실현될 수도 있다.

이로써 삶의 토대나 목적으로 작용하는 사회적 요소를 살펴보았다면, 이제 운명으로서의 사회적 요소를 살펴보고자 한다. 바뀔 수 없고, 영향을 끼칠 수 없게끔 인간의 의지에 맞서 있고, 인간의 의지에 도전하는 것으로서 말이다. 운명의 세 번째 영역인 사회적 운명으로 한번 가 보고자 한다. 우리가 다음 장에서 직업 활동을 형상화하는 문제와 사회적 환경에 맞서는 문제 등을 다룰 때, 사회적 환경은 개개인이 경우에 따라 견디고 고통받아야 하는 운명적 요소로 등장하는 것이다.

최근의 상황들은 사회적 형편으로 인한 고통을 다루는 심리학에 많은 연구 소재를 공급해 주었다. 1차 세계대전 중에 '철조망 병'이라는 병이 새로 고안될 정도로 전쟁 포로들에 대한 정신병리학적 관찰과 경험이 쌓인 데다가 2차 세계대전을 통해 '신경전'의 후유증이 알려졌다. 여기에 나치 수용소의 집단생활이 집단 정신병리학적인 의미에서 연구가 이루어지는 데 기여했다.

나치 강제수용소의 심리학에 대하여

강제수용소에서 인간 존재는 일그러졌다. 얼마나 왜곡되었느냐 하면, 스스로 수용소에서 그 왜곡을 관찰하는 사람이 그 왜곡을 객관적으로 판단할 수 있을지 의심스러울 정도였다. 심리적으로 볼 때 자기 자신이나 다른 사람들을 판단하는 능력이 위축되어 있었을 것이 틀림없다. 수용소 밖에 있는 사람들은 수용소 사람들과 너무 거리가 있어 감정이입을 거의 할 수 없었던 반면, 수용소 한가운데에 사는 사람은 너무나 거리가 없었다. 다시 말해, 왜곡된 삶의 현실에 대야 하는 잣대 자체가 왜곡되어 있었다고나 할까.

이런 면이 있음에도 불구하고 정신병리 전문가들과 심리치료 전문가들은 자신과 타인에 대해 관찰한 것들, 즉 자신이 경험하고 체험한 것들을 종합하여 이론으로 농축해 내었고, 그런 이론 중에서 주관적인 것이라서 삭제되어야 할 것은 그리 많지 않다. 그런 이론들은 기본적으로 상당히 일치한다.

이에 따르면 수용소 수감자들의 반응은 세 단계로 구분할 수 있다. 수용소에 수감되는 단계, 수용소에서 생활하는 단계, 마지막으로 수용소에서 석방되거나 풀려난 뒤의 단계가 그것이다.

첫 번째 단계는 수감에 대한 충격이 주를 이룬다. 낯설고 익숙하지 않은 환경에 대한 이런 반응은 심리학적으로 그다지 새로운 것이 아니다. 새로 들어온 수감자는 지금까지의 삶에 종지부를 찍어야 한다. 가지고 있는 모든 것을 빼앗기고, 계속 착용해도 되는 안경 외에는 이전의 삶과의 외적 연결고리는 아무것도 남지 않는다. 밀려드는 인상들은 그를 깊이 격앙시키고 극도의 분노를 자아낸다. 끊임없는 생명의 위협 속에서 어떤 사람은 철조망으로 돌진하거나 (수용소의 철조망 울타리에는 고압 전류가 흐른다) 그 밖의 방법으로 자살을 시도한다. 그러나 보통 며칠에서 몇 주가 지나면 이미 이런 단계는 다음 단계로 교대된다.

두 번째 단계는 철저한 냉담의 단계다. 이런 냉담은 정신의 자기보호 메커니즘이다. 그를 흥분과 불쾌, 분노와 절망으로 밀어 넣던 것, 주변에서 일어나는 일들, 동참해야 하는 일들은 이제 그를 둘러싼 정신의 갑옷으로부터 튕겨 나간다. 이것은 이상한 주변 환경에 대한 정신적 적응 현상이다. 주변에서 일어나는 일이 이제 빛바랜 채(흐려져서) 의식에 이르게 되는 것이다. 감정생활은 낮은 수준으로 조절된다. 정신분석적 용어로 '원시적 수준으로의 퇴행'이라고 부를 수 있는 상태가 되는 것이다. 관심사는 직접적이고 긴급한 필요로 제한된다. 모든 것이 한 가지 점으로 집중되는 것처럼 보인다. 바로 하루하루 살아남는 것 말이다. 저녁에 작업을 마치고, 피곤하고 배고프고 꽁꽁 언 몸으로 눈 덮인 들판 위를 비틀거리면서 수용소로 되돌아올 때면, 한숨 섞인 탄식 가운데 늘 들리는 말이 "이제, 또 하루를 견디었군!"이라는 것이었다.

생명을 부지하는 것, 매시간 자신의 생명이나 서로의 생명을 구하는 것을 넘어서는 모든 것은 사치로 보인다. 그리고 가치 없게 느껴진다. 이런 광범위한 가치 절하 경향은 수용소에서 가장 많이 듣게 되는 "Alles Scheiße(우리말로 '제기랄' 혹은 '빌어먹을'에 해당하는 욕설 -옮긴이)"라는 말에서 발산된다. 수용소 생활 기간에는 모든 고차원적인 관심사는 뒤로 물러난다. 물론 경우에 따라 정치적인 관심사나 특기할 만한 종교적 관심사를 제외하고는 말이다. 그 밖에는 수감자들은 문화적 겨울잠으로 들어간다.

강제수용소에서의 내면생활이 얼마나 원시적 수준이 되는지는 수감자들이 흔히 꾸는 꿈을 보면 알 수 있다. 대부분의 수감자들은 빵, 케이크, 담배가 등장하고 따뜻한 목욕을 하는 꿈을 꾼다. 계속해서 먹는 이야기를 한다. 작업반에서 감시원들이 근처에 없을 때면 서로 요리 레시피를 교환하고, 언젠가 풀려난 뒤 서로를 초대해서 어떤 맛있는 요리를 해 줄 것인지를 상상한다. 그들 중에 최상의 사람들은 자신들이 더 이상 굶주리지 않아도 될 날을 바라는데, 그것은 비단 잘 먹기 위해서가 아니라, 그럼으로써 음식 생각 외에 아무것도 할 수 없는 비인간적인 상태를 끝낼 수 있기 때문이다. 수용소 생활이 원시적인 상태에 이르고, 영양실조로 말미암아 머릿속이 온통 먹는 것에 대한 생각과 바람으로 가득할 뿐 아니라 성적인 화두에 눈에 띄게 무관심해지는 것 역시 영양실조에서 기인하는 듯하다. 강제수용소에서는 음담패설을 들을 수 없다.

　수용소 생활에 대한 정신적 반응에 관해 충동이 원시적 수준으로 퇴행하는 것이라는 해석 외에 또 다른 해석이 있다. E. 우티츠E. Utitz는 수용소 수감자들에게서 관찰되는 전형적인 성격 변화를 순환기질로부터 분열기질로 이동하는 것으로 해석했다. 대부분의 수감자에게서 냉담뿐 아니라 짜증이 부쩍 늘어나는 것도 눈에 띄었던 것이다. 냉담과 짜증이라는 두 가지 감정 상태는 크레치머Kretschmer의 기질 유형론에서 분열기질에 해당한다. 이런 기질 변화에 대한 심리학적 문제들은 우선 차치해 두고, 우리가 보기에 이런 기질 변화는 아주 간단하게 설명할 수 있다. 수감자의 대다수가 식량부족과 함께 수면부족에 시달렸다. 막사에 과밀 수용되어 있다 보니 해충이 들끓어서 잠을 제대로 자지 못했다. 영양실조가 사람들을 냉담하게 만든 반면, 만성 수면부족은 그들을 짜증스럽게 만들었다. 그리고 이런 두 가지 원인에 더하여 또 다른 두 가지 요인이 추가되었다. 보통의 일상에서 냉담이나 짜증을 어느 정도 이겨 내고 견딜 수있게 해 주었던 두 가지 문명의 산물인 카페인과 니코틴이 없어진 것이다. 수용소 사령부는 커피와 담배를 금지했다.

이와 더불어 이제 우리는 이런 '성격 변화'의 심리적 토대를 설명하려 한다. 이 모든 것에 추가되는 심리적 요소는 바로 수감자들 대다수가 열등감에 시달리게 되었다는 것이다. 이런 사람들은 한때 그래도 사회에서 꽤 중요한 역할을 담당하고 있었는데(사회에서 'who' 의 존재였는데) 이제 'nobody'만도 못한 대우를 받게 된 것이다. 반면 카포(수감자들 중 노동을 감시하는 역할로 선발된 사람들 -옮긴이)로 선발된 소수의 패거리들은 작은 시저라도 된 듯 광포한 태도를 보였다. 부정적 선발의 의미에서 구성된 일군의 사람들에게 그들의 무책임성에 어울리지 않는 권력이 주어졌다. 이제 이렇게 신분이 강등된 다수와 이곳에서 권력을 갖게 된 소수가 충돌할 때마다 ─수용소에서 그런 충돌은 상당히 잦았다─ 앞서의 이유로 한껏 곪아 있던 수감자들의 짜증이 분출될 수밖에 없었다.

그렇다면 이제 이 모든 것이 성격은 주변 환경에 의해 정해진다는 것을 말해 주는 게 아닌가? 인간은 사회적 환경이 부여하는 운명에서 벗어날 수 없음을 증명해 주지 않는가? 우리의 대답은 그렇지 않다는 것이다. 하지만 그렇다면 인간의 내적 자유는 대체 어디에 남아 있을까? 이런 상황에서 인간은 어떻게 행동할 수 있을까? 정신적으로 어떤 상태가 될지, 강제수용소의 영향에 어떻게 대처할지 영적으로 책임을 져야 하는 걸까? 우리의 대답은 그렇다는 것이다.

자유를 대폭 제한하는 사회적 제약 가운데서도 사람에겐 자신의 존재를 형상화할 수 있는 마지막 자유가 남는다. 이런 상황에서도

'다르게 할 수 있음'을 증명하는, 강력해 보이는 강제수용소의 정신적 왜곡의 법칙에 반드시 굴복할 필요가 없음을 증명하는 ―종종 영웅적인― 예들이 충분히 있다. 수감자들의 전형적인 성격 변화가 나타나고, 성격을 좌우하는 사회적 환경의 힘에 굴복하는 것이 당연하게 보이는 상황에서 사람들은 일찌감치 영적으로 스스로를 포기해 버렸다. 구체적인 상황에 대한 태도의 자유를 잃어버린 것이 아니라 다만 포기했던 것이다.[39] 수용소에 들어오면서 무엇을 빼앗겼느냐는 상관없이, 마지막 호흡에 이르기까지 운명에 대해 이런저런 태도를 취할 자유는 아무도 앗아 갈 수 없다. 사람은 '이런 혹은 저런' 태도를 취할 수 있다. 그러므로 수용소마다 냉담을 극복하고 짜증을 억누를 수 있었던 사람들이 있었으리라. 그런 사람들은 희생적인 태도로 자신을 위해서는 아무것도 요구하지 않은 채, 연병장과 수용소 막사를 다니며 격려의 말을 하고, 마지막 남은 빵 한 조각까지 남을 위해 내주었다.

그러므로 강제수용소의 운명적이고 강제적인 상황 속에서 신체적, 정신적으로 나타났던 강제수용소의 징후학은 영적인 면에서 보면 형상할 수 있는 것이라 하겠다. 강제수용소의 정신병리학에도 우리가 뒷부분에서 신경증 증상에 대해 일반적으로 이야기할 때 지적할 내용들이 적용된다. 즉, 신경증은 신체적인 것의 결과이자 정신적인 것의 표현일 뿐만 아니라 삶의 방식이라 할 수 있다. 이런 요소가 결국 결정적인 요소다. 강제수용소에서 나타나는 인간의 성격 변화 역시 생리적 상태 변화(배고픔, 수면부족 등)의 결과이자 심리적 상황(열등감 등)의 표현이기도 하다. 그러나 종국적이고 본질적인 것은 영적 태도다. 어떤 경우에도 인간은 환경의 영향에 대항할지 굴복할지를 결정할 자유와 가능성을 가지고 있기 때문이다.[40] 이런 자유와 가능성을 별로 활용하지 않는다 하여도, 이것들은 그에게 속해 있다. 따라서 강제수용소의 환경이 미치는 정신적 영향에 굴복했던 사람들에게도 그런 영향을 모면할 자유와 가능성이 있었다. 그런 영향에서 벗어날 힘과 책임이 있었다. 이런 사람들이 그냥 포기해 버리고 환경이 미치는 신체적, 정신적 영향에 굴복할 수밖에 없었던 이유는 무엇이었느냐고 묻는다면, 그들이 영적 지지대를 잃어버렸기 때문이라고 말할 수 있다. 이제 이를 좀 더 자세히 살펴보자.

우티츠는 수용소 수감자들의 존재 방식을 "임시적(과도적) 실존"으로 명명했다. 이 말을 좀 보충할 필요가 있다. 수용소의 삶은 그냥 임시성을 띠는 것이 아니라 '기한이 없는' 임시성을 특징으로 하기 때문이다. 수용소로 들어가기 전에 수감자는 수용소에 대해 그곳에 들어간 사람 중 아직 아무도 되돌아오지 않은 피안에 대해 느끼는 것과 비슷한 감정을 갖는다. 수용소에서 돌아온 사람을 아직 한 번도 보지 못했으며, 그곳에서부터 밖으로 그 어떤 소식도 전해진 적이 없는 것이다. 하지만 이제 수감자가 일단 수용소에 들어가게 되면, 수용소의 상태에 대한 불확실함은 끝이 나지만, 끝에 대한 불확실함이 오게 된다. 수감자 중 그 누구도 자신이 수용소에 얼마나 오래 머물러야 할지를 알 수 없기 때문이다. '끝'에 대한 소문은 시도 때도 없이 삽시간에 퍼져 나가지만, 결국 실망감으로 끝이 난다. 이런 실망감은 점점 더 심해지고, 점점 더 희망이 없어진다. 언제 풀려날지 불확실하다 보니, 수감자는 수감 기간이 무한정 지속되고 끝나지 않을 것 같은 느낌을 받게 된다. 그리하여 수감자는 가시철조망 바깥 세계에 대해 시간이 지날수록 낯선 느낌을 받게 된다. 가시철조망 너머로 바깥의 사람들과 사물들을 보면, 그들은 마치 딴 세상 사람들인 듯한, 또는 자신이 이 세계에 속하지 않은 듯한, 자신이 세계에서 없어져 버린 듯한 기분이 된다. 그는 마치 저세상에서 온 고인의 눈으로 보는 것처럼 저 멀리 바깥 세계를 바라보고, 그 세계는 이제 다가갈 수도 도달할 수도 없는 비현실적인 세계로 느껴진다.

강제수용소의 기한이 없는 실존 방식은 미래상실을 경험케 한다. 수감자 중 어느 한 사람은 맨 처음에 수용소에서 길게 열을 지어 앞으로 지내게 될 막사로 걸어가는데 마치 자신이 자신의 시체 뒤를 따라가는 듯한 느낌이었다고 회상했다. 이제 자신의 삶에 미래가 없고 과거만 남은 듯한 느낌, 죽은 사람의 삶처럼 지나가 버린 듯한 느낌이 든다. 이런 '살아 있는 시체'의 삶은 주로 회고적인(회상적인) 삶이 되어 버린다. 그들의 생각은 계속해서 과거의 경험들을 맴돌고, 일상의 사소했던 일들은 이제 동화처럼 아름답게 다가온다.

하지만 인간은 본래 미래의 정해진 시점이 없으면 존재할 수가 없다. 보통 인간의 현재는 이런 미래적 시점으로부터 형상화되고, 쇳가루가 자석의 극을 향하듯 그 시점을 지향한다. 인간이 '미래'를 잃으면 내면의 시간, 체험의 시간은 전체의 구조를 잃어버린다. 그러면 삶은 현재적인 연명에 이른다. 토마스 만Thomas Mann의 《마의 산Der Zauberberg》에서처럼 불치의 결핵에 걸려 언제 퇴원할지 알 수 없는 그런 삶이다. 많은 실업자들이 호소하듯 그런 삶은 공허하고 무의미한 느낌을 동반하며, 실업 상태의 광산노동자들에 대한 일련의 심리 연구가 보여 주는 바와 같이 시간 경험의 구조의 붕괴에 이른다.

라틴어 'finis'는 끝을 뜻하기도 하고, 목표를 의미하기도 한다. 임시성이 언제 끝날지 예측할 수 없을 때 사람은 더 이상 목표를 세울 수 없고, 할 일을 알 수도 없다. 그의 삶은 내용과 의미를 잃어버린다. 반대로 '끝'을 볼 수 있는 것, 미래의 어느 시점에 시선을 둘 수 있는 것은 수감자에게 꼭 필요한 영적 지지대가 되어 준다. 이런 영적 지지대만이 성격까지 송두리째 바꾸어 놓는 무지막지한 사회 환경 앞에서 스스로 포기해 버리지 않도록 인간을 지켜줄 수 있다. 가령 어떤 수감자는 언젠가 수많은 청중들 앞에서 자신이 지금 겪고 있는 일들에 관해 이야기하는 모습을 상상함으로써 수용소의 열악한 환경을 견뎠는데, 이것은 본능적으로 옳은 노력이었다. 그는 이런 방법으로 그 일들을 '영원의 상 아래에서quadam sub specie aeternitatis' 경험하고 견딜 수 있었다.[41]

영적 발판을 상실하면서 정신적으로 무너지고, 자포자기한 나머지 완전히 냉담해지는 증상은 모든 수감자들이 익히 아는 두려운 현상이었다. 이런 증상은 종종 아주 빠르게 진행되어 며칠 만에 파국으로 치닫기도 했다. 이런 수감자들은 어느 날 그냥 막사에 누워 점호하러 나가지도 않고, 작업반 편성에 참여하지도 않는다. 식사도 배급받지 않고, 세면장에 가지도 않으며, 어떤 질책이나 위협도 그들을 이런 냉담에서 끌어낼 수 없다. 징벌이든 뭐든, 더 이상 아무것도 통하지 않는다. 그들은 어떤 징벌도 무감각하게 넘기며, 이제 모든 것이 '관심 밖'이다. 자신의 똥오줌 속에서 그냥 이렇게 누워 있는 것으로 인해 규율상의 징계만이 아니라 직접적인 생명의 위협이 초래되기도 했다. 이것은 특히 '끝이 없음'의 경험이 수감자를 갑자기 압도해 오는 경우에 뚜렷하게 나타났다. 여기 한 예가 있다.

어느 날 수감자 한 사람이 동료 수감자들에게 자신이 기이한 꿈을 꾸었다고 이야기했다. 꿈속에서 어떤 목소리가 궁금한 것이 있냐고 물으면서, 자신이 미래를 예언해 줄 수 있다고 했다는 것이다. 그가 "이놈의 2차 대전이 대체 언제 끝날지를 알고 싶다."라고 하자, 꿈속의 음성은 그에게 "1945년 3월 30일에 끝난다."라고 대답했다. 이 수감자가 꿈 이야기를 한 것은 3월 초였다. 당시 그는 매우 희망에 차 있었고 상태가 좋았다. 하지만 날짜는 자꾸 가는데 꿈속에서 들은 음성이 맞을 기미가 전혀 보이지 않자, 3월 30일이 가까워질수록 그는 점점 기운을 잃었다. 그러더니 3월 29일에 열과 함께 섬망 증상을 보여 병동으로 옮겨졌다. 그리고 그렇게 손꼽아 기다렸던 3월 30일에 ─원래는 그에게 괴로움이 끝나야 했던 바로 그날에─ 의식을 잃어 다음 날 세상을 떠났다. 사인은 발진티푸스였다.

우리는 이미 신체의 면역이 얼마나 감정 상태에 좌우되는지를 알고 있다. 삶의 의욕이나 실망이나 희망의 실추로 인한 삶의 피로 같은 것에 말이다. 그리하여 꿈속에 등장한 음성의 잘못된 예언으로 말미암은 실망감이 그 수감자의 신체적 면역력을 급격히 떨어뜨려서 잠재해 있던 질병에 걸리게 했다고 보아도 될 것이다. 수용소의 의사가 보고했던 좀 더 큰 규모의 관찰도 이런 이해와 맞아떨어진다. 그 의사의 보고에 따르면 그가 있던 수용소의 수감자들은 일반적으로 1944년 크리스마스는 집으로 돌아가서 맞을 수 있기를 간절히 희망했다고 한다. 하지만 크리스마스는 다가왔는데 전혀 고무적인 신문 보도가 없자, 크리스마스에서 신년으로 이어지는 주간에 이 수용소에서 전례 없이 많은 사람들이 한꺼번에 사망하는 일이 발생했다. 날씨가 변했거나, 노동 조건이 더 열악해졌거나, 감염 질병이 유행하는 등의 상황 변화도 없었는데 말이다.

수용소에서의 심리치료는 미래의 어느 목표 시점에 영적 지지대를 놓고, 미래적 관점에서 삶의 필요성을 일깨울 때만이 가능했다. 임상에서 이런저런 수감자들에게 미래를 지향하게 하면서 그들을 다시 세워 주는 것은 그리 어렵지 않은 경우가 많았다.

절망으로 자살 결심까지 했던 두 수감자가 있었다. 이들과 대화해 보니 둘 다 '삶에서 더 이상 기대할 것이 없다'는 느낌을 받은 것으로 나타났다. 여기서도 우리가 이미 이야기했던 코페르니쿠스적 전환을 이루는 것이 중요했다. 즉 삶의 의미 자체를 물을 수 있는 것이 아니라, 오히려 삶이 던지는 구체적인 질문에 대답하고, 그것을 책임져야 한다고 말이다. 그러자 정말로 —이 두 수감자가 삶에 기대했던 것과는 별도로— 그들의 삶이 구체적인 과제를 가지고 그들을 기다리고 있음이 드러났다. 한 사람은 아직 끝내지 못한 지리학 책 시리즈를 완성해서 출판해야 했고, 다른 한 사람은 그를 너무나 존경하고 사랑하는 딸이 외국에 있다고 했다. 한 사람에게는 해야 할 일이, 한 사람에게는 사람이 기다리고 있는 셈이었다. 그렇게 두 사람 모두 인생에서 누구도 대신해 줄 수 없는 그들만의 유일한 과제를 발견할 수 있었고, 이것이 고통 가운데서도 삶에 무조건적인 의미를 불어넣어 주었다. 한 사람은 학문적인 일에서 오로지 그만이 할 수 있는 일이 있었으며, 다른 한 사람은 사랑하는 딸에게 대체 불가능한 존재였다.

수용소에서 풀려난 수감자에게도 아직 정신적 돌봄이 필요하다. 해방된 것, 즉 갑작스럽게 풀려나고 정신적인 압박에서 해제된 것이 심리적으로 상당한 위험을 초래하기 때문이다. 이를 정신적인 '잠수병'에 비유할 수 있다. 이로써 우리는 수감자들의 심리학에서 다루어야 하는 마지막 단계인 세 번째 단계에 이르렀다. 풀려난 것에 대한 수감자들의 반응은 대략 다음과 같다. 처음에는 아직 모든 것이 꿈만 같고 믿기지 않는다. 그동안 얼마나 많이 아름다운 꿈에 속아 왔던가. 이렇게 풀려날 날을 얼마나 자주 꿈꾸어 왔던가. 집에 가서 아내를 얼싸안고, 친구들과 인사하고, 식탁에 앉아 그동안 겪은 일을 이야기하며, '이런 재회의 순간을 얼마나 고대해 왔는지, 이런 순간을 얼마나 꿈꾸어 왔는지'를 이야기하는 날을⋯⋯. 그런 꿈에 젖어 있을 때 이른 아침 기상을 명하는 세 번의 호각소리가 귀청을 울리고, 수감자는 꿈에서 깨어나 모두 꿈이었음을, 꿈이 그를 속인 것임을 깨닫곤 했다. 그런데 이렇게 꿈꾸어 오던 일이 드디어 현실이 된 것이다. 그래서 풀려난 사람은 아직 이것이 꿈인지 생시인지 헷갈린다(현실감 상실이 일어난다). 삶을 아직 제대로 누릴 수가 없어서 삶을 누리고 기뻐하는 법을 다시 배워야 한다. 이것을 다 잊어버린 것이다. 해방된 첫날에는 현재가 마치 아름다운 꿈처럼 여겨졌다면, 어느 날 문득 돌아보면 과거가 단지 악몽처럼 보이게 된다. 그러면 그는 자신이 어떻게 그런 수용소 생활을 이겨 낼 수 있었는지 이해하지 못한다. 그리고 이 모든 것을 견뎠으니 이제 세상에서 신 외에는 아무것도 두려울 것이 없다는 뿌듯한 느낌이 찾아온다. 많은 사람들은 수용소에서, 수용소를 통해 다시금 신을 믿게 되었다.

2. 고통의 의미에 대하여

삶의 의미를 논하면서 우리는 가치의 범주를 세 가지로 구분해 보았다. 바로 창조적 가치, 경험적 가치, 태도적 가치다. 첫 번째 범주인 창조적 가치는 행동을 통해 실현되는 반면, 경험적 가치는 세상(자연, 예술)을 수동적으로 자기 안에 받아들임으로써 실현된다. 태도적 가치는 바꿀 수 없는 것, 운명적인 것을 그 자체로 감수해야 할 때 실현된다. 이런 것들을 감수하는 모습에서 충만한 가치 실현의 가능성이 나타난다. 이것은 인간의 삶은 행함과 누림 가운데서만 성취될 뿐 아니라, 고통 가운데서도 성취될 수 있음을 보여 준다.

가벼운 성공 철학에서는 이런 식의 사고가 낯설다. 하지만 인간의 삶의 가치와 품위에 대한 우리의 본래적이고 일상적인 판단을 곰곰이 되짚어 보면, 성패를 넘어 성공과 무관하게 가치를 지니는 체험의 깊이가 열린다. 외적으로 성공하지 못했음에도 내적으로는 충만한 이런 영역은 예술이 우리에게 매개해 주곤 하는 시각을 통해서 비로소 다가갈 수 있다. 가령 《이반 일리치의 죽음The Death of Ivan Ilyich》이라는 톨스토이의 이야기를 떠올려 보자. 이 소설은 예기치 않았던 죽음을 앞두고서야 그 무의미함을 깨닫는 시민적 실존을 묘사한다. 그러나 이런 무의미함을 통찰하게 된 이반 일리치는 삶의 마지막 시간에 스스로를 뛰어넘어, 자신의 전 생애를 —헛된 것처럼 보임에도 불구하고— 의미 있는 것에 바치는 내적 위대함으로 나아간다. 그렇다면 삶은 이런 주인공처럼 죽음을 통해 마지막 의미를 얻을 수 있을 뿐만 아니라, 죽음 안에서도 의미를 얻을 수 있지 않겠는가. 따라서 자신의 생명을 희생하는 것이 의미가 있을 뿐 아니라, 좌절 속에서도 삶을 살아내는 것이 중요하다.

성공하지 못했다는 것은 의미가 없다는 뜻이 아니다. 이것은 자신의 삶을 사랑의 경험과 관련하여 바라보면 뚜렷이 드러난다. 누군가에게 실패한 사랑의 경험들이 없었으면 좋겠냐고, 삶에서 그런 힘들고 고통스러운 경험을 죄다 지워 버렸으면 좋겠냐고 솔직하게 묻는다면, 질문을 받은 사람은 그렇지 않다고 대답할 것이다. 고통으로 충만한 것도 충만한 것이다. 그는 고통 가운데 성숙하고 성장했으며, 고통은 그에게 성공적인 연애가 줄 수 있었을 것보다 더 많은 것을 주었다.

인간은 유쾌한 경험과 불쾌한 경험을 너무 긍정적 혹은 부정적으로, 즉 한쪽으로만 평가하는 경향이 있다. 그러다 보니 운명에 대해 부당하게 애달파하고 힘들어하는 현상이 나타나기도 한다. 우리는 이미 여러 가지 의미에서 인간은 즐기려고 세상을 사는 것이 아니라는 이야기를 들었다. 또한 쾌락이 인간의 삶에 의미를 줄 수 없다는 사실 또한 안다. 쾌락이 삶에 의미를 주지 못한다면, 쾌락이 부족한 것 역시 삶에서 의미를 앗아 갈 수 없다. 다시금 예술이 이와 관련하여 상황을 바로 보게 해 준다. 어떤 멜로디가 장조냐, 단조냐 하는 것이 예술적 내용에는 중요하지 않다는 것만 생각해도 말이다. 우리가 다른 연관에서 이미 지적했듯이, 미완성 교향곡은 미완성이라도 가치 있는 음악 작품이며, 〈비창〉 역시 마찬가지다.

우리는 사람이 활동하는 가운데 창조적 가치를 실현하고, 경험하는 가운데 경험적 가치를 실현하고, 견디고 감수하는 가운데 태도적 가치를 실현한다고 이야기했다. 고통은 이에 그치지 않고 또한 고유 의미를 갖는다. 자, 언어가 역설적인 방식으로 우리를 그런 의미로 데려다줄 것이다. 즉, 우리가 어떤 상황에서 괴로워하는 것은 '그런 상황으로 괴로워하고 싶지 않기 때문'이다. 그런 상황을 받아들이고 싶지 않기 때문이다. 운명적으로 주어진 것에 맞서는 일은 고통의 고유 관심사이자 종국적인 과제다. 어떤 일로 인해 괴로워하는 가운데 우리는 내적으로 그 일에서 물러나, 우리의 인격과 그 일 사이의 거리를 확보한다. 있어서는 안 될 상태로 인해 괴로워하는 동안, 우리는 현실과 당위 사이의 긴장 속에 있게 되는 것이다. 이미 살펴본 것처럼, 이는 자신에게 절망하는 사람에게도 적용된다. 절망한다는 사실을 통해 그는 또한 더 이상 절망할 이유가 없게 된다. 그가 이상을 기준 삼아 자신의 현실을 이상으로 판단하기 때문이다. 그가 실현되지 않은 가치들을 알아차리게 되었다는 사실은 이미 그 사람 자체가 가치가 있음을 암시한다. 그가 애초에 재판관의 존엄과 품위를 가지고 있지 않다면 그는 존재하는 것에 대해 존재해야 하는 것(당위)을 지각한 자로서 자신을 심판할 수 없을 것이다.[42] 따라서 고통은 이대로 존재해서는 안 될 것을 느끼게 하면서 생산적인, 아니 혁명적인 긴장을 조성한다. 따라서 주어진 것과 자신을 동일시하는 만큼 인간은 주어진 것과 거리를 두지 않고, 존재와 당위 사이의 생산적 긴장을 꺼 버리게 되는 것이다.

그렇게 인간의 감정에는 이성적인 유용성에 어긋나는 깊은 지혜가 열린다. 가령 슬픔과 참회라는 감정을 관찰해 보자. 실리적인 측면에서 보면, 이 두 감정은 무의미하게 보인다. 영영 잃어버린 것에 대해 슬퍼하는 것이나, 돌이킬 수 없는 죄를 참회하는 것은 '건강한 인간 이성'의 관점에서는 쓸데없고 무의미한 일로 보이기 때문이다. 하지만 인간 내면의 역사에서 슬픔과 후회는 의미를 지닌다. 사랑하던 사람을 잃어버린 슬픔은 사랑하는 이를 계속 살게 하고, 잘못에 대한 참회는 참회하는 자를 이런 죄로부터 해방시켜 회복되게 한다. 경험적인 시간에서 객관적으로 상실한 우리의 사랑 또는 슬픔의 대상은 내면의 시간에서는 주관적으로 보존된다. 애도는 그를 마음속에서 살아 있게 한다. 셸러가 보여 주었듯이 참회는 죄를 없앨 수 있다. 물론 죄지은 자가 죄를 도로 되돌릴 수는 없다. 그러나 죄지은 자는 스스로 —도덕적 거듭남으로 말미암아— 지양된다. 외적인 사건을 내면의 역사 가운데 처리하는 이런 가능성은 인간의 책임성과 모순되지 않고 변증법적인 관계에 있다. 참회한다는 것은 책임을 전제로 하기 때문이다. 인간은 삶에서 행한 것은 그 무엇도 되돌릴 수 없다는 사실 앞에서 책임이 있다. 작은 결정이든 큰 결정이든 종국적인 결정이다. 행한 것, 허락한 것은 아무것도 지워 버릴 수 없다. 그럼에도 인간은 참회를 통해 어떤 행위로부터 내적으로 돌아설 수 있으며, 참회를 실행하는 가운데, 즉 내면의 사건 가운데 외적인 사건을 도덕적 차원에서 일어나지 않은 것으로 만들 수 있음은 부정하기 어렵다. 표면적인 관찰만이 이를 부정할 수 있다.

주지하는 바와 같이 쇼펜하우어는 인생은 고통과 권태 사이를 오가는 시계추와 같다고 탄식했다. 정말로 이 둘은 깊은 의미를 지닌다. 권태는 계속적으로 경고한다. 권태로 인도하는 것이 무엇인가? 바로 무위이다. 하지만 행위가 권태를 피하고자 있는 것이 아니라, 권태가 바로 무위를 피하고 삶의 의미에 부응하게 하는 것이다. 삶의 투쟁은 우리를 긴장하게 한다. 삶의 의미는 과제 실행에 대한 요구와 맞물린다. 그러므로 이런 긴장은 신경증적 센세이션 추구나 히스테리컬한 자극욕이 추구하는 긴장과는 본질적으로 다르다.

고통의 의미 역시 경고에 있다. 생물학적 영역에서도 이미 통증은 의미 있는 파수꾼이자 경고자다. 정신적, 영적 영역에서도 고통은 비슷한 기능을 한다. 고통은 인간을 냉담, 즉 정신적 사후 경직으로부터 지켜준다. 고통을 겪는 한 우리는 정신적으로 생동감을 유지한다. 그렇다. 우리는 고통 속에서 성숙하고, 성장한다. 고통은 우리를 풍요롭게 하고 강하게 한다.

앞서 살펴보았듯이 참회는 외적인 사건을 내적인 역사에서(도덕적인 의미에서) 일어나지 않은 것으로 만드는 힘과 의미가 있으며, 애도는 지나간 것을 존속시키는 힘과 의미가 있다. 참회와 애도는 과거를 수정한다. 그로써 외면하거나 무감각해지는 것과는 반대로 문제를 해결한다. 불행으로부터 시선을 돌리거나 불행에 무감각해지려는 사람은 문제를 해결하지 못한다. 그가 없앨 수 있는 것은 그저 불행의 단순한 결과이다. 불쾌한 감정 상태 말이다. 시선을 피하거나 무감각해짐으로써 그는 아무것도 알려고 하지 않으며 현실에서 도피하고자 한다. 가령 중독 같은 것으로 도망한다. 그로써 그는 자기중심적이고, 심리적인 실수들을 저지른다. 무감각을 통해 감정을 침묵시키면 그 감정의 대상이 세상에서 사라져 버릴 것처럼 행동하는 실수다. 모르는 척하면 현실을 비현실로 추방할 수 있을 것처럼 행동하는 실수다. 하지만 바라본다고 대상이 생겨나는 것이 아니듯이 외면한다고 대상이 없어지지는 않는다. 마찬가지로 슬픔을 억제하는 것이 슬픈 상황을 없애지 못한다. 애도자의 건강한 감정은 실제로, 밤새 우는 대신에 수면제를 복용하는 것을 거부하게 한다. 애도자는 무의미하게 수면제를 처방받는 것을 거부한다. 그가 잠을 잘 잔다고 애도의 대상인 고인이 깨어나는 건 아니다. 죽음—되돌릴 수 없는 사건의 일례—은 결코 죽음을 모른 척한다고 해서 없던 일이 되지 않는다. 애도하는 자 스스로가 절대적인 무의식으로, 죽음을 의식하지 않는 것으로 도피한다고 해도 그렇게 되지 않는다.[43]

감정적 지각이 인간 안에 얼마나 깊이 뿌리박혀 있는지는 다음 사실에서 드러난다. 우울증 중에 그 주된 증상이 슬픈 감정으로 나타나는 게 아니라, 도무지 슬퍼할 수 없고, 울 수도 없고, 감정적으로 차갑고 내적으로 메말라 있는 증상으로 나타나는 우울증이 있다. 바로 멜랑콜리아Melancholia라고 하는 우울증으로 이런 우울증 환자들은 감정적 메마름을 탄식한다. 이런 사례를 아는 사람은 더 이상 슬퍼할 수 없는 것에 대한 절망보다 더 큰 절망은 없다는 걸 알 것이다. 이런 역설은 쾌락 원칙이 얼마나 단순한 산물인지를 다시 한번 보여 준다. 그것은 심리학적 도구일지는 몰라도 현상학적 사실은 아니다. 기쁜 감정이건, 슬픈 감정이건 간에, 인간은 감정적 '마음의 논리logique du coeur'로부터 냉담에 빠지지 않고, 어쨌든 정신적으로 늘 생동감을 유지하고자 애쓴다. 따라서 '멜랑콜리아로 인해 괴로운 사람은 괴로워할 수 없어서 괴롭다는 모순'은 정신병리학적인 모순일 뿐, 실존분석적으로는 전혀 모순되지 않는다. 실존분석에서는 고통의 의미가 드러나고, 고통이 의미 있는 것으로서 삶에 속한다는 것이 드러난다. 고통과 역경은 운명이나 죽음과 마찬가지로 삶에 속하며 삶과 분리될 수 없다. 고통과 죽음, 운명과 고난을 삶에서 분리하는 것은 삶에서 형태를 앗아 가는 것이다. 삶은 내리치는 운명과 작열하는 고통 속에서 형태와 형상을 얻는다.

따라서 운명은 우선 가능한 한 형상화해야 하는 의미가 있고, 두 번째로 불가피한 경우 짊어져야 하는 의미를 지닌다. 한편으로 우리는 너무 빠르게 무기를 내려놓고 어떤 사실을 너무 성급하게 운명적인 것으로 받아들이고 운명에 굴복해 버리는 일이 없도록 조심해야 한다. 더 이상 창조적인 가치를 실현할 가능성이 없을 때라야,

즉 정말로 운명을 형상화할 수 없을 때라야 태도적 가치 차례가 온다. 그런 다음에야 '자기 십자가를 지는 것'이 의미가 있다. 태도적 가치의 본질은 바꿀 수 없는 것을 받아들이는 데 있다. 그러므로 태도적 가치를 실현하기 위한 전제는 상황이 정말로 변경 불가능한 것이어야 한다. 브로트Brod는 이런 상황을 "숭고한 불행"이라고 칭하며, '비속한 불행'과 대비했다. 비속한 불행은 운명적인 것이 아니라, 피할 수 있거나 자초한 것들이다.[44]

모든 상황은 창조적 가치건, 태도적 가치건 간에 가치 실현의 기회를 제공한다. "행함이나 견딤을 통해 고상하게 만들 수 없는 상황은 없다."(괴테) 물론 견딤 속에 그 어떤 행함이 들어 있다고 말할 수도 있을 것이다. 그것이 진정한 견딤이라면, 즉 행위를 통해 변화시키거나, 내버려 둠을 통해 피하는 것이 불가능한 진정한 운명을 견디는 것이라면 말이다. 이런 진정한 견딤만이 성취에 해당한다. 이런 불가피한 고통만이 의미 있는 고통이다.

고통이 곧 성취가 될 수 있음은 일상적인 감정으로도 낯설지 않다. 일상을 살아가는 평범한 인간 역시 다음과 같은 일을 십분 공감할 것이다. 여러 해 전 영국의 보이스카우트가 모범 단원들을 표창했는데, 불치병으로 병원에 누워 있으면서도 용감하고 의연하게 고통을 견뎠던 세 소년에게 상이 돌아갔다. 그렇게 그들이 고통을 감수하는 행동이 다른 많은 보이스카우트들의 성취보다 더 모범적인 성취로 인정받은 것이다.

"삶은 무엇인가가 아니고, 늘 무엇인가를 할 수 있는 기회일 따름이다."라는 헤벨의 말은 운명적인 것을 창조적 가치 실현의 의미에서 형상화하거나, 이것이 정말로 불가능한 경우 태도적 가치의 의미에서 운명을 견디는 것 자체가 인간적인 성취가 되게 할 수 있음을 생각하면 참으로 맞는 말이다. 질병이 사람에게 '고통받을 기회'를 준다는 말은 뻔한 말처럼 들리지만, 기회와 고통을 위의 의미로 본다면, 그리 당연한 문장이 아니다. 무엇보다 질환—정신질환을 포함하여—과 고통은 근본적으로 다르기 때문이다. 질병이 있어도 본래적 의미에서의 고통이 없을 수도 있고, 질병과 상관없이 본래 인간의 삶에 속하는 인간적 고통도 있기 때문이다. 그리하여 실존분석이 인간에게 고통의 능력을 일깨워 주어야 하는 경우가 온다. 정신분석은 인간을 향유 능력이나 행위 능력이 있게 만들고자 하는 반면에 말이다. 즉, 인간이 진정한 고통 가운데서만 스스로를 실현할 수 있는 상황들이 있다. 인생이 '무엇인가를 위한 기회'라는 말은 진정으로 고통받고 견디는 기회, 즉 태도적 가치를 실현할 가능성이 있는 경우에도 해당된다. 이제 도스토옙스키가 어떤 맥락에서 자신이 두려워하는 것은 다만 한 가지, 자신의 고통에 합당한 자가 될 수 있을까 하는 것이라고 했는지 이해가 간다. 이제 우리는 환자가 자신의 고통을 잘 감당하고자 애쓰는 것도 참으로 대단한 성취임을 알 수 있다.

영적으로 굉장히 성숙한 상태에서 열심히 일하던 젊은이가 어느 날 직장 생활을 중단해야 했다. 척추결핵으로 인한 척수의 횡단마비가 상당히 빨리 진행되어 하반신 마비가 왔기 때문이었다. 척추후궁절제술이 고려되었고, 이 환자의 친구들은 유럽에서 가장 저명한 신경외과 의사 한 사람을 수소문했다. 하지만 이 의사는 예후가 나쁘다며 수술을 거부하였다. 환자는 여자 친구의 별장에 머물고 있었는데, 친구 한 사람이 이런 상황에 대해 그 여자 친구에게 편지를 적어 보냈다. 그런데 아무것도 모르는 하녀가 그만 자신의 여주인과 환자가 함께 아침 식사를 하는 중에 이 편지를 건네주었다. 상황을 알게 된 환자는 이제 자신에게 무슨 일이 일어났는지 다음과 같은 내용의 편지를 적어 친구에게 보냈다.

"에바는 나도 함께 편지를 읽도록 할 수밖에 없었어. 그렇게 나는 그 의사의 발언에 담긴 나의 사형선고에 대해 알게 되었지. 사랑하는 친구야! 수년 전에 보았던 영화 〈타이타닉〉이 기억나는구나. 특히나 프리츠 코르트너가 연기한 절름발이 정비공이 배가 가라앉고 사람들의 몸이 점점 물속에 깊이 잠겨 가는 동안, 주기도문을 외우면서 작은 운명 공동체를 죽음으로 인도하는 장면이 기억에 남아. 당시 나는 전율하면서 극장을 나왔었어. 그렇게 의식적으로 죽음에 다가가는 것은 정말이지 운명의 선물이라고 생각했었지. 이제 나의 운명도 내게 그것을 허락했어! 나는 다시금 내 안의 투지를 시험해 볼 수 있게 된 거야. 그러나 이 싸움에서는 애초에 이기는 것이 문제가 아니야. 마지막까지 전력을 다하는 것 자체가 중요하지. 말하자면 마지막 체력단련이라고나 할까. 나는 될 수 있는 한 마약성 진통제 없이 통증을 견디려고 해. 이미 진 싸움이라고? 그런 말은 없어! 싸움 자체가 중요해. 우리는 저녁에 브루크너 교향곡 4번 〈로맨틱〉

을 연주했어. 정말 속이 뻥 뚫리는 듯 기분이 좋았지. 나는 매일 수학을 공부하고 있고, 전혀 센티멘털하지 않아."

어떤 경우에는 질병이나 다가온 죽음이 그때까지 "형이상학적 경박함"(셀러) 가운데 살면서 자신의 본래 가능성들을 무시해 온 인간에게서 궁극적인 것을 끌어낼 수도 있다.

고생을 모르고 살아온 한 젊은 여성이 어느 날 예기치 않게 강제 수용소로 끌려갔다. 그리고 그곳에서 병을 얻었고 병세는 하루하루 악화되었다. 죽기 며칠 전 그녀는 이렇게 말했다. "사실 난 내게 닥쳐온 가혹한 운명에 감사해요. 전에 부르주아지로 살 때는 좀 방만하게 살았던 것 같아요. 문학에 대한 열정도 그리 크지 않았지요." 그녀는 이제 다가오는 죽음을 응시했다. 그녀가 누운 병동 창밖에는 막 꽃을 피우기 시작한 밤나무가 서 있었고, 그녀의 머리 쪽으로 몸을 굽히면 두 송이의 꽃이 달린 가지 하나가 보였다. "이 나무는 외로운 나의 유일한 친구예요. 난 이 나무와 이야기해요."라고 그녀는 말했다. 그녀에게 환각이나 섬망 증상이 있었던 걸까? 그녀는 그 나무가 자신에게 대답해 준다고도 했다. 그러나 그녀는 전혀 섬망 상태가 아니었다. 섬망 상태에서 나타나는 다른 현상들이 전혀 없었다. 그녀는 나무와 어떤 내밀한 대화를 나누었을까? 꽃을 피우고 있는 나무가 죽어가는 그녀에게 뭐라고 말했을까? "그 나무는 말했어요. 나 여기 있어. 나 여기 있어. 나는 생명이란다. 영원한 생명."

빅토르 폰 바이츠제커Viktor von Weizsäcker는 환자는 고통을 겪는 자로서 의사보다 우월한 존재라고 말했다. 그런 환자를 떠날 때는 정말로 그런 생각이 든다. 헤아릴 수 없는 상황을 섬세하게 의식하는 의사는 불치이거나 죽음을 앞둔 환자에게 다가갈 때마다 일종의 수치심을 느낀다. 의사는 죽음에서 희생자를 구해 내지 못하는 무기력하고 무능한 존재라면, 환자는 운명을 견디는 자다. 의사는 형이하학적 세계, 즉 의료 행위의 영역에서 좌절하는 반면, 환자는 고요한 고통 속에서 운명을 감수하는 가운데 형이상학적 차원에서 진정한 성취를 이룬다.

3. 노동의 의미에 대하여

우리가 말했듯이 삶의 의미는 그 자체를 물을 수 있는 것이 아니라, 삶을 책임지는 가운데 그 의미에 대답하는 것이다. 하지만 대답은 말이 아닌 행동으로 하는 것이며 행동을 통해 주어지는 것이다.[45] 또한 대답은 상황과 사람이 지닌 구체성에 부응해야 하며, 이런 구체성을 감수해야 한다. 그로써 올바른 대답은 행동하는 대답이며, 구체적인 일상에서의 답변이다. 구체적인 일상은 바로 책임지는 존재에게 주어진 구체적인 콘텍스트다.

이런 콘텍스트 안에서 모든 인간은 대체 불가능한 존재다. 자신의 유일성과 일회성을 의식하는 것이 지니는 의미에 대해서는 이미 이야기한 바 있다. 우리는 실존분석이 책임 의식을 지향하는 이유와 동시에 책임 의식이 무엇보다 구체적이고 개인적인 과제, 즉 '미션'을 토대로 성장한다는 것을 살펴보았다.

일회적인 존재의 유일한 의미를 보지 않으면 사람은 어려운 상황에서 마비되고 만다. 짙은 안개 속에 빠져서 눈앞의 목표를 잃고, 생명을 위협하는 피곤함에 막 굴복할 지경인 등산객처럼 된다. 하지만 안개가 걷혀 멀리 산장이 눈에 들어오면, 다시금 기운이 솟고 힘이 난다. 암벽 등반을 하며, 자신이 잘못된 루트에 있지는 않은지, 잘못된 레지에 있는 건 아닌지를 알지 못할 때 느껴지는 그 힘 빠지는 경험을 모르는 암벽 등반가가 어디에 있겠는가. 그러다가 갑자기 침니(chimney: 사람이 들어갈 수 있을 정도의 바위틈)를 발견하고, 밧줄을 타고 조금만 더 올라가면 바로 봉우리 아래에 도달한다는 것을 알게 되면, 밧줄을 잡는 팔에 갑자기 새로운 기운이 용솟음친다.

창조적인 가치와 그 가치의 실현이 인생 과제의 중심을 이루는한, 이 가치들을 구체적으로 성취하는 것은 보통 직업 활동을 통해이루어진다. 특히 직업은 개인의 유일성이 공동체와의 관계에 있고, 그럼으로써 의미와 가치를 얻는 영역이다. 그러나 이런 의미와가치는 그 자체로서의 구체적인 직업이 아니라, ―공동체를 위한성취로서의― 각각의 성취에 동반된다. 따라서 특정 직업만이 성취의 가능성을 제공하는 것은 아니다. 이런 의미에서 그 어떤 직업도그 자체로 의미를 주지는 않는다. 주로 신경증적 태도를 지닌 사람들은 자신이 다른 일을 했더라면 성취감을 느낄 수 있었을 거라고말하는데, 이런 주장은 직업적인 일의 의미를 오해하거나 자기 자신을 속이는 것이다. 직업이 성취감을 주지 못하는 경우 그 책임은직업이 아니라 사람에게 있다. 직업 자체는 인간을 유일하고 대체불가능한 사람으로 만들어 주지 않는다. 그런 사람이 될 기회만 제공할 따름이다.

언젠가 어느 여환자가 본인은 자신의 삶이 무의미하다고 생각하며, 그렇기 때문에 건강해지고 싶지도 않다고 했다. 그러면서 뭔가 보람 있는 직업을 가졌더라면, 가령 의사나 간호사로 일하거나 학문적 발견을 하는 화학자가 되었더라면 모든 것이 달랐을 것이고 좋아졌을 것이라고 했다. 이 경우 이 여환자에게는 어떤 직업을 가졌느냐가 아니라, 어떤 방식으로 일을 하느냐가 중요하다는 걸 알려 주어야 했다. 실존의 유일성을 이루는 인격과 개성이 직업에서 발휘되어 삶을 의미 있게 만들 것인지 아닌지는 직업 자체에 달린 것이 아니라 우리 자신에게 달려 있다는 것을 설명해 주어야 했다.

실제로 의사의 경우는 어떨까? 무엇이 그의 행동에 의미를 부여할까? 규정된 의술에 따라 치료하는 것? 경우에 따라 이런저런 주사를 놓거나 약을 처방하는 것? 그러나 의술의 본질은 규정대로만 하는 것에 있지 않다. 의사라는 직업 자체는 개개인의 의사에게 개인적인 직업 활동을 통해 자아성취를 할 끊임없는 기회를 제공할 뿐이다. 의사가 의료 행위에서 단순히 의료적인 것을 넘어서 하는 일, 인격적이고 인간적인 것, 그것이 바로 일의 의미를 이루고 그를 다른 사람이 대체할 수 없는 사람으로 만든다. 치료법대로만 하는 한, 그가 주사를 놓든, 다른 동료가 주사를 놓든 별반 다를 것이 없다. 단순한 '직업적 규정'의 경계를 넘어, 직업이 '정한 방법'을 넘어 움직일 때 비로소 인격적이고 그 자신만이 할 수 있는 일들이 시작되는 것이다.

앞의 여환자가 부러워했던 간호사의 일은 어떨까? 간호사는 주사기를 소독하고, 환자의 소변을 받아내고, 환자들을 다른 침대에 눕히는 등의 일을 한다. 모두 정말로 유용한 일이다. 그러나 그 자체로는 그렇게 만족감을 주는 일은 아니다. 간호사가 규정된 업무를 초월하여 중환자에게 따뜻하게 말을 걸어 준다든지 하면서 환자를 인격적으로 대할 때 직업을 통해 삶에 의미를 부여하는 것이 비로소 가능해진다. 그러나 이런 기회는 모든 직업이 제공해 준다. 그리고 대체 불가능성, 일회성, 유일성은 각자에게 놓여 있다. 누가 하느냐, 어떻게 하느냐가 중요하지, 결코 무엇을 하느냐가 중요하지 않다. 그 밖에 직업에서 자신을 실현할 수 없다고 믿는 위의 여환자는 직업 활동을 초월하여 사생활에서도 유일성과 일회성을 발휘해 실존의 의미를 찾을 수 있음을 알아야 한다. 사랑하고 사랑받는 자로서, 배우자이자 어머니로서, 모든 삶의 관계 가운데 남편과 자녀를 위해 대체 불가능한 사람이 될 수 있다는 것을 말이다.

창조적 가치를 실현하고, 유일성을 지닌 자기 자신을 실현하는 장으로서의 직업과 인간의 자연스러운 관계는 지배적인 노동환경을 통해 여러모로 일그러지고 있다. 무엇보다 하루에 여덟 시간 이상을 기업과 기업의 이윤을 위해 일하면서, 가령 컨베이어 벨트 앞에서 계속 같은 움직임을 되풀이하고, 기계 앞에서 계속 같은 스위치를 누르는 일을 한다고 탄식하는 사람들이 있다. 기계화, 규격화될수록 더 신뢰할 수 있고, 더 바람직한 것으로 여겨진다. 물론 이런 상황에서 일은 목적을 위한 단순한 수단으로만 파악된다. 돈을 버는 수단, 생필품을 확보하는 수단으로 말이다. 이런 경우 본래적인 삶은 비로소 여가 시간에 시작되며, 삶의 의미는 여가 시간을 자유롭고 개성적으로 형상화하는 것에 있다. 그러나 우리가 잊지 말아야 할 것은 일하다가 이미 기진맥진해서, 일을 마치면 뭔가를 해 볼 겨를도 없이 죽도록 피곤한 나머지 그냥 침대에 벌렁 누워 버리는 사람들이 있다는 것이다. 그들은 여가 시간을 신체를 회복하고 휴식하는 시간으로 전환할 수밖에 없다. 그리고 그 시간에 자는 것 외에는 더 적절한 활동을 할 수가 없다.

그러나 기업가들, 즉 고용주들도 여가 시간을 자유롭게 쓸 수 있는 것은 아니다. 그들 역시 이미 이야기했던 노동관계의 왜곡을 늘 면할 수 있지는 않다. 돈벌이에 몰두해서 생존을 위한 수단을 획득하다가 삶 자체를 잃어버리는 사람이 어디 한둘인가. 삶을 위한 수단인 돈을 버는 것 자체가 목적이 되어 버렸다. 그런 사람은 많은 돈을 가지고 있고, 돈을 버는 이유도 있다. 하지만 그의 삶은 더 이상 목적이 없다. 그런 사람의 경우 소득 활동이 무성하게 우거진 풀처럼 원래의 삶을 뒤덮어 버린다. 그는 돈벌이 외에 아무것도 알지 못한다. 예술도 스포츠도 말이다. 기껏해야 게임에서 재미를 볼까. 그역시 돈과 관련해서 말이다. 즉 카지노 게임에서는 판돈이 그의 궁극적 목적인 것이다.

실업신경증

직업이 가진 실존적 중요성은 직업 활동이 중단될 때, 즉 실직했을 때 가장 뚜렷하게 볼 수 있다. 우리는 실직자들에 대한 심리학적 관찰을 통해 실업신경증unemployment neurosis[46]이라는 개념을 정립하기에 이르렀다. 실업신경증의 주된 증상은 우울함이 아니라 냉담이다. 실직자들은 점점 무관심해지며, 점점 의욕을 잃어버린다. 그들의 냉담은 꽤 위험하다. 그들을 도와주고자 그들을 향해 내미는 손길을 붙잡지 못하게 하기 때문이다. 실업자들은 할 일이 없어 비어 있는 시간을 내면의 공허, 의식의 공허로 경험한다. 일이 없다는 이유로 자기 자신을 무용지물로 느낀다. 실업 상태이므로 삶에 의미가 없다고 생각한다. 생물학에서 지방성 근위축fatty atrophy이라 불리는 것과 비슷한 현상이 심리학에도 있다. 그러다 보니 실업으로 말미암아 신경증이 생기기 쉬운 상태가 된다. 영적 공회전은 영속적인 일요신경증Sunday neurosis 상태에 이르게 한다.

하지만 실업신경증의 주된 증상인 냉담은 정신적 공허의 표현일 뿐 아니라, 모든 신경증 증상이 그러하듯 신체적 상태로 말미암은 것이기도 하다. 즉 대부분 실업과 함께 나타나는 영양실조의 결과이기도 한 것이다. 그러나 때로 이런 실업신경증 증상은 ―일반적인 신경증 증상처럼― 목적을 위한 수단이기도 하다. 특히 기존에 이미 신경증이 있었고, 실업으로 인해 추가적으로 신경증이 악화되거나 재발하는 경우, 실업 상황은 신경증의 재료이자 내용이 되며, '신경증적으로 처리'된다. 이런 경우 실업 상태는 신경증 환자에게 직업에서뿐 아니라 인생의 모든 잘못에 대한 무죄를 입증하기 위한 반가운 수단이 된다. 실업 상태는 희생양이 되어, 엉망이 된 삶의 모든 책임을 뒤집어쓴다. 자신의 잘못은 실업으로 인한 어쩔 수 없는 결과로 치부된다. "그래, 내가 일을 계속했더라면 모든 것이 달라졌을 거야. 모든 것이 더 좋고 멋졌을 거야." 실업신경증 환자는 자신에게 일이 있었더라면 이것도 하고 저것도 했을 거라고 주장한다. 실업자로 산다는 것은 그들이 과도기적인 삶을 사는 것을 허락해 주고, 임시적 실존에 이르게 한다. 그들은 사람들이 자신에게 아무것도 요구해서는 안 된다고 생각하며, 그들 스스로도 자신에게 아무것도 요구하지 않는다. 실업 상태라는 운명이 다른 사람에 대한 책임과 자신에 대한 책임, 삶에 대한 책임을 모두 면하게 해 주는 것으로 본다. 삶의 모든 영역의 모든 실패가 실업이라는 운명 탓으로 돌려진다. 삶에서 단 한 가지가 문제라고 믿는 것은 좋아 보인다. 모든 것을 한 가지 면에서 설명하고, 게다가 이런 면이 운명적으로 주어져 있으면 당사자는 아무런 책임이 없는 듯이 보이고, 이런 면에서 모든 것이 회복될 가상의 순간을 기다리는 것 외에는 아무것도 할 필요가 없다는 이점이 있다.

따라서 실업신경증 역시 다른 모든 신경증과 그 결과, 표현, 수단이 똑같다. 이제 결정적인 관점에서 실업신경증이 다른 신경증과 마찬가지로 실존의 방식이자, 정신적 입장이자, 실존적인 결정이라는 것이 판명될 차례다. 즉 실업신경증은 신경증 환자가 치부하는 것과는 달리 무조건적인 운명이 아니다. 실직자라고 하여 결코 실업신경증에 걸릴 필요가 없다. 이런 상황에서도 오히려 다르게 할 수도 있다. 사회적 운명의 힘에 정신적으로 굴복할 것인가, 하지 않을 것인가를 결정할 수 있다는 말이다.

실업이 성격을 그렇게 운명적으로 확 바꾸지는 않는다는 걸 증명해 주는 예들도 많다. 실업자 중에는 지금 말한 실업신경증을 보이는 사람도 있지만, 그렇지 않은 사람들도 많다. 이런 사람들 역시 실업신경증을 보이는 사람들과 마찬가지로 경제적으로 열악한 상황에서 살아가야 하지만, 그럼에도 그런 상황과 무관하게 냉담하거나 우울한 인상을 주지 않는다. 더러는 명랑하기까지 하다. 이것은 어찌 된 일일까?

자세히 들여다보면, 이런 사람들은 직업 활동은 아니어도 다른 활동을 하고 있음을 알 수 있다. 어떤 단체에서 자원봉사를 하거나, 사회 교육 기관에서 재능 기부를 하거나, 청소년 단체에서 무급 직원으로 일하는 등 그들은 강의도 자주 듣고 좋은 음악도 듣는다. 책도 많이 읽고 주변 사람들과 읽은 것에 관해 이야기를 나눈다. 넘쳐나는 여가 시간도 의미 있게 보냄으로써 자신의 의식과 시간과 삶을 풍성하게 채워 나간다. 그리하여 실업신경증에 걸린 사람들처럼 이들 역시 배는 고플지 몰라도, 그들은 삶을 긍정하고 절망하지 않는다. 그들은 삶의 내용을 풍성하게 하고 의미를 도출한다. 그들은 꼭 직업 활동을 통해서만 인생의 의미를 얻을 수 있는 것은 아니며,

실업 상태라고 해서 꼭 의미 없이 살라는 법은 없음을 깨달았다. 그들에게 인생의 의미는 직업적 고용 여부에 좌우되지 않는다.

신경증 경향이 있는 실업자를 냉담하게 만드는 것, 실업신경증의 토대를 이루는 것은 바로 직업적 활동만이 인생의 의미를 가져다줄 수 있다는 잘못된 생각이다. 직업과 자신에게 주어진 삶의 과제를 동일시하는 오류가 실직자로 하여금 스스로 아무짝에 쓸모없는 무용지물이 되었다는 감정으로 괴로워하게 만든다.

이 모든 정황으로 보아 실업에 대한 정신적 반응은 그리 숙명적인 것이 아니며, 인간은 실업 상태에서도 영적으로 많은 자유를 누릴 여지가 충분하다. 실업신경증에 대한 실존분석은 똑같은 실업 상황이라도 사람마다 다르게 형상화된다는 것을 보여 준다. 다시 말해, 어떤 사람은 그 정신과 성격이 사회적 운명의 영향을 받아 형성되는 반면, 어떤 사람은 자기 나름대로 그런 사회적 운명을 형상화해 나간다고 할 수 있다. 그러므로 각각의 실업자는 자신이 어떤 유형이 될 것인지를 선택할 수 있다. 내적으로 우뚝 설지, 아니면 냉담하게 되어 버릴지 말이다.

따라서 실업신경증은 실업이 초래하는 직접적인 결과가 아니다. 그렇다. 우리는 종종 나아가 정반대로 신경증으로 말미암아 실업에 이르게 된 경우를 본다. 신경증이 신경증 환자의 사회적 운명과 경제적 상황에 영향을 미치는 것은 당연한 일 아닌가. 세테리스 파리부스ceteris paribus, 즉 다른 모든 조건이 같다면 내적으로 우뚝 선 강건한 실업자가 냉담하고 무관심한 타입보다 경쟁에 유리할 것이고,

구직 활동에서도 더 좋은 결과를 낼 수 있을 것이다.

실업신경증의 영향은 비단 사회적일 뿐 아니라, 생명 활동에도 관계된다. 인생의 과제를 통해 영적 생명이 가지게 되는 질서는 생물적인 부분에도 영향을 미치기 때문이다. 의미와 내용을 상실함으로써 내적 질서가 허물어지면 신체적으로도 영락하게 된다. 신경정신의학은 가령 은퇴한 사람들이 갑자기 늙어 버리는 것과 같은 정신-신체적 현상들을 알고 있다. 동물에게서도 비슷한 현상이 나타난다. 그리하여 서커스에서 '쇼'를 담당하도록 사육된 동물이 아무 '할 일'이 없이 동물원에 갇혀 있는 동종의 동물보다 더 오래 산다.

실업과 실업신경증이 운명적으로 연결되어 있지 않다는 사실에서 심리치료로 개입할 가능성이 생긴다. 심리치료가 실업으로 기인하는 심리적 문제를 다루는 것이 달갑지 않다면, 젊은 실업자들이 곧잘 하는 다음과 같은 말을 떠올려 보라. 그들은 "우리가 원하는 것은 돈이 아니라 삶의 내용이다."라고 하고 있지 않은가. 이로부터 로고테라피적이지 않은 '심층심리'를 지향하는 좁은 의미의 심리치료는 승산이 없음이 드러난다. 실존분석만이 실업자로 하여금 사회적인 운명에 대한 내적 자유를 환기시키고, 책임 의식을 일깨울 수 있다. 그리하여 실직자가 조건은 어렵지만 삶에 의미를 부여하고, 의미를 이끌어 내도록 할 수 있다.

실업만이 아니라 직업 활동도 신경증의 수단으로 오용될 수 있다. 직업 활동을 의미 있는 삶의 수단이 되게 하는 올바른 입장과 신경증적 목적을 이루는 수단으로 남용하는 경우를 구분해야 한다. 인간의 존엄이 인간 자체가 수단이 되는 것을, 즉 인간이 단지 노동 과정의 수단이나 생산 수단으로 강등되는 것을 허락하지 않기 때문이다. 일을 할 수 있다는 것이 전부가 아니다. 일을 할 수 있다는 것(노동 능력)은 의미 있는 삶을 사는 데 충분하지도, 필수적이지도 않다. 일을 하지만 의미 있게 살지 못할 수도 있으며, 일을 할 수 없는데도 삶에 의미를 부여할 수 있다. 향유 능력도 마찬가지다. 특정 분야에서 삶의 의미를 추구하고, 그럼으로써 제한적인 인생을 사는 것은 무방한 일이다. 다만 문제는 이런 제한이 객관적으로도 근거가 있는 것인지, 아니면 신경증의 경우처럼 원래는 불필요한 제한인지 하는 것이다. 이런 경우 노동 능력을 위해 향유 능력을 포기하는 것은 불필요하며, 향유 능력을 위해 노동 능력을 포기하는 것도 불필요하다. 이런 신경증적 인간에게는 여의사들이 등장하는 소설(엘리스 리트켄Alice Lyttkens의《난 저녁 먹으러 안 가Ich komme nicht zum Abendessen》)에 나오는 다음 문장을 지적해 주어야 할 것이다.

"사랑이 없을 때 일은 대용품이 되지. 일이 없을 때 사랑은 아편이 되고."

일요신경증

직업적으로 분주하다고 해서 삶이 창조적인 의미로 충만해지는 것은 아니다. 그러나 신경증 경향이 있는 사람은 종종 전체의 커다란 삶 앞에서 직업 활동으로 도피한다. 이런 경우 그의 삶의 내용적 공허함과 의미의 빈곤은 직업 활동이 한정 시간 중단되자마자 드러난다. 바로 일요일에 말이다!

일요일에 데이트를 잡지 못했거나, 영화 티켓 하나 손에 넣지 못해, 일을 놓아야 하는 동시에 자신마저 놓아야 하는 인간의 얼굴에서 보이는 그 황량한 표정을 모르는 자 누구랴. '사랑'이라는 '아편'은 손에 없고, 내면의 황량함을 가려 줄 주말 활동도 없는 상태. 노동하는 인간 그 이상도 이하도 아닌 인간은 주말 활동이 필요하다. 주중의 템포가 무너지는 일요일에는 대도시적 일상이 품은 의미의 빈곤이 노출되기 때문이다. 이런 템포는 삶의 목표를 모르는 인간이 목표의 부재를 깨닫지 못하도록 최고 속도로 질주한다는 인상이다. 그런 템포로 그는 자기 자신에게서 도망치고자 한다. 하지만 헛수고다. 24시간 동안 질주를 멈추어야 하는 일요일이 되면 목표도, 내용도, 의미도 없는 실존과 다시금 마주해야 하기 때문이다.

이런 대면을 피하고자 그는 디스코장으로 도망간다. 그곳에서는 시끄러운 음악 때문에 이야기를 할 수 없으므로 옛날 무도회에서처럼 사교적인 대화를 나눌 필요도 없다. 생각 같은 것은 당연히 할 필요가 없으며 그저 춤에만 집중하면 된다.

일요신경증 환자의 또 하나의 주말 도피처는 스포츠다. 여기서 그는 어떤 축구팀이 이기는지가 마치 세상에서 가장 중요한 일인 것처럼 한다. 한 팀당 11명씩 스물두 명이 경기를 하고, 그보다 수

천 배의 사람들이 경기를 관람한다. 권투시합에는 단 두 명이 참가하지만, 그만큼 격한 싸움이 벌어진다. 여기서는 가만히 앉아 구경하는 관객들의 관음증에 약간의 사디즘이 추가된다. 이것이 꼭 건강한 스포츠 활동에 반한다고 말할 수는 없다. 다만 각자는 그런 경기를 보는 것에 내적으로 어떤 가치를 부여하는지를 비판적으로 자문해야 할 것이다.

가령 등산을 하는 사람의 태도를 한번 생각해 보자. 등산은 능동적인 참여를 전제로 한다. 관중 특유의 수동적인 자세는 있을 수 없다. 몸을 움직여야 하고, 경우에 따라(생명이 위험한 상황에서는) 젖 먹던 힘까지 동원해야 한다는 점에서 등산은 신체적으로 성취에 이른다. 두려움이나 고소공포증 같은 정신적인 유약함을 극복해야 하는 경우에는 정신적 성취도 따른다. 중요한 것은 등반가가 위험을 그 자체로 추구하는 것이 아니라는 점이다. 다른 스포츠에서 볼 수 있는 기록 추구는 등반에서는 '자신과의 경쟁'이라는 더 높은 차원으로 옮아간다. 그 밖에 또 하나의 긍정적, 사회적 요소는 로프 등반 등에서 진한 동지애를 체험할 수 있다는 것이다.

하지만 그리 건강하지 않은 기록 추구라 해도 유일성과 일회성을 추구하는 한, 인간 본연의 면모가 드러난다. 패션 같은 대중심리적 현상도 비슷하다. 패션을 통해 인간은 모름지기 독창성을 추구한다. 패션의 경우 인간의 일회성과 유일성이 외적인 것에만 국한된다 하여도 말이다.

스포츠뿐 아니라 예술도 신경증적으로 오용될 수 있다. 진정한 예술 또는 예술 경험이 인간을 풍요롭게 하고 자신의 가능성으로 인도해 준다면, 신경증적으로 오용된 예술은 인간을 자신에게서 빗나가게 한다. 그러면 예술은 도취와 마비의 기회로 작용할 따름이다.

자기 자신과 실존적 공포를 경험하는 것에서 도피하고자 하는 인간은 가령 되도록 긴장감 넘치는 범죄 소설을 읽을 것이다. 그리고 긴장 가운데 마지막에 사건의 결말을 고대할 것이다. 쇼펜하우어가 유일하게 가능한 쾌락이라고 보았던, 불쾌한 것에서 벗어나는 부정적인 쾌락을 말이다. 그러나 불쾌, 긴장, 투쟁이 그것들로부터 해방되는 것에서 부정적인 쾌락을 경험하게 하고자 존재하는 것이 아니라는 점은 이미 언급했다. 우리는 언제나 새로운 센세이션을 공급받기 위해 삶의 투쟁을 하는 것이 아니다. 투쟁은 오히려 뭔가를 지향할 때 의미가 있는 것이다.

긴장에 굶주린 인간에게 가장 큰 센세이션은 바로 죽음이다. 실제적인 죽음이든, 예술 안에서의 죽음이든 상관없다. 속물적인 신문 구독자는 아침 식탁에서 사고와 죽음에 관한 기사를 필요로 한다. 하지만 대중이 겪는 사고나 죽음으로는 충분하지 않다. 익명의 대중은 그에게 너무 추상적이기 때문이다. 그리하여 이런 인간은 사건 사고 소식을 들은 바로 그날 영화관에 가서 갱스터 영화를 보고 싶은 욕구를 느낄 수 있다. 다른 중독자와 비슷하다. 센세이션에 대한 욕구는 스릴을 필요로 하고, 이런 스릴은 새로운 센세이션에 대한 더 큰 욕구를 만들어 내어 더 많은 스릴을 추구하게 한다. 중요한 것은 죽어야 하는 건 언제나 다른 사람들이라는 것에서 연유하는 대비효과다.

이런 유형의 인간은 자신이 가장 두려워하는 것에서 도피하는 것이다. 자신의 죽음에 대한 확실성, 즉 그로 하여금 실존적 공포를 견딜 수 없게 만드는 대상으로부터의 도피. 죽음의 확실성은 자신의 인생에 양심의 거리낌을 느끼는 사람에게만 공포의 대상이 된다. 인생의 시간의 종말로서의 죽음은 자신에게 주어진 삶의 시간을 헛되이 보낸 사람만을 겁에 질리게 할 수 있을 뿐이다. 그런 사람만이 죽음의 얼굴을 마주 대할 수 없다. 그런 사람은 유한한 삶의 시간을 충만하게 채우고 그 안에서 자신을 실현하는 대신, 마치 사형수가 마지막 순간에 자신이 사면될 거라고 믿는 것처럼, 일종의 사면에 대한 망상으로 도피한다. 즉 이런 유형의 인간은 자신에겐 아무 일도 일어날 수 없으며, 죽음과 불행은 오직 다른 사람에게만 일어난다는 망상으로 도피하는 것이다.

소설의 세계, 즉 신경증 환자가 동일시하는 '소설 주인공'의 세계로의 도피는 그에게 또 하나의 기회를 준다. 기록을 내는 것에 사로잡힌 운동선수는 최소한 본인의 월계관으로 만족하고 싶어 하는 반면, 이런 유형의 소설 독자는 가상의 인물이라도 좋으니 누군가가 그의 일을 한 것으로 만족한다. 그러나 삶에서는 월계관으로 자족하고, 달성한 것으로 만족하는 것이 중요하지 않다. 늘 새로운 질문을 던지는 삶은 우리를 결코 쉽게 내버려 두지 않는다. 스스로 마비되다시피 할 때만이 삶이 언제나 새로운 요구로 우리의 양심을 찌

르는 저 영원한 가시에 무감각해질 수 있다. 머무는 자는 추월당한
다. 자족하는 자는 자기 자신을 잃어버린다. 따라서 우리는 창조하
는 자로서도, 경험하는 자로서도 도달한 것에 만족해서는 안 된다.
매일, 매시간이 새로운 행위를 필요로 하고, 새로운 경험을 가능케
한다.

4. 사랑의 의미에 대하여

　우리는 인간 실존의 의미가 어떻게 인격적 유일성과 일회성에 기반을 두는지 살펴보았다. 나아가 창조적 가치가 각각 공동체와 관련된 성취의 형태로 실현된다는 것도 살펴보았다. 인간의 행위가 지향하는 공동체가 개인의 유일성과 일회성에 비로소 실존적인 의미를 부여한다는 것이 드러났다. 공동체는 또한 인간의 경험이 지향하는 대상이기도 하다. 너와 나 단둘로 이루어진 내밀한 공동체는 특히 그렇다. 사랑을 에로스의 의미로 보면, 사랑은 경험적 가치가 특별한 방식으로 실현되는 영역이다. 즉, 사랑은 다른 사람을 유일하고 일회적인 존재로 경험하는 것이다!

　따라서 창조적 가치를 실현하는 것을 통해 능동적으로 인격의 유일성과 일회성을 행사하는 길 외에 또 하나의 길이 있다. 이것은 수동적인 길로서 사람이 보통은 행위를 통해 획득해야 하는 모든 것이 그냥 거저 굴러들어 오는 길이다. 이것은 사랑의 길, 아니 사랑받는 길이다. 자신이 뭔가를 하지 않아도, 자신의 공적 없이도 —은 혜를 통해— 인간의 유일성과 일회성이 실현된다. 사랑받는 인간은 사랑 가운데 존재상 일회적이고, 본질상 유일한 존재로 파악된다. 그 자체로서 말이다. 사랑받는 인간은 '너'로서 파악되고, 그 자체로 다른 '나'에게 받아들여진다. 그는 그를 사랑하는 사람에게 대체 불가능한 존재가 된다. 그렇게 되기 위해 어떤 업적도 행할 필요가 없다. 사랑받는 인간은 사랑받는 가운데 인격의 유일성과 일회성, 즉 자신의 인격적 가치를 실현하기 위해 아무것도 할 수가 없다. 사랑은 공적이 아니라 은혜다.

사랑은 은혜일 뿐 아니라 마법이다. 사랑하는 자에게는 세계가 매혹적으로 변한다. 사랑은 세계를 추가적인 가치로 빛나게 하며, 사랑하는 사람이 충만한 가치를 더 많이 느끼게 한다. 전 우주에 열리게 하는 것이다. 그리하여 사랑하는 자는 상대에게 헌신하는 가운데 이런 상대를 넘어서는 내적인 풍요를 경험한다. 전 우주가 더 넓어지고 더 깊어진다. 전 우주가 비로소 사랑하는 자만이 볼 수 있는 가치로 빛난다. 주지하는 바와 같이 사랑은 눈이 멀게 하는 것이 아니라 보게 하기 때문이다. 즉 가치를 보게 한다.

사랑받는 은혜와 사랑의 마법 외에 사랑의 세 번째 요소는 사랑의 기적이다. 사랑을 통해 불가사의한 일이 일어나는 것이다. 즉 생물학적 우회로를 거쳐 새로운 인간이 생명으로 들어오게 된다. 자신 편에서 실존의 유일성과 일회성의 비밀을 간직한 새로운 인간, 즉 아이가 태어나는 것이다!

➤➤⫷

성, 에로티즘, 사랑

인간 존재가 계단처럼 층으로 이루어져 있음은 반복해서 이야기한 바 있다. 우리는 인간은 신체적, 정신적, 영적 전체성을 지니고 있고, 심리치료와 관련하여 이런 전체성을 그 자체로 보아야 하며, 비단 정신적인 것뿐 아니라 영적인 것도 치료의 실마리로 삼아야 한다고 요구했다. 이제 우리는 인간이 사랑하는 자로서, 즉 사랑을 경험하고, 사랑 가운데 다른 사람을 경험하는 자로서 인격의 여러 층에 서로 다른 태도를 취할 수 있다는 것을 보여 주고자 한다.

사랑에는 인간의 세 가지 차원에 부응하는 세 가지 태도가 있다. 가장 원시적인 태도는 성적 태도다. 이런 태도에서는 상대의 신체에서 성적 매력이 나오고, 이런 매력이 성적 태도를 가진 사람에게 성적 충동을 유발하며, 신체적으로 자극한다. 이런 원시적 태도보다 한 단계 더 나아간 형태는 바로 에로티즘이다. 여기서 우리는 이해를 돕기 위해 성과 에로티즘(성애)을 서로 대등한 입장으로 보겠다. 우리가 말하는 좁은 의미에서의 에로티즘은 단순히 성적으로 흥분하는 것이 아니다. 에로티즘을 느끼는 사람은 성적으로 욕망하는 자 이상이다. 에로티즘적 태도는 성적 충동의 지배를 받지 않으며, 파트너를 단순한 성 파트너로 생각하지 않는다. 파트너의 신체성을 가장 바깥쪽 층이라고 한다면, 에로티즘적 태도를 가진 인간은 단순히 성적 태도를 가진 인간보다 한 단계 더 깊숙이 들어간다고 할 수 있다. 그는 보다 더 안쪽 층으로 들어가는 것이다. 즉 다른 사람의 정신으로 나아간다. 이런 태도는 소위 사랑에 빠졌다고 말할 때의 바로 그 태도다. 성적 자극은 파트너의 신체적 특성에서 기인하지만, 사랑에 빠지는 것은 정신적 특성에서 기인하는 것이다. 그러므로 사랑에 빠진 사람은 더 이상 신체적으로 자극되지 않고, 정신적 감정이 일깨워진다. 파트너의 —유일하다고는 할 수 없지만— 고유한 정신에 매력을 느낀다. 가령 파트너가 가진 어떤 특성 같은 것에 말이다. 따라서 단순한 성적 태도는 파트너의 육체적인 것을 목표로 하고, 그 지향이 이런 층에 머문다. 반면 에로티즘은 정신적인 것을 지향한다. 하지만 이런 태도 역시 상대의 본질로 들어가지는 않는다. 사랑의 세 번째 형식, 즉 본래의 사랑만이 비로소 그렇게 할 수 있다.

상대의 인격적 구조로 가장 깊이 들어간다는 점에서 본래의 사랑은 넓은 의미의 에로티즘의 가장 높은 형식이다. 즉 영적 존재로서의 상대와 관계를 맺는 것이다. 이것이 파트너십의 종국적인 형식이다. 이런 의미에서 사랑하는 자는 그의 편에서 더 이상 육체적 혹은 감정적으로 자극받기보다는, 인격적으로 이끌린다. 신체와 정신을 가진 영적 인간에 의해, 그의 인격적 본질에 의해서 말이다. 이럴 때 사랑은 사랑하는 이의 유일하고 일회적인 영적 인격을 직접적으로 지향한다. 영적 인격으로서의 인간은 좁은 의미에서의 에로티즘과 성적 태도가 지향하는 정신적 특성과 신체적 특성을 지닌다. 영적 인격은 신체적, 정신적 현상 배후에 놓여 있다. 단순한 성적 태도

혹은 사랑에 빠진 태도는 신체적, 정신적 현상까지밖에 들어가지 못한다. 영적 인격으로서의 인간은 신체적, 정신적 현상으로 드러난다. 영적 인격의 신체적, 정신적 현상은 이를테면 영적인 인격이 걸친 외적, 내적인 '옷'이다. 단순히 성을 지향하는 사람이나 에로티즘적 사랑에 빠진 사람은 상대의 신체적 특성 또는 정신적 특성이 좋아지는, 즉 상대가 가지고 있는 무엇인가가 좋아지는 반면, 본연의 사랑을 하는 사람은 사랑받는 사람에게 있는 무언가가 아니라, 사랑하는 사람 자체를 사랑한다. 즉 사랑받는 사람이 '가진 것'이 아니라, 그 사람 '자체'를 말이다. 사랑하는 사람은 상대의 신체적, 정신적 '옷'을 통해 영적 인격 자체를 본다. 그러므로 그에게는 그를 자극하는 신체적 유형이나, 반하게 만드는 정신적 특성이 중요하지 않다. 그에게 중요한 것은 인간 그 자체다. 비교할 수 없고, 대체할 수 없는 인간으로서의 파트너다.

주지하다시피 정신분석은 소위 에로티즘적 사랑에 빠질 때 우리에게 생겨나는 노력, 즉 그 자체로 성적 성격을 갖지는 않는 노력을 '목표를 이루지 못한 노력'이라고 칭한다. 물론 이 말은 옳다. 하지만 정신분석이 생각하는 것과는 다른 의미에서 말이다. 정신분석은 그런 노력을 생식기적 성적 충동과 관련하여 목표를 이루지 못한 것이라고 여긴다. 반면 우리는 이와 반대되는 의미에서 목표를 이루지 못했다고 생각한다. 즉 그런 노력은 사랑에 빠지는 것보다 한 단계 더 높은 태도 형식으로, 즉 상대의 인격의 더 깊은 층으로, 그의 영적 본질로 나아가지 못했다는 점에서 목표를 이루지 못한 것이다.

일회성과 유일성

사랑은 인간 고유의 현상으로, 인간 특유의 것이다. 즉 인간 이하의 현상으로 환원할 수도 없고, 인간 이하의 현상들로부터 추론할 수도 없다. 그 자체로 더 이상 환원될 수 없는 '근원 현상'으로서 사랑은 실존적 행위다. 나아가 공존적 행위다. 사랑은 파트너의 유일성과 일회성을 알게 해 주는 인간 대 인간의 관계이기 때문이다.

사랑은 인간 고유의, 인간 본연의 현상이다. 따라서 단순한 부수 현상이 아니다. 정신분석적, 정신역동적 원칙처럼 사랑을 성의 승화로 해석하면 사랑은 단순한 부수 현상이 되어 버린다. 그러나 사랑은 단순히 성의 승화일 수 없다. 오히려 성의 발달과 성숙 과정에서 점차 성을 완전하게 만드는 일종의 승화 과정의 조건이자 전제이기 때문이다.

성의 발달과 성숙의 출발점은 단순한 '성욕'이다. 성욕은 —프로이트가 도입한 용어로 말하자면— 아직 충동의 목표와 충동의 대상을 알지 못한다. 그다음으로 좁은 의미의 '성적 충동'이 형성된다. 성적 충동은 이미 충동의 목표를 가지고 있다. 즉 성교를 목표로 한다. 하지만 성적 충동에는 아직 진정한 사랑의 파트너라는 의미에서 그가 초점을 맞출 충동의 대상이 없다. 사랑하는 특정한 사람을 지향하는 것은 성적 발달과 성숙의 세 번째 단계인 '성적 추구'의 특징이다. 그러므로 사랑의 능력은 성의 완성을 위한 조건이자 전제다. 또는 내가 즐겨 표현하듯, '너'를 지향하는 '나'만이 자신의 '이드'를 통합할 수 있다.

진정한 사랑은 정말로 상대의 영적 인격의 유일성과 일회성을 지향한다는 것은 그런 사랑을 경험하는 사람에게서 쉽게 확인된다. 특정한 사람을 사랑하는데, 그 사람이 세상을 떠났든, 멀리 여행을 떠났든, 계속해서 헤어져 있어야 하든, 어떤 식으로든 그 사람을 영영 잃어버린 사람이 있다고 해 보자. 그리고 이 사람에게 사랑하는 사람과 신체적, 정신적으로 정말 똑같은 사람을 마련해 준다고 해 보자. 그렇다면 그는 이제 이렇듯 완벽하게 똑같은 대역에게로 사랑을 옮길 수 있을까? 아마도 그럴 수 없을 것이다. 진정한 사랑이 그렇게 옮겨 가는 것은 상상할 수 없는 일이다. 진정으로 사랑하는 사람은 파트너의 신체적, 정신적 특성들을 지향하지 않는다. 그는 사랑하는 사람이 지닌 이런저런 특성들을 지향하지 않고, 오히려 상대의 유일한 존재 그 자체를 지향한다. 사랑받는 사람은 유일한 인격으로서 그 어떤 대역도 결코 그를 대신할 수 없다. 단순한 에로티즘에는 그런 대역이 도움이 될 것이다. 이런 형식의 사랑은 즉각 대역에게로 옮겨 갈 수 있다. 여기서 에로티즘적 사랑에 빠진 사람은 상대 자체로서의 영적 인격이 아니라, 상대가 지닌 정신적 특성만을 지향하기 때문이다.

따라서 진정한 사랑의 대상인 영적 인격은 진정으로 사랑하는 사람에게는 절대로 대신하거나 대체될 수 없다. 유일하고 일회적이기 때문이다. 이로부터 진정한 사랑은 그 자체로 영속적인 것임을 알 수 있다. 신체적 상태는 지나가고, 특정 정서 상태도 지속되지 않는다. 성적 흥분 상태도 지나간다. 성적 충동은 만족되자마자 사라진다. 하지만 영적 인격을 지향하는 영적 행위는 지속된다. 내용이 가치를 지니는 한, 그런 행위도 영원한 가치를 지닌다. 그리하여 상대의 유일한 면모를 알게 된 진정한 사랑은 지나가 버리지 않고 보호된다. 단순한 신체적 성이나 정신적 에로티즘은 덧없이 지나가 버릴지라도 말이다.

사랑은 단순히 감정 상태가 아니라 지향적인 행위이다. 사랑이 지향하는 것은 상대의 본질이다. 이런 본질은 —다른 모든 본질과 마찬가지로— 현존(실존)과는 근본적으로 무관하다. '본질'은 '현존'에 의존되어 있지 않으며, 그런 점에서 현존을 초월한다. 그렇게 볼 때만이 사랑이 사랑하는 사람의 죽음을 이겨 내고 존속할 수 있음을 이해할 수 있다. 사랑이 죽음, 즉 사랑하는 사람의 실존적 파괴보다 더 강할 수 있음을 비로소 이해할 수 있는 것이다. 사랑하는 사람의 현존은 죽음으로 인해 파괴될지도 모르지만, 그의 본질은 파괴될 수 없다. 그의 유일성은 모든 본질적인 것들처럼 시간을 초월하며, 그런 점에서 불멸한다. 사랑하는 자의 눈에 보이는 한 인간에 대한 '생각(의식 내용)'은 시간을 초월한다. 스콜라철학이나 플라톤 사상으로 귀결되는 이런 숙고는 일상적 경험과 유리되지 않는다. 예전에 강제수용소에 수감되었던 어떤 사람은 자신의 경험을 이렇게 보고했다.

"수용소에서 우리 모두는 알고 있었어요. 미래에 우리가 수감 생활 동안 겪었던 일을 보상해 줄 행복 같은 것은 이 지상에 없다는 것을요. 행복을 결산해 본다면, 철조망으로 뛰어들어 그냥 목숨을 끊어 버리는 것이 나았죠. 그럼에도 우리가 그렇게 하지 않았던 건, 깊은 곳에서 우러나오는 어떤 의무감 때문이었어요. 나에게는 엄마 때문에 살아야 한다는 의무감이 있었어요. 엄마와 나는 모든 것을 뛰어넘어 사랑했고, 그래서 나의 삶은 무슨 일이 일어나든 의미를 지니는 것이었어요. 하지만 나는 매일 매시간 죽을지도 모른다는 걸 염두에 두어야 했어요. 내가 죽는다 해도 죽음에도 어떻게든 의미를 부여해야 했어요. 그때까지 내가 겪은 모든 괴로움에도 말이에요. 나는 하늘과 계약을 맺었어요. 내가 죽어야 한다면, 내가 죽는 대신 엄마는 계속 사실 수 있기를, 그리고 내가 죽을 때까지 이 고생을 해야 한다면, 대신에 엄마는 언젠가 고생하지 않고 생을 마칠 수 있기를……. 이렇듯 내 삶을 희생 제물로 봐야만 나의 고통스러운 삶을 견딜 수 있을 것 같았어요. 내 삶에 의미를 부여해야만 삶을 살아갈 수 있었죠. 고통과 죽음도 의미가 있다면, 괴로움과 죽음도 감수하고자 했어요."

그는 수용소 생활 가운데 시간과 여건이 허락할 때마다 사랑하는 어머니와 마음속으로 함께했다고 보고했다. 그러므로 그는 구체적인 삶의 상황 가운데 창조적 가치를 실현하는 것이 불가능했던 동안, 사랑의 명상과 사랑의 경험 가운데 경험의 가치를 실현하며, 내적으로 풍요롭고 충만한 삶을 살았다고 할 수 있다. 그는 계속해서 자신의 경험을 이렇게 이야기했다.

"하지만 나는 엄마가 살아 계신지 알지 못했어요. 우리는 내내 서로 소식도 듣지 못한 채 떨어져 있었지요. 하지만 엄마가 아직 살아 계신지 돌아가셨는지 모른다 해도 마음속으로 엄마와 대화를 나누는 데는 지장이 없었어요."

그랬다. 이 남자는 사랑하는 사람이 아직 신체적으로 이 세상에 현존하는지를 전혀 알지 못했다. 그럼에도 그것은 방해가 되지 않았다. 현존에 대한 질문, 즉 어머니가 아직 살아 계실까 하는 질문은 부수적이고 추가적인 질문일 따름이었다. 그것을 모른다는 것이 그다지 지장을 초래하지는 않았다. 따라서 사랑은 상대의 본질을 향하는 것이어서 그의 현존은 더 이상 문제가 되지 않는다. 다른 말로 하면, 사랑하는 대상의 본질이 진정으로 사랑하는 자를 충만하게 해서 상대의 실재 여부는 뒷전으로 밀려난다.

따라서 사랑은 사랑받는 자의 신체성을 지향하지 않아서, 상대의 죽음을 넘어서도 영속하며, 자신의 죽음에 이르기까지 존속된다. 진정으로 사랑하는 자에게 사랑하는 대상의 죽음은 결코 '이해할 수 없는' 것이다. 그에게 사랑하는 대상의 죽음은 마치 자신의 죽음처럼 이해 불능한 것이다. 인간은 원래 자신의 죽음은 경험적으로 이해할 수 없다고 한다. 자신의 죽음은 출생 전 자신이 존재하지 않았다는 사실과 마찬가지로 상상이 불가능하다. 죽음을 이해할 수 있다고 생각하는 사람은 착각하는 것이다. 입고 다니던 신체가 시체가 되어 버림으로써 인격적 존재가 이 세상에서 사라져 버린다고, 즉 어떤 형태로도 존재하지 않는다고 생각하는가? 셸러는 그의 사후에 공개된 논문에서 인간이 육체적 죽음 뒤에 잔존하는 것에 대해, "우리가 어떤 인간을 진정으로 지향하자마자, 그는 살아생전 우리에게 신체적 현상 데이터의 '몇몇 감각적 조각들'보다 더 많은 것들을 남긴다."고 지적했다. 그래서 그가 죽은 뒤에 우리가 잃어버리는 것은 그런 신체적 현상들일 따름이다. 그러므로 그가 더 이상 존재하지 않는다고 말해서는 안 된다. 오히려 기껏해야 그가 다만 더 이상 스스로를 알릴 수 없게 되었다고 말해야 할 것이다. 스스로를 알리려면 신체적 또는 생리적 표현(언어 등)이 필요하기 때문이다. 그러므로 다시금 진정한 사랑의 지향이, 즉 상대의 인격을 그 자체로 지향하는 것이 어떤 이유와 의미로 신체적 현존, 즉 신체성과 무관한 것인지 분명해진다.

물론 그렇다고 사랑이 구체화될 수 없다는 말은 아니다. 하지만 사랑은 신체성에 의존하지 않는다는 점에서 신체성으로부터 독립적이다. 이성 간의 사랑에서조차 신체적인 것, 성적인 것은 주된 것이 아니다. 이런 것들은 그 자체로 목적이 아니고 표현 수단일 따름이다. 이런 것이 없어도 사랑은 원칙적으로 존재할 수 있다. 신체적 표현이 가능한 곳에서 사랑은 그것을 원하고 추구한다. 하지만 이를 포기해야 한다고 하여 사랑이 식거나 소멸하는 것은 아니다. 영적 인격은 정신적, 신체적으로 현현되고 표현되면서 형상을 얻는다. 인격이 핵심이 되는 전체 안에서 외적인 층은 그렇게 내적인 층을 표현한다. 한 인간의 신체적인 것은 그의 성격(정신적인 것)을, 성격은 다시금 인격(영적인 것)을 표현할 수 있다. 영적인 것은 신체적이고 정신적인 것에서 표현되고, 표현되기를 원한다. 그렇게 사랑받는 사람의 신체적 외모는 사랑하는 사람에게는 부단히 스스로를 알리는 배후의 인격의 상징이다.

진정한 사랑 자체는 일깨워지거나 실현되기 위해 신체적인 것을 필요로 하지 않는다. 그러나 일깨워지고 실현되는 데 신체적인 것을 활용한다. 인간이 직감적으로 상대의 신체적 특성에 인상을 받게 되어 있다는 점에서 ―하지만 그렇다고 그의 사랑이 신체성을 지향한다고 말할 수는 없다― 신체적 특성은 사랑이 일깨워지는 것과 관련하여 영향을 미친다. 인격의 표현이라고 할 수 있는 신체적 특성으로 말미암아 그 상대가 선택의 유망권 안으로 들어올 수 있기 때문이다. 그리하여 사랑하는 사람은 직관적으로 어떤 상대를 다른 사람보다 더 우선시하게 된다. 신체적 특성이나 정신적 면모를 통해 자신에게 정해진 상대를 발견하게 되는 것이다. 그에 있어 '얕은' 인간은 파트너의 외면에 고착되어 깊이를 파악할 능력이 없는 반면, '깊은' 인간에게는 외면이 깊이의 표현으로서, 본질적이거나 결정적이지는 않을지 몰라도 의미심장한 역할을 하게 된다.

이런 의미에서 사랑은 일깨워지는 데 신체적인 것을 활용한다고 할 수 있다. 그리고 사랑이 성취되는 데도 신체적인 것이 활용된다. 신체적으로 성숙한 사랑하는 사람은 보통 신체적인 관계를 맺고자 하게 된다. 그러나 진정으로 사랑하는 사람에게 신체적, 성적 관계는 영적 관계의 표현 수단이다. 그리고 표현 수단인 신체적 관계는 그것을 떠받치는 영적 행위인 사랑을 통해 숭고해진다. 그러므로 사랑하는 사람에게는 파트너의 신체가 그의 영적 인격의 표현인 것처럼, 성행위는 영적 지향의 표현이라 할 수 있다.

따라서 사랑받는 데 외모는 비교적 중요하지 않다. 개개인의 신체적, 정신적 특징들은 바로 사랑으로부터 에로틱한 품격을 얻는다. 사랑이 비로소 그런 특징들을 '사랑할 만한 가치가 있는' 특성들로 만드는 것이다. 그렇게 보면 미용 수술은 그리 탐탁해 보이지는 않는다. 외모의 결함이라 할 수 있는 것도 당사자가 가진 특성이기 때문이다. 외적인 것이 영향을 미친다면, 그것은 그 자체로 영향을 미치는 것이 아니라, 바로 사랑받는 사람이 가진 특성이기에 영향을 미치는 것이다.

어느 여성이 가슴 성형을 하고 싶어 했다. 그로써 배우자의 사랑을 보장받고자 했던 것이다. 그녀는 의사에게 조언을 구했고, 의사는 탐탁지 않은 반응을 보이면서, 만약 남편이 진정으로 그녀를 사랑한다면 지금 이대로의 신체도 사랑할 것이라고 말했다. 잠옷도 그 자체가 남편에게 아름답게 보이는 것이 아니라, 사랑하는 아내가 입고 있기에 비로소 아름다워 보이는 것이라고 했다. 그러자 그 여성은 남편의 의견을 물었고, 남편 역시 수술을 말렸다. 만약 수술하면 "더 이상 내 아내가 아닌 것 같아."라고 말하게 될 것 같다고 했다.

외모가 그리 매력적이지 않은 사람은 외적 매력이 뛰어난 사람에게 공짜로 굴러들어 온 특성들이 자신에게도 있었으면 하고 간절히 바라게 되리라는 것은 심리학적으로 충분히 이해할 만한 일이다.

외모가 떨어지는 사람은 ―연애사업이 잘 안 될수록― 외적 특성을 더욱더 과대평가하게 된다. 그러나 사실 사랑은 삶을 의미 있게 만드는 많은 가능성 중 하나일 따름이다. 게다가 결코 가장 큰 가능성도 아니다. 존재의 의미가 사랑의 행복을 경험하느냐, 하지 않느냐에 달려 있다면 우리의 존재는 슬퍼질 것이고, 우리의 삶은 가련해질 것이다. 삶에서 가치를 실현할 가능성은 무한하다. 창조적 가치 실현만 생각해 보아도 그렇다. 사랑하지 않고 사랑받지 못하는 사람도 삶을 굉장히 의미 있게 형상화할 수 있다. 다만 누군가가 사랑의 행복을 얻지 못한다면, 그렇게 하지 못하는 것이 진정 운명적인 것인지, 아니면 신경증적 단념 때문인지를 살펴야 한다.

따라서 사랑이라는 체험적 가치에서도 ―태도적 가치를 위해 창조적 가치를 포기할 때와 비슷하게― 사랑을 너무 일찍 포기해 버려서는 안 된다. 너무 일찍감치 체념해 버리는 것은 꽤나 위험하다. 사람들은 사랑에서 외적 매력이 상대적으로 중요하지 않으며, 더 중요한 것은 인격이라는 점을 곧잘 간과한다. 그러나 우리 모두 ―위로가 되는― 빛나는 예들을 알고 있지 않은가. 외적으로 그다지 매력적이지 않거나, 별로 눈에 띄지 않는 사람들이 인격적인 매력으로써 성공적인 사랑을 하는 모습들을 말이다. 앞에서 인용했던 뇌성마비 환자만 해도 그렇다. 그는 굉장히 열악한 상황에서도 영적으로뿐만 아니라 에로티즘적으로도 빛나는 성과를 올렸다.

그러므로 외적으로 그다지 매력적이지 않은 사람도 체념할 이유가 없다. 체념은 별로 좋지 않은 영향을 미친다. 르상티망ressentiment

이 바로 그것이다. 특정 가치 영역에서 스스로를 실현하지 못한 신경증적인 인간은 그 영역을 과대평가하거나 평가절하하는 것으로 도피해 버리기 때문이다. 그러나 과대평가와 평가절하 모두 잘못된 것이며, 불행에 이르는 길이다. 신경증적으로 부자연스럽게 사랑의 행복을 추구하면, 이런 경직적인 태도 때문에 불행에 이르게 된다. 에로티즘을 과대평가하는 가운데 그것에 집착하는 사람은 이미 키르케고르를 인용해서 말했듯이, 사실은 젖혀서 열어야 하는 "행복으로 가는 문"을 마구 밀어서 여는 성급한 사람과 같고, 그런 사람에게 문은 닫혀 버린다. 그리고 사랑을 과소평가하고, 자신이 도달하지 못한 것 혹은 도달하지 못할 것처럼 보이는 것을 가치 절하함으로써 그런 것은 아무 손해도 아니라며 스스로를 무감각하게 만드는 가운데, 이를테면 부정적인 의미에서 사랑에 꽂혀 있는 사람은 그 역시 스스로 사랑의 행복으로 가는 문을 닫아 버리는 것이다.

이렇게 포기해야 할 것 같은 것 혹은 실제로 포기해야 하는 것으로 인한 내적 원망은 운명에 대한 반항이나 거부와 같은 결과에 이르게 한다. 두 가지 유형 모두 자신의 기회를 잃게 되는 것이다. 반면 진정으로 사랑의 행복을 최종적으로 포기한 자의 르상티망에서 자유롭고 편안한 태도는 인격의 가치를 빛나게 하고 그렇게 인간에게 주어지는 마지막 가능성을 허락한다. 즉, '금욕에 이르다 abstinendo obtinere'라는 옛말을 지키게 되는 것이다.

외모를 강조하는 분위기는 에로티즘 안에서 신체적 아름다움을 과대평가하게 한다. 그러나 동시에 외모가 높이 평가된 사람은 가치 절하된다. 가령 어떤 여성에 대해 '미녀'라고 판단하는 것에는 뭔가 경멸적 어조가 들어가 있다. 이런 판단은 결국 영적 가치 같은 다른 가치들에 대해서는 말하지 않겠다는 게 아닌가? 상대적으로 낮은 가치 영역을 강조해서 긍정적인 판단을 하는 것은 더 높은 가치 영역의 부정적인 판단에 대해서는 함구하고 있다는 의심을 불러일으킬 수밖에 없다. 에로티즘 및 외모와 관련한 가치판단을 강조하는 것에는 판단 대상뿐 아니라 그렇게 판단하는 주체에 대한 가치절하도 담겨 있다. 그도 그럴 것이 만약 내가 어떤 사람의 아름다움에 대해서만 주로 이야기한다면, 그것은 내가 상대의 인격에 대해 말할 것이 별로 없을 뿐 아니라 그런 것에 가치를 두지 않기에 관심 자체가 없다는 것을 의미하기 때문이다.

소유의 지평

예나 지금이나 평균적인 에로티즘은 무의식적으로 파트너의 영적 인격을 간과해 버린다. 상대의 유일성과 일회성을 보지 않는다. 그것을 인정하려 하지 않기 때문이다. 이런 에로티즘은 본연의 사랑이 갖는 구속력에서 도피한다. 파트너와의 진정한 유대감과 그런 유대감에서 기인하는 책임에서 도피하며, 집단적인 것으로 도피한다. 자신이 선호하는 '유형'으로 말이다. 각각의 파트너는 그런 유형을 대표한다. 특정한 인격체를 선택하는 것이 아니라, 그냥 특정 유형을 선호하는 것이다. 그러면 사랑은 유형적인, 그러나 비인격적인 외모에 갇혀 있게 된다. 그리하여 이제 가장 선호하는 여성형은 비인격적인 여성이다. 인격적인 관계를 맺을 필요도 없고, 책임질 필요도 없는 비인격자다. 소유할 수 있지만, 그렇다고 사랑할 필요는 없는 여성. 그녀는 개성도, 고유한 가치도 없는 소유물일 뿐이다. 이런 여성과는 사랑이 있을 수 없으며, 정절도 있을 수 없다. 비인격체에게는 부정이 적합하다. 에로티즘적인 관계에서 부정은 가능할 뿐 아니라 필수적이다. 사랑으로 인한 행복의 질이 부족할 때 이런 부족은 성적 즐김의 양으로 상쇄될 수밖에 없기 때문이다. 행복하지 않을수록 충동은 더 많이 만족되어야 한다.

에로티즘적인 가벼운 사랑은 발육이 덜 된 사랑이다. 어떤 여성을 '가졌다'라는 식의 말에서 이런 형태의 에로티즘의 근본을 알 수 있다. 가질 수 있는 것은 교환할 수도 있는 것이다. 한 남자가 소유한 여자도 바꿀 수 있다. 그는 다른 여자를 심지어 살 수도 있다. 상대의 외모에 달라붙어 있는 피상적인 에로티즘은 여성 편에서도 상응하는 에로티즘을 구사하게 한다. '소유'의 지평하에서는 인간의 존재 자체가 중요하지 않고, 인간이 잠재적 섹스 파트너로서 성적 매력을 가지고 있는가 하는 것만이 중요하다. 가지고 있는 것은 변화시킬 수도 있는 것이다. 여성도 마찬가지로 자신의 외모를 바꿀 수 있다. 그리하여 여성도 남성의 태도에 부합하는 태도를 보이게 된다. 이런 경우 여성은 자신의 인격적인 면모를 감추고, 남성에게 그런 것으로 부담을 주지 않으려 한다. 그냥 남성이 추구하는 여자, 남성이 선호하는 유형이 되고자 한다. 이런 경우 여성은 외모를 가꾸는 데 열을 올린다. 남자의 소유로 취해지고자 하는 것이다. 그녀는 원래의 자기 자신, 즉 유일하고 일회적인 인간으로 받아들여질 것을 기대하지 않는다. 그래서 그냥 '종적 존재species being'로 취해지고자 불특정적인 신체를 전면에 내세운다. 비인격적으로, 그저 에로티즘의 시장에서 높은 가격에 거래되는 그런 유형이 되고자 한다. 되도록 충실하게 그런 유형을 본뜨고자 하다 보니 스스로에게, 자신의 자아에 충실하지 못할 수밖에 없다.

여성은 가령 영화의 세계로부터 자신이 되어야 할 유형을 차용한다. 그런 유형—자신 또는 자신의 남성 파트너의 이상형—과 되도록 비슷해지기 위해 계속해서 비교한다. 그런 인간은 각자가 비교 불가능한 존재라는 것을 자신 있게 표방할 패기가 없다. 스스로 새로운 여성형을 창조할, 유행을 선도할 만한 패기도 없다. 그녀는 유형을 만들어 내는 대신, 유형을 대표하는 것으로 만족한다. 기꺼이 자원해서 남성이 선호하는 유형을 남성에게 제공한다. 그녀는 결코 자기 자신을 주지 않는다. 결코 스스로를 사랑에 내주지 않는다. 그리고 이런 잘못된 길에서 충만하고 진정한 사랑의 경험으로부터 점점 더 멀어진다. 남성은 언뜻 그녀를 원하는 듯이 보이지만, 사실은 그냥 그녀의 유형을 원할 뿐이고, 결코 그녀 자신을 지향하는 것은 아니다. 그렇게 그녀는 그 남성의 소망에 부응해 주는 가운데, 기꺼이 그가 필요로 하는 것, 갖고 싶어 하는 것을 준다. 그렇게 그들은 상대를 사랑받을 만한 가치가 있게 만들고, 삶을 살 만한 가치가 있게 만드는 유일성과 일회성으로 나아가면서 서로를 추구하고 그 가운데 자신을 발견하는 대신, 둘 다 빈손으로 남는다.

인간이 창조적 활동에서 자신의 유일성과 일회성을 내보인다면, 사랑 가운데서는 상대의 유일성과 일회성을 자신 안에 받아들인다. 서로 사랑하고, 사랑을 주고받는 가운데 고유한 인격이 드러난다. 따라서 진정한 사랑은 개개인이 비단 어떤 유형이 아니라, 유일성을 가진 비교 불가능하고 대체 불가능한 고유한 인격이 되는 존재의 충까지 들어간다. 이런 유일성의 존엄은 스콜라철학자들이 '개체화의 원리Principle of individuation'를 적용할 수 없다고 말했던 저 천사들의 위엄이다. 그리하여 천사들은 어떤 종을 대표하지 않고, 오히려 각각의 종이 단 하나의 본보기로만 등장한다.

진정한 사랑이 상대의 영적 인격을 지향한다면, 이 점이 또한 유일하게 정절의 보증이 된다. 그런 사랑은 측정할 수 있는 시간 가운데 지속성을 갖는다. 그러나 체험의 시간 가운데서는 그것으로 그치지 않고, 사랑의 '영원성'을 체험하게 된다. 진정으로 사랑하는 자는 사랑의 순간과 사랑의 대상에 자신을 내주는 가운데, 자신의 감정이 언젠가 변할 수 있다는 것을 결코 상상하지 못한다. 그의 감정이 상태적이지 않고 지향적임을 생각하면 이해가 간다. 그의 감정은 사랑하는 이의 본질과 가치를 지향한다. 본질과 가치를 파악하는 영적인 행위처럼 말이다. 내가 한번 '2 곱하기 2는 4'라는 걸 안다면, 이것은 최종적인 이해다. 그런 이해는 유지된다. 마찬가지로 내가 사랑 가운데 상대의 본질을 진정으로 파악하면, 그런 본질 역시 진실한 것으로 남는다. 그렇게 나는 이런 사랑 가운데 머무르고 이런 사랑은 내 안에 머무른다.

우리가 한번 인식한 진리가 우리에게 영원한 진리가 되는 것처럼, 진정한 사랑을 경험한 순간, 우리는 그 사랑을 영원히 유효한 것으로 경험한다. 사랑이 측정할 수 있는 시간 속에서 지속되는 한, 사랑은 영원한 사랑으로 경험된다. 그러나 인간은 진리를 추구하는 일에서도 실수할 수 있듯이, 사랑에서도 착각할 수 있다. 그러나 주관적 진리라도 애초부터 그저 주관적인 것으로, 오류 가능성이 있는 것으로 생각할 수는 없다. 추후에야 오류로 드러날 수 있을 뿐이다. 마찬가지로 인간은 일시적으로, 즉 임시적으로 사랑할 수는 없다. 임시성 자체를 지향하고, 사랑의 시간적 유한성을 원할 수는 없다. 기껏해야 사랑의 대상이 추후에 사랑에 합당하지 않은 것으로 드러나, 사랑이 사멸될 위험을 무릅쓰고 사랑할 수 있을 뿐이다.

단순한 소유는 교체할 수 있다. 그러나 진정한 사랑은 상대로 말미암아 소유할 수 있는 것 또는 상대가 소유하고 있는 것을 지향하지 않고, 오히려 다른 사람의 존재 자체를 지향하기에, 진정한 사랑만이 일부일처제 입장에 이를 수 있다. 일부일처제는 파트너가 대체할 수 없는 유일성과 일회성을 가진 존재로 지각되었음을 전제로 하기 때문이다. 즉 모든 신체적, 정신적 특징을 넘어 영적 본질과 가치 가운데 이해되었음을 전제로 한다. 신체적, 정신적 특징 면에서 보면 모든 사람은 비슷한 특성을 가진 다른 사람으로 대체될 수 있기 때문이다.

그러므로 가벼운 사랑(에로티즘)은 본질적으로 일시적인 '감정 상태'로서 결혼과는 어울리지 않는 것으로 봐야 한다. 물론 진정한 사랑만으로 결혼이 성립되는 것은 아니다. 결혼은 그저 개인적인 사안이 아니기 때문이다. 결혼은 자못 복잡한 일로서, 국가적으로 합법화되고, 교회적으로 비준된 사회제도다. 그러므로 결혼은 사회적인 일이라 할 수 있으며, 또한 이런 관점에서 보면 결혼이 성립되기 전에 특정 조건들이 충족되어야 한다. 이런 상황과 조건들로 인해 경우에 따라 결혼이 권할 만한 것으로 보일 수도 있고, 별로 권할 만하지 않은 것으로 보일 수도 있다. 우생학적 금기 사항 같은 것도 있다. 물론 사랑 자체는 이런 조건으로 인해 절대 손상되지 않는다. 그러나 무엇보다 결혼은 파트너들이 그저 두 생물학적 개체들의 '번식의 일'이 아니라, 이를테면 '영적 공동체'를 이루게 될 때 비로소 합당한 것이 된다. 반면 진정한 사랑 밖에 있는 모티브가 결혼에 결정적인 영향을 미치는 경우, 그것은 에로티즘적 차원에서만 가능하며, 우리는 이미 에로티즘적 요인은 소유의 범주에 있다는 사실을 지적했다. 무엇보다 경제적인 동기가 결혼에 결정적으로 작용하면, 이런 결혼은 소유를 원하는 물질주의 선상에 있다. 이런 경우 결혼의 사회적 요소가 고립적으로 작용하는 것이며, 더욱이 경제적인 것, 나아가 재정적인 것에 국한된다.

진정한 사랑은 그 자체로 이미 일부일처제를 구성하는 요인이다. 그러나 일부일처제에는 또 하나의 요소가 중요한데 그것은 바로 "배타성"이다(오스발트 슈바르츠). 사랑은 내적 유대의 감정이며, 결혼이라는 형식의 일부일처제는 외적 유대다. 이런 유대를 유지하는 것이 바로 정절을 지키는 것이다. 그러나 이런 유대는 배타적이어서, 인간은 적절한 유대로 들어갈 뿐 아니라, 자신이 누구와 유대하고 있는지 알아야 한다. 이것은 특정 파트너를 선택하는 능력을 필요로 한다. 따라서 내적으로 일부일처제로 성숙해 가는 의미에서의 에로티즘적 성숙에서는 두 가지가 요구된다. 하나는 한 사람의 파트너를 선택하는 능력이며, 하나는 그 파트너에게 정절을 지킬 능력이다.

청소년기를 에로티즘적인 면에서도 준비기로 본다면, 즉 사랑의 삶을 위한 준비기로 본다면, 이 시기에는 적절한 파트너를 찾는 것뿐 아니라 파트너에 대한 정절을 배울 것이 요구된다. 이런 두 가지 요구는 모순적이다. 한편으로 젊은이는 파트너 선택 능력을 키우기 위해 어느 정도 인간을 에로티즘적으로 알아가고, 에로티즘을 연습해야 한다. 그러나 다른 한편으로는 정절 능력을 키우기 위해 일시적인 기분을 초월하여 한 인간 곁에 머물고, 그와의 관계를 유지하고자 노력해야 한다. 그러다 보니 가능하면 다양한 관계를 경험하고 마지막에 올바른 파트너를 선택할 수 있도록 특정 관계를 포기해야 할지, 아니면 가능하면 빨리 정절 능력을 배우기 위해 그 관계를 될 수 있는 한 오래 유지하는 게 좋을지 알 수 없는 경우가 발생할 수 있다. 이런 딜레마 앞에 선 젊은이는 미심쩍은 경우 이런 질문을 표현해 보는 것이 도움이 될 것이다. 그는 이렇게 묻기만 하면 된다. 자신이 매이는 것이 두렵고 책임을 회피하기 위해 소중한 관계에서 튀어 나가고 싶어 하는 것인지, 아니면 몇 주 혹은 몇 달을 홀로 고독하게 지내야 하는 것이 두렵다는 이유만으로 이미 깨어진 관계에 집착하고 있는 것은 아닌지 말이다. 이렇게 숨은 모티브를 질문하면 객관적인 결정을 내리기가 쉽다.

가치와 쾌락

셸러는 사랑을 사랑받는 인간의 지고의 가치를 향한 영적 운동이라고 말한다. 셸러가 인간의 "은총Heil"이라 일컫는, 이런 지고의 가치를 알게 되는 영적인 행위가 바로 사랑이라는 것이다. 슈프랑거 Spranger도 사랑에 대해 비슷하게 말했다. 사랑은 사랑받는 인간의 가치 가능성을 인식하는 것이라고 말이다. 도스토옙스키는 약간 다르게, 한 인간을 사랑한다는 것은 하느님이 그를 생각하는 것과 같은 시선으로 그를 보는 것이라고 했다.

사랑은 우리에게 한 인간의 가치를 깨닫게 한다. 이런 점에서 사랑은 형이상학적인 성취다. 사랑이라는 영적 행위 가운데 깨닫게 되는 가치의 모습은 사실 눈에 보이지 않고, 실재하지 않고, 실현되지 않은 형상이기 때문이다. 사랑의 행위 가운데 우리는 그 대상이 유일성과 일회성에서 현재 어떤 존재인지, 즉 스콜라철학의 용어로 '개성원리haecceitas'를 파악할 뿐만 아니라, 동시에 그가 유일성과 일회성 안에서 어떤 존재일 수 있고, 어떤 존재가 될 수 있는지, 즉 '엔텔레케이아Entelechie'를 파악한다. 이제 인간 현실을 가능성, 즉 가치 실현 가능성, 자아실현 가능성으로 파악하는 모순적인 정의를 떠올려 보자. 따라서 사랑이 알아차리게 되는 것은 더도 덜도 아닌, 한 인간의 '가능성'이다. 부수적으로 짚고 넘어가자면, 모든 심리치료 역시 프린츠혼Prinzhorn의 말처럼 "에로스 파이다고고스(Eros Paidagogos, 사랑을 가르치는 사람이라는 의미)"를 담당하는 한, 내담자 고유의 가능성을 보고, 그의 소중한 가능성을 선취해야 한다.

사랑하는 대상의 존재에서 그의 가치를 읽어 내는 것은 사랑이라 불리는 영적 행위의 형이상학적 신비다. 존재의 현실로부터 가치 가능성을 선취하는 것은 계산이 아니기 때문이다. 현실만이 계산 가능하다. 가능성은 그 자체로 계산을 벗어난다. 우리는 이미 인간은 주어진 현실이나 자연적 제약으로 계산할 수 있는 존재가 아니며, 오히려 자신에게 맡겨진 가능성을 보여 줄 때 비로소 본래 의미의 인간이 된다고 이야기한 바 있다. 따라서 이런 시각으로 보면 충동적인 인간은 계산할 수 없다는 주장은 옳지 않다. 오히려 반대다. 이런 인간은 충동적인 본성으로 말미암아 계산 가능하다! 또한 단순한 이성적 인간, 합리적 존재라는 단순 구조물, 자신의 모든 행위를 계산하는 인간, 그런 인간만이 계산 가능하다. 그러나 본연의 인간은 계산할 수 없다. 실존은 어떤 사실로 귀결될 수도 없고, 어떤 사실에서 유추할 수도 없다.

가치를 깨닫는 것은 한 인간을 풍요롭게 한다. 우리가 경험적 가치를 논하면서 살펴보았듯이, 이런 내적 풍요로움은 나아가 삶의 의미를 이룬다. 따라서 사랑은 사랑하는 자를 어느 경우에라도 절대적으로 풍요롭게 할 따름이다. 그러므로 불행한 사랑은 존재할 수 없다. '불행한 사랑'이라는 것은 그 자체로 모순된다. 그도 그럴 것이 내가 정말로 사랑하는 경우는 사랑의 응답을 받든 못 받든 상관없이 풍요로움을 느낄 수밖에 없고, 그렇지 않은 경우는 사실 나는 사랑하지 않는 것이기 때문이다. 즉 사실은 상대의 인격을 지향하지 않고, 인격을 지나쳐 단지 그가 가진 신체적, 정신적 특성 같은 것을 볼 뿐이다. 그런 경우 물론 나는 불행할지도 모르지만, 나는 사랑하는 자가 아니다. 단순히 사랑에 빠진 상태(반한 상태)는 당사자를 눈멀게 만든다. 그러나 진정한 사랑은 보게 만든다. 진정한 사랑은 우리로 하여금 우리가 사랑하게 된 상대의 영적 인격을 보게 한다. 그의 존재 현실과 가치 가능성 안에서 말이다.

사랑은 우리에게 상대방 자체를 하나의 세계로 경험하게 하고, 그럼으로써 우리 자신의 세계를 넓게 한다. 사랑이 이를 통해 우리를 풍요롭고 행복하게 한다면, 사랑은 —사랑 안에서만 선취적으로 보이는 가치 가능성으로 상대를 인도하는 가운데— 상대방 또한 성장시킨다. 사랑은 사랑받는 자에게 사랑하는 자가 선취적으로 보는 것을 실현하도록 도와준다. 사랑받는 자는 사랑하는 자가 자신에 대해 가진 상과 점점 닮아가고, 점점 더 '신이 생각하고 원하는 모습대로' 되어 가는 가운데, 사랑하는 자 또는 그의 사랑에 점점 더 어울리는 사람이 되고자 하기 때문이다. 따라서 제아무리 불행한 사랑, 즉 짝사랑도 우리를 풍요롭게 하고 행복하게 한다면, 행복한 사랑, 즉 상호적인 사랑은 얼마나 창조적일 것인가. 상대에게 합당한 자가 되고, 상대가 생각하는 모습이 되고자 하는 상호적인 사랑에서는 사랑하는 자들이 가능성을 실현하는 데 있어 서로를 부추기는 어느 정도 변증법적인 과정이 나타난다.

단순히 성적 충동을 만족시키는 것은 쾌락을 제공하고, 사랑에 빠진 자의 에로티즘은 기쁨을 주며, 사랑은 행복을 제공한다. 그 과정에서 지향성이 점점 증가한다. 쾌락은 상태적인 감정인 반면, 기쁨은 무엇인가를 향하는 지향적인 감정이다. 나아가 행복은 특정한 방향을 갖는다. 자신을 실현하고자 하는 것이다. 그러므로 행복은 성취의 특성을 지닌다. 행복은 지향적일 뿐 아니라 생산적이다. 그리하여 인간은 행복 속에서 자신을 실현할 수 있다. 그렇게 볼 때 행복이 고통과 유사하다는 것도 알 수 있다. 고통의 의미를 논하면서 우리는 인간이 고난 가운데서도 자신을 실현할 수 있음을 살펴보았다. 우리는 고통 속에서도 성취가 있음을 알았다. 그러므로 감정은 지향적이고 생산적인 감정과 비생산적인 단순한 감정 상태로 구분할 수 있다. 가령 애도에 대해서는 그것이 지닌 지향적인 의미와 창조적 성취를 이야기할 수 있다. 그러므로 애도는 단순한 반응적인 감정 상태이자 비생산적인 —상실에 대한— 분노와 전적으로 다르다. 지향적인 감정으로서의 정당한 분노와 단순한 상태적 감정인 맹목적 미움도 그렇게 구분된다.

이렇게 볼 때 '불행한 사랑'이라는 표현은 논리적으로는 모순이 지만, 심리학적으로 볼 때는 일종의 자기 연민의 표현이라 할 수 있 다. 어떤 체험이 유쾌한지, 불쾌한지 하는 것은 상당히 강조되고 과 대평가되는 경향이 있다. 그러나 다름 아닌 에로티즘 영역에서도 쾌락주의적 입장은 부당하다. 인생의 주인공 역시 연극의 관객과 다르지 않다. 연극에서 보통 비극이 희극보다 체험의 깊이를 더 많 이 선사하는 것처럼, 사랑에서도 불행한 경험이 우리를 풍요롭고 깊어지게 만든다. 바로 그런 경험을 통해 우리는 대폭 성장하고 성 숙한다. 물론 사랑으로 경험하는 그 내적 풍요는 내적 긴장을 동반 한다. 그리하여 신경증 경향이 있는 어른은 이를 두려워하여 도피 한다. 어른의 경우 이런 행동은 병리학적으로, 젊은이의 경우는 적 잖이 생리학적으로 나타난다. 이 두 경우 모두 '불행한 사랑'은 불에 덴 아이를 에로스의 불로부터 지켜 주는 수단이 된다. 이들은 한번 좋지 않은 경험을 하고 나면, 또다시 그런 나쁜 경험을 하지 않으려 고 한다. 그래서 불행한 사랑이라는 말은 자기 연민의 표현이자, 자 기 고통의 수단이기도 하다.

불행한 사랑에 빠진 사람의 생각은 자신의 불행을 맴돈다. 첫 — 혹은 마지막— 실패 후, 그는 손가락을 델 필요가 없도록 보루를 치 고, 불행하게 끝나 버린 사랑 뒤에 숨어 버린다. 사랑의 행복을 누 릴 가능성 앞에서 과거의 불행으로 도피하고는, 발견할 때까지 계 속 찾는 대신 찾는 걸 포기해 버린다. 사랑의 기회에 마음을 여는 대 신 눈가리개를 쓴다. 삶을 제대로 직시할 필요가 없도록, 정신이 팔린 채 자신의 경험만 바라본다. 그에게는 사랑할 준비를 하는 것보다 안전을 도모하는 것이 중요하다. 두 번 다시는 그런 일을 경험하고 싶지 않기에, 그 한 번의 불행한 경험에서 벗어나지 못한다. 그러므로 다시금 미래의 충만한 가능성에 대비하고, 마음을 열도록 재교육하는 것이 필요하다. 단순한 계산으로, 소위 사람은 평균 9번의 불행한 사랑에 한 번의 행복한 사랑을 경험하게 된다고 한다. 그러므로 행복한 사랑을 기다려야 할 것이다. 행복을 피해 불행으로 도피하면서 길을 망쳐 버리는 것은 정말 모순이다. 그러므로 불행한 사랑을 경험한 사람을 심리치료할 때는 이런 도피의 경향을 노출하고, 삶뿐 아니라 사랑의 삶이 가진 과제 특성을 보여 줄 수 있을 것이다. 그냥 일반적으로 '아름다운 딸들을 둔 엄마들'이 많다는 걸 호의적으로 지적해 주는 것이 별로 효과가 없는 반면, 어떤 한 엄마의 한 딸로 확정할 때 비로소 에로티즘이나 사랑이 시작되는 법이다.

한편, 상호적인 행복한 사랑조차 불행으로부터 늘 자유롭지는 않다. 사랑의 행복이 질투의 고통으로 방해를 받을 수도 있다. 질투에도 역시 위에서 말했던 에로티즘적인 물질주의가 놓여 있다. 질투에는 사랑의 대상을 소유로 보는 태도가 깔려 있기 때문이다. 질투하는 사람은 사랑하는 사람을 마치 자신의 소유물인 것처럼 취급한다. 사랑의 대상을 소유물로 강등하는 것이다. 그는 사랑의 대상을 '자신을 위해서만' 가지려 함으로써, 자신의 태도가 '소유'의 범주에 속한다는 걸 보여 준다.

그러나 사실 진정한 사랑의 관계에는 질투가 끼어들 수 없다. 진정한 사랑은 인간을 유일성과 일회성으로 파악한다는 점, 다른 사람과 비교 불가능한 존재로 파악한다는 점에서 질투는 원칙적으로 말도 안 되는 것이다. 질투하는 사람이 그렇게도 두려워하는 라이벌 관계는 사랑에서의 경쟁자에 대한 비교 가능성을 전제로 한다. 그러나 진정한 사랑에서는 라이벌 관계나 경쟁이 있을 수 없다. 모든 인간은 각각 그를 사랑하는 사람에게는 비교 불가능한 존재이며, 그로써 경쟁에서 제외되기 때문이다.

알다시피 상대의 과거로 거슬러 올라가는 질투도 있다. '전에 파트너를 거쳐 간 사람'에 대한 질투이다. 그런 질투로 괴로워하는 사람은 각각 자신이 첫사랑이 되고 싶어 한다. 마지막 사랑으로 남는 것에 만족하는 사람은 좀 더 겸손한 사람인 것 같지만, 어떤 의미에서 보면 더 욕심이 많은 사람이다. 그는 ─과거에 거쳐 간 모든 사람과, 경우에 따라 앞으로 다가올 사람들에 대한─ 우선권이 아니라 우월성을 중요시하는 것이기 때문이다. 그러나 이런 사람들은 모든 인간은 기본적으로 비교 불가능하다는 사실을 간과한다. 자신을 다른 사람과 비교하는 사람은 비교 대상 또는 자기 자신에게 부당하게 하는 것이다. 이것은 사랑 말고 다른 영역에서도 마찬가지다. 모두가 출발선이 다르다. 운명의 짐을 진 가운데 힘든 출발선에서 시작했다면, 그의 성취는 상대적으로 더 큰 것이라 할 수 있다. 그러나 운명적 상황을 결코 세세하게 다 조망할 수는 없기 때문에 성취를 비교할 만한 잣대와 토대가 없다.

마지막으로 언급하고 싶은 것은 질투는 전략적으로 위험한 역동성을 품고 있다는 것이다. 질투하는 자는 자신이 두려워하는 것을 유발하기 때문이다. 즉 사랑을 박탈당하게 되는 것이다. 믿음은 내적 강함에서 나올 뿐 아니라 내면을 더욱 강인하게 하는 것처럼, 자신에 대한 의심은 실패에서 나오고, 의심하는 자에게 더욱더 많은 실패를 가져다준다. 질투하는 자는 상대를 '계속 붙잡을 수 있을지' 의심한다. 그러고는 정절을 의심하며 상대를 부정으로 몰아넣음으로써 정말로 상대를 잃어버린다. 결국 파트너를 제삼자의 품으로 내모는 것이다. 그리하여 그는 자신의 믿음을 실현한다.

정절은 사랑의 일에서의 과제일 것이다. 그러나 그것은 스스로 해야 하는 과제이지, 파트너에게 요구할 수 있는 성질의 것은 아니다. 정절이 요구될 때 장기적으로 그것은 파트너에게 도전으로 다가온다. 그러면 파트너는 반감이 생기고, 늦든 빠르든 간에 정말로 부정을 하게 된다. 자신과 상대를 믿는 것은 사람을 자신감 있게 만들어, 이런 믿음이 일반적으로 옳은 것으로 입증된다. 반면 불신은 사람을 불안하게 만들어, 이런 불신 역시 일반적으로 옳은 것으로 입증된다. 파트너의 정절에 대한 믿음도 마찬가지다. 상대를 믿으면 상대도 정직함으로 부응한다. 믿음에 믿는 것을 실제로 만드는 변증법이 있는 것처럼, 솔직성에는 패러독스(역설)가 있다. 즉 진실을 말함으로써 거짓말을 할 수도 있고, 반대로 거짓말을 통해 진실을 이야기하고, 나아가 그것을 '진짜로 만들 수도' 있는 것이다. 의사들이 익히 아는 예를 들어 보겠다. 우리가 어떤 환자의 혈압을 측정하여 조금 높은 것을 발견하고 환자에게 곧이곧대로 사실을 전해 주면, 이런 진실에 놀란 나머지 환자의 혈압은 더 상승한다. 그래서 우리가 원래 알려주었던 수치보다 더 올라간다. 그러나 환자에게 진실을 이야기해 주지 않고 실제 측정치보다 더 낮게 이야기하면, 환자는 안심이 되어 혈압이 정말로 떨어진다. 그래서 거짓말이 결국 옳은 것이 된다.

파트너의 부정은 서로 다른 결과를 초래할 수 있다. 상대가 정절을 깨뜨린 것에 대해 사람마다 상이한 태도를 취할 수 있다는 점은 태도의 가치를 실현하는 기회를 주기도 한다. 어떤 사람은 파트너와 헤어짐으로써 그 경험을 극복하고, 어떤 사람은 파트너를 단념하지 않고 용서하고 화해한다. 어떤 사람은 파트너를 새롭게 정복하고 되찾으려고 할 것이다.

에로틱한 물질주의는 파트너를 자신의 소유물로 만들 뿐 아니라, 에로티즘 자체를 상품으로 만든다. 이것은 매춘에서 분명히 드러난다. 심리학적으로는 매춘부의 심리가 아니라, 매춘 소비자의 심리가 더 문제가 된다. 매춘부의 심리는 어차피 정신적으로 병리적인 유형으로 다루어진다는 점에서 문제가 없다. 이때 개별적인 경우에 대한 사회학적 분석은 별 도움이 되지 않는다. 정상적인 여성이 경제적으로 곤궁하다는 이유만으로 매춘을 하게 되지는 않는다는 점이 중요하기 때문이다. 얼마나 많은 여성들이 먹고살기 힘든 가운데서도 매춘으로 도피하고 싶은 유혹을 견디는지 정말 놀라울 정도다. 그들에게는 경제적인 이유로 매춘을 한다는 것은 고려의 대상이 되지 않으며, 그들에게 이것은 전형적인 매춘부들이 매춘을 선택하는 것을 당연하게 생각하는 만큼이나 당연하다.

이제 매춘의 소비자들이 어떤 심리에서 매춘을 하는 것인지를 살펴보자. 이들은 매춘에서 비인격적이고 비구속적인 사랑의 삶을 추구한다. 마치 상품이나 물건을 대하듯이 말이다. 그리하여 매춘은 심리적 건강 면에서도 신체적 건강과 마찬가지로 위험하다. 심리적 위험 쪽이 예방이 더 어렵다. 가장 위험한 것은 젊은이가 성에 대해 바람직하지 못한 태도를 지니게 될 수 있다는 것이다. 그것은 성을 쾌락의 수단으로 삼는 태도로, 분별 있는 성교육이 피하고자 하는 태도다.

성을 단순히 충동을 충족시키는 것으로 비하하고, 파트너를 단순히 충동의 대상으로 전락시키는 매춘의 위험은 —성을 통해 표현되고 절정을 이루는— 진정한 사랑의 삶으로 향하는 길이 막혀 버린다는 데서 가장 극명해진다. 어떤 젊은이가 매춘을 통해 경험하는 성적 만족 자체를 목적으로 삼게 되면, 앞으로의 결혼생활 전체에 부정적인 영향이 드리워질 가능성이 크다. 그 뒤 언젠가 진정으로 사랑하게 된다면, 그는 더 이상 후퇴할 수 없다. 아니 전진할 수 없다고 하는 표현이 더 맞을 것이다. 즉 사랑하는 자가 성에 대해 갖게 되는 정상적인 태도로 나아갈 수 없게 된다. 진정으로 사랑하는 사람에게 성행위는 정신적, 영적 연합의 신체적 표현이다. 하지만 성이 표현 수단이 아니라 목적 자체가 되는 경우에는 익히 알려진, 성모마리아 타입과 창부 타입의 숙명적인 분리가 일어난다. 예전부터 심리치료사들을 애먹게 했던 현상이다.

여성 편에서도 성을 사랑의 표현으로 경험하기까지 나아가지 못하고 전형적인 상황으로 말미암아 방해가 초래될 수 있다. 이런 경우도 심리치료적으로 상당히 되돌리기 힘든 피해를 끼친다. 사례를 하나 들어 보자.

어떤 여성이 처음에는 남자친구와 '플라토닉'한 관계로 시작했다. 그래서 그 여성은 성관계를 거부했다. 아직 성적 충동이 전혀 느껴지지 않았기 때문이었다. 하지만 남자친구는 계속해서 다그치면서 싫다는 여성에게 "내가 보기에 넌 불감증이야."라는 말까지 했다. 그러자 그녀는 남자친구의 말이 맞을지도 모른다는, 자신이 정말로 온전한 여자가 아닐지도 모른다는 두려움을 갖게 되었다. 그래서 그녀는 어느 날 남자친구에게 자신의 육체를 허락함으로써 자신이 불감증이 아니라는 걸 남자친구와 자기 자신에게 입증해 보이고자 했다. 그러나 이런 실험은 결과가 좋지 않았다. 그녀는 거의 즐길 수 없었던 것이다. 충동이 아직 싹트지도, 깨어나지도, 일깨워지지도 않았기 때문이었다. 이 여성은 충동이 차츰 자연스럽게 일어나는 것을 기다리는 대신, 최초의 성교에서 자신의 성적 능력을 증명하기 위해 무진 애를 썼던 것이다. 자신이 정말로 불감증일지도 모른다는 은밀한 두려움을 가지고 말이다. 이런 부자연스러운 자기 관찰[47]이 이미 충동이 일어나는 것을 더 저해했던 것이다. 이런 상황에서 —스스로가 자기 자신을 초조하게 관찰하는 가운데— 성에 몰입할 수 없었다는 것은 당연한 일이다.

이런 식의 실망은 결혼생활이나 사랑의 삶에서 성적 예기불안이라는 심인성 불감증(성욕장애)을 초래할 수 있다.

성신경증

심리치료사는 늘 예기불안의 '메커니즘'을 대한다. 보통 자동적으로 조절되고, 의식의 감독을 받지 않는 행동을 주시하는 것은 그것만으로도 이미 지장을 초래한다. 말을 더듬는 사람은 자신이 말하고자 하는 내용이 아니라 말 자체를 주시한다. 그렇게 '무엇what'이 아니라 '어떻게how'에 신경을 쓰는 것이다. 그리하여 그는 스스로를 가로막는다. 시동을 걸고 모터가 알아서 돌아가도록 내버려두는 대신, 거기에 손가락을 넣어 보고자 하는 형국이다. 말을 더듬는 증상은 당사자에게 소리가 되어 나오는 생각에만 집중하라고, 말은 그저 소리 내어 생각하는 것뿐이며 입은 저절로 움직이는 것이라서 관찰하지 않을 때 가장 유창해진다는 걸 가르쳐 주는 것만으로도 효과적으로 고쳐질 때가 많다. 이를 가르쳐 주는 것으로 심리치료의 주된 작업은 이미 끝난다. 불면증의 심리치료도 비슷하다. 잠이 들고자 억지로 잠을 청하면, 내적 긴장이 생겨나고, 바로 이것이 잠들지 못하게 만든다. 불면에 대한 예기불안이 잠드는 것을 방해하는 것이다. 그렇게 하여 잠들지 못하면 이제 예기불안이 확인되고 강화되어, 결국 불면증이라는 악순환이 생긴다.

성적 능력을 의심하는 경우에도 마찬가지다. 자기 관찰이 심해지고, 실패에 대한 예기불안이 생기면 자연히 성적 좌절이 온다. 성신경증sexual neurosis이 있는 사람은 이제 더 이상 파트너를 지향하지 않고, 성행위 자체를 지향한다. 바로 그 때문에 그 행위에 실패한다. 실패할 수밖에 없다. 그냥 자연스럽게 행해지지 않고 억지로 의도되기 때문이다. 이런 경우 행위 자체에 대한 의도를 끔으로써 성적 예기불안의 악순환을 끊어 버리는 것이 심리치료의 주된 과제다. 성행위에 의무감을 느낄 필요가 없다는 걸 환자에게 가르쳐 주어야 한다. 그리고 이를 위해 환자에게 일종의 '성적 강박'으로 작용하는 요소를 제거해야 한다. 이런 강박은 파트너로부터 기인하는 것일 수도 있고(여성 파트너가 정열적이고, 성적으로 요구가 많은 경우), 자신의 자아에서 오는 것일 수도 있으며(이날 혹은 저 날에 꼭 성행위를 해야 한다는 '프로그램'), 상황에서 오는 강박일 수도 있다(시간제 호텔 방문 등). 그러므로 이런 모든 형식의 강박을 제거하고 즉흥성을 키워 주어야 하며, 신경증 환자가 다시금 자연스럽고 즉흥적인 성행위로 나아갈 수 있도록 사려 깊게 이끌어 주어야 한다. 하지만 그런 심리치료에 앞서 환자에게 그의 병적인 태도는 인간적으로 충분히 이해가 가는 것임을 보여 주어, 성신경증으로 힘들어하는 사람이 자신이 심각한 장애에 시달리고 있다는 느낌에서 벗어나게 해 주어야 한다. 다시 말해, 그가 휘말려 든 예기불안과 그것의 악순환이 인간적으로 상당히 이해가 가는 행동 방식이라는 것을 이해시켜 주어야 하는 것이다.

한 젊은이가 발기부전 때문에 의사를 찾아왔다. 수년간 상대 여성과 우여곡절을 겪은 끝에 드디어 그녀가 그의 것이 되기로 했다고 한다. 그녀는 성령강림절에 몸을 허락하겠다고 약속했다. 그녀가 이런 약속을 한 것은 성령강림절 2주 전이었는데, 그 2주 내내 이 젊은이는 긴장과 기대감으로 거의 잠을 이루지 못했다. 그러고 나서 둘은 1박 2일로 성령강림절 여행을 떠나 어느 산장에 묵게 되었는데, 저녁에 숙소 계단을 올라갈 때 이 젊은이는 ─성적 흥분이 아니라 예기불안 때문에─ 너무 흥분해서 떨리고 가슴이 두근거려 제대로 걸을 수도 없었다고 한다. 이런 상태에서 그가 어떻게 잘 해낼 수 있었겠는가. 이 경우 의사는 그에게 그런 상황에서는 충분히 그럴 수 있다는 것, 그런 상황에 대한 그의 반응은 십분 이해할 수 있는 것이라는 점만 이해시키면 되었다. 그것은 인간적인 행동이지, 병적인 행동이 아니라고 말이다! 그리하여 이 환자는 자신이 두려워했던 것과는 달리 자신의 증상은 발기부전이라고 할 수 없다는 걸 깨닫게 되었다. 자신이 발기부전일지도 모른다는 두려움이 예기불안을 일으키고, 악순환을 유발했던 것이다. 성적 불안 증세를 보였던 이 남자는 이를 깨달은 것만으로도 필요한 자신감을 되찾았으며, 파트너에게 ─성적 향유 능력과 성취 능력의 전제로서─ 사랑으로 자신을 내주지 못하는 가운데 불안하게 스스로를 관찰하는 것이 질병 때문이 아니라는 걸 알았다.

성을 둘러싼 심리학과 병리학에서 우리는 인간의 행복 추구 자세가 잘못되어 있으며, 행복과 만족을 얻으려고 애쓰는 것 자체가 이미 좌절이 예정된 일임을 자주 본다. 우리는 앞서 인간은 행복이나 쾌락을 그 자체로 추구하지 않는다는 이야기를 했다. 인간에게 중요한 것은 쾌락 자체가 아니고, 쾌락에 이르는 토대다. 쾌락 자체를 지향하고 쾌락 자체를 사유하면 할수록, 인간은 쾌락의 토대를 잃어버리게 되며, 쾌락 또한 무너져 버리게 된다. 칸트가 인간은 행복해지고자 하지만, 인간이 해야 할 일은 "행복에 걸맞은" 존재가 되는 것이라고 말했다면, 우리는 이렇게 말하고 싶다. 인간은 원래 결코 행복해지고자 하는 것이 아니며, 인간이 원하는 것은 오히려 행복해지기 위한 토대를 갖는 것이라고 말이다! 노력이 노력의 목표(행복의 토대)를 벗어나 쾌락(목표 도달의 결과)으로 향하는 것은 인간 노력의 파생물이라 할 수 있다. 이런 파생물에는 직접성이 결여된다.

이렇듯 직접성이 결여되는 것이 모든 신경증의 특징이다. 우리는 이미 이런 빗나간 노력이 신경증적 성 불능에 이르게 할 수 있음을 살펴보았다. 성적 지향의 직접성과 진정성은 특히나 남성의 성적 능력에 필수적인 전제이다. 오스발트 슈바르츠는 성 병리학과 관련하여 문제가 되는 의도(지향)의 진정성을 '모범'이라는 용어로 표현했다. 우리는 이 말을 진정성과 결과가 합쳐진 것으로 보고자 한다. 그러면 진정성은 횡단면에서의 모범이고, 결과는 종단면에서의 모범에 해당한다. 모범적인 인간의 특징은 그리 쉽게 곤란한 상황에 빠져들지 않는다는 것이다. 그는 본능적인 확신으로 자신이 감당하지 못할 모든 상황을 피하고, 그에게 어울리지 않는 모든 환경을 피한다. 반면 매춘부를 찾아가서 발기부전이 되는 소심한 남성의 행동은 전형적으로 모범적이지 않다고 할 수 있다. 이런 행동은 전혀 병적인 것이 아니며, 신경증적인 것으로도 볼 수 없다. 그런 상황에서의 발기부전은 오히려 문화적 수준이 있는 남성에게는 기대할 수 있는 것이고, 나아가 요구될 수 있는 것이다. 하지만 결국 성행위의 실패가 유일한 출구가 될 수밖에 없는 상황을 꾀했다는 것 자체가 그가 모범적이지 않음을 증명한다. 그리하여 정리하자면, 내면에서 영적인 것이 심리적, 생물적인 것과 일치할 때 이런 태도가 바로 모범적인 것이다. 따라서 실존적 차원에서의 '모범'은 심리적 차원에서의 '신경증적이지 않다'라는 의미다.

정신성적 장애psychosexual disorder는 인간의 성은 사랑의 관계의 표현인 만큼, 단순한 성 이상이라는 인간 존재의 기본적 사실에서 출발하지 않으면 이해할 수가 없다.

그러나 인간의 성만이 단순한 성 이상이라는 주장은 완전히 맞는 말은 아니다. 동물의 성도 단순히 성적인 것을 넘어설 수 있기 때문이다. 이레노이스 아이블-아이베스펠트Irenäus Eibl-Eibesfeldt는 그의 책《사랑과 미움Liebe und Hass》에서 "척추동물들의 경우 성적 행동 양식이 종종 무리를 결합하는 데 기여했다. 특히 영장류의 경우가 그랬다."라고 지적했다. 그러고는 "가령 망토개코원숭이의 경우 성교는 오로지 이런 사회적인 목적에 기여한다."라며, "인간의 경우는 물론 성적 결합이 파트너를 결합할 뿐 아니라 번식에도 기여한다." 라고 말했다. "하지만 성이 파트너를 결합하는 기능을 한다는 사실은 파트너적인 관계를 전제로 한다. 즉 개별화된 결합으로서의 사랑을 전제로 한다.", "사랑은 개별화된 파트너 관계이며, 계속 파트너를 바꾸는 것은 그것에 모순된다."라고 지적했다. 아이블-아이베스펠트는 이어 이런 의미에서 인간은 "선천적으로 결혼이라는 형식의 지속적인 파트너십을 유지하는 경향이 있다."라고 이야기한다. 그러고는 마지막으로 "사랑의 죽음을 의미하는 성관계의 탈개별화의 위험"을 경고한다.

나아가 우리는 '사랑의 죽음'은 쾌락의 감소를 동반할 것이라고 본다. 우리 신경정신과 의사들은 성이 더 이상 사랑의 표현이 아니라 단순히 쾌락 획득의 수단이 될 때, 쾌락 획득도 이미 좌절된다는 것을 늘 관찰한다. 쾌락에 더 연연할수록 쾌락은 더 날아가 버린다. 쾌락을 좇을수록 쾌락을 더 몰아내 버리게 되는 것이다. 내 경험에 의하면 발기부전(성 불능)과 불감증은 대부분의 경우 이런 메커니즘으로 귀결된다. 미국의 잡지 〈오늘의 심리학Psychology Today〉이 언젠가 2만 명을 대상으로 설문조사를 한 결과, 생식 능력과 오르가즘을 높이는 가장 큰 요인은 바로 사랑이라는 결과가 나왔다. 따라서 성이 사랑으로부터 떨어져 나와 비인간화됨으로써 고립되고 해체되어 버리지 않을 때 비로소 성적 향유도 극대화된다고 하겠다.

성심리적 성숙

탈인간화되는 성은 애초부터 인간적일 수 없으며, 각각 비로소 인간화되어야 한다는 점을 잊지 말아야 한다. 이를 설명하기 위해 지그문트 프로이트가 도입한 개념 쌍에서 출발해 보자. 즉 '충동의 목표'와 '충동의 대상'을 구별하는 것 말이다. 사춘기에 좁은 의미의 성적 발달과 성숙이 시작되면 —'충동의 목표'의 의미에서— 축적된 성적 긴장을 방출하는 것이 목표가 된다. 이런 방출은 결코 성교의 형태로 일어날 필요가 없다. 자위행위로도 가능하다. 성적 발달과 성숙의 다음 단계에 이르러서야 비로소 '충동의 대상'이 부가된다. 적절한 파트너를 찾게 되는데, 매춘부를 포함해 어떤 파트너든 상관없다.

이런 단계에서의 성은 아직 원래의 인간적인 차원으로 승격되지 않았고, 아직 완전히 인간화되지 않은 것이다. 인간적인 차원에서는 파트너가 대상이 되지 않고 주체로 남기 때문이다. 인간적인 차원에서 파트너는 무엇보다 목적을 위한 단순한 수단으로 사용되거나 오용될 수 없다. 충동의 만족의 목적으로도, 쾌락 획득의 목적으로도 말이다.[48] 이런 연관에서 물론 인간이 쾌락에 신경을 쓰지 않을 때 쾌락이 더 많아진다는 것도 배제되지 않는다!

성적 발달과 성숙에서 인간이 첫 번째 혹은 두 번째 단계에 머무를 때, 또는 이 두 단계 중 하나로 퇴행할 때는 무슨 일이 일어날까? 첫 번째 단계에 머물러 있는 한, 자위행위(수음)[49]가 도움이 되며 포르노그래피를 필요로 한다. 하지만 두 번째 단계를 넘어서지 못하면, 이런 고착은 난잡한 성관계로 나타나며, 경우에 따라 매춘도 이용된다.

따라서 포르노그래피에 대한 필요뿐 아니라 매춘에 대한 욕구, 난잡한 성관계에 대한 욕구는 성심리적(정신성적) 지체 증상으로 진단해야 한다. 그러나 환락 산업은 이런 행동이 마치 진보적인 것인 양 추앙한다. 유감스럽게도 이 모든 것으로부터 성 소비 강박이 생겨나, 성 불능이 더 증가된다. 발기부전 환자는 일반적으로 자신에게 성행위가 기대 또는 요구된다고 느낄 때, 특히 여성 파트너가 이런 요구를 한다고 생각될 때 성 불능이 되기 때문이다. 인간뿐 아니라 동물도 마찬가지다. 콘라트 로렌츠Konrad Lorenz는 버들붕어들의 짝짓기에서 수컷이 암컷에게 다가가게 하는 대신, 암컷이 힘차게 수컷을 향해 헤엄쳐 가도록 하였다. 그랬더니 버들붕어 수컷은 반사적으로 생식기관을 닫아 버렸다.

뉴욕 대학의 조지 L. 긴즈버그George L. Ginsberg, 윌리엄 A. 프로슈 William A. Frosch, 테오도르 샤피로Theodore Shapiro는 〈일반정신의학회 보Archives of General Psychiatry〉에서 젊은이들 사이에 발기부전이 부쩍 증가하고 있다고 보고했다. 이들 신경정신과 전문의 세 사람은 이런 현상의 원인으로 발기부전 환자들에 대한 설문조사 결과에서도 나타나듯이, 여성들이 새롭게 성적 자유를 획득하면서 남성들에게 성적 능력을 요구하고 있기 때문이라고 진단했다. "최근 성적으로 해방된 여성들이 성적 퍼포먼스를 요구하고 있다."는 것이다.

인간의 성은 쾌락 획득이라는 목적의 수단으로 오용될 때 탈인간화된다고 이야기했다. 그러나 인간의 성을 사랑의 표현으로 보지 않고 번식의 수단으로만 보는 것 역시 성을 오용하는 것이다. 하느님을 사랑으로 정의하는 종교가 하필 교황의 권한으로 결혼과 사랑은 번식에 기여할 때만이 의미가 있다고 규정했던 것은 어폐가 있는 일이었다. 물론 이런 내용은 사랑해서 결혼하는 경우가 드물고, 유아 사망률이 굉장히 높았던 시대에 공포되었지만 말이다.[50] 게다가 오늘날 우리에겐 피임약이 있다. 피임약은 성을 해방시키는 것만큼이나 성을 인간화할 수 있다. 성은 일시적으로만 번식에 기여하고, 번식에 강제적으로 기여하는 데서 벗어나 사랑을 위해 자유로워지게 된다.

그렇다면 과연 사랑은 무엇일까? 사랑은 정말로 지그문트 프로이트가 말했듯이 "목표를 이루지 못한 성" 외에 아무것도 아니며, 정말로 성적 충동 에너지가 승화된 것일 뿐일까? 어떤 현상을 다른 현상으로부터 유도하면서, 어떻게 해서라도 그 현상을 단순한 부수현상으로 만들어 버리는 환원주의만이 그렇게 믿을 따름이다. 그러나 이것은 경험적 사실이 아니라 오히려 그럴싸한 학문적 설명을 위해 도입된 인간상에 근거한 것이다.

사랑을 그 어떤 해석과 세뇌의 프로크루스테스의 침대(Procrustean bed, 다른 사람들의 생각을 자기가 세운 일방적인 기준에 억지로 맞추려는 아집과 편견을 비유하는 관용구 -옮긴이)에 억지로 끼워 맞추려 하지 않고 축약 없이 파악하고자 한다면, 정신분석적 해석으로는 충분하지 않고 현상학적 분석이 필요하다. 현상학적 분석에서 사랑은 대단히 중요한 인류학적 현상으로 드러난다. 즉, 사랑은 내가 인간 실존의 자기초월이라 일컫는 두 측면 중 하나로 드러난다.

인간 실존의 자기초월

나는 인간 실존의 자기초월이라는 말을 인간이라는 존재가 늘 스스로를 넘어, 자신이 아닌 어떤 것에 관여한다는 기본적인 인류학적 사실로 이해한다. 그렇게 인간은 어떤 대상이나 인간, 실현해야 하는 의미, 만나게 되는 동료 인간의 존재에 주목한다. 그런 식으로 자기 자신을 초월하는 만큼만 인간은 또한 자신을 실현하게 된다. 어떤 일을 하면서 혹은 다른 사람을 사랑하면서 말이다! 다시 말해, 인간은 어떤 일에 완전히 몰두하거나 다른 사람에게 자신을 완전히 내줄 때만이 온전한 인간이다. 인간은 스스로를 간과하고 잊어버릴 때 온전히 자기 자신이 된다.

인간 실존의 자기초월이 생물학적 토대에까지 이른다는 것은 인간의 눈도 스스로를 초월한다는 패러독스에서도 증명된다. 눈이 주변 세계를 인지하는 능력은 자기 자신을 지각하지 못하는 능력을 전제로 한다. 눈은 —거울로 자신을 볼 때를 제외하고— 어느 때 자신을 혹은 자신의 어떤 것을 볼까? 백내장을 앓게 되면 시야는 뿌옇게 된다. 눈이 자신의 혼탁한 수정체를 보기 때문이다. 녹내장을 앓게 되면 빛을 볼 때 빛 주위에 무지갯빛 달무리가 보인다. 이와 비슷하게 인간은 파트너에게 헌신하거나 어떤 일에 몰두하며 스스로를 간과할 때 자기 자신을 실현하게 된다.

사랑을 앞서 이야기한 만남으로 정의해야 할까? 만남은 파트너와의 관계이다. 파트너를 인간으로서 인정하는 관계이다. 그로부터 이미 파트너가 단순히 목적을 위한 수단으로 이용되어서는 안 된다는 결과가 나온다. 임마누엘 칸트의 정언 명령categorical imperative 두 번째 정식에 따르면 그 어떤 상황에서도 동료 인간을 목적을 위한 단순한 수단으로 강등하지 않는 것은 인간 행동과 태도의 본질에 속한다.

내가 보기에 사랑은 만남보다 한 걸음 더 나아간 것이다. 사랑은 파트너를 온전한 인간으로 볼 뿐만 아니라, 이를 넘어 유일하고 일회적인 존재로, 즉 인격체로 파악한다는 점에서 말이다. 인간이 인격체인 것은 그가 다른 인간들 중 하나일 뿐 아니라, 다른 모두와 다르다는 사실, 그리고 이렇듯 다른 모두와 다르기에 유일하고 일회적인 존재라는 사실에서 기인한다. 그리고 사랑하는 자가 사랑받는 자를 일회적이고 유일한 존재로 파악함으로써 비로소 사랑받는 자는 사랑하는 자에게 '너Du'가 된다.

자기초월의 또 하나의 측면, 즉 의미를 향한 요구와 자기 자신을 넘어 의미로 나아가고자 하는 측면을 나는 '의미에의 의지'라는 동기론적 개념으로 칭했다. 그동안 이런 개념은 경험적으로도 그 유효성이 확인되었다(엘리자베스 S. 루카스Elisabeth S. Lukas, 제임스 C. 크럼보 외). 크라토크빌Kratochvil과 플라노바Planova는 의미에 대한 의지를 다른 동기로 환원되거나 다른 동기에서 연유할 수 없는 고유한 동기로 본다. 에이브러햄 H. 매슬로우는 의미에의 의지를 인간 행동의 주된 동기로 여기는 데까지 나아갔다.

그러나 오늘날 우리는 곳곳에서 의미에 대한 의지가 계속해서 좌절되는 것을 관찰할 수 있다. 신경정신과 의사들은 계속해서 무의미감에 직면하고 있다. 무의미감은 신경증의 발생 원인으로 알프레드 아들러가 기술한 열등감을 능가하고 있다. 이런 무의미감은 내가 '실존적 공허'라 부르는 공허감을 동반한다. 오늘날 만연한 성적 인플레이션은 이런 실존적 공허로 성적 리비도가 무성하게 자라는 것이라고밖에 설명할 길이 없다. 금융시장의 인플레이션을 비롯해 모든 인플레이션과 마찬가지로 성적 인플레이션은 가치 절하를 가져온다. 즉 성적 인플레이션 와중에 성은 그것이 탈인간화되는 만큼이나 가치가 절하된다. 인간의 성은 단순한 성 이상의 것이다. 인간의 성은 성을 초월하는, 인격적 관계의 매개체인 만큼 단순한 성을 넘어선다.

그러나 성신경증 예방의 관점에서 볼 때 성의 바람직한 인격화는 파트너의 인격을 지향하는 가운데서 이루어져야 할 뿐만 아니라, 자신의 인격을 지향하는 가운데 이루어져야 한다. 정상적인 성적 발달과 성숙은 성을 자신의 총체적 인격으로 점점 통합하게끔 한다. 반대로 성을 고립시키는 것—성을 초월하는 인격적이고 대인적인 연관으로부터 성을 분리해 내는 것—은 모든 통합의 경향에 반하여 신경증적인 경향을 부추긴다.

B. 특수 실존분석

우리는 지난 장에서 신경증 사례를 통해 실존분석적 관찰 및 치료 방식을 거듭 제시했다. 신경증 이론의 의미에서 체계적으로 접근하는 대신, 일요신경증이나 성신경증 등의 형태를 언급하면서 실존분석을 로고테라피로 응용할 수 있는지 살펴보았다. 지금부터는 역시나 체계적이지는 않지만, 신경증과 정신질환의 특수 실존분석을 다루어 보고자 한다. 이를 통해 신경증에 대한 로고테라피가 처음에 우리가 생각했던 대로, 그리고 그 뒤 실존분석의 형태로 계획했던 대로 효과를 발휘하는지 보게 될 것이다. 특수 실존분석에 본격적으로 들어가기 전에 우선 일반 심리적, 병인적 숙고들을 간략하게 살펴보고자 한다.

우리는 앞서 모든 신경증 증상은 인간 존재의 본질적으로 상이한 네 가지 차원에 근거하는 네 가지 뿌리를 가지고 있음을 지적했다. 그리하여 신경증은 신체적인 것의 결과이자, 정신적인 것의 표현이

자, 사회적 힘의 장에서의 수단이자, 마지막으로 실존의 방식으로 드러난다. 그리고 이런 마지막 요인이 비로소 실존분석적 방법을 가능케 하는 출발점이 된다.

신경증의 생리학적 토대는 다양한데, 구체적인 경우 한 번은 이것, 한 번은 저것이 특히 중점적으로 나타난다. 주로 체질적인 토대(유전적인 소질) 및 조건적인 토대가 문제가 된다. 체질적인 토대로는 자율신경의 불안정과 내분비적 소인이 있고, 조건적인 토대로는 신체적으로 중병을 앓고 난 이후 회복기에 있다거나, 충격적인 경험 이후 신체가 계속 감정적으로 그 경험에서 헤어나지 못하고 있는 경우 등이 있다. 조건적 요인들로 신경증이 발생하는 경우는 훨씬 드물고, 그런 경우가 있다 하더라도 조건은 단지 유발 요인으로서의 단순한 의미만 지니는 반면, 체질적, 즉 생물학적 토대가 없으면 임상적 의미에서 진짜 신경증이 발병할 수 없다는 것은 거의 확실한 사실이다.

신경증 증상들은 '표현'과 '수단'으로 해석될 수 있는데, 주로 직접적인 표현이고, 부차적으로 목적에 이르는 수단이 된다 하겠다.[51] 그러므로 최종적으로 나타나는 신경증 증상을 보고서는 그것이 어떻게 발생했는지 알 수 없다. 다만 해당 증상이 고착되었다는 것만을 알 수 있을 뿐이다. 즉, 환자가 어떻게 하여 신경증을 얻었는지는 설명할 수 없고, 기껏해야 어떻게 해서 증상에서 벗어나지 못했느냐를 알 수 있을 따름이다. 여기서 개인심리학적 이해와의 차이가 나타난다. 개인심리학은 신경증은 우선 인간을 자기 삶의 과제로부터 떼어 놓는 과제를 갖는다고 말한다. 그러나 실존분석은 신경증이 이런 궁극적인 기능을 한다고 보지 않는다. 하지만 그럼에도 인간을 그의 삶의 과제로 인도하는 것을 치료 과제로 삼는다. 그렇게 할 때 인간은 더 빠르고 수월하게 신경증에서 벗어날 수 있기 때문이다. 삶의 과제로 인도하는 '~을 위한 자유', '~로의 결정'이 '~으로부터의 자유'보다 선행해야 하는 것이다. 처음부터 이런 적극적(로고테라피적) 요인들을 소극적(심리치료적) 요인들과 결합할수록, 더 빠르고 더 확실하게 치료 목표에 도달할 수 있다. 하버드 대학의 고든 W. 올포트는 용기 있게 다음과 같이 선언했다.

"진정한 신경증은 완고한 자기중심성이라 정의할 수 있다. 그 어떤 치료사도 무엇인가를 제거하는 것을 통해 공포증, 강박신경증, 선입견, 적대감을 치료할 수 없다. 치료사가 할 수 있는 것은 환자가 이런 방해적인 요소를 덮거나 흡수할 수 있는 가치관과 세계관을 갖도록 돕는 일이다."(《Personality and Social Encounter》, Beacon Press, Boston 1960)

1. 불안신경증의 심리학에 대하여

다음에 이어서 선별한 사례를 통해 불안신경증의 심리적 구조를 제시하도록 하겠다. 여기서 우리는 신경증이 본래 심리적인 층에 기초하고 있지 않다는 것을 보여 주려 한다. 적면공포증(사람들 앞에서 얼굴이 붉어지는 걸 겁내는 신경증 -옮긴이)의 예부터 출발해 보자. 적면공포증의 생리적 토대는 혈관생장 조절 장애이다. 하지만 이런 장애가 있다고 해서 신경증이 생기는 것은 아니다. 노이로제가 되기위해서는 좁은 의미의 병인적 요인으로서 심인적(정신 발생적) 요인이 추가되어야 한다. 이런 심인적인 요인은 대부분의 경우 '심적 트라우마'로 생겨난다. 일례로 어느 젊은 남성은 추운 날 거리에 있다가 따뜻한 카페로 들어가게 되었고, 그런 조건에서 생리적인 요인으로 인해 얼굴이 붉게 달아올랐다. 그러자 카페에 모인 친구 중 한명이 친구들이 다 있는 앞에서 그의 얼굴이 빨개진 것을 지적하며그를 놀렸고, 바로 이 순간 신경증의 토대가 놓이게 되었다. '신체적 대응'의 의미만을 갖는, 별로 문제가 되지 않았던 자율신경-노이로제적 소질에 예기불안이 부가되면서, 우리의 환자는 다음번 비슷한 상황에서 또다시 얼굴이 붉어질까 봐 두려워하게 되었으며, 이제 정말로 유발 요인인 급격한 기온 변화가 없는 상황에서도 다시금 얼굴이 붉어지는 상황이 초래되었다. 한번 예기불안의 '메커니즘'이 실행되기 시작하면 가차 없이 계속된다. 불안은 증상을 낳고, 증상은 다시금 불안을 부추기는 식으로 사이클이 맞물려 돌아간다. 치료가 그 사이클을 깨뜨릴 때까지 말이다. 약물 치료로도[52] 사이클을 깨뜨릴 수 있을 것이다. 그러나 일반적으로 심리치료를 통해 사이클을 깨뜨리는 것이 일반적이며, 이것이 가장 수월하고 가장 간단하다.

심리치료사가 가장 먼저 해야 할 일은, 예기불안은 인간적으로 충분히 이해할 수 있는 것이라서 그것을 결코 병적으로, 그리하여 또한 운명적으로 해석할 필요가 없음을 환자에게 주지시키는 것이다. 인간적으로 충분히 이해할 수 있는 예기불안이 증상을 키우고 있음을 깨달으면, 환자는 증상을 심각하게 평가하고 두려워하는 것을 중단하게 될 것이며, 결국은 증상이 저절로 멈추거나 사이클이 깨어지게 된다. 해당 환자가 자신의 증상을 병리적인 일로 신경 쓰지 않게 함으로써 환자의 주의를 증상으로 기울어지게 하고 증상에 고착되게 만드는 긴장을 줄이는 것이 급선무다.

내분비 조절 장애가 불안신경증의 생리적 토대가 되는 경우도 있다. 광장공포증은 갑상선 기능 항진증이 동반되는 경우가 많다. 갑상선 기능 항진증 혹은 교감신경 긴장증과 함께 이미 "불안의 소질"(웩스버그Wexberg)이 주어져 있는 것이고, 이런 소질을 토대로 불안신경증이 생겨날 수 있다. 그런데 특히 광장공포증의 경우는 트라우마적 경험이 예기불안을 굴러가게 만드는 원인적 요소로 작용하기도 한다. 광장공포증이 갑상선 기능 항진증의 토대 위에 발현될 수 있다면, 폐소공포증의 배후에는 테타니가 있으며, 이인증 depersonalization은 부신겉질부전을 토대로 한다.

예기불안을 보여 주고 풀어 주는 것 외에 환자가 불안으로부터 거리를 두게 하는 것이 중요하다. 이것은 환자가 증상을 객관화함으로써 이루어진다. 이런 객관화는 환자가 스스로를 조롱함으로써 비로소 가능해진다. 증상과 거리를 두고 증상을 객관화하여 환자가 불안감의 '옆'이나 '위'에 있을 수 있게 해야 한다.

거리를 두는 데 유머보다 더 적격인 것은 없다. 이런 사실을 이용해 신경증적 불안의 기를 꺾어 보자. 광장공포증 환자가 외출하면서 '거리에서 졸도할까 봐 무섭다'고 탄식하면, 그에게 한번 집을 나서면서 거리에서 '졸도하려고 해 보라고' 하라.[53] 자신의 공포를 실행하기 위해 "나는 이미 거리에서 여러 번 졸도했었어. 오늘도 그런 일이 있을 거야."라고 말하는 식으로 말이다. 그러면 이런 말을 하는 순간 환자는 자신의 두려움이 정말로 현실적인 두려움이 아니라 신경증적 두려움이라는 걸 실감하게 되고, 그로써 공포증과 한 걸음 거리를 둘 수 있게 된다. 환자는 그런 식으로 한 걸음씩 증상의 위에 서는 것을 배워야 한다. 우리는 환자에게 유머를 선보이고, 그를 유머로 인도하면서 환자가 '어떤 상황 위에' 서는 걸 쉽게 만들어 주어야 한다. 우리가 환자가 증상을 대하는 방식을 재미있어 하면, 환자 역시 웃게 될 것이고, 그렇게 되면 우리는 이미 게임에서 이긴 것이나 마찬가지다![54]

불안신경증 환자는 두려움에도 불구하고 뭔가를 하는 걸 배워야 할 뿐만 아니라, 바로 자신이 두려워하는 것을 배워야 한다. 즉 두려움을 경험하게 되는 상황에 처하는 것을 배워야 하는 것이다. 그럴 때 두려움은 힘없이 잦아들게 된다. 불안은 어떤 행동을 저지하거나, 위험해 보이는 상황을 피하려는 생물학적 경보 반응이다. 하지만 환자가 불안을 지나쳐 버리는 것을 배우면, 불안은 불활동성 위축에 걸린 것처럼 점차 경감된다. 이렇게 '불안을 지나쳐 버리는 삶'은 —로고테라피 또는 실존분석을 통해 '목표를 향해 나아가는 삶'이라는 적극적인 목표에 도달하기 전에 도달할 수 있는— 좁은 의미에서의 심리치료의 소극적인 목표다.

그러나 체인성 사이비 신경증과 심인성 신경증 외에, 내가 기술한 누제닉 신경증도 있다. 계속해서 암으로 죽을지도 모른다는 두려움에 시달리던 젊은이도 바로 누제닉 신경증으로 드러났다. 실존분석 결과 이 젊은이가 미래에 암으로 죽을지도 모른다는 질문에 내적으로 집착하는 것은 현재의 삶의 방식에 대한 물음에 무관심하기 때문으로 드러났다. 죽음에 대한 불안은 결국 양심에 대한 불안이었으며, 삶의 가능성을 실현하는 대신 그르치는 바람에 지금까지의 실존이 무의미하게 보이는 사람이 갖게 되는 죽음에 대한 공포였다. 이 젊은이가 오로지 죽음에 강렬한 관심을 보이는 것은 자신에게 주어진 원래의 가능성을 무관심하게 지나쳤던 것에 상응하는 신경증적 대응이었다. 그는 자신의 "형이상학적 경솔함"(셀러)을 암에 대한 공포로 표출했던 것이다. 따라서 이런 신경증적 불안의 배후에는 실존적 불안이 있었으며, 이런 불안이 공포 증상으로 표현된 것이다. 실존적 불안은 건강염려증으로 비화하고, 죽음의 불안(곧 양심의 불안)은 죽음에 이르는 특정 질병에 집중된다. 따라서 건강염려증은 실존적 불안이 각 기관으로 분리 혹은 유도된 것이라고 할 수 있다. 양심의 가책으로 인해 두려운 죽음은 억압되고, 그 자리에 각 기관에 닥칠 질병을 두려워하게 되는 것이다.

실존적 불안, 즉 죽음과 동시에 전체적인 삶에 대한 불안이 신경증으로 비화하는 것을 흔히 볼 수 있다. 원초적 두려움이 구체적인 내용을, 삶이나 죽음의 구체적인 대상을, "한계상황"(야스퍼스)의 대리자를, "상징적인 대표"(E. 슈트라우스)를 찾는 듯하다. 광장공포증의 경우에는 '거리'가 이런 대표 기능을 맡고, 무대공포증에서는 '무대'가 맡는다. 자신의 증상과 불편에 관해 환자들 스스로가 토로하는 말은 언뜻 단순한 비유에 지나지 않는 말로 들릴 수도 있지만, 이 말을 통해 신경증의 본래적이고 실존적인 이유를 짐작할 수 있을 때가 많다.

광장공포증이 있는 어느 여성 환자는 자신이 느끼는 공포감을 "마치 공중에 매달려 있는 듯한 느낌"이라고 표현했는데, 이 말은 실제로 그녀가 처한 전반적인 영적 상황에 대한 가장 적확한 표현이었다. 정말로 그녀의 신경증은 본질적으로 그런 영적 상태의 정신적 표현이었으며, 거리에서 그녀를 덮치곤 했던 어지럽고 무서운 느낌은 그녀가 처한 실존적 상황의 표현으로 이해할 수 있었다. 무대공포증에 시달리던 한 여배우가 언젠가 자신의 공포를 묘사했던 말도 이와 비슷하다. 그녀는 이렇게 말했다. "모든 것이 엄청나게 거대해요. 모든 것이 나를 잡으려고 쫓아와요. 나는 삶이 끝나 버릴까 봐 두려워요." 또 다른 환자는 누군가의 말에 영향을 받지도 않은 상태에서 자신의 광장공포증 경험을 이렇게 묘사했다. "내 안에서 영적 공허를 느끼는 것처럼, 공간적으로도 텅 비어 있음을 봐요. 내가 어디에 속해 있는지, 어디로 가야 할지 전혀 모르겠어요."

신경증적 불안이 삶의 불안에 대한 직접적인 정신적 표현일 뿐 아니라, 목적을 이루기 위한 수단인 경우도 있다. 그러나 신경증이 늘 수단이 되는 것은 아니며, 수단이 되더라도 부차적으로만 그렇게 될 수 있다.[55] 신경증이 수단으로 작용하는 경우, 신경증은 —개인심리학의 주장대로— 이런저런 가족을 상대로 힘을 행사하려는 경향에 기여하든지, 타인이나 자신 앞에서 스스로를 변호할 목적의 '질병의 정당화'로 기능한다. 불안신경증은 이렇듯 부차적으로 수단으로 활용되기는 하지만, 우선적으로는 불안을 직접적으로 표현하는 것이다. 프로이트가 '질병의 획득'에 "부차적인(!) 질병의 모티브"가 존재한다고 지적한 것은 옳았다. 그러나 질병에 이런 부차적인 모티브가 존재한다 하더라도, 환자의 면전에 대고 그가 지금 그의 병을 이용해 배우자를 자신에게 꽁꽁 옭아매려고 한다거나, 누이를 지배하려 할 뿐이라는 식으로 직접 지적하는 것은 바람직하지 않다. 이런 태도는 환자의 반감만 자아낼 따름이다. 물론 이런 방식으로 환자의 증상은 가족을 위협하는 무기라고 끊임없이 이야기하면서 환자에게 일종의 압력을 행사하면, 환자가 남은 힘을 그러모아 어떻게든 증상을 극복하여 그런 비난을 물리쳐 버릴 수도 있다. 심리치료가 성공한 사례 중 다수가 이런 부당한 방법 덕분이었는지도 모른다. 그러나 그렇게 압박을 행사함으로써 증상을 희생시키고, 치료를 강요하는 것보다는 정신적으로 편안해진 환자가 스스로 자신이 증상을 주변 사회나 가족을 좌지우지하려는 목적의 수단으로 오용하고 있음을 깨달을 때까지 기다리는 것이 더 바람직해 보인다. 이런 자발적인 자기 인식과 고백이 진정한 치료 효과를 발휘한다.[56]

실존분석을 통해 불안신경증이 실존의 방식이자 삶의 방식이며, 인간적 입장이나 영적 결정 방식으로 드러나는 경우 로고테라피로 적절하고 효과적인 치료를 할 수 있다. 갱년기불안증을 예로 들어 보자. 갱년기불안증은 내분비적 균형 장애를 신체적 토대로 하기는 하지만, 그와 상관없이 영적이고 실존적인 차원에서 원래의 뿌리를 찾을 수 있다. 삶의 위기가 실존적 위기로 경험될 때, 영적으로 삶의 결산이 부정적으로 보일 때 인간이 느끼는 위험에서 연유하는 것이다.

일례로 갱년기불안증에 시달리는 어느 여성 환자는 외모가 빼어났기에 그동안 늘 사회에서 대접을 받고 살아온 사람이었다. 그런

데 이제 그녀는 더 이상 에로티즘이 통하지 않는 갱년기를 앞두고 있었다. 신체적 매력이 사라지더라도 살아내는 것이 중요한 시기를 마주하게 된 것이다. 하지만 여태껏 에로티즘을 중시하며 살아왔기에, 이제 그녀는 삶의 목표도, 목적도, 내용도 없다고 느끼게 되었고, 이런 실존이 무의미해 보이기 시작했다. 그녀는 이렇게 말했다. "아침에 눈을 뜨면서 이렇게 물어요. 오늘은 또 뭐가 있지? 오늘은 아무것도 없어……." 그렇게 그녀는 불안증을 얻게 되었다. 삶에 내용이 없었기 때문이다. 삶에 내용을 채울 수 없었기에, 불안을 삶에 장착해 넣어야 했던 것이다.

이제는 삶의 내용을 찾고, 인생의 의미를 발견해 나가야 했다. 에로티즘적 성과와 사회적 인정을 넘어 삶의 의미를, 그로써 자기 자신과 자신의 자아와 내적 가능성을 발견하는 것이 중요했다. 우리는 여환자가 자신의 불안과 결별하고 과제를 향하여 나아가게 해야 했다. 좁은 의미의 심리치료의 소극적인 목표에 앞서 실존분석적 로고테라피의 이런 적극적인 목표에 도달할 수 있다는 것은 이미 언급한 바 있다. 때에 따라서는 적극적인 목표를 이루는 것 자체가 환자를 신경증적 불안에서 해방시킬 수 있다. 이런 불안이 실존적 토대를 잃게 되기 때문이다. 삶의 의미를 재발견하게 되면, 소위 불안에 할애할 자리가 남지 않게 되고, 실존적 불안으로서의 신경증적 불안은 그 대상을 잃게 된다.

로고테라피를 통해 삶의 의미를 재발견한 위의 여환자가 즉흥적으로 말했듯이 그녀에게는 이제 불안해할 시간이 없었다. 이 경우

에도 중요한 것은 구체적인 상황 속의 구체적인 인간을 삶의 유일
하고 일회적인 과제로 인도하는 것이었다. 있는 그대로의 자신이
되는 것이 중요했고, 또한 되어야 할 모습이 앞에 있었으며, 뤼케르
트Rückert의 말을 빌리자면, 이제 이런 모습이 되지 않는 한 만족은
채워지지 못했다. 갱년기의 위기는 영혼으로부터의 다급한 거듭남
이 되어야 했다. 이것이 이 사례에서의 로고테라피의 과제였다. 여
기서 치료사는 소크라테스적 의미에서의 산파의 역할을 감당해야
했다. 환자에게 그 어떤 과제를 강요하는 것은 실수가 될 터였다. 실
존분석에서는 우리가 살펴보았듯이, 스스로를 책임성으로 인도하
는 것이 중요하다.

　위의 여환자는 이제 '자신의' 삶의 과제를 발견할 수 있었다. 새로
운 삶의 내용, 새로 얻은 존재의 의미에 집중하고, 그 안에서 자기
자신을 실현하는 가운데 그녀는 새로운 인간으로 다시 태어났을 뿐
만 아니라 모든 신경증 증상이 사라졌다. 갱년기라는 신체적 토대
는 여전히 있었지만, 가슴 부위의 불편함과 두근거림을 비롯해 환
자가 호소하던 심장의 기능적인 특이성들이 사라졌다. 그리하여 그
녀의 불안신경증은 결국 영적 불안과 구원받지 못한 상태의 표현이
었음이 드러났다. 아우구스티누스Augustinus가 "우리 마음이 당신 안
에서 안식할 때까지는 편히 쉴 수가 없다."라고 하지 않았던가. 이
여환자의 마음도 자신의 유일하고 일회적인 과제를 의식하는 가운
데, 자신의 삶의 과제에 대한 책임과 의무를 의식하는 가운데 평화
와 안식을 누리지 못하는 한, 쉴 수가 없었다.

2. 강박신경증의 심리학에 대하여

웩스버그처럼 강박신경증과 관련하여 심인성이나 심리치료에 주력했던 연구자들도 결국 강박신경증은 신체적인 토대를 갖는다고 보았다. 뇌염후postencephalitic에 나타나는 병상이 강박신경증과 유사하다는 게 알려진 것이다. 그리하여 이제 학자들은 형식의 유사성을 본질적 동일성으로 혼동하는 실수를 범했다. 마지막에는 강박신경증의 체질적인 요소뿐 아니라, 과정적(절차적) 요소를 찾아들어 갔으며, 점점 심해지거나 단계적인 특성을 보이는 사례들이 알려지면서 강박신경증에 이런 요소가 있다는 의견을 굳혔다. 점점 심해지는 경우에는 강박신경증 뒤에 조현병이, 단계적으로 진행되는 경우에는 우울증이 숨어 있을 수 있음을 배제하지 않았다. 그러나 강박신경증의 배후에 정신질환이 있다고 보지 않은 경우에도, 체질적인 요인을 부각하는 가운데 강박신경증을 운명적인 것으로 보고자 했다. 그리하여 학자들은 '강박 신드롬'을 강박적 정신질환의 표현으로 보았고, 이것에 우성유전되는 유전생물학적인 뿌리가 있다고 보았다. 운명적인 특성을 강조하기 위해 강박신경증 대신에 '강박 질환'으로 부를 것을 제안하기도 했다.

치료적인 면에서 우리는 이런 다양한 이해를 그다지 중요하지 않다고 본다. 우리는 강박신경증을 다루면서 운명적 요소를 강조하면, 특히나 심리치료는 치료의 의무를 면제받을 뿐 아니라, 치료의 기회를 놓치게 된다고 생각한다. 사실 강박 장애는 사소한 일에 얽매이는 태도, 질서에 대한 사랑, 청결에 대한 열광 등 어떤 성격적 소질에 불과하기 때문이다. 이런 성격적 소질 자체는 당사자도, 주변 사람들도 그리 힘들게 하지 않는다. 다만 문제가 되는 경우는 이를 토대로 자칫 강박신경증이 생길 때이다. 이런 토대가 있다고 해서 꼭 강박신경증이 생기는 것은 아니다. 체질적 토대가 있다고 해도 이런 체질이 신경증으로 발전할 것인가에는 이미 인간의 자유가 개입된다. 정신질환적 소질에 대한 인간의 태도는 본질적으로 자유롭다. 따라서 인간의 태도는 그 소질 자체처럼 운명적인 것이 아니라, 에르빈 슈트라우스의 표현을 빌리자면 "인간적인 것"이다. 그러므로 강박신경증의 주원인이 정신적인 것이 아닌 경우, 즉 심인성 강박신경증이 아닌 경우 그런 성향은 그냥 기질이며, 원래적 의미의 질병이 아니다. 이런 기질은 그 자체로 형식적인 것이다. 그러나 확실한 강박신경증의 경우는 이것에 심인적인 내용이 추가된다.

물론 구체적으로 어떤 내용이 심인적으로 작용했는가를 알아낸다고 해서 치료가 더 효과적으로 이루어지거나 치료에 조금이라도 더 좋은 것은 아니다. 오히려 그 반대다. 우리는 증상의 내용에 몰두하는 것이 그 자체로 얼마나 위험이 큰지를 잘 알고 있다. 강박신경증의 경우 각각의 증상을 치료하는 것은 바람직하지 않다. 조현병을 최면으로 치료하고자 하는 것이 오히려 환자로 하여금 간섭받는 느낌을 자극할 수 있다. 또는 우울증의 개인심리학 치료가 우울증 환자에게 감정을 가족에 대한 권력 수단으로서 남용한다고 지적하는 것이 오히려 해당 환자의 자기 비난의 물방아에 물을 대 주는 것이나 마찬가지인 것처럼, 강박신경증에서 증상 치료에만 몰두하면 오히려 환자의 골똘한 강박을 부추기는 꼴이 된다.

그러나 로고테라피를 통해 진정시키는 치료는 그런 증상적인 치료와 구분된다. 로고테라피는 각각의 증상이나 질병 자체를 치료하는 것에 비중을 두기보다, 강박신경증 환자의 자아를 치료하고자 하고, 강박신경증에 대한 환자의 태도를 변화시키고자 한다. 이런 태도가 바로 체질적으로 존재하는 기본적인 장애 요인을 임상적 질병 증상으로 만든 것이기 때문이다. 증상이 가볍거나 강박신경증이 초기 단계인 경우, 환자의 태도는 전적으로 수정할 수 있다. 따라서 태도 자체가 아직 굳어지지 않았다면 태도의 전환도 가능하다.

강박신경증을 다루는 좁은 의미에서의 심리치료도 신경증에 대한 환자의 전반적인 태도 전환을 꾀해야 한다. 이런 일반적인 태도 전환은 불안신경증에서와 비슷하게 이루어져야 한다. 강박신경증에서도 불안신경증에서처럼 우선 '증상으로부터의 거리'를 확보해야 한다. 공포증의 치료와 마찬가지로 강박신경증의 치료에서도 환자의 긴장을 풀어 주고, 환자가 신경증에 대해 편안한 태도를 취하게끔 하는 것이 중요하다. 알려져 있다시피 강박적 사고에 대항하여 이를 악물고 싸우는 것은 강박을 더 심하게 할 뿐이다. 압력은 역압(반대압력)을 만들어 낸다. 환자가 강박적 생각에서 도망치려 하면 할수록, 그 생각은 더 강해지고 더 압도적으로 다가온다. 환자에게 필요한 것은 에르빈 슈트라우스가 지적했듯이 평정심과 유머다. 우리는 심리치료에서 이 두 요소를 통합하여 활용할 수 있다. 강박신경증 환자도 우리가 불안신경증 환자에게 권했던 자기 조롱(자기를 웃음거리로 만드는 것)을 활용하여 강박적 두려움에 맞서야 한다. 가령 겉으로 티를 내지는 않았지만, 늘 전철의 차장이나 가게 주인이 자신을 속여서 몇 그로셴(오스트리아의 화폐단위)을 더 가로채지는 않을지를 염려하는 환자가 있었다. 이 환자는 이제 자신의 걱정에 대해 이렇게 말하는 것을 배웠다.

"뭐? 나라면 고작 몇 그로셴을 가지고 사기를 칠까? 천만에, 수천 실링은 되어야 사기를 치겠지. 속이고자 한다면 더 많은 사람, 더 많은 돈을 가지고 사기를 치겠지!"

강박적인 생각에 대항하여 싸우지 않도록 하는 것이 중요한 전제다. 즉, 환자가 자신의 강박적인 사고를 두려워하지 않게 해 줘야 한다. 강박신경증적인 증상을 과대평가하는 환자들이 많다. 이런 증상을 정신질환이 있다는 표시 혹은 정신질환의 전조 증상으로 해석하기 때문이다. 그러면 강박적인 생각이 두려움으로 다가오고, 이런 두려움은 때로 심한 정신병공포증으로 발전한다. 그러므로 우선은 정신질환에 대한 환자의 두려움을 제거해 주어야 한다.

환자가 자신의 강박신경증에 너무 신경을 쓰지 않도록 할 때, 바람직하고 효과적인 거리 두기와 객관화가 가능해진다. 우리가 이런 의미에서 강박신경증을 경시할 때, 환자는 그런 신경증을 무시하고 지나칠 수 있게 된다. 환자가 정신병에 걸릴까 봐 두려워하는 경우는 객관적으로 접근하는 것이 좋다. 환자에게 필츠Pilcz나 스텡겔Stengel의 논문을 언급하면서, 강박신경증과 정신질환이 심지어는 서로를 배제한다는 연구 결과가 있음을 알려 주라. 강박신경증 환자는 강박적 두려움에도 불구하고, 아니 바로 그것 때문에 정신질환에 걸리지 않는 것으로 나타났다는 연구다. 환자가 그렇게도 두려워하는 '강박신경증의 정신질환으로의 이행'은 심리치료학회에서 논의된 강박신경증 진행에 대한 통계 자료의 제목이기도 한데, 이런 자료에 따르면 강박신경증이 정신질환으로 이행될 확률은 제로로 나타났다.

우리는 환자에게 가스 밸브와 현관문이 100퍼센트 확실하게 잠겼는지 반복해서 점검하는 버릇이 있지 않냐고 묻고, 당황한 환자가 그렇다는 대답을 하자마자, 정신적 사형선고라도 내리려는 듯 심각한 얼굴로 이렇게 설명해 준다.

"봐요, 모든 사람은 정신적으로 병들 수 있어요. 그러나 단 한 그룹만이 예외적으로 정신질환에서 면제되어 있어요. 바로 강박신경증을 가진 사람들이죠. 즉 다양한 강박적 두려움의 경향을 가졌거나, 그로 인해 시달리는 사람들 말이에요. 당신이 아까 말했던 것을 우리는 반복 강박, 점검 강박이라고 불러요. 그것들은 전형적인 강박적 두려움이에요. 자, 그래서 나는 당신의 상상을 앗아 버릴 수밖에 없어요. 당신은 절대 정신병에 걸릴 수 없어요. 죽었다 깨어나도 당신은 정신병에 걸리지 않아요!"

이렇게 말해 주면 환자는 마치 가슴에 있던 무거운 돌이 떨어지는 소리를 들은 것 같은 기분이 된다.

강박신경증 환자들은 강박신경증이 정신질환으로 옮겨 갈까 봐 걱정할 뿐 아니라, 가령 자신의 자살 혹은 살인에 대한 강박적 충동을 —그에 대해 싸울 수가 없어서— 언젠가 정말로 실행에 옮길까 봐 두려워한다. 이런 경우에도 그런 강박적 생각이 실행으로 옮겨 가는 일은 전혀 없다고 이런 두려움을 객관적으로 물리쳐 줌으로써, 환자가 강박적 충동에 대해 그렇게 불리한 싸움을 벌이는 것을 멈출 수 있게 해 줘야 한다.

정신질환에 걸릴지도 모른다는 근거 없는 두려움을 없애 주는 것만으로도 이미 정신적 압박감이 상당히 줄어든다. 그러면 이제 자아 편에서의 역압이 발생하지 않고, 그로 인해 강박 쪽에서의 압력도 발생하지 않는다. 여타 심리치료와 로고테라피가 실행되려면 이런 압력 감소가 선행되어야 하는데, 이때 질병에 대한 환자의 태도를 바꾸어 주는 것이 중요할 때가 많다. 강박신경증이 운명적 요소를 갖는 한, 환자는 강박신경증을 일종의 운명으로 받아들이는 것을 배워야 한다. 그래야 정신병리적, 체질적 요소에 대해 불필요하게 심인적으로 고통받을 필요가 없게 된다. 환자는 심리치료로는 어찌할 수 없는 최소한의 특이한 성향을 인정하고 받아들여야 한다. 환자에게 자신의 운명을 긍정하고 사랑하게끔(아모르파티amor fati) 교육할수록, 어쩔 수 없는 운명적 증상들이 더 경미해진다.

15년간 심한 강박증에 시달린 끝에, 치료를 위해 고향을 떠나 몇 달간 대도시로 왔던 환자가 있었다. 그는 도시에서 정신분석 치료를 했는데, 기간도 짧았던 탓에 별다른 효과를 보지 못했고 막 고향으로 되돌아가려던 참이었다. 고향에 가서 사업과 집안일을 정리한 뒤 자살할 생각이었다. 도무지 치료될 기미가 없는 고통스러운 현실 앞에서 그는 매우 절망한 상태였다. 그런데 고향에 돌아갈 날이 불과 며칠 안 남은 상태에서 그는 친구들의 성화에 못 이겨 다른 의사를 찾아갔다. 해당 의사는 치료 시간을 많이 확보할 수 없는 사태를 파악하고, 정신분석 같은 것은 애초에 포기하고, 강박질환에 대한 환자의 태도를 교정해 주는 데 집중하고자 했다. 그리하여 환자가 독실한 신앙인이라는 사실에 근거하여 환자가 자신의 질병과 화해할 수 있게 돕고자 했다. 의사는 환자에게 자신의 질병을 뭔가 '하느님이 계획한 것'으로, 운명적으로 주어진 것으로 보도록 권유했고, 그럼으로써 더 이상의 원망을 그치고, 그것을 초월하여 하느님의 마음에 드는 생활을 영위하라고 조언했다. 그러자 환자 안에서 이루어진 태도의 변화는 의사마저도 놀랄 정도로 굉장한 효과가 있었다. 두 번째 상담에서 환자는 자신이 10년 만에 처음으로 꼬박 한 시간을 강박적 사고로부터 자유로운 시간을 보냈다고 말했고, 이제 미룰 수 없었기에 고향으로 내려간 뒤, 상태가 상당히 완화되어 정말로 다 나은 것 같다는 편지를 보내왔다.

강박신경증 환자들이 강박적 생각에 대항하여 벌이는 경직된 싸움과 관련하여 환자들의 잘못된 태도를 교정해 줄 때, 환자들에게 두 가지를 명백하게 짚어 주어야 한다. 한 가지는 환자는 자신의 강박신경증적인 생각에 책임이 없다는 사실이고, 또 한 가지는 하지만 이런 생각들에 대한 자신의 태도에는 책임이 있다는 사실이다. 속으로 그런 생각들에 몰두하여, 그것들을 계속해서 생각하고, 두려움으로 인해 계속 그런 생각들과 싸우면, 이런 태도로 인해 유감스러운 생각들이 비로소 유감스러운 것이 되기 때문이다. 여기서도 소극적이고 좁은 의미에서의 심리치료에 적극적인 로고테라피를 추가하여 치료해야 한다. 로고테라피적 의미에서 환자는 강박신경증을 지나쳐, 강박신경증이 있음에도 불구하고 의미로 충만한 삶을 영위하는 것을 배우게 된다. 구체적인 삶의 과제에 몰두할 때 강박적인 생각에서 벗어나는 게 수월해진다는 것은 확실하다.

강박신경증의 현상학적 분석

일반적인 로고테라피 외에 강박신경증에 적용할 수 있는 특수한 로고테라피가 있다. 즉, 강박신경증 환자의 특별한 영적 태도를 다루고, 강박증 환자에게 전형적으로 나타나는 강박증 특유의 세계관을 교정하는 로고테라피다. 강박신경증 환자의 세계관을 이해하는데는 강박신경증에 대한 특수 실존분석이 도움이 된다. 강박신경증에 대한 특수 실존분석은 강박신경증에 대한 편견 없는 현상학적분석에서 출발한다.

의심증으로 고생하는 강박신경증 환자의 형편은 어떨까? 가령 그는 '2 곱하기 2는 4'를 계산하고, 그 계산이 맞는다는 것을 알고 있다. 하지만 그럼에도 곧장 의심이 고개를 든다. 그리하여 환자는 "다시 한번 계산해 봐야 해. 물론 이미 맞는다는 것을 알고 있지만 말이야."라고 말한다. 즉 그는 감정적으로 뭔가 해결되지 않고 미진하게 남아 있다고 느낀다! 보통 사람은 자신의 사고 행위의 결과에 대해 더 이상 묻지 않을 정도로 만족하는 반면, 강박신경증 환자는 사고 행위에 뒤따르는 그런 단순한 만족감이 부족하다. 위에 예로 든 '2 곱하기 2는 4'라는 계산에서 '그렇긴 한데……' 하는 마음이 드는 것이다. 이런 계산에서 보통 사람은 명료함을 경험하는데, 강박신경증적 사고에서는 바로 이런 일반적인 명료함이 누락된다. 즉, 강박신경증 환자는 명료한 느낌이 결핍되어 있다고 말할 수 있다. 그리하여 보통 사람들은 훨씬 더 복잡한 계산이나 사고 행위에서도 모든 사고의 결과에 수반되는 불합리한 '나머지'를 그냥 무시하고 넘어가는 반면, 강박신경증 환자는 이런 나머지로부터 떨어져 나오지 못하고 계속 생각한다. 명료한 느낌의 결핍으로 인해 불합리한 나머지를 용납할 수가 없는 것이다. 강박신경증 환자는 그냥 무시하고 넘어갈 수가 없다.

강박신경증 환자는 이런 불합리한 나머지에 대해 어떻게 반응할까? 그는 처음부터 다시 사고를 시작하면서 그것을 극복하고자 한다. 하지만 그런 느낌은 완전히 제거되지 않고, 그는 다시금 사고 행위를 거듭하는 가운데 불합리한 나머지를 제거하려고 강박적으로 노력하게 된다. 그러나 나머지는 줄어들 수 있을 뿐 완전히 제거되지는 않는다. 이런 게임은 진공 펌프의 기능과 비슷하다. 알다시피 이 펌프는 공기를 빼내는 역할을 하지만, 결코 절대적인 진공 상태를 만들지는 못한다. 공기를 빼낸 용기에 남은 공기량을 특정 퍼센트까지 낮출 수는 있다. 첫 펌프질로 공기 함량을 약 1/10로 줄이고, 그다음 펌프질로 1/100로 줄이는 식이다. 마지막에 펌프질을 헛되이 되풀이하는 것은 강박신경증에서 반복의 강박에 해당한다. 강박신경증 환자는 사고의 결과를 검열하는 가운데 그 결과를 더 확신하게 된다. 하지만 그래도 일말의 불확실함은 계속해서 남는다. 강박신경증 환자가 그렇게 노력해서 없애고자 할지라도 말이다. 그는 지친 나머지, 대략적인 확신과 절대성을 부여잡고, 골똘한 생각으로부터 간신히 떨어져 나올 때까지 오랫동안 애를 쓴다.

인식적인 면에서 강박신경증이 명료한 느낌의 결핍이라는 기본 장애로 나타난다면, 결정의 측면에서 강박신경증은 본능적 확신의 결핍으로 나타난다. 강박신경증의 또 다른 현상학적 분석에 따르면 건강한 보통 사람은 일상의 진부한 결정들을 힘들이지 않고 하는 반면, 강박신경증 환자는 이런 본능적 확신이 흔들려 버린 상태다. 보통 사람의 본능적 확신은 인생의 갈림길에서의 중요한 순간을 위해 책임 의식을 아껴 둔다. 그리고 중요한 순간이라 해도 본능적 확신이 어떻게든 비합리적인 형식으로 효력을 발휘한다. 바로 양심으로서 말이다! 하지만 강박신경증 환자는 이 두 감정적인 결핍, 즉 명료한 느낌과 본능적 확신의 결핍을 특별한 의식과 특별한 양심을 통해 상쇄해야 한다. 과도한 양심과 과도한 의식이 과잉 상쇄를 원하는 것이다. 인식과 결정의 일에서 감정적 자기 확신이 흔들려 버린 상태는 강박신경증적인 인간을 지나친 자기 검열로 인도한다. 인식과 결정에서 절대적인 확신에 대한 의지가 생기는 것이다. 그래서 절대적으로 확실한 인식과 절대적으로 도덕적인 결정을 추구하게 된다. 그리하여 이제 강박신경증 환자는 보통 사람들이 직업이나 배우자를 선택할 때나 적용하는 정도의 신중함과 확실함으로 현관문을 잠그고 편지 하나를 우체통에 던진다. 이런 과도한 의식과 지나친 자기 관찰이 그 자체로 방해 요소로 작용하게 된다는 것은 알려진 사실이다. 인식과 결정 행위에 동반되는 과도한 의식으로 인해 강박신경증 환자는 건강한 사람처럼 유연하게 생각하고 행동하지 못한다. 보행자가 목표를 주시하는 대신, 걷는 행위에 과도하게 주의를 기울이자마자 비틀거리게 되는 것처럼, 과도하게 의식하는 상태에서는 어떤 행위를 시작할 수는 있지만, 실행에 방해를 받게 된다.

　과도하게 의식하는 것과 과도하게 꼼꼼히 임하는 것이 강박신경증 환자의 전형적인 두 가지 특징이며, 그 뿌리는 인격의 감정적인 하부 구조에 있다. 그리하여 강박신경증에 대한 치료적 과제는 강박신경증 환자를 인간 감정의 심층에서 연유하는 명료한 느낌과 본능적 확신이라는, 지금은 묻혀 있는 근원으로 어떻게든 돌아가게 하는 것이다. 우리는 강박신경증 환자들에게도 조금이나마 남아 있는 이런 명료한 느낌과 본능적 확신을 그들 자신이 신뢰할 수 있도록 그들을 재교육해야 한다.

앞서 살펴본 바와 같이 강박신경증 환자는 인식과 결정에서의 절대적인 확신을 추구한다. 그는 100퍼센트를 추구한다. 늘 절대적인 것, 전체적인 것을 원한다. 에르빈 슈트라우스는 강박신경증 환자는 각기 "전체로서의 세계"에 마주 서 있다고 지적했다. 우리는 그 말을 이렇게 보완하고 싶다. 그는 전 세계라는 짐을 지고 아틀라스 신(하늘을 떠받치고 있는 신 -옮긴이)처럼 괴로워한다고 말이다. 강박신경증 환자는 인간의 인식과 결정의 불확실성에 깊이 고뇌한다!

슈트라우스는 또한 "건강한 사람은 —강박신경증 환자와 달리— 특정한 것을 보고, 세계를 관점적으로 본다."고 말했다. 우리는 이 문장도 좀 보완하고 싶다. 가치는 각각 개인적으로 적용되며, 이를 통해 비로소 구속력이 생기지만, 강박신경증 환자의 세계상에서는 모든 구체성이 맹점 위로 떨어져 보이지 않는다고 말이다. 하지만 우리는 슈트라우스와는 달리, 이런 영적 맹점을 밝힐 수 있다고 본다. 지금부터 특수 로고테라피가 100퍼센트 강박신경적인 세계관을 객관적인 논지로 교정해 나가는 모습을 살펴보고자 한다.

슈트라우스는 마지막으로 "강박신경증 환자는 인간에게 적절한 정도의 '임시성' 가운데서 살아갈 수 없다."고 지적했다. 이에 대해 우리는 강박신경증 환자에겐 특유의 조바심이 있음을 언급하고자 한다. 즉 사고 속의 불합리한 나머지를 용납하지 못할 뿐 아니라, 존재와 당위 사이의 긴장을 용납하지 못하는 것이 강박신경증 환자의 특징이다. 이것이 알프레드 아들러가 언급했던 "하느님과 같아지려고 하는 것"의 바탕이다. 이렇게 하느님과 같아지려고 하는 것은 인간적인(피조물적인) 불완전성에 대한 고백과 대응 관계를 이루며, 인간의 불완전성을 고백하는 것이 바로 존재와 당위 사이의 긴장을 인정하는 것이라 할 수 있다.

강박신경증 환자는 임시적으로 살 수 없다고 한 슈트라우스의 명제에 우리는 그뿐만 아니라 강박신경증 환자는 대략적으로 숙고하지 못한다는 말을 덧붙이고 싶다. 강박신경증 환자는 임시적인 것 대신에 확정적인 것을 원하며, 대략적인 것 대신에 명백한 것을 원한다. 따라서 실제적인 면에서 100퍼센트의 완전한 요구가 있는 것처럼, 인지적인 면에서도 그와 동일한 요구가 존재하는 것이다.

이렇듯 실존분석적인 시각에서 볼 때 강박신경증의 본질은 결국 왜곡된 파우스트적 노력이다. 강박신경증 환자는 절대적인 것을 원하고 모든 면에서 100퍼센트를 추구함으로써 방해받은 파우스트처럼, 인간적으로 비극성을 띠고, 질병으로 인해 슬프게 존재한다.

불안신경증에서 우리는 세상에 대한 불안이 특정한 공포 체계로 응축되는 것을 보았다. 강박신경증도 비슷하다. 완전함에 대한 요구를 전반적으로 채우는 것이 불가능하기 때문에 강박신경증 환자는 삶의 특정 영역에서 그런 요구를 이루고자 집중한다. 100퍼센트는 언제 어디서나 실현할 수 있는 것이 아니기에, 100퍼센트가 가능할 것으로 보이는 특정 영역으로 국한되고 밀려난다(가령 손을 강박적으로 씻는다든지 하는 행동으로 말이다). 강박신경증 환자가 절대적인 것에의 의지를 상당히 관철할 수 있는 영역은 가령 주부에게는 가사일, 정신노동자에게는 책상 정리, 삼류 작가에게는 프로그램을 일일이 메모하고 체험을 기록하는 일, 관료주의적인 타입에게는 일에 절대적으로 정확성을 기하는 일 등등이다. 따라서 강박신경증 환자는 각각 실존의 특정 부문에 국한한다. '파르스 프로 토토(pars pro toto, 전체를 대변하는 일부분)'로서, 그는 이런 부분에서 전체적인 요구를 채우고자 한다.[57]

세계에 대한 —수동적 인간의— 불안이 공포증에서 구체적인 내용을 얻고 각각의 대상에게 향하는 것처럼, 강박신경증에서는 세상을 자신의 생각과 비슷한 모습으로 형상화하려는 —적극적 인간의— 의지가 각각의 삶의 영역으로 향한다. 그러나 강박신경증 환자는 이 영역에서도 자신의 총체적인 요구를 단편적으로만 또는 가상적으로만 실현할 수 있다. 자연스러움, 즉 '인간다움'을 희생해서 말이다. 이런 점에서 그의 모든 노력은 비인간적이라고 할 수 있다. 그는 "실현되는 현실"(슈트라우스)을 회피하며, 보통 사람이 실존적 자유의 도약판으로 삼는 현실을 무시한다. 그는 삶의 과제의 해결을 가상적인 형식으로 선취한다.

강박신경증 환자와 불안신경증 환자의 공통된 특성은 다음과 같다. 그들의 안전에 대한 추구는 왜곡되고, 굽어지고, 숙고된(반성적인)

것이며, 주관적인 혹은 심리적인 특성을 지닌다. 이를 더 잘 이해하기 위해, 보통 사람의 안전 추구로부터 출발해 보자.

보통 사람이 추구하는 안전은 그냥 안전이다. 그러나 신경증적인 인간은 그런 막연한 안전, 자연스럽고 인간적인 불확실한 안전으로 만족하지 않는다. 신경증적인 인간은 겁에 질려 있어서 그의 안전 추구는 부자연스럽기 짝이 없다. 그리하여 절대적인 안전에의 의지가 생겨난다. 불안신경증의 경우 이런 의지는 불행으로부터의 안전을 지향한다. 하지만 절대적인 안전은 있을 수 없기에 안전하다는 감정 자체에만 국한한다. 하지만 그로써 그는 이미 객관적이고 대상적인 세계를 등지고, 주관적이고 상태적인 것으로 향하게 된다. 불안신경증 환자는 보통 사람들에게 일상적인 안정을 선사하는 세계를 삶의 장소로 삼을 수가 없다. 이런 일상적인 안정은 불행의 가능성이 상대적으로 없는 정도다. 그러나 불안신경증 환자들은 불행이 절대적으로 일어날 수 없는 상태를 원한다. 이런 절대적인 안전에 대한 의지는 안전감을 일종의 우상처럼 숭배하게 한다. 하지만 세상을 등지는 것은 일종의 원죄가 되고, 그로 인해 어느 정도 양심의 가책이 생겨난다. 그리하여 이제 이런 양심의 가책을 상쇄하고자 공포신경증 환자들은 과도하게 반성적이고 주관적인, 인간답지 않은 안전 추구를 하게 된다.

불안신경증 환자는 불행으로부터의 절대적인 안전이 중요해서 안전감만을 지나치게 추구하는 반면, 강박신경증 환자에겐 인식과 결정의 확실함이 중요하다. 그래서 대략적이고 임시적인 것에 만족하지 못하며, 확실성 추구가 주관적으로 흐르게 되고, 100퍼센트의 확신감을 얻기 위해 무진 애쓰게 된다. 그러나 여기에서도 그런 노력은 헛수고일 뿐이다. 절대적인 확신에 대한 그의 파우스트적인 노력은 그 자체로 좌절이 예정되어 있기 때문이다. 절대적으로 확실하다는 감정을 추구하는 것이니 그럴 수밖에 없다. 그런 감정이 어떤 행위의 단순한 결과로서 그냥 자연스럽게 주어지는 것이 아니라, 그런 감정을 그 자체로 의도하는 순간, 그런 감정은 이미 몰아내어진다. 이제 그에겐 이런 관계에서도, 저런 관계에서도 완전한 확실함이 없다. 절대적인 확신감은 거의 주어질 수 없는데도, 강박신경증 환자는 그런 감정을 얻으려고 무진 애쓰는 것이다.

요약하자면 이렇게 말할 수 있다. 정상인은 반쯤 안전한 세상에서 살고자 하지만, 신경증 환자는 절대적인 안정감을 추구한다. 정상인은 사랑하는 이에게 자기 자신을 내주고자 하지만, 성신경증 환자는 오르가즘을 추구하고, 그 자체를 의도하다가 성 불능이 되어 버린다. 정상인은 한 조각의 세계를 대략적으로 알고자 하지만, 강박신경증 환자는 명료한 느낌을 얻고자 하고, 그것을 그 자체로 의도함으로써 무한 전진을 하는 가운데, 그런 느낌을 자기 앞에서 몰아내어 버린다. 정상인은 구체적인 삶을 실존적으로 책임지고자 하지만, 강박신경증 환자는 절대적으로 선한 양심만을 원한다. 따라서 인간이 바랄 수 있는 것의 관점에서는 너무 많은 것이고, 인간이 행할 수 있는 것의 관점에서는 너무 적은 것이라 할 수 있다.

강박신경증은 신경증 안에서의 자유와 구속의 대조에 대한 본보

기다. 에르빈 슈트라우스는 강박신경증의 심리학을 다룬 논문에서 강박신경증의 특징을 더도 덜도 아닌 "인간적인(피조물적인) 것"이라고 보았다. 그러나 우리는 여기에 찬성할 수 없다. 우리는 극도의 강박신경증으로의 성격적 전개를 불가피한 운명으로 보지 않는다. 오히려 일종의 정신적 정형(모양을 고쳐서 바로잡는다는 뜻 -옮긴이)이 전적으로 가능한 것으로 본다. 강박신경증 환자들을 그들에게 본질적으로 부족한 유머와 평정심을 가질 수 있게 교육해야 한다는 의미에서 그것이 얼마나 필요한지는 이미 언급한 바 있다. 슈트라우스의 공적은 거의 최초로 강박신경증을 실존적인 데에 이르기까지 추적해 들어갔다는 것이다. 그러나 그는 강박신경증을 영성에서 출발하여 치료하는 가능성은 간과했다! 강박신경증에 대한 환자의 태도는 여전히 자유롭다. 태도는 정신질환에 대해 스스로 어떤 입장을 취할 것이냐 하는 것이다. 정신질환에 대한 개인의 태도는 로고테라피의 출발점이다.

우리는 지금까지 강박신경증의 일반적인 로고테라피(즉 정신질환에 대한 환자의 태도 변화)와 강박신경증의 특수 실존분석(파우스트적 인간의 특징을 잡아서 본 해석)을 시도해 보았다. 이제는 강박신경증의 특수 로고테라피, 즉 강박신경증적 세계관의 수정을 살펴보기로 하겠다.

강박신경증은 위에서 살펴보았듯이 100퍼센트의 세계관으로 오도한다. 슈트라우스는 강박신경증적인 세계관을 정신적인 증상으로만 해석하였지만, 우리는 강박신경증적 세계관 자체를 강박신경증에 대항하는 치료 수단으로 삼을 수 있을지를 묻는다. 다음 사례를 통해 이런 가능성을 살펴보자.

막 강박신경증적 세계관이 생겨나는 중이었던 사춘기 후반의 젊은이에 관한 사례다. 힘든 사춘기를 보내던 그에게 강박적 세계관이 탄생하고 있었으나, 로고테라피적인 조율이 가능했다. 그 젊은이는 파우스트적인 인식 충동에 사로잡혀 있었다. "나는 일들의 근원으로 돌아가고 싶다.", "나는 가령 '내가 살아 있는가' 하는 것처럼 직접적으로 분명한 모든 것을 증명하고자 한다."라는 것이 그의 말이었다. 우리는 강박신경증 환자에게는 명료한 느낌이 부족하다는 것을 알고 있다. 강박증 환자에게 명료하다는 느낌이 와도, 그것은 '성취를 통해 얻은 현실'일 뿐이다. 명료한 느낌 자체는 사실 의도적인 개입을 벗어나는 것이다. 우리가 인식론적인 의도에서 명료한 느낌만을 신뢰하고자 한다면, 우리는 논리적인 무한 전진에 빠져 버린다. 정신병리학적인 측면에서 강박신경증 환자의 반복 강박이나 강박 사고가 바로 그에 해당한다. 이런 강박 사고에 대해 내재적 비판을 시도해 보자.

이 젊은이의 급진적인 회의의 마지막 혹은 최초의 질문은 '존재의 의미'에 관한 것이다. 그러나 존재의 의미에 관해 묻는 것은 '존재'가 '의미'에 선행하는 한 무의미하다. 존재의 의미에 관한 질문에서는 이미 의미의 존재가 전제되기 때문이다. 존재는 우리가 도저히 돌이킬 수 없는 장벽이다. 그러나 이 젊은이는 구체적이고 직접적인 사실인 존재를 증명하고자 했고, 우리는 이제 그에게 그런 사실을 증명하는 것이 불가능할 뿐만 아니라, 불필요하다는 것을 보여 주어야 했다. 존재한다는 것은 명백하고 구체적인 사실이다. 그럼에도 의심하게 된다는 그의 이의는 진정한 의미에서 대상이 없다. 명백하고 직접적으로 주어져 있는 존재를 의심하는 것은 논리적으로 불가능하기에, 그런 의심은 공허한 말이며, 그런 점에서 정신적으로 비현실적이다. 가장 급진적인 회의론자라 해도, 행동에서뿐만 아니라 생각에서도 정말로 현실 법칙과 사고 법칙을 인정하는 사람처럼 행동하기 때문이다.

아서 크론펠트Arthur Kronfeld는 심리치료에 관한 자신의 저서에서 회의주의는 자기 자신을 지양한다고[58] 말했으며, 이것이 통용되는 철학적 견해이다. 하지만 우리는 이런 견해가 옳지 않다고 본다. "나는 모든 것을 의심한다."라는 문장에서 '모든 것'은 이 문장만 빼고 모든 것이라는 뜻이기 때문이다. 이 문장은 결코 자신에게는 적용되지 않으며, 결코 스스로 모순되지 않는다. 소크라테스가 "나는 내가 아무것도 모른다는 것을 알고 있다."라고 말했을 때, 그 말은 '나는 내가 아무것도 모른다는 것만 빼고는 아무것도 모른다는 것을 알고 있다'라는 의미였다.

인식론적인 회의와 마찬가지로, 강박신경증적인 회의도 아르키메데스적 기점을 발견하고자 애쓴다. 무조건적으로 진실을 알고자 하면서 논리적으로 일관성 있게 세계관을 세울 수 있는 토대가 되는 기점을 말이다. 회의하는 인간은 여기서 급진적인 시작점을 추구한다. 그런 '제일철학prima philosophia'의 이상은 '제일명제prima sententia'로서 인식론적으로 스스로를 변호하는 문장일 것이다. 이런 요구에 부응할 수 있는 문장은 의문이 없지는 않지만 불가피하게 개념적인 사고를 해야 할 필요성을 이야기하는 문장, 즉 사고가 명료한 관찰과는 약간 다른, 개념에 의존해야 한다는 것을 내용으로 하는 문장일 것이다.

이성주의의 이런 자기 논증에 조응하는 것이 바로 회의주의의 자기 지양이다. 이제 이런 의미에서 또한 저 강박신경증 환자의 로고테라피에서 ―그의 모든 회의의 바탕인― 과도한 합리주의를 이성적인 방법으로 다시금 지양시키는 것이 중요했다. 여기서 이성적인 방법은 우리가 회의주의자에게 만들어 주어야 하는 '황금 다리'였고, "가장 이성적인 것은 지나치게 이성적이 되지 않고자 하는 것이다."[59]라는 명제가 그런 황금 다리로 활용될 수 있었다.

우리의 환자는 철학적으로 확장된 고민과 의심 가운데 "실제적인 회의는 자기 자신을 극복하고자 부단히 애쓰는 것이다."라는 괴테의 유명한 문장을 붙잡아야 했다. 따라서 강박신경증적으로 회의적인 세계관에 대한 특수 로고테라피는 환자로 하여금 회의를 자기 것으로 고백하게끔 인도하는 것이었다. 그리하여 이 젊은 환자는 로고테라피가 건네준 무기로 자신을 옭아매던 전형적인 강박적 세계관에서 벗어날 수 있었다. 이성적 수단으로 실존의 비이성적인 특성을 받아들일 수 있었던 것이다. 그리하여 그가 가진 원래의 문제점은 마침내 변화하기에 이르렀다. 생각 속의 근원적인 시작에 대한 문제를 이론적 공리에 적용하는 가운데, 그 문제를 다르게 위치시키는 것이다. 이제 해법은 본질적으로 모든 학문적, 철학적 사고에 선행하는 영역에서 찾아진다. 행동과 감정의 근원이 되는 영역, 바로 실존적 영역에서 말이다. 이것이 바로 오이켄Eucken이 "공리적 행위axiomatische Tat"라 칭한 것이다.

강박신경증 환자 특유의 이성주의를 이성적 수단으로 싸우고 극복하는 것에 뒤이어 이제 실용적인 극복이 뒤따라야 할 것이다. 100퍼센트의 세계관을 가진 강박신경증 환자는 인식에서뿐만 아니라 결정하는 일에서도 절대적인 확실성을 추구하기 때문이다. 행동 면에서 지나치게 따지는 신중하고 세심한 경향은 인식 면에서 지나치게 의식하는 경향과 마찬가지로 핸디캡으로 작용한다. 인식에서의 이론적 회의에 상응하는 것이 결정에서의 윤리적 회의이며, 사고의 논리적 유효성에 대한 의심에 상응하는 것이 자신의 행위의 도덕적 유효성에 대한 의심이다.

그리하여 강박신경증 환자는 결정 능력이 없어진다. 강박신경증을 앓던 한 여환자는 자신이 무엇을 해야 할지 끊임없는 의심에 시달렸고, 이런 의심이 너무 지나쳐서 결국은 아무것도 하지 못했다. 그녀는 결코 무엇인가를 선택하지 못했다. 아주 하찮은 일에서도 어느 편이 더 좋을지 알지 못했다. 가령 음악회에 가는 것이 좋을지, 공원에 가는 것이 좋을지를 결정하지 못해서 그냥 집에 머물러 있었다. 이것 혹은 저것을 할 수 있었을 그 모든 시간을 내적인 논쟁으로 다 보내 버린 다음에 말이다. 강박신경증 환자는 중요한 결정뿐 아니라, 정말 하찮은 결정 앞에서도 이런 전형적인 결정의 무능력을 경험한다. 그러나 강박신경증 환자의 지나치게 신중한 경향은 앞서 살펴보았던 과도한 이성주의와 마찬가지로 특수 로고테라피를 통해 자기 지양될 수 있다. "행동하는 자는 양심이 없고, 숙고하는 자만이 양심이 있다."라는 괴테의 문장이 마침 존재하기 때문이다. 이 문장에 기초하여 우리는 강박신경증 환자에게 '황금 다리'를 만들어 줄 수 있다. 여기에 '이렇게 혹은 저렇게 행동하는 것은 양심이 없는 것일 수도 있다. 그러나 가장 양심이 없는 건 전혀 행동하지 않는 것이다.'라는 한 문장만 보충하면 된다. 아무것도 결정하지 않는 인간은 행동하지 않음으로써 가장 양심 없는 결정을 내리는 것이다.

역설적 의도라는 로고테라피 기법

로고테라피에서 로고스는 영spirit을 의미하며, 그것을 넘어 의미라는 뜻을 지닌다. 영은 인간 특유의 현상이며, 로고테라피는 환원론과는 달리 영을 인간 이하의 현상으로 환원하거나, 인간 이하의 현상에서 연유하는 것으로 보지 않는다.

이제 우리는 의미(로고스)를 향한 실존의 자기초월 현상을 인간 특유의 차원으로 보아야 할 것이다. 실로 인간 존재는 늘 자기 자신을 초월하고, 늘 어떤 의미를 향한다. 이런 의미에서 인간에겐 쾌락이나 권력, 나아가 자아실현이 중요하지 않고, 의미를 실현하는 것이 중요하다. 로고테라피에서 우리는 의미에 대한 의지를 이야기한다. 그렇게 의미는 영과 더불어 로고테라피의 핵심이다.

인간의 자기초월의 상대개념은 바로 '자기 거리 두기(self-distancing: 자신과의 심리적 거리를 유지하는 것 -옮긴이)'다. 이런 능력은 그 자체로서 인간의 특징이며, 인간을 구성한다.

범결정론적 인류학은 자신에게서 거리를 두는 인간의 본질적인 능력을 배제한다. 반면 내가 개발한 '역설적 의도(paradoxical intention, 역설지향)'[60] 기법은 이런 거리 두기 능력을 십분 활용한다. 로고테라피의 역설적 의도 기법은 공포증 환자가 굉장히 두려워하는 것을 오히려 역설적으로 바라게끔 하는 것이 유익한 영향을 미친다는 것을 토대로 한다. 이런 방식으로 공포는 결국 기가 꺾이게 된다.

두려움은 두려워하는 것을 현실로 만든다. 그리고 강한 바람은 그리도 간절히 바라는 것을 불가능하게 만든다. 로고테라피는 이를 활용하여 환자에게 그가 지금까지 그렇게 두려워했던 것을, 물론 순간순간만이라도 의도적으로 지향하게 한다. 광장공포증 환자는 "오늘 나는 졸도하기 위해 외출할 거야."라고 말을 해야 하는 것이다. 이런 일이 구체적으로 어떻게 가능한지를 다음의 사례들을 통해 살펴보자.

내가 임상 강의에서 역설적 의도 기법을 소개한 뒤, 강의를 들은 한 여성으로부터 편지를 받았다. 편지에 의하면 그녀는 해부학 교수가 해부학 교실로 들어올 때마다 떨림공포증에 시달렸으며, 실제로도 늘 몸이 떨리기 시작했다고 한다. 그런데 내 강의에서 떨림공포증의 사례를 듣고는 그런 치료를 자신에게 적용해 보기로 했고, 해부학 교수가 해부를 잘하고 있는지 보러 들어올 때마다 속으로 이렇게 말했다. '자, 이번에야말로 몸을 떨어야지. 교수님은 내가 얼마나 몸을 잘 떨 수 있는지 보셔야 해!' 그녀가 써 보낸 바에 따르면, 그러자 떨림공포증과 함께 떨리는 증상도 즉각 사라졌다.

공포의 자리에 바람(소망)이 입장했던 것이다. 치유 효과가 있는 바람, 그것은 물론 진지하거나 최종적인 것은 아니다. 중요한 것은 다만 순간적으로 그런 바람을 품는 것이다. 그러면 환자는 속으로 웃게 되고, 그 순간 게임에서 이기게 된다. 웃음과 유머는 자신과 거리를 둘 수 있게 하여, 환자가 신경증과 거리를 확보할 수 있게 하기 때문이다. 유머만큼 인간이 어떤 것과 자신 사이의 거리를 확보하게 하는 데 좋은 수단은 없다.

역설적 의도의 치료 효과는 의사가 환자 앞에서 그런 시범을 보일 용기가 있는가에 좌우된다. 의사가 시범을 보이면 환자는 웃을 것이고, 공포가 엄습하는 구체적인 상황에서 역설적 의도를 직접 적용하자마자 또한 웃음이 나오게 될 것이다. 결국 환자는 자신의 공포에 대해 웃음으로써 점점 더 공포와 거리를 둘 수 있게 된다. 하버드의 심리학자 고든 W. 올포트는 언젠가 "신경증 환자가 자기 자신에 대해 진정으로 웃을 수 있다면, 그는 이미 치료의 길에 들어선 것"이라고 말했는데, 역설적 의도 기법이 올포트의 이 말을 임상적으로 입증하고 있다고 생각된다.

유머만큼 인간의 조건과 상황에 대한 태도 전환에 효력을 발휘하는 것은 없다. 다음 일화는 공포와 관련된 태도의 의미를 보여 준다. 1차 세계대전 때 꽤 직급이 높은 장교와 유대인 군의관이 함께 앉아 있는데 막 폭격이 시작되었다. 그러자 장교가 군의관을 놀렸다. "봐요. 여기서 다시 한번 유대 민족보다 아리안족이 우월하다는 게 드러난다니까. 의사 양반, 당신 지금 무서워하고 있을걸? 그렇지 않소?" 그러자 유대인 군의관이 대답했다. "물론 무섭죠. 하지만 어째서 우월하다는 거죠? 보세요. 대령님이 지금 나 정도의 공포를 느꼈다면, 오래전에 일어나서 삼십육계 줄행랑을 쳤을 거라고요." 물론 이 사례의 공포는 현실적인 공포이고, 우리의 사례는 신경증적인 공포를 다룬다. 그러나 두 경우 모두 중요한 것은 태도 또는 이런 태도를 치료적으로 변화시키는 것이다.

역설적 의도는 우리가 영적 반항심이라고 일컫는 것을 필요로 한다.[61] 그러나 그것을 '용감한' 의미에서뿐 아니라, '반어적' 의미에서 불러일으키는 것이 중요하다. 유머가 논지에 맞으면 방법적으로 먹힐 수 있다. 다음의 예는 현실과는 약간 거리가 멀지만, 역설적 의도의 특징인 '의도의 역전'을 구체적으로 보여 준다. 어떤 아이가 학교에 지각해서 다음과 같이 변명을 한다. "길이 얼어서 너무나 미끄러웠어요. 한 걸음 앞으로 가면 두 걸음 뒤로 미끄러졌어요." 그러자 선생님이 이렇게 말했다. "한 걸음 앞으로 가면 두 걸음 뒤로 갔다면서 그럼 학교에는 어떻게 온 거니?" 그러자 우리의 어린 거짓말쟁이는 당황하지 않고 이렇게 말했다. "간단해요. 제가 방향을 바꿔서 집으로 가려고 했거든요."

나의 동료 에바 니바우어-코츠데라Eva Niebauer-Kozdera와 쿠르트 코코레크Kurt Kocourek[62]는 역설적 의도를 활용해 환자들의 고질적인 강박신경증을 단기간에 대폭 완화시켜, 환자들을 다시 직장에 복귀시키는 데 성공했다. 라이프치히 칼 마르크스 대학의 신경정신 클리닉 원장인 D. 뮐러-헤게만D. Müller-Hegemann 박사 역시 최근 공포증에 역설적 의도를 적용하여 좋은 결과를 얻었고, 이런 치료 기법을 아주 효과적인 것으로 여긴다.[63]

미국 코네티컷 주립 병원의 임상 부장인 한스 O. 게르츠Hans O. Gerz 박사[64]는 여러 사례를 경험했다. 그는 짧게는 2주에서 길게는 24년 이상 공포신경증, 불안신경증, 강박신경증을 앓아 온 24명의 환자를 역설적 의도 기법으로 치료했고, 이런 다년간의 임상 경험을 토대로 그는 공포, 불안, 강박신경증의 치료에는 역설적 의도 기법이 거의 독보적이라 여긴다. 그는 중증 강박신경증도 역설적 의도를 통해 증상을 한결 경감할 수 있으며, 급성 신경증의 경우 굉장히 짧은 시간 안에 치료될 수 있다고 말한다.

"내가 확인할 수 있었던 바, 로고테라피의 이 기법은 만성 중증 공포신경증의 경우에도 성공적으로 적용될 수 있다. 이어지는 질병 이야기들이 이를 증명해 줄 것이다."(이어서 게르츠 박사의 사례 인용)

16세의 아들이 있는 45세의 기혼 여성 A. V.는 24년(!)이나 심한 공포증에 시달려 왔다. 폐소공포증, 광장공포증, 고소공포증, 엘리베이터 공포증, 다리를 건너는 것에 대한 공포증 등등 이 모든 불편으로 인해 그녀는 24년간 여러 병원을 전전하며 치료를 받았고, 장기간에 걸친 정신분석도 여러 번 받았다. 반복적으로 입원 치료를 받았고, 전기 충격 치료도 수없이 받았으며, 백질절제술까지 제안된 상태였다. 최근 4년간을 그녀는 시설에 입원해 있었고, 시종일관 시끄러운 병동에서 전기 충격 치료뿐 아니라, 바르비투르(진정제, 최면제로 쓰이는 약물), 페노티아진, 모노아민산화효소억제제, 암페타민 투여와 같은 집중 치료도 받았으나 그다지 효과를 보지 못했다. 공포증으로 인해 침대 주변의 특정 영역을 벗어나지 못했고, 진정제를 투약해도 소용이 없어 언제나 극도의 흥분 상태에 있었다. 입원 기간 동안 경험 많은 정신과 의사가 일 년 반에 걸친 집중적인 정신분석 치료를 진행했지만, 그 역시 효과가 없었다. 그러던 중 1959년 3월 1일 게르츠 박사가 치료를 위임받아 약물 투여를 중단하고 역설적 의도 기법을 적용하기 시작했고, 이를 통해 증상과 공포증이 하나하나 사라지기 시작했다. 게르츠 박사는 우선 그 환자에게 졸도하기를 바라고, 되도록 많은 공포를 느껴 보라고 했다. 그러자 몇 주 지나지 않아 그 환자는 전에 할 수 없었던 모든 것을 할 수 있게 되었다. 침대 주변에만 있을 수 있었던 것이 이제 병동을 떠날 수도 있었고 엘리베이터를 탈 수도 있었다. 이 모든 것은 '실신해야겠다', '의식을 잃어야겠다', '게르츠 박사에게 자신이 극한 공포로 인해 얼마나 마비될 수 있는지를 정말 제대로 보여 줘야겠다'라는 굳은 결심으로 일어났다. 가령 엘리베이터에서 그녀는 이렇게 말했다. "보세요, 박사님. 나는 무너져서 공포를 느끼려고 애쓰고 있어요. 그런

데 안 돼요. 난 더 이상 그럴 수가 없어요." 이제 그녀는 몇 년 만에 처음으로 시설 밖으로 나가 산책하기 시작했다. 공포를 느낄 의도를 가지고 말이다. 정말로 공황에 빠지고 마비 상태가 되려고 열심히 노력했지만 그렇게 할 수가 없었다. 5개월 뒤 이 환자는 거의 모든 증상으로부터 자유로워졌고, 24년 만에 처음으로 공포에서 해방되어 1주일 일정으로 집에 다녀올 수 있었다. 집에 다녀오는 과정에서 다리를 건널 때만 애를 먹었다. 이어 시설로 돌아온 그녀는 그날 저녁에 게르츠 박사의 차를 타고 다리로 가서, 다리를 건너는 연습을 했다. "자, 공포를 가지려고 애써 보세요. 가능하면 많은 공포를 느껴 보세요!" 게르츠 박사는 그렇게 말했고, 그런 지시에 그녀는 "안 돼요, 박사님. 공포가 느껴지지 않아요. 그렇게 되지가 않아요." 라고 반응했다. 그녀는 곧 퇴원했고, 그 이후 4년 반이 지났다. 이제 그녀의 가족들은 정상적이고 행복하게 살고 있다. 그녀는 일 년에 두세 번 게르츠 박사를 방문하지만, 그것은 다만 감사를 표현하기 위해서다.

두 딸을 둔 기혼 남성인 41세의 D. F.는 전형적인 '실존적 공허감'에 시달렸고, 다른 사람이 있는 데서는 글씨를 잘 쓰지 못했으며 몸을 떠는 증상을 보였다. 이것이 직장생활에서 심한 핸디캡으로 작용해 다른 사람들 앞에서는 단순한 기계적인 일도 수행할 수가 없는 형편이 되었다. 사람들이 있는 자리에서는 담배 피우는 사람에게 불을 붙여 주는 것은 물론 물이 담긴 유리컵도 들지 못했다. 게르츠 박사는 그에게 '자신이 얼마나 몸을 잘 떠는지 주변 사람들에게 시연하라'고 지시했다. "당신이 얼마나 불안해질 수 있는지, 얼마나 많은 커피를 엎지를 수 있는지를 보여 주세요!" 그는 게르츠 박사를 세 번 만난 뒤, 더 이상 그렇게 하지 못했다. "안 돼요. 난 더 이상 떨 수가 없어요! 그리고 떨까 봐 두려워할 수도 없어요! 아무리 애를 써도 되지가 않아요!" 이것이 그의 말이었다. 이어 실존적 공허도 성공적으로 치료되었다.

네 아이를 둔 30세의 기혼 여성 A. S.는 심한 공포불안증에 시달렸다. 무엇보다 계속해서 죽음의 공포가 몰려왔다. 게르츠 박사는 "이제부터 하루에 최소 세 번씩 심장발작을 일으켜 죽어 보세요!"라고 역설적 의도를 지시하였다. 이 환자가 겪는 노이로제의 배후에는 갑작스레 불거진 결혼 갈등이 있었다. 그러나 A. S.는 역설적 의도를 활용한 단기 치료로 신속하게 공포 증상을 완화한 뒤, 일반적인 심리치료를 통해 결혼 갈등도 해결했다. "역설적 의도 기법이 신경증적 갈등을 파악하고 이해하는 걸 배제하는 것은 아니다. 역설적 의도가 성공적으로 이루어지는 경우에도 그런 갈등들을 전통적인 심리치료 혹은 로고테라피적 의미에서 논의하는 것이 바람직하다."(게르츠)

결혼해서 세 아이를 둔 35세 아빠인 W. S.는 그를 치료하던 가정의가 게르츠에게 의뢰한 환자였다. 그는 심장마비에 대한 공포가 있었고, 특히나 성교할 때 심장마비가 일어나지 않을까 무서워했으나, 건강검진 결과상으로는 전혀 이상 소견이 발견되지 않았다. 게르츠 박사와 처음 만났을 때 그는 굉장히 불안하고 긴장하고 우울감이 있었다. 그는 게르츠 박사에게 자신이 예전에도 늘 초조하고 약간 불안해하는 증상은 있었지만 지금 같은 상태는 처음 겪는 것이라며, 어느 날 저녁 성교 직후에 샤워하려고 욕실에 들어갔는데, 욕조에 몸을 굽히는 순간 갑자기 가슴 부위에 심한 통증이 느껴졌고, 그러자마자 굉장한 공포심이 밀려왔다고 전했다. 그러면서 자신의 누이가 24세에, 엄마가 50세에 심장병으로 죽었다는 것을 떠올렸고, 자신도 그렇게 될지 모른다는 생각에 식은땀이 나면서 이제 끝장이라는 느낌이 들었다는 것이다. 그 밤에 그는 자신의 심장박동을 관찰했고, 불안한 마음 때문에 심장은 내내 발작적으로 쿵쾅거렸다. 신체적으로 건강하다는 건강검진 결과도 별로 소용이 없었다. 심장 부위가 아팠던 것은 욕조에 몸을 굽히는 과정에서 흉곽 부분의 근육이 과도하게 땅겨져서 그랬던 듯했으나, 아무튼 이 순간 예기불안의 악순환이 발동되었던 것이다. 로고테라피로 치료하는 과정에서 게르츠 박사는 환자에게 이런 정황을 대면케 했고, '심장박동을 촉진해서 당장에 심장마비로 죽기 위해 애써 보라고' 지시했다. 그러자 환자는 벌써 웃으면서 이렇게 대답했다. "박사님, 해 보려 하는데 잘 안 돼요." 이제 게르츠 박사는 그에게 예기불안이 슬그머니 시작될 때마다 비슷하게 해 보라고 권유했다. 마지막으로 그 환자는 '하루에 세 번씩 심장발작으로 쓰러지기 위해 전력을 다해 보라'는 지시와 더불어 진료실을 나섰고, 3일 뒤 다시 나타났을 때는 증상에서 해방되어 있었다. 역설적 의도를 성공적으로 적용할 수 있었던 것이다. 그는 총 세 번의 치료로 자유로워졌고, 이후 1년 반이 지났으나 여전히 공포증에서 해방된 삶을 살아가고 있다.

결혼해서 두 명의 십 대 자녀를 둔 38세의 남성 P. K.는 21년(!) 이상을 중증 공포신경증과 강박신경증으로 고생했다. 가장 주된 공포는 자신이 동성애자가 되어, 주변에 있는 어떤 남성의 성기를 손으로 잡아서 사회적으로 영영 매장되지는 않을까 하는 것이었다. 신경정신과 의사가 이미 조현병으로 진단하여 집중적인 약물 치료와 전기 충격 치료를 시도했으나 이렇다 할 호전 기미가 없었다. P. K.가 게르츠 박사의 진료실에 처음 왔을 때, 그는 매우 긴장하고 흥분해서 눈물을 쏟아냈다. "20년 넘게 정말 지옥같이 살았어요! 모든 방법을 다 써 보았어요. 내 아내만 알아요. 하지만 이젠 잠잘 때 외에는 편할 때가 없어요." 누군가의 페니스를 잡을 것 같은 두려움은 그가 미용실에 머리를 자르러 가야 할 때 가장 격하게 덮쳐 왔다. 그는 그럴 때마다 사회적으로 매장되고, 자신의 사회적 위치를 잃어버리게 될 것을 마음속에 그리며 두려워했다. 그의 삶을 지옥으로 만들었던 여남은 가지가 넘는 강박적 공포에 대해 이 자리에서 다 열거할 수는 없다. 여하튼 이로 인한 핸디캡은 너무 커서, 이제 그는 어디론가 휴가를 떠나는 것도 불가능한 상태였다. 게르츠 박사는 일주일에 두 번씩 6개월간 로고테라피를 진행했고, 그 과정에서 증상이 차츰차츰 없어졌다. 가장 중요한 세부 사항을 부각하자면, 거리나 식당 등지에서 기회가 있을 때마다 누군가의 페니스를 잡으라는 권유가 주어졌을 때 P. K.는 웃기 시작했다. 또한 자신의 강박적 공포에 대해서도 웃었다. 이후 그런 공포가 중단되기까지는 오래 걸리지 않았다. 가장 인상적인 것은 그가 증상이 좋아진 직후 감행했던 일생의 첫 번째 비행기 여행 이야기였다(그가 휴가를 간 것은 정말 오랜만이었다!). 그는 플로리다로 여행을 다녀와서 게르츠 박사에게 비행기 안에서 정말로 공포불안을 느껴 보고자, 무엇보다 '기내를 돌아다니면서 다른 사람의 페니스를 만지려고 무진 애썼다'고 보고했다. 그 결과는? 공포는커녕, 휴가는 즐거움의 연속이었다. 이 환자는 공포증에서 완전히 자유로워져서 이제 완전히 정상으로 돌아온 자신의 삶에 여러모로 만족하고 있다.

31세의 기혼 여성 A. A.는 9년째 다양한 공포증에 시달리고 있었다. 가장 심한 것은 광장공포증이었는데, 급기야 집에서 나오지 못할 정도로 상태가 악화되었다. 그녀는 신경정신과 병원과 대학병원을 전전하며 정신분석, 전기 충격, 약물 치료를 받았으나 전혀 효과가 없었을 뿐 아니라, 예후도 좋지 않은 것으로 진단되었다. "내게서 프랭클의 기법을 배운 조수 한 사람이 이 환자에게 로고테라피와 역설적 의도 기법을 시행했는데, 6주도 채 걸리지 않아 이 여환자는 병원을 떠날 수 있었고, 모든 증상에서 해방되었다. 그 이후로 3년이 흘렀다."(게르츠)

31세의 S. H.는 방금 언급한 환자와 비슷했다. 신경증이 12년(!)이나 된 것만 빼고는 말이다. 병원과 요양원에 반복해서 입원하고, 다양한 치료 끝에 1954년 백질절제술까지 받았으나 효과가 없었다. 하지만 역설적 의도를 적용하자 상태는 6주 사이에 개선되었다. "환자는 우리 병원에서 퇴원하였고, 그 이래로 3년 반이 흘렀는데 그 어떤 증상과 불편도 없었다."(게르츠)

제6차 국제심리치료학회에서 개최한 로고테라피 심포지엄에서 게르츠 박사는 다음의 두 가지 사례를 보고했다.

29세의 R. W.는 세 아이의 엄마다. 10년간 지속된 공포증으로 인해 그녀는 여러 번 신경정신과 치료를 받았으며, 5년 전에는 정신요양원에 입원해서 전기 충격 치료도 받았다. 게르츠 박사에게 진료받기 2년 전에는 코네티컷 주립 병원에 입원했다 퇴원한 뒤, 또 다른 의사를 찾아가서 2년에 걸친 장기 정신분석을 받았다. 그 결과 자신의 신경증을 정신역동적으로 해석할 수 있게 되었지만, 신경증 자체는 떨쳐 버릴 수가 없었다. 게르츠 박사를 찾아왔을 때 그녀는 여러 가지 공포증에 시달리고 있었다. 고소공포증, 혼자 있는 것에 대한 공포, 식당에서 식사하는 것에 대한 공포(식당에서 식사하다가 토하거나 공황에 빠질까 봐 불안해하는 것), 슈퍼마켓에 가는 것에 대한 공포, 지하철을 타는 것에 대한 공포, 사람들이 붐비는 곳에 가는 것에 대한 공포, 홀로 자동차를 운전하는 것에 대한 공포, 빨간 불이 켜지면 멈취 있어야 하는 것에 대한 공포, 성당에서 미사 중에 크게 소리를 지르거나 욕을 하게 될 것 같은 공포 등등이다. 게르츠 박사는 그 여환자에게 지금까지 두려워하던 것을 이제는 적극적으로 원해 보라고 지시했다. 가령 남편과 친구들과 외출해서 식사하며 '사람들 면전에 대고 토를 하거나, 생각할 수 있는 가장 망가진 모습으로 난리를 쳐 보라고' 말이었다. 이 환자는 곧 운전해서 슈퍼마켓에 가기 시작했고 미용실과 은행에도 가기 시작했다. 가능하면 많은 공포에 사로잡혀 보고, 마지막에 자랑스럽게 정말로 그렇게 할 수 있었다고 보고하기 위해서였다. 6주 뒤, 그녀의 남편은 그녀가 외출을 너무 많이 한다고 말했으며, 곧이어 그녀는 혼자 운전하여 게르츠 박사의 집에 들렀다. 편도 80킬로미터의 거리를 왕복한 것이다. "이제 모든 곳에 혼자 가요."라고 그녀는 자랑스럽게 말했다. 역설적 의도기법 치료를 시작한 지 4개월 후에는 뉴욕에 가서 조지 워싱턴 다리를 건너고, 링컨 터널을 통과하고, 버스와 지하철로 거대한 뉴욕을 누볐으며 마지막에는 엘리베이터를 타고 세상에서 가장 높은 빌딩인 엠파이어스테이트빌딩의 꼭대기까지 올라감으로써 자기를 이기고, 모든 공포에서 벗어난 것을 증명할 수 있었다. 이에 대해 그녀는 "그냥 놀라웠다."라고 말했다. 그녀의 남편은 게르츠 박사에게 "내 아내는 딴사람이 된 것 같고, 성생활에서도 더 만족스럽게 스스로를 내준다."라고 말했다. 이제 그녀는 넷째를 임신했고, 가족들과 함께 정상적인 생활을 하고 있다. 2년이 넘었지만 여전히 불편이 없는 상태다. 심리치료 기간에 한동안은 하루 25그램의 발륨도 처방했다.

게르츠가 심포지엄에서 소개한 또 한 사람의 강박신경증 환자는 결혼해서 18세의 대학생 아들을 둔 56세의 변호사 M. P.였다. 17년 전 갑자기 마른하늘에 날벼락처럼, 가공할 만한 강박적 사고가 그를 덮쳤다. 그것은 그가 소득세를 더 낮게 산정해서 국가를 속였다는 생각이었다. 사실은 소득세 신고를 정확히 했음에도 말이다. 그는 게르츠 박사에게 "이후로는 아무리 애를 써도 이런 생각을 떨쳐 버릴 수가 없었다."고 말했다. 그는 이런 일로 말미암아 검찰이 자신을 추적하고 체포할 것이며, 이제 모든 신문에 자신의 기사가 나고, 직업 활동이 불가능해질 거라고 우려했다. 정신요양원에 입원해서 심리치료에 이어 25회의 전기 충격 치료도 받았으나 효과가 없었다. 상태는 점점 악화되어 급기야는 변호사 사무실을 닫고 불면의 밤을 보내면서 강박적 생각들과 싸웠으나, 강박적 사고는 점점 더 많아졌다. 그는 "한 가지에서 벗어나자마자 또 한 가지가 생겼다."라고 게르츠 박사에게 말했다. 그는 계속해서 모든 것을 반복 점검하기 시작했다. 심지어 차바퀴까지 말이었다. 특히 각종 보험 계약이 자기도 모르는 사이에 해지되었을지도 모른다는 강박적 사고에 시달렸다. 그래서 계속해서 확인하고, 강철로 특수 금고를 제작하여 계약서를 보관하였으며, 결국은 런던 로이즈에 가서 그가 법정에서 저지르는 모든 무의식적, 비의도적인 실수의 결과에 대해 그를 보호해 주는 특별 보험에 들었다. 그러나 곧 법정에 서는 것 자체가 불가능해졌다. 반복 강박이 너무 심해져서 미들타운의 정신병원에 입원해야 했기 때문이다. 그러던 중 게르츠 박사를 만나 역설적 의도 치료가 시작되었고, 넉 달간 게르츠 박사에게 주 3회씩 로고테라피를 받았다. 게르츠 박사는 그에게 다음과 같은 역설적 의도의 문장을 사용하라고 했다. "될 대로 되라지. 이놈의 완벽주의는 악마에게나 줘 버려. 나는 괜찮아. 사람들이 나를 체포할 거니까. 빠를수록 더 좋지! 내가 저지를지도 모르는 잘못의 결과를 두려워할 줄 알아? 하루 세 번씩 나를 체포하라고! 최소한 그렇게 되면 나는 돈을 받을 수 있으니까. 런던의 신사들에게 많은 돈을 주었다고." 이제 그는 역설적 의도의 의미에서 가능하면 많은 실수들을 이미 저질렀기를 바라고, 더 많은 실수를 하고, 자신의 일을 엉망으로 만들고, 비서들에게 그가 '세상에서 가장 뛰어난 실수 제조기'라는 것을 보여 주기를 바라기 시작했다. 게르츠는 이 환자가 역설적으로 의도할 뿐 아니라, 이런 의도를 가능한 한 유머러스하게 표현하면 불안이 다 사라질 것이라 확신했다. 물론 이를 위해 게르츠 박사도 한몫해야 했다. 그래서 그는 이를테면 진료실에 들어서는 환자에게 이렇게 인사했다. "뭐야, 이런 맙소사! 아직도 자유롭게 돌아다녀요? 벌써 철창에 갇힌 신세가 되었을 거라고 생각했는데! 당신이 저지른 스캔들에 대한 기사가 여전히 실리지 않았는지 신문을 이미 샅샅이 뒤져 보았다고요." 그러면 그 환자는 커다랗게 웃음을 터뜨렸다. 그러고는 "난 아무래도 상관없어요. 그들은 나를 체포할 거예요. 뭐 끽해야 보험회사만 손해 보는 거지."라고 말하면서 스스로 점점 더 반어적인 태도를 취하며, 자기 자신과 자신의 신경증을 비꼬곤 했다. 일 년이 넘어가면서 치료는 마무리되었다. "당신의 역설적 의도 기법은 내게 먹혀들었어요. 마치 기적처럼 작용했다고 말할 수밖에요! 당신은 4개월 만에 나를 완전히 다른 사람으로 만들었어요. 물론 예전의 그 황당한 두려움이 간혹 다시 떠오르곤 하지만, 박사님도 알다시피 이제 나는 금방 처단할 수 있어요. 이제 나를 어떻게 다루어야 하는지 아니까요!" 그는 그렇게 말한 뒤 웃으면서 덧붙였다. "무엇보다 한번 정말로 제대로 감옥에 갇히는 것보다 더 좋은 일은 없을 텐데요."

로고테라피를 통해 비교적 단시일에 치료 효과를 거둘 수 있다는 점은 이미 에바 니바우어-코츠데라의 보고서에서도 지적한 바 있다. 에바 니바우어-코츠데라[65]는 실존분석-로고테라피 원칙에 따라 심리치료를 시행한 결과 통계적으로 평균 8번 상담에 75.7퍼센트가 완치 또는 개선—여기서 개선이란 계속적인 치료가 필요한 정도를 말한다—되었다고 보고했다. 게르츠는 이렇게 말했다. "필요한 상담 횟수는 환자가 이미 병을 얼마나 앓았는지에 달려 있다. 나의 경험에 따르면, 몇 주 혹은 몇 달 정도 된 급성의 경우에는 4회 내지 12회 정도에 치유될 수 있었고, 여러 해의 병력을 가진 환자는 주 2회씩 6개월에서 1년 정도 진행해야 회복될 수 있었다. 새로 습득한 행동, 즉 역설적 의도를 통한 변화를 계속해서 길들이는 것이 중요하다는 것은 아무리 강조해도 지나치지 않다. 조건반사적 행동을 몰아내고자 투입되는 변화는 그편에서도 비로소 길이 들어야 한다는 것을 우리는 이미 행동학습 이론으로부터 익히 알고 있지 않던가? 이를 위해서는 트레이닝이 필요하다."

게르츠 박사는 런던에서 열린 로고테라피 심포지엄에서 역설적 의도(역설지향) 기법을 적용하고자 하는 심리치료사는 인내와 끈기가 있어야 함을 강조했다. 그리고 역설적 의도의 성공은 치료사가 그 기법에 정말로 숙달되어 있는가에 달려 있다고 지적했다. 게르츠 박사의 동료 한 사람은 자신이 1년 반 동안 이미 역설적 의도 기법으로 치료해 온 여성 환자를 게르츠 박사에게 의뢰했다. 광장공포증과 폐소공포증에 시달리던 환자였는데 게르츠 박사는 4번 만에 그 여성이 집을 떠나 쇼핑을 하고, 30킬로미터 거리에 있는 자신의 진료실에 오게끔 할 수 있었다.

게르츠 박사가 제시한 통계적 결과는 다음과 같았다.

지난 6년간 29명의 공포증 환자, 6명의 강박신경증 환자가 그에게서 역설적 의도 기법으로 치료를 받았다. 공포증 환자 중에서는 22명이 완치되었으며, 5명이 상당히 호전되었고, 2명은 별 호전이 없었다. 하지만 이 두 환자의 경우는 이차적 질환이 문제가 되었다. 6명의 강박신경증 환자 중에서는 4명이 완치되었고, 2명이 3년 사이에 다시 일에 복귀할 수 있을 정도로 호전되었다. 물론 대부분의 경우는 만성이었으며—그중 한 사람은 무려 24년을 신경증에 시달렸다!—이미 각종 치료를 다 받은 참이었음을 지적해야 할 것이다.

역설적 의도 기법이 장기적으로도 효과를 낼 수 있을지 계속해서 의심이 제기되지만, 이런 의심은 근거가 없다. 역설적 의도 기법으로 치료한 뒤, 몇 년 혹은 몇십 년을 관찰한 결과 전혀 퇴보가 없는 것으로 나타난 경우들을 차치하더라도, 최근에 H. J. 아이젠 크H. J. Eysenck가 확산시킨 행동주의 심리학에서도 대증심리치료 symptomatic psychotherapy는 노이로제 자체를 치료한 것이 아니기에 늦건 빠르건 다른 증상들이 뒤따를 것이라는 생각은 선입견에 불과 한 것으로 증명되었다. 아이젠크는 "그런 생각은 증거도 없이 받아 들여졌고, 주입으로 지속되었다."[66]라며, "대증치료가 장기적으로 효력이 지속되고, 다른 증상들을 만들어 내지 않을 수 있다는 사실 은 프로이트의 가설에 강하게 반하는 것이다."라고 말했다.

정신분석을 동원하지 않는 심리치료도 성과를 보이는 가운데, 특 히 반사요법이 효과적인 것으로 알려졌다. 물론 심리치료가 영적 차원으로, 즉 인간 본연의 차원으로 나아간다면 이런 성공은 더 배 가될 것이다. "최상급의 인격적인 영역에서 치료가 이루어지는 것 은 헤아릴 수 없는 유익이 있다."[67]

아이젠크의 영향을 받아 실험심리학을 지향하는 학자들이 보이 는 자신들의 성과에 대한 무비판적인 태도는 차치해 두고, 아이젠 크나 아이젠크 이론의 신봉자들은 신경증에 대한 체질적인 소인을 부인하지 않는다. 그들은 "신경증 증상은 유전적으로 자율신경계가 과민한 경우에 가장 빈발하는 경향이 있다."고 지적한다. 신경증의 체질적 토대를 고려할 때 심리치료는 애초에 증상적인 성격을 띨 수밖에 없다며 "체질적 소인의 치료는 궁극적으로 유전적 혹은 화 학적 방법으로 이루어져야 하므로, 심리적 토대의 치료는 증상적일 수밖에 없다."고 한다. 그런 만큼 이차적 순환 메커니즘을 깨뜨리는 것이 중요하다는 로고테라피의 명제는 아이젠크가 발행한 실험 지향적 심리학자들의 논문에서 타당성을 확인받고 있다.

행동주의적 배경은 이론뿐 아니라 임상적으로도 효력을 발휘하고 있다. 물론 제한적이긴 하다. 제한적인 것은 행동주의적 심리치료 이론은 심리적인 차원을 넘어 원래 인간적인 차원으로, 즉 영적인 영역으로 나아가지 않고, 올포트가 '기계 모형' 또는 '실험쥐 모형'이라고 풍자한, 일방적으로 실험적으로 접근하는 행동주의 심리학의 인간상을 고수하기 때문이다. 인간만이 가지고 있고, 인간에게만 허용된 유머와 같은 태도는 인간 이하 차원의 심리학적 투사에서는 결코 모사될 수 없으며, 인간 특유의 현상인 영적 차원에서만 드러나게 된다.

조셉 울프Joseph Wolpe가 제시한 '탈조건화 요법deconditioning therapy'에 대해 비야네 크빌하우크Bjarne Kvilhaug[68]와 N. 페트릴로비치N. Petrilowitsch[69]는 로고테라피는 —가령 역설적 의도 기법에서처럼— 신경증에 대하여 인간 본연의 자기 거리 두기 능력을 동원하는 가운데, 신경증을 같은 차원이 아닌 본래적인 인간적 현상의 차원에서 접근한다는 점에서, 학습 과정과 조건 반사의 차원을 넘어서며 환자가 그것을 초월하게 한다고 지적했다. 이런 자기 거리 두기가 바로 역설적 의도에서 동원되는 인간 특유의 유머 능력이다.

부적 시행(negative practice, 부정 실습), 상호 제지reciprocal inhibition 혹은 역설적 의도의 도움으로 심리치료는 '피드백 메커니즘'을 깨뜨리는 의미에서 효력을 발휘한다. 우리는 피드백 메커니즘에 특정신경증 유형들을 귀속시켰고, 이를 불안신경증, 강박신경증, 성신경증 행동 패턴으로 명명하고 기술했다. 이것은 각각 공포로부터 도피하는 것, 강박과 싸우는 것, 쾌락을 얻으려고 전력투구하는 것을 특징으로 한다.[70] 이런 연관에서 우리는 마지막 결정적 단계는 로고테라피가 '반성 제거De-reflection'라 명명하는 것에서 클라이맥스에 이른다는 점에서 역설적 의도를 넘어선다는 것도 지적했다. 그리하여 신경증은 분석을 통해 구체적인 의미가 밝혀지고, 그런 의미를 실현하는 것이 환자에게 인격적으로 호소력 있게 다가오고, 실존적으로 요구되는 만큼 성공적으로 극복된다는 점도 지적했다. 에른스트 크레치머의 지혜로운 충고를 떠올려 보자.

"각자에게 맞는 목표를 향한 강하고 적극적인 물결을 삶에 부여해야 한다. 고인 물에서는 콤플렉스들이 번성하기 딱 좋다. 신선하고 강한 물결이 콤플렉스를 쓸어버린다."[71]

"환자의 인생 이야기와 갈등 상황을 심리치료적으로도 다루어야 한다. 역설적 의도나 로고테라피는 결코 기존의 심리치료를 대신하려는 것이 아니라, 오히려 보완하려는 것이다."(게르츠)[72] "정신분석과 로고테라피를 대조적으로 보는 것은 적절하지 않다. 역설적 의도 기법으로 이룬 성과들을 정신분석적으로 이해하고 해석하는 것도 전적으로 가능하다. 최초로 그런 시도를 한 사람은 에디트 요엘슨Edith Joelson이었다. 억압된 공격성의 산물이라고 해석할 수 있는 공포증은 환자에게 —역설적 의도의 과정에서— 정확히 그의 두려움이 하지 못하게 하는 것을 하라고 독려할 때, 다른 말로 하면 그의 공격성을 최소한 상징적으로 실현하도록 독려할 때 없어질 수 있다고 볼 수 있다."(게르츠)[73] "그럼에도 불구하고 오랜 세월 정신분석을 훈련한 신경정신과 의사들이 프랭클의 방법에 대한 선입견을 극복하고, 로고테라피의 효용성을 확신하기란 그리 쉽지 않다는 건 충분히 이해할 수 있는 일이다. 하지만 학문 정신은 어떤 치료법이든 선입견 없이 시험해 볼 것을 명한다. 로고테라피, 특히 역설적 의도 기법도 마찬가지다. 더욱이 이런 방법은 애초부터 전통적인 심리치료를 대체하는 것이 아니라 보완하고자 하는 것이다."(게르츠)

밤에 잠이 안 올 거라는 예기불안에 사로잡혀 있는 사람은 당연히 잠을 이루고자 한다. 그러나 바로 이렇게 의도하는 것이 그를 안정시키지 못하고, 잠들지 못하게 한다. 잠이 들기 위한 전제는 단 하나, 긴장 이완인데 억지로 잠을 이루고자 하다 보면 긴장 이완이 이루어지지 않기 때문이다. 그리하여 불면증의 심리치료에서도 예기불안의 악순환을 깨뜨리는 것이 중요하며, 역시나 역설적 의도의 도움으로 불면증 환자의 예기불안을 무산시킴으로써 가장 빠르고 쉽게 그 악순환을 깨뜨릴 수 있다. 이를 위해 환자는 잠을 자는 대신 그냥 긴장 이완 연습만 하면 된다. 우리는 환자가 자신의 신체를 신뢰할 수 있도록 가르쳐서, 신체가 스스로 필요한 만큼의 수면을 스스로 확보할 것이라는 사실을 확신하게 해야 한다.

미국 테네시주 내슈빌에 있는 반더빌트 대학 신경정신과 병원의 한스 요아힘 포르부슈Hans Joachim Vorbusch 박사는 오스트리아 심리치료의사협회 회의에서 만성 중증 불면증에 역설적 의도를 적용한 경험에 대해 보고했다. 그는 일 년 동안, 최대 10년에 이르는 만성 불면증에 시달려 온 환자 38명 중 33명의 수면을 평균 일주일 안에 정상화할 수 있었다. 이 환자들은 거듭 치료를 받았으나 별 성과를 경험하지 못했던 사람들이었고, 절반의 경우는 완전히 약물에 의존하고 있는 상태였다. 포르부슈 박사의 보고에서 다음의 두 가지 사례를 소개해 본다.

첫 사례는 41세의 저널리스트로 20년간 알코올의존증(알코올중독) 환자로 살아온 남성이다. 이 남성이 알코올의존증이 된 것은 불면증 때문이었고, 만성 알코올의존증 뒤에 나타나는 진전섬망delirium tremens 증상으로 인해 여러 번 병원 신세를 졌으며, 최근 3년간은 직업 활동조차 불가능한 지경이 되었다. 내슈빌 병원에 입원한 그는 처음에 역설적 의도 기법에 대해 코웃음을 치면서, 포르부슈 박사에게 "정신이 이상한 것 아니냐."며 공격적인 태도를 보였다. 결국 그 기법을 "한번 시도해 보겠다."고 했지만 약물의 도움 없이는 되지 않을 거라고 큰소리쳤다. 포르부슈 박사는 그에게 밤에 내슈빌 병원의 복도나 정원을 산책하거나 일을 하라고, 즉 기사를 쓰라고 했다. 그러자 효과가 나타나기 시작했다. 일주일이 지나자 이 환자는 몇 년 만에 처음으로 세 시간을 내리 잘 수 있었고, 이어지는 2주일 사이에 수면은 정상화되었다. 추후 단순한 불면증 증상을 넘어 깊이까지 파고드는 심리치료를 받는 가운데, 그는 이따금 이렇게 말했다. 처음에는 자신이 포르부슈 박사의 의료적 능력을 심각하게 의심해서, 자신의 정치적 인맥과 영향력을 이용하여 포르부슈 박사를 내슈빌 병원의 지도적인 지위에서 강등시켜 버릴까 하는 생각까지 했다고 말이다. 이제 이 환자는 수면이 정상화된 것이 무척 신기해서, 알코올의존증 치료를 위해 계속 입원해 있는 동안 동료 환자들에게 역설적 의도 기법을 열광적으로 선전하며, 알코올의존증을 위한 심리치료 그룹에서 핵심멤버로 활약했다.

두 번째 사례는 심인성 후두경련(후두연축)으로 인해 두 번이나 기관절개술을 받았던 49세의 노동자였다. 처음 기관절개를 한 뒤 캐눌라(기관 내에 삽입했던 관)를 제거하자마자, 환자는 질식에 대한 심한 예기불안에 빠져서 또다시 기관절개를 해야 했고, 이어 반응성 우울과 자살 충동으로 인해 내슈빌 병원에 입원 조치된 상태였다. 이제 캐눌라를 제거해야 했는데, 아직 제거하지도 않았는데도 환자는 질식 발작을 일으켰으며 심하게 불안해했다. 이제 역설적 의도를 활용한 돌격이 시도되어야 했다. 캐눌라를 제거하는 과정에서 포르부슈 박사는 환자에게 '제대로 된 질식 발작을 일으켜 보라'고 지시했다. 이 과정을 몇 번 반복하자 성과가 나타나기 시작했고, 며칠 안 되어 캐눌라를 완전히 제거할 수 있었다. 다음으로 역시 역설적 의도 기법으로 중증 만성 불면증을 손보았고, 이 또한 며칠 안 되어 성과가 나타났다. 일 년 이상 일을 할 수 없었던 환자는 내슈빌 병원에서 퇴원한 뒤에 다시 일을 시작할 수 있었으며, 차후 여러 번의 검사에서도 이렇다 할 불편 증상이 관찰되지 않았다.[74]

R. 폴하르트R. Volhard와 D. 랑엔D. Langen[75] 역시 역설적 의도를 적용했으며, "역설적 의도는 무엇보다 공포증, 예기불안, 성 불능에서 좋은 성과를 보였다."라고 말했다. 뷔르츠부르크 대학 산부인과의 한스 요아힘 프릴Hans Joachim Prill 박사[76] 역시 역설적 의도는 유용했다고 보고했다. 그가 담당했던 환자 중에 임신하기 위해 4개월간이나 침대를 떠나지 않았던 여성이 있었다. 임신과 관련한 그녀의 태도는 해를 거듭할수록 더 경직되고 완고해졌다. 프릴 교수[77]는 역설적 의도 기법을 약간 수정하여, 그녀에게 당분간은 불임 상태가 계속될 것 같으니 먼저 신체 컨디션이나 최상으로 만들어 보라고 권유했다. 자녀에 대한 채울 수 없는 소망은 일단은 완전히 뒷전으로 제쳐 버리라고 말이다. 환자는 그런 조언에 감정적으로 굉장히 격한 반응을 보인 뒤에 몸을 회복하기 위해 여행을 떠났고, 2주 반 만에 임신했다는 소식을 전해 왔다.

마지막으로 약간 재미있는 이야기를 소개하고 싶다. 만프레드 아이젠만Manfred Eisenmann은 〈빅터 프랭클의 역설적 의도 기법을 참작한 말더듬이의 원인과 치료Zur Ätiologie und Therapie des Stotterns unter besonderer Berücksichtigung der paradoxen Intentionsmethode nach V. E. Frankl〉(1960, 브라이스가우 프라이부르크 대학 신경정신과, 신경과 클리닉)라는 제목의 박사학위 논문에서 괴페르트Göppert에게 들었다는 '본의 아니게 역설적 의도를 적용했던 인상적인 예'를 인용했다. "어느 말더듬증 환자의 말에 따르면, 그는 언젠가 지인들의 모임에서 말을 더듬으며 우스갯소리를 하여 사람들을 웃겨 주려고 했다. 그런데 말더듬이 흉내를 내려고 하자, 갑자기 말이 술술 나오기 시작해, 급기야 듣고 있던 지인 중 한 사람이 '그만! 당신은 지금 전혀 말을 더듬지 못하잖아요.'라고 하며 그의 말을 중단시켰다."

마인츠 대학 신경과 병원 원장인 하인리히 크란츠Heinrich Kranz 박사에게 들은 이야기도 소개한다.

"오래전 내가 프랑크푸르트에서 근무할 때였어요. 그러니까 당신이나 당신의 역설적 의도 기법 같은 것은 전혀 모르던 시절이었죠. 대략 4~5학년 정도 된 한 김나지움 학생이 상담을 왔는데 엄청나게 말을 더듬었어요. 그런데 재미있는 건 이 아이가 내게 자신이 아무리 애를 써도 말을 더듬을 수가 없었던 적이 딱 한 번 있었다고 말하는 거예요. 학교 행사인 '학부모의 밤'을 위해 아이들이 연극을 준비했는데, 말을 더듬는 배역이 나오는 것이었대요. 물론 아이들은 이 학생에게 그 역할을 맡겼는데 '아무리 해도 안 되더라'는 거예요. 연습할 때마다 자기 차례가 되면 그냥 유창하게 말이 나왔고, 그래서 결국 다른 아이가 그 역할을 맡아야 했대요."

3. 우울증의 심리학에 대하여

내인성 정신질환도 로고테라피의 치료 대상이 될 수 있다. 물론 이 경우는 내인성 요소들이 치료되는 것이 아니라, 함께 작용할지도 모르는 반응성, 심인성 요소들이 치료된다. 우리는 이미 정신질환 형태의 정신적 운명에 대해 취할 수 있는 인간의 영적 태도를 이야기하면서, 원래 병인과는 별도로 병을 촉진하고 만들어 내는 병원성 촉진pathoplastic 요인들을 지적했다. 이런 연관에서 원래 내인성 우울증이지만 거기에 심인성 요인도 추가되어, 약물 치료 외에 심리치료도 시행하고 로고테라피까지 적용했던 우울증 환자의 예도 소개한 바 있다. 이 경우 로고테라피는 그 환자가 운명으로서의 질병과 과제로서의 삶에 대해 변화된 태도를 갖게 하는 것을 목표로 했다.

로고테라피를 통해 정신질환에 대한 영적 태도를 바꾸기 전에도 이미 '병원성 촉진' 요인에 질병에 대한 환자의 태도가 담겨 있음은

분명하다. 그런 점에서 정신질환자의 태도는 그냥 운명적이고 인간
적인 질환의 단순한 결과 이상이다. 질환은 환자의 영적 태도의 표
현이며, 환자의 태도는 자유로운 것이며, 또한 적절한 것이어야 한
다는 요구하에 있다. 이런 의미에서 정신질환도 결국 어느 정도 인
간성을 검증하는 테스트라 할 수 있다. 기존의 정신질환적 토대에
이런 질환을 촉진하는 요인을 더하느냐 마느냐 하는 것이 바로 인
간성에 대한 시험이다. 정신질환에서도 환자가 자신의 질환을 어떤
태도로 대할 것인지에 관해 일말의 자유가 있다는 점에서 바로 태
도의 가치가 실현될 수 있다. 여기서 로고테라피는 환자에게 남아
있는 자유가 있음을 환기해 주고, 정신질환이 있음에도 불구하고
가치를 실현할 수 있음을 깨닫게 해 준다. 단지 태도적 가치 실현만
이 가능하다 하여도 말이다.

그러므로 우리가 보기에는 정신질환을 앓는 삶에도 어느 정도의
자유가 있다. 내인성 우울증을 앓는 사람도 이런 우울을 거스를 수
있다. 이와 관련하여 질병에 대한 '인간 기록document humain'이라 할
만한 사례를 하나 소개해 보겠다.

환자는 카르멜 수도회의 수녀로서, 자신의 일기장에 질병과 치료
과정을 상세하게 기록했다. 이 환자에게 로고테라피뿐 아니라 약물
치료도 병행했음을 밝혀 둔다. 그녀의 일기장의 일부를 인용해 보
겠다. "슬픔은 나의 동반자다. 내가 무엇을 하든지 슬픔이 납덩이처
럼 나의 마음을 짓누른다. 전에 그렇게도 추구했던 나의 이상과 위
대하고 아름답고 좋은 모든 것들은 다 어디로 가 버렸을까? 하품 나

는 무료함만이 내 가슴을 사로잡고 있다. 마치 진공에 던져진 것 같은 삶이다. 아파하는 것마저도 불가능한 시간들이 있다." 이렇게 그녀는 마비적인 우울증을 앓고 있었다. 이 환자는 계속해서 이렇게 묘사한다. "고통 속에서 나는 하느님께 부르짖는다. 전능한 아버지. 하지만 하느님마저 침묵한다. 그리하여 내가 바라는 건 오직 한 가지, 죽는 것뿐이다. 오늘, 가능하면 당장에 죽고 싶다." 그런 그녀에게 이제 변화가 따른다. "내 삶의 주인이 내가 아니라는 신앙이 없었다면, 나는 삶을 포기해 버렸을 텐데." 그녀는 승리에 차서 계속 쓴다. "이런 믿음 안에서 쓰라린 고통은 변화하기 시작한다. 인생이 단지 성공에서 성공으로 나아가는 거라고 생각하는 사람은 공사현장 앞에서 고개를 설레설레 흔들며 왜 이리 땅을 깊게 파 놓았는지 놀라는 바보와 비슷하다. 그렇게 깊게 파 놓은 것은 대성당이 들어서야 하기 때문인데도 말이다. 하느님은 모든 인간의 영혼에 성전을 짓고 계시며, 내 마음에도 기초 공사를 하고 계신다. 나의 과제는 기꺼이 그의 삽질에 나를 맡겨 드리는 것뿐."

이제 우리는 내인성 우울증을 실존분석적으로 이해하고, 실존의 한 양식으로 파악해 보려고 한다. 내인성 우울증의 특수 실존분석은 내인성 우울증에서 가장 중심이 되는 증상, 즉 불안을 다룬다. 내인성 우울증은 신체적으로 볼 때 더도 덜도 아닌 생명력이 저하된 상태다. 내인성 우울증 환자의 신체가 처한 그다지 눈에 띄지 않는 저하 상태만으로는 전체의 우울 증상이 설명되지 않는다. 우울증으로 인한 불안도 이런 상태만으로는 설명되지 않는다. 불안은 주로 죽음에 대한 두려움과 양심의 불안이다. 이런 두려움과 불안은 이를 인간의 존재 방식으로, 인간 실존의 양식으로 봐야지만 이해할 수 있다. 그냥 단순히 생명력의 저하로는 이런 것들이 설명되지 않는다. 우울증을 경험케 하는 것은 질병 이상의 것이다. 인간적인 것이 비로소 생명력의 저하로부터 존재 방식으로서의 우울증을 만들어 낸다. 단순한 내인성 우울증은 정신운동(심리운동)이나 분비의 감소만 초래하는 반면, 우울한 경험은 인간 안에 있는 인간적인 것이 인간 안의 병적인 것과 맞섬으로 인해 생긴 결과다. 동물의 경우에도 신체적 슬럼프로 인해 일종의 우울 상태가 나타날 수도 있다. 하지만 인간의 내인성 우울증에서 나타나는 죄책감이나 자기 비난, 자책 등은 동물에게서는 상상할 수 없는 현상들이다. 내인성 우울증에서 나타나는 양심의 불안은 신체적 소인으로서의 내인성 우울증의 산물이 아니라, 이미 인간의 '성취'다. 양심의 불안은 생리적인 것을 넘어서는 인간적인 것으로만 이해가 가능하다. 그것은 인간의 두려움으로서, 실존적 불안으로서만 이해가 가능하다!

내인성 우울증의 생리적 토대로서의 생명력의 저하는 다만 결핍감(부족감)을 유발할 수 있을 뿐이다. 그러나 이런 결핍감이 어떤 과제를 불충분하게 하고 있다는 느낌으로 경험되는 것은 이미 질병의 내인성을 본질적으로 넘어서는 것이다. 동물도 두려움을 느낄 수 있다. 그러나 양심의 가책이나 죄책감은 당위 앞에서 삶을 책임지는 존재로서의 인간만이 느낄 수 있다. 인간 특유의 정신질환은 동물에게서는 상상할 수 없는 것이다. 따라서 정신질환에서는 인간적인 것이 본질적인 역할을 하는 게 틀림없다. 정신질환의 토대에 놓여 있는 신체적인 소인은 그것이 정신질환으로 발전하기 전에 인간적인 것으로 옮겨진다. 우선 인간적인 테마가 되어야 하는 것이다!

이제 내인성 우울증의 경우 정신물리학적 결핍은 인간에게만 해당하는 방식으로 경험된다. 존재와 당위 사이의 긴장으로 말이다. 내인성 우울증 환자는 이상과 자신 사이의 거리를 매우 큰 것으로 경험한다. 생명력의 저하를 통해 인간 실존 자체가 가지고 있는 존재의 긴장이 더 커지는 것이다. 내인성 우울증의 경우 당위와 존재의 거리는 결핍감을 통해서 더 크게 경험된다. 내인성 우울증 환자에게 있어 존재와 당위의 간격은 '심연'에 이른다. 하지만 그렇게 열리는 심연의 깊이에서 우리는 책임지는 존재로서의 모든 인간 존재의 토대에 놓인 것, 즉 양심을 마주 대하게 된다. 그리하여 우울한 인간이 느끼는 양심의 불안은 인간 본연의 경험으로서, 성취의 필요성과 성취 가능성 사이의 높은 긴장에서 나오는 것으로 이해할 수 있다.

과제에 제대로 부응하지 못한다는 부족감으로 인한 우울증의 경험은 여러 가지 모습으로 나타난다. 가령 우울증 발병 전 가난에 대해 우울함에 가까운 지나친 두려움을 보이는 사람은 돈을 버는 과제가 부족감과 연관되어 있다고 할 수 있다. 쇼펜하우어적인 의미에서 '존재와 소유와 가상'을 구분할 때, 이제 이 사람에게 내인성 우울증이 발병하면, 발병 전에 중요시했던 것에 맞게 '소유'를 둘러싸고 양심의 불안과 죄책감이 나타나게 된다. 발병 전에 생명에 대해 불안해했던 사람이 발병 후 죽음에 대한 공포를 보이는 것은 우울한 부족감이 생명유지라는 과제와 관련하여 경험되는 것이며, 발병 전에 죄의식이 컸거나 지나치게 양심적이었던 사람이 발병 후 양심의 불안을 호소하는 것은 도덕적 변호라는 과제에 대한 우울한 부족감과 관련된다.

내인성 우울증에서 생명력의 저하로 인해 존재의 긴장이 굉장히 크게 경험되면, 삶의 목표는 도달할 수 없는 것으로 다가온다. 그리하여 내인성 우울증 환자는 목표, 끝, 미래에 대한 느낌을 상실하게 된다. 어느 여성 우울증 환자는 이렇게 말했다. "나는 삶을 거꾸로 살았어요. 현재는 없었어요. 나는 거꾸로 살면서 나를 잃어버렸어요." 미래에 대한 느낌의 상실, 미래가 없는 경험과 더불어 삶이 끝날 거라는, 때가 됐다는 느낌이 동반된다. 한 여성 환자는 이렇게 말했다. "나는 다른 눈으로 봤어요. 사람들을 더 이상 오늘과 어제의 시각으로 보지 않고, 모든 사람을 보며 그의 죽음의 날을 떠올렸어요. 노인이건 어린이건 상관없어요. 나는 너무 앞서 보았어요. 스스로도 더 이상 현재에 살지 않았어요." 이런 경우 내인성 우울증의 기본 정서를 '심판의 날'과 같은 정서, '진노의 날Dies irae'의 정서라고 칭할 수 있을 것이다. 크론펠트가 조현병의 실존적 경험을 "선취된 죽음의 경험"이라고 묘사했다면, 우리는 우울증을 '영속적인 진노의 날'을 경험하는 것이라 말할 수 있을 것이다.

내인성 우울증에서의 슬픔의 정서와 짝을 이루는 것이 조증에서의 기쁨의 감정이다. 조증의 무모함은 울증의 두려움과 짝을 이룬다. 우울한 인간은 능력이 당위에 부응하지 못하는 것을 경험한다면 조증의 인간은 반대로 능력이 당위를 넘어서는 것을 경험한다. 그리하여 조증의 힘이 넘치는 느낌은 우울증의 죄책감과 짝을 이룬다. 우울증 환자의 두려움이 특히 미래에 대한 두려움(불행한 미래에 대한 두려움)으로 나타나는 것처럼, 조증 환자 역시 미래에 산다. 그는 프로그램을 만들고 계획을 짜면서 미래를 예측하며 가능성을 현실로 선취한다. 그는 미래로 가득 차 있다.

내인성 우울증 환자는 특유의 부족감으로 인해 자기 자신의 가치를 보지 못한다. 그리고 나중에는 주변 사람들의 가치도 보지 못한다. 처음에는 자기 자신에 대해서만 구심적으로 가치를 보지 못하던 것이, 차츰 원심적으로 나아가 자신이 아닌 주변 세계에 대한 가치도 옅어지게 되는 것이다. 그러나 우선 가치 절하가 자기 자신에게만 적용되는 동안에는, 이로 인해 자신과 세상과의 가치 간극을 경험하게 된다. 우울증 환자가 느끼는 열등감이 바로 그런 경험이다. 그러면 내인성 우울증 환자는 자신을 무가치하게 느끼고, 자신의 인생이 무의미하다고 생각한다. 이로부터 자살하고 싶은 마음이 생겨난다.

내인성 우울증의 허무주의(니힐리즘)적인 광기로부터 빚어지는 또한 가지는, 가치들과 함께 가치를 가진 것들이 축출되는 것이다. 여기서도 우선은 자신이 그 대상이 된다. 그리하여 이인증이 나타난다. 한 환자는 "나는 인간이 아니다. 나는 아무도 아니다. 나는 이 세상에 없다."라고 말했다. 그러나 차츰 세계도 이런 허무주의에 포함되어 비현실감이 일어난다. 그리하여 한 환자는 의사가 자기소개를 하자 이렇게 말했다. "의사는 없어요. 결코 한 사람도 없었어요."

코타르Cotard는 존재할 수도 없고, 죽을 수도 없다고 생각하는 말도 안 되는 생각이 발견되는 우울 신드롬을 기술했다. 이런 우울증적 망상은 충분히 이해할 수 있는 것이며, 앞서 살펴본 허무주의적 이인증의 맥락에 있다. 죽을 수 없다고 생각하는 것, 불멸할 것이라는 망상은 특정 형태의 내인성 우울증에서 독립적으로 나타나기도 한다. 이런 병상을 '아하스베루스 우울증(아하스베루스Ahasberus는 형장으로 가는 그리스도를 자기 집 앞에서 쉬지 못하게 하고 욕설을 한 응보로 그리스도가 재림할 때까지 지상을 유랑한다는 구두장이다 -옮긴이)'이라고 표현할 수 있다. 이런 유형의 질병을 실존분석적으로 어떻게 해석할 수 있을까?

내인성 우울증 환자의 경우 존재의 긴장이 증가함으로 인해 죄책감이 깊어지면, 자신의 죄를 씻을 수 없는 것으로 느낄 수 있다. 그리고 부족감으로 인해 절대로 감당할 수 없을 것처럼 느껴지는 과제는 영원히 살아도 이루지 못할 것처럼 다가오게 된다. 그런 시각에서 볼 때 우리는 다음과 같은 환자의 말을 이해할 수 있다.

"내 죄를 씻기 위해 나는 영원히 살아야 할 거예요. 나는 마치 림보(Limbo: 죽은 자들 중 그 영혼이 천국이나 지옥 또는 연옥 그 어디에도 가지 못한 사람들이 머무는 장소)에 사는 것처럼 느껴져요."

그런 내인성 우울증에서의 삶은 과제로 점철되어 보인다. 한 환자는 "나는 커다란 전 세계를 짊어져야 해요."라고 말했다. "내 안에는 오로지 양심밖에 없어요. 그것이 나를 몹시 압박해요. 이제 내세만을 볼 뿐, 주변의 세상은 다 사라졌어요. 전 세계를 만들어야 하는데 그럴 수가 없어요. 바다와 산과 모든 것을 바꾸어야 해요. 그런데 돈이 없어요. 광산을 다 긁어낼 수 없고, 멸종된 종족들을 다시 만들어 낼 수 없어요. 그렇게 되어야 하는데요. 모든 것이 이제 몰락해 버릴 거예요." 자신뿐 아니라 전 세계를 가치 비하하다 보면 일반적인 인간 혐오가 생겨난다. 스스로가 혐오스러울 뿐 아니라, 다른 사람들도 혐오스러운 것이다. 그의 눈에는 아무런 가치도 존재하지 않는다. "존재하는 모든 것은 멸망해 버려야 해요." 이런 메피스토펠레스(Mephistopheles, 파우스트 전설에 등장하는 악마)적인 문장은 내인성 우울증의 세계 감정인 불행에 대한 두려움이 광적으로 반영된 세계 멸망에 대한 사고다.

삶의 과제가 부족감으로 인해 왜곡되어 초인적인 크기로 등장한다는 것을 생각하면, 우울증 환자가 느끼는 죄책감이 실존분석적으로 이해가 간다. 죄책감이 얼마나 큰지는 다음의 망상적인 표현에서도 드러난다.

"모든 것이 사라져야 해요. 그리고 나는 모든 것을 다시 만들어 내야 해요. 하지만 그럴 수가 없어요! 모든 것을 해내야 하는데, 대체 어디서 그 돈을 얻어야 할까요? 나는 망아지들을 만들어 낼 수 없고, 황소들, 가축들을 만들어 낼 수가 없어요."

어지러울 때면 가만히 있어도 움직이는 것 같이 느껴지는 것처럼, ―키르케고르가 '자유의 현기증'이라고 표현했던― 불안 가운데서도 영적으로 가상 운동에 이른다. 우울증에서 존재와 당위 사이의 거리가 심연으로 경험될 때 이것은 나와 세계, 존재와 가치가 침몰하는 느낌으로 이어진다.

우리는 내인성 우울증의 심리치료[78]에서 자칫 의료과실을 범하지 않도록 유의해야 한다. 무엇보다 의사가 환자에게 정신 차리라는 호소를 하는 것은 역효과를 부른다. 그보다는 환자가 우울증을 내인적인 것으로 받아들이고, 질병을 객관화하고, 거리를 확보할 수 있도록 도와주어야 한다. 경증에서 중간 정도의 내인성 우울증의 경우에는 이것이 가능하다! 우리는 환자에게 정신 바짝 차리라고 권면하기보다, 가치를 보지 못하고 삶에서 의미를 발견하지 못하는 것도 정서질환 때문임을 의식하는 가운데 자신의 정서질환을 감수하라고 권면해야 한다. 그리고 그가 질병을 앓는 동안은 오로지 두 가지 의무만 지니며 다른 의무로부터는 자유롭다는 것을 알려 주어야 한다. 그 의무는 첫째, 의사와 의료적 예후를 신뢰하는 것이며 둘째, 결국에는 자신의 본연의 모습을 되찾게 될 거라고 확신하며 그렇게 회복되는 날까지 자신에게 인내심을 갖는 것이다.

4. 조현병의 심리학에 대하여

여기서 소개할 조현병(정신분열증)에 대한 심리학적 진술은 임상 관찰에 기초한 것이다. 이런 진술에 근거하여 조현병에 대한 실존분석적 이해를 도모하고자 한다. 우리는 일련의 조현병 환자들이 독특한 체험을 한다는 것을 반복적으로 관찰할 수 있었다. 즉, 환자들은 이따금 자신들이 도촬당하는 느낌이라고 말했다. 그러나 좀 더 캐물어 보면 이런 기분은 환각에 기초한 것이 아닌 것으로 나타났다. 환자들은 영사기 촬영이 아니라, 사진기로 사진을 찍힌 기분, 사진기 셔터 소리를 들은 것 같은 기분이라고 언급했지만, 실제 사진기나 사진을 찍는 사람은 보지 못했다고 보고했던 것이다. 또한 편집증적 생각도 증명할 수 없었는데, 환자들은 이차적 설명망상(explanatory delusion: 환청 등의 병적체험을 설명하기 위해 이차적으로 생긴 망상) 차원에서, 이제 자신들의 사진이 주간지에 실리게 될 거라고 주장하거나, 그들의 적이나 추적자가 비밀리에 찍힌 사진을 보고 그들을 분간할 수 있을 거라고 주장하는 경우도 있었다. 우리는 사전에 이렇듯 편집증적 토대를 갖는 경우는 연구에서 배제했다. 그런 환자들은 도촬과 감시를 직접적으로 경험하는 것이 아니라, 과거에 그런 일이 있었을 거라고 망상하는 것이기 때문이다.

그리하여 이제 좀 더 좁혀진 사례를 통해 조현병 환자들에게서 보이는 증상을 '필름망상'이라 일컬을 수 있다. 이런 필름망상은 야스퍼스의 표현으로 "지식의 환각"이며, 한스 그룰레Hans Gruhle의 표현으로는 "초보적 망상감"이라고 할 수 있다. 필름망상을 호소했지만, 실제로 그 어떤 근거도 찾을 수 없었던 후에 그 환자에게 어째서 그렇게 감시당한다고 생각하느냐고 묻자 그는 특징적인 답변을 했다. "그냥 알아요. 어떻게 아는지는 모르겠어요."라고 말이다.

필름망상이 비슷한 병상으로 옮겨 가는 경우도 있다. 이런 환자들은 가령 그들의 말이 녹음되고 있다고 호소한다. 이것은 필름망상에 대한 청각적 대응물이다. 나아가 누군가 자신의 말을 엿듣거나 도청하고 있다고 주장하는 환자들도 있다. 수색당한다거나 지목당한다는 근거 없는 확신도 그런 유형에 속한다.

이런 경험들의 공통점은 무엇일까? 그것은 한 인간이 자기 자신을 객체로서 경험하는 것이라고 할 수 있다. 사진기의 대물렌즈의 객체로서, 녹음기의 객체로서, 나아가 도청장치나 엿듣기의 객체로서, 수색이나 생각의 객체로서 말이다. 즉, 한마디로 자기 자신을 타인의 여러 가지 의도적 행위의 객체로서 경험하는 것이며, 타인의 심리적 활동의 객체로서 자신을 경험하는 것이다. 앞에서 열거한 모든 기구(사진기, 녹음기 등)는 심리 활동의 기계적 확장이자, 보고 듣는 의도적 행위의 기술적 연장이다. 해당 기구들은 조현병 환자에게 일종의 신비로운 의도성을 지닌다고 할 수 있다.

이로써 우리는 앞에 열거한 조현병에서 '순수 객체가 되는 경험'이라고 칭할 수 있을 주된 망상을 살펴보았다. 이런 토대에서 이제 조종된다거나, 감시당한다거나, 추적당한다거나 하는 느낌은 순수 객체로서의 경험의 특수 형태라 할 수 있다. 이런 특수 형태에서 조현병 환자는 자기 자신을 동료 인간의 관찰 혹은 추적의 대상(객체)으로서 경험하게 된다.

이렇듯 순수 객체가 되는 경험을 우리는 그룰레가 조현병의 주된 증상 중 하나로 꼽는 '자아장애Ichstörung'의 일면으로 본다. 지질학적 단층선으로 깊은 암석층의 구조를 추론할 수 있는 것처럼, 주된 증상들로부터(즉 표면적으로 나타나는 증상들로부터) 조현병적 '기본 장해'를 추론할 수 있다. 다양한 양상의 순수 객체적 체험을 조현병적 경험 방식의 공통된 법칙으로 환원할 수 있는 것이다. 즉 조현병 환자는 스스로를 마치 자신(주체)이 객체로 변한 것처럼 경험한다. 심리 활동을 마치 그것이 피동으로 바뀐 것처럼 경험한다. 보통 사람이 스스로 생각하고, 관찰하고, 영향을 주고, 주목하고, 엿듣고, 귀 기울여 듣고, 찾고, 추적하고, 사진이나 영상을 찍는 것 등을 경험한다면, 조현병 환자는 이 모든 활동과 의도, 이런 정신적인 기능이 피동으로 바뀐 듯한 경험을 한다. 관찰되고, 생각의 대상이 되는 등 한마디로 말해 조현병에서는 정신 기능의 경험적 피동이 일어난다. 우리는 이것을 조현병 환자 심리의 일반적인 원칙으로 본다.

체험된 피동으로 인해 환자가 말을 할 때, 보통은 동사의 능동형이 와야 할 자리에 피동형을 사용하는 것을 보는 건 꽤 흥미로운 일이다. 어느 조현병 환자는 자신이 잠에서 '깨어나는' 느낌이 아니라 '깨워지는' 느낌이라고 탄식했다. 조현병 환자가 전형적으로 동사보다 명사를 우선하는 어법을 구사하는 것 역시 조현병적 경험의 피동 현상과 그로 인한 언어 표현의 피동 경향으로 이해할 수 있다. 동사는 기본적으로 능동적인 활동 경험을 전제로 하고 그것을 표현하기 때문이다.

최소한 자폐적인 —원래 자폐와는 달리, 세계에 대한 '능동' 부족이라는 의미에서— 조현병 환자가 구사하는 전형적인 언어의 또 한 가지 특징은 표현력이 굉장히 부족하다는 것이다. 그리하여 조현병 환자의 원시적 언어는 알아들을 수는 있다. 표현을 단순화하여 해당 환자와 마치 강아지하고 이야기하듯 의사소통을 할 수는 있기 때문이다.

베르체Berze의 정신분열 이론은 조현병적 경험 방식을 심리 활동의 경험적 피동으로서 해석하는 것에 가깝다. 베르체는 조현병 환자에게서 나타나는 심리 활동의 결핍을 이야기하면서, 주된 증상으로 '의식 저하'를 든다. 이런 의식 저하와 경험적 피동을 합쳐서 조현병에 대한 특수 실존분석의 의미에서, 자아는 의식 면에서는 저하되고 책임 면에서는 쇠약해진 것처럼 경험된다고 정리할 수 있다. 조현병 환자는 총체적으로 그렇게 제약을 경험해서, 더 이상 정말로 존재한다고 느끼지 못한다. 그러므로 크론펠트가 정신분열을 "선취된 죽음"이라 일컬었던 것도 이해가 간다.

베르체가 조현병의 과정 증상Process symptom과 결손 증상Defect symptom을 구분해야 한다고 한 이래로, 우리는 조현병의 모든 현상학적, 심리학적 해석과 실존분석적 해석마저도 과정적 증상에만 관계된 것임을 알고 있다. 우리가 보기에 조현병의 과정 증상과 결손 증상 간의 차이는 정상인의 두 가지 경험 방식, 즉 잠들 때와 꿈을 꿀 때의 차이와 비슷한 것 같다. 그래서 C. 슈나이더C. Schneider는 조현병 심리학에 관한 자신의 연구에서, 조현병 환자를 '깨어 있는 상태에서 꿈꾸는 자'로 이해하고자 했던 C. G. 융과는 달리, 꿈속 사고가 아니라 잠들 때의 사고를 모델로 골랐다. 잠들 때의 경험이 조현병의 경험 방식과 비슷하다고 보는 이유는 우리가 잠이 들 때 의식의 저하, 즉 피에르 자네Pierre Janet의 말을 빌리자면 "정신의 저하 abaissement mental"에 이른다는 것을 생각하면 이해할 수 있다. 뢰비 Löwi는 그런 상태를 이미 "생각의 반제품"이라고 지적했고, 마이어-그로스Mayer-Gross는 "텅 빈 생각의 콩깍지"라고 했다. 이 모든 현상은 일반적으로 잠들 때의 사고에서뿐 아니라, 조현병적 사고 장애에서도 나타난다. 사고심리학psychology of thinking에서 출발한 카를 뷜러Karl Bühler 학파는 '도식적 사고'나 '사고의 백지 특성'을 이야기하므로, 위에 언급한 세 학자의 연구 결과와 일치한다 하겠다. 그리하여 이제 잠자는 자는 생각의 백지를 채우는 대신, 생각의 백지 '위에서' 잠든다고 말할 수 있으므로, 잠들 때의 사고에서 평소와는 전혀 달리 생각 행위의 빈 백지가 드러날 수 있는 이유가 분명해진다.

꿈속 생각은 꿈에서는 비유적인 언어가 지배한다는 점에서 잠들 때의 사고와 상반된다. 즉 잠들 때는 의식의 저하로 인해 의식 수준이 떨어지는 반면, 의식이 낮은 수준으로 옮겨 가자마자 꿈이 시작된다. 꿈은 낮은 의식 수준에서 이미 진행된다. 그러나 깨어 있는 상태에서 수면 상태로 옮겨 감으로 인한 기능 변화에 맞게 꿈꾸는 사람은 꿈의 원시적 상징 언어로 퇴행한다.

이제 조현병의 과정 증상과 결손 증상을 기본적으로 구분하는 것은 의식적으로 제쳐 두고, 이미 살펴본 것(자아장애와 사고장애) 외에 다른 조현병 증상들도 우리가 제기한 정신 과정의 경험적 피동 원칙으로 설명할 수 있을지 살펴보자. 그러나 여기서는 조현병 환자의 운동 능력이 어느 정도로 피동의 틀에 부합하는지는 차치해 두고자 한다. 긴장성 증상과 강직성 증상의 경우는 우리의 원칙으로 설명할 수 있지만, 여기서는 그냥 청각적 환각, 즉 조현병에 동반되는 환청 증상이라는 심리적 문제에 국한하겠다. 환청을 생각이 소리가 되어 나오는 현상이라고 보면, 피동 원칙이 이해의 열쇠를 제공해 줄 수 있다. 건강한 사람에게는 소위 '내면의 목소리'로서 —적잖이 의식적으로— 생각에 동반되는 청각적 요소가 조현병 환자에게는 수동적으로 경험된다. 즉 다른 사람의 목소리, 외부에서 오는 목소리처럼 경험되며, 따라서 지각의 형태로 경험된다. 자신의 것, 내면의 것이 다른 사람의 목소리, 외부에서 오는 소리처럼 경험되고 지각인 것처럼 경험되는 것, 이것이 바로 환청이다.

조현병의 심리학을 설명하는 이 심리 기능의 경험적 피동 원칙을 치료의 장에서 임상적으로 응용할 수 있는 방법은 없지만, 실제 임상에서 적용되었던 사례는 있다. 인간관계에서 아주 예민해져서 망상을 보이는 젊은이를 심리치료하는 데 성공했던 것이다. 이 젊은이는 자신이 감시당하고 있다는 것에 주목하지 말고, 소위 관찰자도 관찰하지 말도록 훈련받았다. 스스로 감시당하고 있다고 느끼는 것이 옳은지 아닌지 하는 질문은 애초에 논의에서 배제했다. 실제로 이 환자가 감시당하고 있다는 시각으로 주변을 관찰하지 않는 훈련을 하자마자 감시당한다는 느낌은 사라졌다. 스스로 관찰하는 것을 포기하자마자 그에 해당하는 피동 경험인 관찰당하고 있다는 느낌이 중단된 것이다. 심리치료를 통해 능동적인 관찰을 의도적으로 중단하자 피동적으로 관찰당한다는 느낌도 중단되었다는 사실은 조현병으로 인해 관찰이라는 능동적 경험이 피동으로 전도되었다고 볼 때만이 설명 가능하다.

조현병의 특수 실존분석은 질병분류학적으로 이의가 없는 조현병의 경우만을 대상으로 할 필요는 없다. 인간관계에 관한 망상처럼, 정신분열에 가까운 증상의 분석을 통해서도 조현병의 경험 방식을 조명할 수 있다. 이를 위해 한때 '정신쇠약psychasthenia'이라는 이름으로 총칭되던 정신분열성 정신질환을 다루어 보겠다.

해당 환자들의 경험은 주지하는 바와 같이 공허감으로 묘사되며, 그 밖에 그들에게는 박진감이 부족한 것으로 나타난다. 한 환자는 자신이 마치 '공명판이 없는 바이올린'과 같다고 표현했고, '자신의 그림자'가 된 듯한 느낌이라고 했다. 세계에 대한 공명(공감) 부족은 그에게서 뚜렷한 이인증의 경험을 자아내었다.

하우크Haug는 이미 자신의 저서에서 지나친 자기 관찰로 이인증이 일어날 수 있음을 지적했다. 우리는 이제 거기에 몇 가지 보충을 하고자 한다. 앎은 무엇인가에 대한 앎일 뿐 아니라, 이런 앎 자체에 대한 앎이다. 나아가 이런 앎이 각각의 자아에서 연유한다는 것을 아는 것이다. 이차적인, 반추적인 행위를 통해 반추된 일차 행위는 그 자체로 심리적인 것으로 주어진다. 따라서 심리적 특성을 갖는 경험은 반추를 통해 비로소 만들어진다.

이런 연관을 생물학적 모델로 설명해 보자. 일차적인 심리 행위는 아메바의 위족에 비유할 수 있다. 위족은 세포 중심부로부터 대상을 향해 뻗어 나간다. 이차적 반추 행위는 두 번째 작은 위족으로, 이것은 처음에 뻗어 나간 위족으로 향한다. 하지만 이런 반추적 위족이 과도하게 늘어나면 아메바 세포와의 연결을 잃어버리고 떨어져 나가게 될 거라는 걸 상상할 수 있다. 이것이 바로 집착적인 자기 관찰의 이인증적 경험을 보여 주는 생물학적 모델이다.

의도적(지향적) 활시위가 과도하게 당겨짐으로 인해, 즉 과도한 자기 관찰에 부응하여 정신 기능(자동화된 것으로 경험되는)과 자아와의 연결 장애가 생겨날 수밖에 없다. 자기 관찰이라는 강화된 반추적 행위로 말미암아 일차적 행위와 능동적인 자아 사이의 경험적 연결이 상실되는 것이다. 그로부터 필연적으로 활동의 느낌, 자기 자신에 대한 느낌이 결여된다. 그래서 이인증 형태의 자아장애가 일어난다.

정리해 보자. 심리적 행위에 수반되는 반추로 인해 심리 행위 자체가 주체와 객체 사이의 다리가 된다. 이를 넘어 주체는 모든 심리 활동을 담당하는 자가 된다. '무엇인가를 소유하는 것'에서 우리는 이런 무엇인가 외에 소유 자체를 가지게 되고, '자기 자신'으로의 자아를 갖는다. 따라서 '자기 자신'은 스스로를 의식하게 된 자아이다. 이런 의식 또는 자기 반추에 대한 생물학적 모델도 있다. 종뇌 telencephalon의 계통발생이 그것이다. 대뇌피질(반추적 의식의 해부학적 대응물)은 뇌간(무의식적 충동의 신체적 토대) 주변에서 퉁겨지고 젖혀진다. 억제하는 의식의 기능이 간뇌의 본능적 반응을 반추하는 것처럼 말이다.

우리는 이인증의 경우 반추적 행위의 의도적인 활시위가 너무 당겨져서 그것이 끊어질 수 있다고 지적했고, 이런 방식으로 지나친 자기 관찰에서 자아 감정의 장애가 일어날 수 있음을 설명하고자 했다. 이제 확실한 것은 조현병에서 나타나는 '저하된 의식'이나, 정신쇠약과 강박신경성 정신질환에서 나타나는 지나친 자기 관찰로 말미암은 '과도한 의식'은 모두 자아장애라는 동일한 결과에 이른다는 것이다. 조현병에서 나타나는 자아장애와 이인증의 차이는 조현병에서 나타나는 자아장애의 경우 의도의 활시위가 너무 안 당겨져서 문제인 반면, 이인증의 경우는 의도의 활시위가 너무 팽팽하게 당겨져 끊어지는 게 문제라는 것이다.

이미 이야기했듯이 잠잘 때의 낮은 의식 수준에서는 생리적이고 병적이지 않은 의식의 저하가 나타난다. 우리는 반추 경향이 감소

될 때도 그런 의식 저하가 나타난다고 예상한다. 실제로 꿈속에서는 사고활동의 반추적 가지가 적잖이 철회된다고 볼 수 있고, 이런 철회로 인해 자유로운 상상이 반추적인 수정의 방해를 받지 않고 그들의 환각작용을 펼칠 수 있게 된다.

마지막으로 강박신경증과 조현병의 본질적인 차이를 고려하는 가운데 특수 실존분석의 결과를 정리해 본다면 이렇게 말할 수 있다. 강박신경증 환자는 무시하는 기능의 부족과 그 결과로 나타나는 과도한 의식으로 인해 고통받는다. 조현병 환자는 정신활동의 결핍으로 인한 의식의 저하로 인해 고통받는다. 그러나 조현병의 경우 일부는 실제로, 일부는 경험적으로 의식으로서의 자아의 제한뿐 아니라, 책임지는 주체적 존재로서의 자아의 제한에 이른다(순수 객체가 되는 경험이나 피동 원칙!). 그럼에도 조현병 환자에게도 운명이나 질병에 대한 자유의 여지가 남아 있다. 병들었어도 마지막까지 삶의 모든 상황과 모든 순간에 남아 있는 자유의 여지가 말이다.

III

세속적인 고해로부터
의료적 영혼 돌봄으로

Ⅰ장에서 우리는 기존의 심리치료는 보완이 필요하며 어떤 식의 보완이 필요한지를 ―정신치료에 영적 차원을 포함시키는 의미에서― 보여 주고자 했다. 그리고 그다음 장에서 이런 보완의 가능성을 살펴보았다.

Ⅰ장에서 얻은 토대는 로고테라피였고, 로고테라피는 특정 지점에서 실존분석으로 전환되었다. 이제 심리치료사가 이런 지점을 넘어서야 하는가 혹은 넘어서도 되는가 하는 질문이 제기된다.

고해가 심리치료적으로 중요하다는 것은 다양한 측면에서 거듭 인정되어 왔다. 단순히 이야기하는 것 자체로 이미 본질적인 치료 효과가 있다. 앞서 증상을 객관화하고 거리를 두는 것이 효과가 있다고 이야기했는데, 정신적인 괴로움을 그냥 이야기하기만 해도 효과가 있다. 괴로움을 나누면, 괴로움이 정말로 '나누어지는' 것이다.

심리치료, 특히 정신분석이 의도했던 것은 바로 세속적인 고해였다. 반면 로고테라피, 특히 실존분석이 의도하는 것은 의사의 영혼 돌봄이다.

이 문장을 오해해서는 안 된다. 의사의 영혼 돌보기가 종교를 대체해야 한다는 것이 아니다. 기존의 심리치료를 대신하겠다는 것도 아니며, 다만 이미 이야기했듯이 단순히 보완하고자 하는 것이다. 종교를 가진 사람이 형이상학적인 것에서 안전감을 추구할 때,[1] 우리는 그에게 특별히 할 말도 없고 줄 것도 없다. 그러나 문제는 종교가 없는 사람이 마음 깊은 곳에서 일어나는 질문에 대한 답을 갈구하며 의사를 찾아올 때, 어떻게 해 주어야 할까 하는 것이다. 따라서 의사의 영혼 돌봄이 종교를 대신하려는 것으로 의심받을 때 우리는 다만 종교와 전혀 무관하다고 말할 수 있을 따름이다. 로고테라피 또는 실존분석에서도 우리는 의사이며 의사로 남고자 한다. 우리는 성직자와 경쟁하려는 것이 아니다. 다만 의사의 행동반경을 넓혀 의사로서 할 수 있는 일들을 다하고자 하는 것뿐이다.

의사와 성직자의 영혼 돌봄

의사의 영혼 돌봄이 성직자의 목회를 대신하는 것이 아니다. 원래의 영혼 돌봄은 성직자가 수행하는 것이다. 그러나 상황상 의료적 영혼 돌보기가 요청되고 있다. "우리를 그런 과제 앞으로 인도하는 것은 환자들이다."(구스타브 발리Gustav Bally). "심리치료는 영혼 돌봄으로 귀결될 때가 많다."(W. 슐테) "심리치료를 하다 보면 부지불식중에 영혼을 돌보게 될 수밖에 없기 때문이다. 심리치료가 그런 개입을 꾀할 수밖에 없는 경우가 많다."(A. 괴레스A. Görres)[2]

"의사가 원하든 원치 않든 간에, 질병을 벗어나 삶의 괴로움에 대해 조언해 주는 것은 영혼을 보살피는 일이 될 수밖에 없다. 그리고 분명한 것은 오늘날 삶을 힘겨워하는 사람들은 대부분 성직자에게 가기보다 의사를 찾아와 상담한다는 사실이다."(H. J. 와이트브레히트H. J. Weitbrecht) V. 겝자텔이 지적한 "서구인들이 성직자에게서 신경과 의사에게로 옮겨 가는 현상"은 성직자들도 다 아는 사실이며, 신경과 의사가 거부해서는 안 될 요구이다. 신경정신과 의사는 환자가 성직자를 찾지 않는다고 바리새인Pharisee처럼 조소해서는 안 된다. 비신앙인의 정신적, 영적 곤궁 앞에서 이 사람이 신앙이 있었다면 성직자를 찾아갔을 텐데 하고 생각하며 고소해한다면, 그것은 바리새인과 같은 태도이다.

원칙적으로 로고테라피는 종교에 대해 중립적인 입장이다. 종교적인 삶과 비종교적인 삶을 공존하는 현상으로 본다. 로고테라피는 심리치료의 하나이고 —오스트리아의 의사법상— 의사만 심리치료를 할 수 있게 되어 있다. 그리고 로고테라피스트는 자신이 의사로서 했던 히포크라테스선서 때문만이라도 로고테라피를 신앙이 있건 없건 모든 환자에게 적용해야 하며, 개인적인 세계관과 무관하게 모든 의사가 이를 적용할 수 있도록 해야 할 것이다. 종교는 인간에게서, 환자에게서 나타나는 현상이며, 로고테라피가 마주치게 되는 수많은 현상 중 하나이다. 로고테라피에서 종교는 대상일 뿐, 로고테라피가 종교를 토대로 하는 것은 아니다. 로고테라피는 의학에 속하며, 이런 규정에 비추어 지금부터 신학과 로고테라피를 구분해 보고자 한다.[3]

심리치료의 목표는 영혼을 치료하는 것이다. 그러나 종교의 목표는 영혼을 구원하는 것이다. 이 두 목표가 서로 얼마나 다른지는, 성직자는 신앙인의 영혼 구원을 위해 필요한 경우 그 신앙인을 커다란 감정적 긴장으로 몰아넣는 위험을 의식적으로 감수할 수 있다는 점에서 드러난다. 목회자는 신앙인에게서 그런 일을 막아 줄 수 없을 것이다. 정신건강이 성직자의 주된 관심사는 아니기 때문이다. 하지만 보라. 정신건강이나 정신질환을 예방하는 것이 종교의 주된 관심사가 아니라 하여도, 종교는 의도치 않아도 결과적으로 정신건강에 심리치료적인 효력을 발휘한다. 종교가 인간에게 다른 어느 곳에서도 찾을 수 없는 안전감과 보호를 제공하기 때문이다. 즉 초월적이고 절대적인 것에서 안전과 보호를 찾게 하는 것이다. 그런데 심리치료도 이와 비슷한 의도치 않은 부수효과를 갖는다. 바람직한 경우, 환자가 심리치료를 받는 중에 오랫동안 묻혀 있던 신앙의 원천을 발견하게 되는 것이다.[4] 하지만 그런 일이 있다 하여도 그것은 의사가 일부러 적법한 노력을 기울였기 때문은 아니었을 것이다. 의사가 환자와 같은 신앙적인 토양에서 환자를 만나 일종의 인격적 연합을 이루지 않는 한에 있어서는 말이다. 그리고 이런 경우라면 의사는 애초에 환자를 의사로서 대한 것은 아니었다고 할 것이다.[5]

당연히 심리치료와 종교의 목표가 동일한 존재의 지평에 있는 것처럼, 같은 가치를 지니는 것처럼 해서는 안 된다. 정신건강이 갖는 지위는 영혼 구원의 지위와 다르다. 즉 신앙인이 나아가는 차원은 심리치료가 일어나는 차원보다 더 높은, 즉 더 포괄적인 차원이다. 그러나 이렇듯 더 높은 차원으로 나아가는 것은 지식이 아니라 믿음에서 연유한다.

믿음을 통해 신적, 즉 초인적 차원으로 나아가는 일은 강제로 되지 않는다. 하물며 심리치료로도 되지 않는다. 초인간적인 것에 이르는 문이 오해되고 얄팍하게 해석된 정신분석에 뒤이은 환원론에 저지당하지 않는다면 우리는 기쁠 것이다. 신이 아버지 이마고에 불과하며, 종교가 인류의 노이로제에 지나지 않는 것으로 치부되어, 환자에게 가치 비하적으로 제시되지 않는다면 기쁠 것이다.

앞서 언급했듯이 로고테라피에서 종교는 대상에 불과하다 해도, 종교는 로고테라피에서 상당히 중요한 것이다. 로고테라피의 로고스가 영을, 나아가 의미를 뜻하기 때문이다. 인간을 책임지는 존재로 정의할 수 있는 한, 인간은 의미를 실현할 책임이 있다. 그러나 책임져야 하는 행위나 일에 관해 묻는 것과 대조적으로 심리치료에서는 어떤 대상 앞에서의 책임성에 대한 물음이 열려 있다. 책임성을 어떻게 해석할지는 환자가 결정해야 한다. 사회나 인류, 양심 앞에서 책임 있는 존재가 될 것인지, 아니면 누군가 혹은 신의 면전에서 책임 있는 존재가 될 것인지 말이다.[6]

환자가 어떤 대상 앞에서 책임 있는 존재가 될 것인가 하는 질문은 열린 질문이 아니라고 이의를 제기할지도 모른다. 증명만이 부족할 뿐, 그 대답은 계시의 형태로 이미 오래전에 주어졌다고 말이다. 그것은 '선결문제 요구의 오류petitio principii'로 넘어간다. 즉 증명되지 않은 전제 위에서 말하는 것이다. 계시를 계시로 인정하는 것은 믿겠다는 결정을 전제로 하는 것이기 때문이다. 그러므로 신앙이 없는 사람에게는 계시가 있다고 말해 봤자 통하지 않는다. 계시가 계시가 되려면 믿음이 있는 상태여야 하기 때문이다.

따라서 심리치료는 계시에 대한 믿음까지는 나아가지 않는 상태에서 이루어져야 하고, 삶의 의미에 대한 물음은 유신론, 무신론을 막론하고 대답이 되어야 한다. 심리치료가 이렇듯 믿음의 현상을 신에 대한 믿음이 아니라 더 포괄적인 의미에 대한 믿음으로 이해한다면, 믿음의 현상을 다루는 것은 전적으로 적법한 일이다. 그러면 심리치료는 삶의 의미를 묻는 것이 바로 믿음이 있는 것이라고 했던 알베르트 아인슈타인과 함께하는 것이다.

의미는 우리가 더 이상 뒤로 물러설 수 없는, 받아들여야 하는 벽 같은 존재다. 이런 최종적 의미를 받아들일 수밖에 없는 것은 그 배후를 물을 수 없기 때문이다. 즉, 존재의 의미에 대한 물음에 대답하려는 시도 자체가 이미 의미의 존재를 전제로 하기 때문이다. 한마디로 말해, 의미에 대한 인간의 믿음은 칸트의 표현으로 "초월적 카테고리"이다. 칸트 이래로 우리가 시간과 공간 같은 카테고리를 초월하여 묻는 것은 시간과 공간을 전제로 하지 않고는 생각할 수도, 질문할 수도 없기에 무의미하다는 것을 알고 있듯이, 인간의 존재는 이미 의미를 지향하는 존재다. 인간이 의미를 잘 모를지라도 의미에 대한 예지 같은 것이 존재한다. 로고테라피에서의 소위 '의미에 대한 의지'에도 의미에 대한 예감이 깔려 있다. 원하든 원하지 않든, 인정하든 인정하지 않든 숨 쉬는 한 인간은 의미를 믿는다. 자살하는 사람조차도 의미를 믿는다. 삶의 의미, 계속 사는 것의 의미는 아니어도 죽음이 지니는 의미를 믿는 것이다. 자살하는 사람이 정말로 아무런 의미도 믿고 있지 않다면, 그는 손가락 하나 까딱하지 않을 것이고 자살로 나아갈 수 없을 것이다.[7]

나는 확신에 찬 무신론자들이 죽는 모습을 보았다. 일생 동안 딱 잘라, 더 높은 존재나 그와 비슷한 것, 삶의 더 높은 의미를 믿는 것을 단호하게 거부했던 사람들 말이다. 그러나 임종 자리에서 그들은 수십 년간 아무에게도 보여 줄 수 없었던 것의 증인이 되었다. 바로 죽음의 시간에 평소 세계관에 모순될 뿐만 아니라 지적, 이성적으로 설명될 수 없는 안도감을 보여 주었던 것이다. 깊은 구렁 속에서 뭔가가 깨어지고, 뭔가에 이르게 되며, 남김 없는 신뢰가 나타난다. 다가올 것을 알지 못하고, 무엇을 신뢰할지 알지 못하며, 불길한 예측을 앎에도 말이다.[8]

조작된 관계와 직접적인 만남

도널드 F. 트위디Donald F. Tweedie[9]는 로고테라피에 관한 그의 저서에서 정신분석과 로고테라피의 차이를 다음과 같은 아포리즘으로 소개한다.

"정신분석에서 환자는 카우치에 누워 정신분석가에게 불쾌한 일들을 이야기해야 하고, 로고테라피에서 환자는 앉아 있어도 되지만 불쾌한 말들을 들어야 한다."

물론 트위디는 이런 아포리즘이 실제 상황의 캐리커처로, 어쨌든 로고테라피가 더 적극적인 역할을 수행한다는 걸 보여 주는 말임을 지적한다. 우리가 보기에 위의 비유에서 '말하기'와 '듣기'는 서로 보완되는 듯하다. 이런 보완이 있어야 비로소 의사와 환자의 만남의 토대가 이루어진다.

이런 연관에서 —셸러와 하이데거 이래로— 인격 또는 실존 지향적 심리치료가 자신의 '인류학적 지향'[10]에 따라 어떤 점에서 프로이트를 능가했느냐고 묻는다면, 우리는 우선 심리치료에 대한 프로이트의 본질적인 기여, 즉 정신분석의 본래 업적에서 출발하여, 신경증을 의식하기 시작한 것이 프로이트와 정신분석의 업적이라는 점을 지적하고 넘어가야 할 것이다. 노이로제는 프로이트 이래로 중요하게 해석되고 있다. 그러나 정신분석적 의미 추구는 의미 발견으로 나아가지 않으며, 의미 부여로 만족한다.

보스의 말을 빌리자면,[11] 정신분석은 가설, 더 정확히 말해서 '자아와 이드 심급, 무의식, 초자아 심급'이라는 개념적 실체를 만들고 '아이들 동화'라는 옛 기법을 활용한다. 이런 동화에서 아이가 바라고 의도하는 엄마의 행동양식은 다른 가능성으로부터 고립되고, 그런 행동양식들은 독립적인 심급의 표상으로, 좋은 요정으로 응축된다. 반면 아이가 알고 싶어 하지 않는 불쾌한 것들, 아이가 두려워하는 것들은 마녀의 생각으로 의인화된다. 그러나 이런 동화적 형상에 대한 믿음이 유지될 수 없는 것처럼, 심리학적 심급 표상은 미래에 유지될 수 없을 것이다. 덧붙여 말하면, 정신분석은 그것이 '심급들을 의인화'하는 만큼 환자를 비인격화한다고 할 수 있다. 그런 인간상에서 인간은 물화된다.

인간이 물화되는 것, 즉 빌리암 슈테른William Stern[12]의 인격주의적 반명제를 빌리자면, 인격을 사물로 만드는 것은 과정의 한 가지 측면일 뿐이고, 또 다른 측면은 인간이 조작된다고 하는 것이다. 다시 말해서, 인간은 사물이 될 뿐만 아니라 목적을 위한 단순한 수단이 되는 것이다.

이렇듯 인간을 사물화하고 조작하는 정신분석의 경향은 의사와 환자 간의 인간적인 관계에, 의사와 환자의 상호적인 만남에 어떤 영향을 미칠까? 그 관계에서는 주지하는 바와 같이 전이가 이루어진다. 하지만 전이는 각각 조작된다. 로버트 W. 화이트Robert W. White[13]는 가령 "전이 관계의 조작"과 "전이의 조작"이라는 표현을 사용한다. 루돌프 드레이커스Rudolf Dreikurs[14]는 "전이를 기본적인 치료 대리자로 상정하는 것은 치료사를 더 우월한 위치에 놓는다. 훈련받은 치료적 도식에 따라 환자를 조작하는 사람으로 말이다."라는 말로 전이 이론을 경고한다. 보스[15] 역시 실존분석에 대해 다음과 같이 주장한다. "실존분석가는 프로이트적 전이를 활용할 수 없다. 실존분석가는 오히려 전이적인 사랑을 정신분석 대상자 스스로가 분석가에 대해 경험하는, 진정하고 직접적인 동료 인간관계로 여길 것이다."

정신분석이 '동료 인간관계'를 전이의 의미에서 조작하는 가운데 그 관계를 스스로 파괴한다면, 심리치료적 만남의 성격을 다시금 그에 합당한 자리로 돌려놓은 것은 실존분석과 현존재 분석(빈스방거)의 공로이다. 이런 방식으로 만남은 실존적 특성을 잃지 않게 되고, 인간 존재에 적합한 관계가 된다. 그러나 이다음으로 높은 차원인, 인간 존재가 의미를 향해 나아가고, 실존이 로고스와 대면하는 차원은 아직 심리치료적 관계로 받아들여지지 않았다.

카를 뷜러[16] 이래로 우리는 인간 언어의 대상적 관계의 중요성을 알고 있다. 인간의 언어를 세 가지 측면에서 접근할 수 있는데, 발화자 입장에서는 표현이고, 수신자에 대해서는 호소이며, 대상(지시대상, 객체)과 관련해서는 묘사이다. 여하튼 인간의 언어는 그 자체로 인간적인 것으로서, 대상과의 관계성 없이는 생각할 수 없다. 심리치료적 관계도 마찬가지로 그냥 개인적인 독백처럼, 주체 내부의 대화가 아니다. 그리하여 의미를 향해 털어놓지 않는, 즉 자신의 틀을 벗어나지 않는 심리치료 대화는 로고스(의미) 없는 대화가 된다.

로고테라피에서 실존분석을 거쳐 의료적 영혼 돌봄으로 이르는 길에서 우리는 점점 더 영적인 문제에 관여하게 된다. 그것은 모든 심리치료에 이미 수반되는 문제다. 이로부터 본질적으로 경계를 넘어설 위험이 초래된다. I 장에서 우리가 이런 문제를 —심리주의의 위험에 대하여— 영적인 것을 고유 영역으로 인정하고자 하는 관점에서만 살펴보았다면, 이제 영적인 것이 갖는 고유한 권리를 보장하는 게 중요하다. 우리는 이런 보장에 근거하여 로고테라피나 실존분석, 또는 의료적 영혼 돌봄에 무엇을 요구할 수 있을지를 물어야 한다. 형이상학에 대한 칸트의 역사적 정리에 빗대어 이런 질문을 하자면, '가치판단'으로서의 심리치료가 가능할지를 물어야 한다. 칸트의 제목을 빗대어 말하자면 "가치판단으로서 드러날 수 있는 미래의 심리치료에 대한 서설"이라고 할 수 있을 것이다.

하지만 이 모든 것에서 우리는 사실문제Quaestio facti로 빠지지 말고, 권리문제Quaestio juris를 보아야 한다. 영혼의 의사뿐 아니라, 모든 의사가 사실적으로 판단하기 때문이다. 모든 의료 행위에는 건강의 가치, 회복의 가치가 전제된다. 앞서 이야기했듯이 의료 행위의 영적 문제, 가치 문제는 안락사나 자살에 관한 문제, 매우 위험한 수술을 제안하는 문제 등 인간 실존의 총체적인 것이 문제가 되는 경우에 비로소 드러나는 듯하다. 그러나 애초에 가치와 무관한 의료 행위는 없다.

특히 심리치료는 로고테라피 이래 심리치료사가 저 괴리된 영역들을 서로 엮으면서 의료적으로 영혼을 보살펴 왔다. I 장에서 우리는 이런 심리치료가 어떤 차별성을 지니는지 살펴보았다.

그러나 우리 앞에 가치에 관한 원칙적인 권리에 대한 질문이 놓여 있다. "어떤 심급, 어떤 명목으로"(프린츠혼) 세계관적이고 영적인 영역으로, 가치의 영역으로 나아갈 수 있는가 하는 질문이다. 이런 질문은 세계관적 공정성과 방법적 결백을 묻는 것이다. 인식비판 교육을 받고 자란 의사에게 분명한 것은, 의사의 영혼 돌봄은 제기된 질문에 답을 하는 데 성공하느냐의 여부에 달려 있다는 것이다.

히포크라테스는 의사는 철학자인 동시에 신에 버금간다고 말했다. 그러나 우리는 가치의 질문을 의료 행위로 가지고 들어가는 노력 가운데 결코 성직자와 똑같이 하지는 않을 것이다. 우리는 다만 의사로서의 가능성을 최대한 활용하고자 할 뿐이다. 이런 시도가 프로메테우스적인 행동의 시작으로 해석되는 위험을 감수하고서라도 반드시 시도되어야 한다. 그도 그럴 것이, 의사는 상담 시간에 계속해서 환자의 세계관적 결정에 직면하게 되기 때문이다. 우리는 이런 결정을 그냥 지나칠 수 없으며, 계속해서 어떤 입장을 취할 수밖에 없다.

의사에게 그런 입장을 취할 자격이나 사명이 있을까? 아니면 의사에게는 그런 일이 허락되지 않거나, 나아가 어떤 입장을 취하는 것을 피해야 할까? 의사가 환자의 결정에 개입해도 될까? 공연히 의사가 사적인 영적 영역에 개입하는 것은 아닐까? 그럴 때 의사는 자신의 개인적인 세계관을 환자에게 무분별하게 전이시키는 것은 아닐까? "철학을 의학으로, 의학을 철학으로 가져가야 한다."라고 했던 히포크라테스의 말에 입각하여 우리는 '의사가 의료 행위에 속하지 않은 것을 어떻게 의료 행위로 가져갈까?' '그가 의뢰받은 환자, 자신을 신뢰하는 환자와 세계관 문제를 이야기하자마자, 세계관적인 월권을 범하는 건 아닐까?' 하고 물을 필요가 없다.

월권을 두려워할 필요 없이 합법적으로 세계관적인 문제를 논의할 수 있는 성직자뿐만 아니라, 우연히 의사이자 종교적 인간[17]으로서 같은 종교를 가진 환자와 '인격적 연맹'을 이루게 된 의사도 세계관과 가치의 문제를 다루게 된다. 하지만 모든 의사는 여기서 딜레마에 봉착한다. 심리치료사는 특히 그렇다. 심리치료사는 한편으로 심리치료 과정에서 가치판단을 해야 하는 필연성 앞에 서 있고, 다른 한편으로는 월권하지 말아야 하는 필연성이 주어진다.

하지만 이런 딜레마를 해결할 방법이 있다. 해결 방법은 단 하나다. 우리의 출발점이 되었던 저 인류학적인 원초적 사실, 인간 실존의 기본 사실로 돌아가 보자. 우리는 인간은 의식하는 존재이고 책임지는 존재라고 말했다. 실존분석이 의도하는 것은 더도 덜도 아닌, 인간이 이런 책임을 의식하게 하는 것이다. 실존분석은 책임지는 존재로서의 인간을, 실존의 책임성을 경험하게 하고자 했다. 하지만 인간이 자신의 실존을 책임지는 존재라고 뼈저리게 이해하는 지점을 넘어서 더 나아가기까지 인간을 이끌어 주는 것은 가능하지도 않고 필요하지도 않다.

책임은 윤리적으로 형식적인 개념이다. 그 개념은 내용적으로 확실한 것을 담고 있지 않다. 나아가 책임은 윤리적으로 중립적인 개념이며, 그 점에서 윤리적인 한계 개념이다. 구체적으로 어떤 존재에 대해 책임을 져야 할지, 어떤 행위를 책임져야 할지 하는 내용은 그 안에 들어 있지 않기 때문이다. 이런 의미에서 실존분석 역시 어떤 존재에 대해 책임감을 느낄 것인지 하는 질문에 중립성을 가진다. 신 앞에서 책임감을 느낄지, 양심이나 공동체 혹은 다른 어떤 심급에 대해 책임감을 느낄지 말이다. 어떤 행위에 대해 책임을 느끼는지도 마찬가지다. 어떤 가치를 실현하는 데 책임을 느낄 것인지, 어떤 개인적인 과제를 실현하는 데 책임을 느낄 것인지, 어떤 구체적인 삶의 의미에 책임을 느낄 것인지는 개인에 따라 다르다.

따라서 실존분석은 가치 등급이나 가치 서열에 관한 질문에 답변하는 것에는 개입하지 않는다. 실존분석과 모든 의료적 영혼 돌봄은 환자가 자신의 책임을 뼈저리게 느낄 수 있도록 인도해야 하고, 그것으로 만족해야 한다. 이를 넘어서서 개인적인 영역에서 구체적인 결정을 하는 데까지 나아가는 것은 예나 지금이나 허용되지 않는다. 의사는 결코 환자의 책임을 떠맡을 수 없으며, 환자가 자신의 책임을 의사에게 전가하게 해서도 안 된다. 결정을 결코 미리 내려 주어서는 안 되고, 환자에게 결정을 강요해서도 안 된다. 인간으로 하여금 자신의 책임성을 의식하는 가운데 자신만의 과제로 나아가고, 더 이상 익명적이지 않은 자신이 인생의 유일하고 일회적인 의미를 발견하도록 인도하는 것이 바로 실존분석의 과제이다. 거기까지 나아간 인간은 이제 존재의 의미에 대해 —이미 이야기했던 코페르니쿠스적 전환(119쪽 참조) 이래로— 구체적인 동시에 창조적인 답변을 하게 될 것이다. 그러고 나면 인간은 "책임에 대한 응답이 요구되는"(요한나 뒤르크) 상황에 도달한다.

공통분모라는 실존분석 기법

가치는 일괄적으로 비교가 안 되고, 결정은 선택을 통해서만 가능하기에, 경우에 따라 의사는 이 부분에서도 사람을 도울 필요가 있다. 다음 사례를 통해 이런 도움의 필요성과 가능성을 살펴보자.

한 젊은 남성이 의사에게 현재 결정해야 하는 사안을 놓고 상의를 해 왔다. 사안인즉슨, 자신의 약혼녀의 여자 친구가 그더러 일회적인 성관계를 맺자고 했다는 것이었다. 그 젊은이는 의사에게 자신이 사랑하고 존경하는 약혼녀를 속여도 될지, 아니면 자신이 감정적으로 빚을 진 약혼녀에 대한 정절을 지켜야 할지 물었다. 물론 의사는 이런 결정에 직접적으로 개입하기를 거부했다. 하지만 마땅하게 이 젊은이가 원하는 것이 무엇인지, 그리고 이 두 경우에 그가 무엇을 목적으로 하고 있는지를 깨닫게 해 주고자 했다. 한편으로 이 젊은이는 일회적으로 즐길 기회가 있는 것이었고, 한편으로는 사랑을 위해 즐김을 포기할 일회적인 기회를 가지고 있었다. 그것은 —이 모든 일을 절대로 비밀에 부쳐야 할 약혼녀 앞에서가 아니라— 자신의 양심 앞에서의 '성취'에 대한 기회였다. 이 젊은이는 그의 표현에 따르면 '놓치고 싶지 않기에' 성적 즐김의 기회를 꿈꾸고 있는 것이었다.

하지만 즐김의 전망은 의심스러웠다. 그도 그럴 것이 그 환자는 현재 성 능력 장애로 인해 치료받는 중이었던 것이다. 그리하여 의사는 양심의 가책이 성 능력 장애의 형태로 환자를 방해하고 있다고 받아들일 수밖에 없었다. 물론 의사는 이런 생각을 입 밖에 내지는 않았지만, '뷔리당의 당나귀Buridan's Ass'와 비슷한 환자의 상황을 타개하는 데 도움을 주고자 했다. 널리 알려진 스콜라철학 이야기에 따르면, 뷔리당의 당나귀는 똑같은 거리에 놓인 똑같은 크기의 먹음직스러운 두 건초더미 사이에서 어느 것을 먹을지 결정하지 못해서 굶어 죽었다고 한다.

의사는 이제 두 가지 결정 가능성에서 소위 공통분모를 찾고자 했다. 두 가능성의 공통분모는 '일회적인 기회들'이라는 것이었다. 그래서 둘 중 하나를 결정하면 환자는 뭔가를 놓치게 될 것이었다. 하나는 가능할지 의심스러운 즐김이었고, 다른 하나는 그가 평소에 제대로 표현하지 못했던 약혼자에 대한 감사를 자기 자신의 앞에서 보여 주는 것이었다. 성적 모험을 잠자코 포기하는 것은 이런 감사의 표현이 될 수 있었다! 따라서 젊은이는 두 경우 모두 자신이 뭔가를 놓치게 된다는 것을 깨달았을 뿐 아니라, 이 경우는 상대적으로 적은 것을 놓치게 되고, 저 경우는 비교할 수 없이 많은 것을 놓치게 될 것임을 깨달았다. 그래서 의사가 직접적으로 길을 제시하지 않았는데도, 이제 자신이 어떤 길을 가야 할지 알게 되었고 스스로 결정을 내릴 수 있었다. 환자는 깨달음을 돕는 대화를 통해서 자율적으로 결정한 것이다.

공통분모를 보게 만드는 것은 가치판단을 해야 할 때 외에, 가진 것을 비교할 때도 중요한 역할을 한다. 비교적 젊은 나이에 뇌색전증으로 인해 반신불수가 된 한 남성은 의사 앞에서 좋아질 전망이 전혀 없는 자신의 신체 상태에 대해 크게 탄식했다. 그러자 의사는 환자에게 총계를 내 보게 했다. 환자는 이쪽 항에는 질병이라는 불행을, 다른 쪽 항에는 행복한 결혼과 건강한 자녀 등 삶에 의미를 주는 것들을 써넣었다. 오른쪽 팔다리를 자유롭게 활용하지 못한다는 제한은 연금생활을 할 수 있는 환자에게 그렇게 무게를 갖는 것은 아님이 드러났다. 환자는 마비증세가 기껏해야 프로권투 선수가 될 수 없게 할지는 몰라도, 그것이 인생의 총체적인 의미를 망쳐 놓을 수는 없다는 것을 인정해야 했다. 그리고 후속 조치를 통해 환자는 철학적 거리와 스토아적 평정, 지혜로운 명랑함에 도달하였다. 의사는 후속 조치로서 환자에게 뇌색전증으로 인한 언어 장애를 줄이기 위해 책을 읽는 연습을 하라고 했는데, 독서 훈련을 위해 주어진 책은 바로 세네카의《행복한 삶에 관하여》였다.

이제 간과하지 말아야 할 것은 긴급하다 못해 생사를 좌우하는 심리치료의 경우 환자의 결정에 의식적으로 개입하지 않으면 안 되는 상황이 곧잘 발생한다는 것이다. 의사는 큰 절망 속에 있는 사람을 방치하고 원칙에 희생시키지는 않을 것이다. 의사는 등반 안내자처럼 환자를 그냥 추락하게 내버려 두지 않는다. 등반 안내자는 안내받는 사람이 혼자서 등반의 노력을 아끼지 않게끔 느슨하게 서로의 몸을 자일로 연결한다. 그러나 추락의 위험이 있을 때는 자일이 연결되어 있으므로 생명이 안전할 뿐 아니라, 등반 안내자가 자일을 당겨서 위험에 처한 사람이 자신 쪽으로 올라올 수 있게 적극적으로 돕는다. 로고테라피와 의료적 영혼 돌봄의 영역에서도 자살의 위험이 있는 경우처럼 이와 비슷한 상황들이 있다. 그러므로 원칙적이고 일반적인 경우는 위에서 지적한 경계를 존중해야 하지만, 예외적이고 급박한 경우에는 환자의 가치판단 앞에서 의사의 분별 있는 행동이 요구된다.

심리치료에는 많은 기법과 학문이 포함되지만, 결국 심리치료는 기법보다는 예술이고, 학문보다는 지혜에 근거한다. 물론 의료적 영혼 돌봄이 신경증 치료에만 해당되는 것은 아니다. 의료적 영혼 돌봄은 본질적으로 모든 의사의 일이다! 외과 의사도 신경과나 신경정신과 의사 또는 심리치료사만큼이나 자주 영혼을 돌볼 필요가 있다. 물론 의료적 영혼 돌봄의 목표는 외과 의사의 목표와는 다르고, 한 걸음 더 나아간 것이긴 하지만 말이다. 절단 수술을 시행한 뒤 수술 장갑을 벗으면 외과 의사의 의료적 의무는 끝난 것처럼 보인다. 하지만 수술을 받은 환자가 불구자로 사는 걸 원치 않아 자살해 버린다면, 외과 치료는 무용지물이 되어 버리는 게 아닐까? 이때 외과 의사가 외과 수술로 인한 환자의 태도와 관련하여 어떤 노력을 기울인다면, 그 역시 의료 행위에 속하는 게 아닐까? 의사는 질병에 대한 환자의 태도를 치료할 권리나 나아가 의무를 지니는 게 아닐까? 외과 의사가 외과 의사로서의 일을 마쳤을 때 비로소 의료적 영혼 돌봄의 일이 시작된다! 외과 의사가 외과적으로 취할 수 있는 방법은 모두 취한 경우, 혹은 수술이 불가능하여 외과 의사가 해줄 일이 없는 경우에 말이다.

동맥경화성 괴저로 인해 다리를 절단해야 했던 저명한 법률가는 수술 뒤 처음으로 침대에서 일어나 한쪽 다리로 걸어야 했을 때, 그만 울음을 터뜨리고 말았다. 그러자 그를 치료하는 의사는 그에게 장거리달리기 선수가 될 생각이었느냐고 물었다. 그럴 때만이 그의 절망을 이해할 수 있을 거라면서 말이다. 이런 유머에 환자는 눈물을 흘리던 중에도 곧장 미소를 자아냈고, 의사는 환자에게 장거리 선수에게조차 삶의 의미는 결코 가능하면 빨리 달리는 데 있지 않다는 평범한 사실을 상기시켰다. 하물며 인간의 삶은 가치를 실현할 가능성이 그리 부족하지 않아서, 사지를 잃더라도 삶이 결코 무의미해질 수 없음을 깨닫게 해 주었다.

또 다른 여환자는 골결핵으로 인해 다리 절단 수술을 앞둔 밤에, 친구에게 자살 생각을 암시하는 내용의 편지를 전했다. 그 편지는 적시에 환자가 입원해 있는 병원의 한 외과 의사에게 전해져서, 편지를 쓴 지 얼마 지나지 않아 환자는 의사와 즉흥적으로 대화를 나누게 되었다. 그 의사는 환자에게 다리 하나를 잃는 것으로 삶 전체의 의미와 내용이 사라진다면, 인간의 실존은 정말로 가련하다고 할 수 있음을 분명히 했다. "당사자가 개미라면 그런 상황에서 삶의 목적을 잃을지도 모른다. 여섯 다리로 기어 다니며 맡을 일을 하지 못하면 개미 군락이 부여한 목표를 달성할 수 없기 때문이다. 하지만 인간의 경우는 좀 다른 것 같다."라고 했다. 소크라테스적으로 제시된 젊은 외과 의사의 이런 설명은 효과가 있었다. 다음 날 절단술을 시행한 과장 의사는 수술을 성공적으로 진행했지만 그 여환자가 거의 부검 테이블에 오를 뻔했다는 것은 지금도 알지 못한다.[18]

실존분석은 성취 능력이나 향유 능력만을 목표로 두지 않고, 고통을 감수하는 능력 역시 인생에서 기본적으로 가능한 필수 과제로 상정하는 혁명적이고 특이한 행보를 보였다. 비단 신경과나 신경정신과, 혹은 심리치료사만이 아니라 모든 의사가 환자가 이렇게 할 수 있도록 도와야 한다. 이것은 앞서 살펴보았듯이 전문의의 범주를 넘어서는 것이며, 무엇보다 내과 의사, 정형외과 의사, 피부과 의사는 종종 그런 도전 앞에 서게 된다. 내과 의사는 만성질환자나 불치병 환자를 대하고, 정형외과 의사는 평생 불구로 살아야 하는 사람들을 대하며, 피부과 의사는 평생 일그러진 모습으로 살아야 하는 사람들을 대하기 때문이다. 따라서 운명을 형상화하기보다, 그냥 참을성 있게 견뎌야 하는 사람들과 관계하기 때문이다.[19]

마지막 처치

심리치료가 환자를 위로할 임무는 없다는 이의—심리치료가(혹은 의학이) 더는 환자를 치료할 수 없을 때도 위로할 필요는 없다는 이의—는 말이 되지 않는다. 빈 종합병원의 설립자 카이저 요제프 2세는 병원 현판에 "Saluti et solatio aegrorum(전심으로 치료하고, 또 환자를 위로하며)"이라는 문장을 새겨 넣게 했다. 환자를 위로하는 것도 의사의 과제에 속한다는 것은 미국 의학협회의 권고 사항에도 등장한다. 거기에는 "의사는 영혼도 위로해야 한다. 그것은 결코 신경정신과 의사만의 과제가 아니다. 모든 임상의의 과제다."라고 되어 있다. 나는 몇천 년 전에 쓰인 〈이사야서The Book of Isaiah〉의 "위로하라. 내 백성을 위로하라. 너희 하느님이 말한다."라는 구절이 오늘날에도 유효할 뿐 아니라, 특히 의사들에게 적용되는 말이라고 확신한다.

죽음을 앞두고 고통 가운데 있는 환자에게 의미 발견의 마지막 가능성을 보여 주어야 할 때 우리는 응급처치가 아니라 마지막 처치를 한다고 할 수 있다. 여기, 내가 이럴 때 사용하는 방법을 부분적으로 보여 주는 육성 녹음테이프가 있다. 이 테이프는 임상 강의에서 내가 어느 여성 환자와 나눈 대화를 녹음한 것이다. 나는 의과, 철학과, 신학과 대학생들로 구성된 청중들 앞에서 이 환자와 대화했는데, 물론 처음부터 끝까지 즉흥적으로 이루어진 것이었다. 상대 여환자는 80세로, 불치의 암 환자였으며, 가명으로 진행했다. 그 가명은 베르펠Werfel의 소설《부주의로 놓쳐 버린 하늘Veruntreutem Himmel》의 주인공 테타 리넥Teta Linek에서 따왔다. 환자와 형편이 비슷한 주인공이었기 때문이다.

프랭클: "자, 리넥 부인, 당신의 긴 인생을 돌아보면 어떤 생각이 드십니까? 아름다운 인생이었습니까?"

환자: "아, 교수님. 저는 좋은 삶을 살았다고 말해야 할 거예요. 삶은 아주 아름다웠답니다. 내게 선물로 주신 모든 것에 대해 하느님께 감사드립니다. 나는 연극도 보러 갔고, 음악회에도 갔어요. 프라하에서 몇십 년간 가정부로 일하던 집에서 가족들이 음악회에 갈 때 함께 가곤 했지요. 이 모든 아름다운 것들에 대해 이제 하느님께 감사드려야 할 거예요."

그러나 나는 이 노인의 억압된 무의식적, 실존적 절망을 의식으로 끌어올려야 했다. 야곱이 천사가 축복할 때까지 천사와 씨름했던 것처럼, 그녀도 그런 절망과 싸워야 했다. 나는 그녀를 인도하여 그녀가 최종적으로 자신의 삶을 축복하고, 바꿀 수 없는 운명에 대해 "예스"라고 할 수 있게 해야 했다. 그리하여 ―모순적으로 들리지만― 그녀가 일단 삶의 의미를 의심하도록 이끌어야 했다. 의심을 억압하고 있는 것이 틀림없어 보였으므로, 그것을 의식적인 차원에서 할 수 있도록 해야 했다.

프랭클: "리넥 부인, 당신은 아름다운 경험들에 대해 이야기하고 계시네요. 그렇다면 이제 이 모든 것이 중단될까요?"

환자: (생각에 잠겨) "네, 이제 모든 것이 중단될 거예요."

프랭클: "그러면 이제 그로써 당신이 경험한 모든 아름다운 일들이 세상에서 사라진다고 생각하시나요? 그것들이 무효가 되고, 없어져 버린다고요?"

환자: (여전히 곰곰이 생각에 잠긴 표정으로) "내가 경험했던 아름다운 일들은……"

프랭클: "리넥 부인, 누군가가 당신이 경험한 행복을 없었던 일로 만들 수 있나요? 누군가가 그것을 지워 버릴 수 있나요?"

환자: "아니요, 교수님. 아무도 그것을 없던 일로 되돌릴 수 없어요."

프랭클: "또는 누군가가 당신이 삶 가운데 만난 은총을 없앨 수 있나요?"

환자: "아니요. 아무도 그럴 수 없습니다."

프랭클: "누군가가 당신이 이미 이룬 것이나 이루고 있는 것들을 지워 버릴 수 있습니까?"

환자: "아니요, 교수님. 아무도 그것을 지워 버릴 수 없습니다."

프랭클: "또는 누군가가 당신이 용감하고 씩씩하게 견딘 것을 세상에서

없애 버릴 수 있을까요? 누군가가 과거의 모든 것을 없애 버릴 수 있을까요? 당신이 과거에 이루고, 구하고, 열매 맺고, 쌓은 모든 것들을?"

환자: (이제 눈물을 글썽이며) "아무도 그럴 수 없습니다. 아무도!" (잠시 후) "그래요. 난 괴로운 일이 많았지만, 삶이 내게 가하는 채찍질을 감수하고자 했어요. 아시죠. 교수님, 나는 고통은 징벌이라고 생각해요. 나는 하느님을 믿거든요."

나에게는 당연히 종교적 의미에서 해석해 주고, 환자에게 판단하게 할 권리가 없을 것이다. 이런 권리는 성직자만이 가지고 있다. 의사는 그 자체로는 그럴 의무도, 권리도 없다. 하지만 환자가 종교를 긍정하는 자세를 보이면, 그것을 주어진 사실로서 심리치료에 끌어들이지 못할 이유는 없다.

프랭클: "하지만 리넥 부인, 고통은 시험도 되지 않을까요? 하느님이 혹시 리넥 부인이 고통을 어떻게 견디는지 보려고 하셨던 것일 수도 있지 않을까요? 그리고 마지막에 하느님은 아마 '그래, 리넥이 용감하게 견디었구나' 하고 인정하셨을 거예요. 이제 말씀해 보세요. 누군가가 부인이 그렇게 한 일을 없던 일로 되돌릴 수 있을까요?"

환자: "아뇨. 아무도 그렇게 할 수 없습니다."

프랭클: "그것은 남아 있을 것입니다. 그렇지 않습니까?"

환자: "틀림없이 남습니다!"

프랭클: "아시지요, 리넥 부인. 당신은 삶 가운데서 온갖 일들을 했고, 고

통 가운데서도 최선을 다했습니다! 이런 면에서 당신은 우리 환자들에게 모범입니다. 동료 환자들이 당신을 모범으로 삼을 수 있으니 축하할 일입니다!"

이 순간 그 어떤 강의에서도 없었던 일이 벌어졌다. 150명의 청중이 갑자기 우레와 같은 박수를 보냈던 것이다! 나는 다시금 그 노인에게 말했다.

"보십시오, 리넥 부인. 이 갈채는 당신에게 보내는 것입니다. 당신의 인생에 보내는 갈채입니다. 당신의 인생은 정말 유일하고 위대한 업적이었습니다. 당신은 이런 삶에 대해 자랑스러워할 수 있습니다. 자신의 인생을 자랑스러워할 수 있는 사람은 얼마나 적은지 모릅니다. 리넥 부인, 나는 이렇게 말하고 싶습니다. 당신의 삶은 기념비입니다. 그 누구도 없애 버릴 수 없는 기념비입니다!"

그 노인은 천천히 퇴장했고, 일주일 뒤에 세상을 떠났다. 그녀는 마지막 주를 보내는 동안 더 이상 우울해하지 않았다. 반대로 자부심에 넘쳤고 깊은 신앙심을 보여 주었다. 자신의 인생이 의미가 있었으며, 자신의 고통 역시 더 깊은 의미를 지니고 있었음을 깨달았기 때문인 듯했다. 예전에 그녀는 자신이 헛된 인생을 살았다는 근심에 억눌려 있었다. 그러나 그녀의 진료기록지에 기입된 그녀의 마지막 말은 이러했다.

"강의실에 있던 대학생들에게 교수님이 그랬어요. 제 삶은 기념비라고. 제 삶은 결코 헛되지 않았던 거예요."

로고테라피, 무엇보다 실존분석이 입장한 영역은 의학과 철학 사이의 경계 지대이다. 의료적 영혼 돌봄은 바로 의학과 종교 사이의 경계선에서 움직인다. 하지만 두 구역의 경계선에서 움직이는 사람은 두 구역 모두에서 미심쩍은 눈초리를 받게 된다는 점을 생각해야 한다. 그리하여 의사의 영혼 돌봄에도 역시 못마땅한 시선이 따를 것이며, 그것을 감수해야 한다.

사람들은 우리에게 우리가 의료적 영혼 돌봄으로 '빵 대신 돌'을 준다고 비난할 것이다. 하지만 좀 더 자세히 살펴보는 사람은 좀 더 누그러진 판단을 할 것이고, 우리가 빵을 준다는 것을 인정할 것이다. 물론 만나(manna: 이스라엘 백성이 광야에 이르러 굶주릴 때 하느님이 내려준 신비로운 양식) 대신에 말이다.

의료적 영혼 돌봄은 두 영역 사이에 놓여 있다. 그곳은 경계 지대다. 그리고 이런 경계 지대는 그 누구의 땅도 아니다. 약속의 땅일 뿐!

요약[1]

하버드 대학 교수 고든 W. 올포트는 로고테라피에 관한 자신의 저서에 실린 서문에서 로고테라피를 '실존정신의학existential psychiatry' 이라는 명칭하에 아우를 수 있는 조류 중 하나라고 말했다. 하지만 로버트 C. 레슬리Robert C. Leslie 교수는 로고테라피는 바로 이런 관점에서 상당히 예외적인 위치를 점하는데, 그것은 로고테라피가 다른 실존정신의학적 조류들과 달리 독자적인 치료 기법을 이끌어 낼 수 있었기 때문이라고 말한다. 트위디, 운거스마Ungersma, 카차노프스키Kaczanowski, 크럼보의 관련 글에도 비슷한 언급들이 발견된다.

실제로 로고테라피는 가령 '현존재 분석'과 비교할 때 단순한 분석 이상이다. 로고테라피라는 이름이 말해 주듯이, 우선 '테라피'가 되고자 하기 때문이다. 이를 넘어 로고테라피는 존재보다는 의미, 즉 로고스를 추구한다. 그리하여 로고테라피에서는 '의미에의 의지'가 특별한 위치를 점한다. 여기서 의미에의 의지는 다름 아닌 현상학적 분석을 통해 확인될 수 있는 사실, 즉 인간은 기본적으로 삶에서 의미 발견 또는 의미 실현을 추구한다는 사실이다.

오늘날에는 이런 의미에의 의지가 좌절되는 경우가 너무나 많다. 로고테라피는 이런 연관에서 실존적 좌절을 이야기한다. 실존적으로 좌절한 환자는 무의미한 느낌 혹은 내적인 공허를 토로하곤 한다. 이를 로고테라피의 용어로 '실존적 공허'라고 부른다. 실존적 공허는 오늘날의 집단 노이로제라 할 수 있다.[2] 최근 체코슬로바키아의 한 정신과 의사는 실존적 좌절이 결코 자본주의 국가들에서만 나타나는 현상이 아님을 지적하기도 했다.[3]

실존적 좌절이 신경증 증상으로 나타나는 경우, 이것은 새로운 유형의 신경증이며 로고테라피의 용어로는 '누제닉 신경증'이라 부른다. 미국의 크럼보와 매홀릭은 누제닉 신경증을 경험적으로 확인하기 위해 특별히 개발한 테스트[4]로 1,151명을 테스트했다. 그후 〈임상심리학저널〉에 발표한 논문에서, 테스트 결과 현재 누제닉 신경증이라는 새로운 신경증이 심인성 신경증에 추가되고 있다는 프랭클의 가설을 일관성 있게 확인했음을 밝혔다. 실제로 새로운 신드롬으로 증명되었다는 것이다.

누제닉 신경증의 빈도와 관련해서는 런던의 베르너Werner, 튀빙겐의 랑엔과 폴하르트, 뷔르츠부르크의 프릴, 빈의 니바우어, 미국 매사추세츠주 워체스터의 프랭크 M. 버클리Frank M. Buckley, 미국 코네티컷주 미들타운의 니나 톨Nina Toll, 뮌헨의 엘리자베스 루카스, 루블린의 카지미에르츠 포필스키Kazimierz Popielski, 미국 미네소타주 미니애폴리스의 에릭 클링거Eric Klinger, 빈의 제럴드 코바치크Gerald Kovacic가 제출한 통계적 연구 결과를 참조했으며, 신경증의 20퍼센트 정도가 누제닉 신경증이라는 결과가 나왔다고 지적했다.

물론 삶의 의미는 의료적으로 처방될 수 없다. 환자의 삶에 의미를 주는 것은 의사의 과제가 아니다. 그러나 실존분석을 통해 환자가 삶의 의미를 발견하게끔 인도하는 것은 의사의 과제다. 나는 어떤 상황에서든 의미를 발견할 수 있으며, 적잖이 자의적으로 무엇인가에 의미를 둘 수 있다고 본다. 크럼보와 매흘릭은 주어진 상황에서 의미를 읽어 내는 것이 형태지각과 비슷하다는 것을 최초로 지적하기도 했다(The Case for Frankl's Will to Meaning, 〈Journal of Existential Psychiatry〉 4, 43, 1963). 베르트하이머가 각각의 상황에 내재된 요구의 특성, 즉 이런 요구의 객관적인 특성에 대해 말했을 때, 그 역시 같은 맥락이었다.[5]

정말로 의미가 없는 삶은 없다. 인간 실존에서 부정적으로 보이는 측면들, 특히 고통, 죄, 죽음이 엮어 내는 비극적인 3화음은 올바른 태도나 자세로 이에 마주할 때 긍정적인 성취로 변화될 수 있다.[6] 물론 변화시킬 수 없는 불가피한 고통만이 태도적 가치 실현 면에서의 의미 가능성을 품고 있다. 변화시킬 수 있는 고통을 그냥 견디는 것은 고결하다기보다는 마조히즘에 불과할 것이다.[7] 인생에는 피할 수 없는 고통들이 뒤따른다. 그러므로 치료사는 이런 실존적 사실 앞에서 환자의 도피 경향을 부추기지 않도록 조심해야 한다.

인간은 의미에의 의지와 함께 권력에의 의지, 쾌락에의 의지를 가지고 있다. 쾌락에의 의지는 쾌락 원칙을 말한다. 하지만 쾌락에의 의지는 그 자체로 모순적이다. 쾌락을 좇을수록 그것을 몰아내는 꼴이 되기 때문이다. 쾌락을 목표로 삼을수록, 우리는 그것을 그르치게 된다. 이것이 바로 성신경증의 가장 흔한 원인이다. 성적 능력과 오르가즘은 그것이 주목의 대상이 되거나 의도의 대상이 되는 만큼 방해받는다. 로고테라피는 과도한 지향(과도한 의도) 또는 과도한 반성(과도한 반추)을 이야기한다. 성 불능의 경우 환자가 종종 성교를 자신에게 주어진 요구로 경험하기에 과도한 지향이 생긴다. 로고테라피에는 이런 요구의 성격을 제거하는 특별한 기법이 있다.

여기서는 기본적으로 '반성 제거'가 중요한데[8] 이것은 앞으로 더 논의되어야 할 문제다. 하지만 성 장애의 치료에 로고테라피를 적용하는 것은 치료하는 의사가 이론적 숙고에 입각하여 로고테라피를 지향할 때라야 가능하다.

성신경증의 경우 반성 제거가 적용되는 반면, 공포신경증과 강박신경증 환자의 단기 치료에 적용되는 또 다른 로고테라피 기법이 있다. 그것은 소위 '역설적 의도(역설지향)'라는 것으로 나는 그 방법을 1929년부터 이미 임상에 적용해 왔으나(Ludwig J. Pongratz, 《Psychoterapie in Selbstdarstellungen》, Hans Heber, Bern 1973), 기법적으로 기술한 것은 1939년이었고(Viktor E. Frankl, 'Zur medikamentösen Unterstützung der Psychotherapie bei Neurosen', 〈Schweizer Archiv für Neurologie und Psychiatrie〉 43, 26, 1939), 1947년에야 비로소 이 명칭을 공식 문서에 공공연히 사용하기 시작했다(Viktor E. Frankl, 《Die Psychoterapie in der Praxis》, Franz Deuticke, Wien 1947).[9]

역설적 의도는 어떻게 적용될까? 이를 이해하기 위해서는 예기불안이라는 현상에서 출발해야 한다. 예기불안은 어떤 사건이 다시 되풀이되지 않을까 하고 불안하게 예상(걱정)하는 것을 말한다. 중요한 것은 그러다 보면 두려워하는 일이 정말로 야기된다는 것이다.

예기불안은 예기하는 증상을 유발한다. 그러면 그 증상은 공포를 유발하고, 공포는 증상을 강화시키며, 그렇게 강화된 증상은 환자를 더 두려워하게 만든다.

이런 악순환을 어떻게 끊을 수 있을까? 심리치료적 조처와 약리학적 조처가 가능하다. 약물 치료에 대해서는 내가 기술한 바제도병Basedow's disease에 동반되는 광장공포증과 테타니로 인한 폐소공포증을 참조하라. 이들의 경우는 어느 정도 약물 치료가 가능하다. 나는 테타니성 폐소공포증의 경우 유럽에서 개발된 진정제가 효과를 발휘한다는 것을 우연히 알게 되었다. 이 진정제는 원래 근육이 완제인데, 부수적으로 불안을 완화하는 작용이 있다는 것에 주목하게 된 것이다. 바제도병과 테타니로 인한 공포증의 경우에는 신체적 토대로 인해 단순한 공포증이 생기고, 이것은 아직 명백한 불안 신경증으로 이어지지는 않는다. 하지만 예기불안이 생기자마자 불안신경증으로 발전한다. 따라서 예기불안이 발동시킨 순환 메커니즘을 양면에서, 즉 심리적인 면과 신체적인 면에서 접근해야 한다. 심리치료적 전선에서 이것은 역설적 의도를 통해 일어난다. 즉 환자는 이제부터 자신이 두려워하는 것을 원하고 시도해야 한다. 한마디로 말해 예기불안의 돛에 바람을 대어 주지 말아야 한다.

강박신경증에서는 또 다른 순환 메커니즘이 불안신경증의 예기 불안에 조응한다. 환자가 자기 자신이나 다른 사람에게 무슨 짓을 할지도 모른다거나, 자신을 괴롭히는 말도 안 되는 생각들이 정신 질환이 있다는 표시라는 상상을 내려놓지 못하는 것이다. 환자는 이 모든 강박적 상상과 싸우지만, 압력은 반대압력을 낳을 뿐이고, 반대압력은 다시 압력을 가중시킨다. 반대로 역설적 의도를 통해 이런 싸움을 포기하게 하면, 증상은 잦아들다가 일종의 비활동성 위축에 들어간다.

역설적 의도를 적용했던 임상의들은 그것이 굉장히 짧은 시간 안에 효과를 발휘한다는 사실을 하나같이 깨달았다. 하지만 그러다 보니 효과 또한 단기간만 지속되고 사라질 거라고 생각하기 쉬운데, 〈미국 심리치료지American Journal of Psychotherapy〉의 발행인이었던 구트하일Gutheil 박사의 말을 빌리자면 그런 선입견은 "프로이트 교의 환상"이다. J. H. 슐츠 교수 역시 "하나의 증상이 없어지면 그것을 대체하는 증상이 필연적으로 따를 거라는 우려가 많이 피력되는데, 그것은 굉장히 터무니없는 주장이다."라고 말한다.[10]

미국의 정신분석학자인 에디트 바이스코프-요엘슨 교수는 자신의 논문에서 로고테라피에 대해 이렇게 피력했다.

"정신분석 지향적인 치료사들은 로고테라피와 같은 방법은 질병을 보다 깊은 층에서 접근하지 않고, 치료사가 오히려 방어 메커니즘을 굳히는 데 전념하므로 진정한 개선이 이루어질 수 없다고 주장할지도 모른다. 그러나 이런 추론은 위험하다. 이런 추론이 우리로 하여금 이런 기법들이 개인적인 노이로제 이론과 맞지 않는다는 이유 하나만으로, 본질적으로 가능성 있는 심리치료를 지나치게 할 수도 있기 때문이다. 무엇보다 '방어 메커니즘', '깊은 층', 이런 깊은 층에서의 '노이로제의 존속' 같은 말들은 이론적인 구조들일 뿐, 결코 경험적인 관찰이 아니라는 점을 잊지 말아야 한다."(Edith Weisskopf-Joelson, 'Logotherapy and Existential Analysis', 〈Acta Psychotherapeutica〉 6, 193, 1958)

역설적 의도는 만성질환의 경우에도 효과를 발휘한다. 〈신경학과 심리치료 핸드북Handbuch der Neurosenlehre und Psychotherapie〉은 65세의 여성 환자가 60년간 중증 청결 강박으로 고생한 끝에 나의 조수 중 한 사람을 만나 성공적으로 치료받았던 사례를 보고한다.

철학에서 새로움과 진실은 대립한다고 했던 야스퍼스의 말을 심리치료에도 그대로 옮겨 올 수 있다고 본다. 특히 역설적 의도에 관한 한 나는 그것이 기법으로 의식되거나, 체계적인 연관 없이도 이미 임상에서 적용되어 왔다고 확신한다.

행동치료사들 중에서는 아놀드 A. 라자루스Arnold A. Lazarus가 '프 랭클의 역설적 의도 과정에의 필수적 요소'에 주목했다.

"유머가 고의적으로 유발된다. 땀을 흘릴까 봐 두려워하는 환자 는 청중들에게 자신이 얼마나 땀을 잘 낼 수 있는지 보여 주어야 한 다. 땀을 엄청나게 쏟아 내어 땀으로 홍수를 이루게 해서 손이 닿 는 곳마다 습기가 촉촉이 머무를 수 있게 해야 한다."(Arnold A. Lazarus, 《Behavior Therapy and Beyond》, McGraw-Hill, New York 1971)

역설적 의도는 가능하면 유머러스하게 표현되어야 한다. 유머는 본질적으로 인간적인 현상이며, 인간으로 하여금 모든 일, 모든 사 람, 그리고 자기 자신과도 거리를 두어 스스로를 조절하게 해 준다. 역설적 의도는 이런 인간 특유의 거리 두기 능력을 발동시킨다. 유 머와 더불어 이런 일이 일어날 때, 콘라트 로렌츠의 "우리는 아직 유머를 대수롭지 않게 여긴다."라는 경고는 더 이상 통하지 않을 것 이다.

게르츠와 트위디는 로고테라피가 설득과는 다르며, 역설적 의도 의 효과는 단순한 암시 효과에서 비롯되는 것이 아님을 증명했다. 정확히는 그와 반대다. 환자들은 늘 역설적 의도 기법에 대해 굉장히 회의적인 태도를 보이며, 병원 밖에서 역설적 의도를 실천해 보라고 하면 상당히 불안해하며 병원 문을 나선다. 그리고 예기불안에도 불구하고 역설적 의도 기법이 효과를 발휘하면, 차츰 불안을 떨쳐 버리기 시작한다. 그러므로 역설적 의도 기법은 부정적인 자기 암시에도 불구하고 효과를 보이는 것이지, 무슨 암시로 인한 효과가 나타나는 것이 아니다.[11] 다른 한편으로 설득을 통해 미리 마음의 준비를 시키지 않고서는 역설적 의도 기법을 시작할 수 없는 경우도 있음을 인정해야 한다. 특수 로고테라피 기법[12]을 적용해야하는 ―신앙을 가진 사람에게 반복적으로 드는― 신성모독이나 불경스러운 생각과 관련된 강박증의 경우는 특히나 그렇다.

  그러나 여러 저자들이 보고한 로고테라피의 주목할 만한 성공 사례들에도 불구하고 로고테라피를 무슨 만능 치료 수단인 것처럼 받아들여서는 안 된다. 모든 경우에 로고테라피를 적용할 수 있는 건 아니며, 모든 의사가 동일한 정도로 그것을 취급할 능력이 있는 것도 아니다. 그러므로 경우에 따라 로고테라피를 다른 치료와 결합하여 활용해야 할 것이다. 실제로 이미 런던의 레더만Ledermann 박사는 최면 치료와 병행하여, 로마의 바치Bazzi 교수는 슐츠의 이완 훈련과 함께, 노르웨이의 크빌하우크는 울프의 기법과 연관하여,

미국의 게르츠 박사는 약물 치료와 병행하여 로고테라피를 시행하고 있다.

로고테라피의 적응증(로고테라피는 어떤 경우에 효과를 보이는가 -옮긴이)을 규명하는 작업이 한창이다. 그러나 나는 역설적 의도에 대한 금기증(역설적 의도를 사용하지 말아야 할 경우는 어떤 경우인가 -옮긴이)을 규명하는 것이 더 중요하다고 본다. 자살을 생각하는 내인성 우울증 환자에게 역설적 의도 기법을 적용하는 것은 자칫 의료사고를 일으킬 수 있다. 내인성 우울증의 경우에는 특수 로고테라피 기법[13]으로 해당 환자가 자기 정죄를 하지 않도록 도와줄 수 있다. 내가 보기에 현존재 분석을 오해하여 자기 정죄 경향과 결합된 죄책감을 실존적으로 진정한 죄책감으로 전도하는 것은 원인과 결과를 혼동하는 것일 뿐아니라, 이따금 환자를 자살로 몰아가는 결과를 초래할 수도 있다.

나는 이런 가능성을 염두에 두고, 구체적인 경우 자살 위험성을 판단할 수 있는 특수 로고테라피 기법을 소개한 바 있다(77쪽 참조). 미국의 한 교도소의 심리실험실 소장인 월리스Wallace 박사와 온타리오 병원 임상 원장인 카차노프스키 박사도 그 기법을 활용하고 있다. 카차노프스키 박사는 젊었을 적, 어느 스태프 회의에서 한 여성 우울증 환자의 퇴원을 반대했다. 그 여성 환자를 대상으로 내가

도입한 자살 위험성 테스트를 해 보았는데, 결과가 좋지 않았던 것이다. 하지만 회의 참가자들은 그의 경고를 받아들이지 않았으며, 내가 개발한 테스트에 대해서도 그 신빙성을 미심쩍어하고 빈정대었다. 그리고 그 여성 환자는 퇴원 하루 뒤에 자살하고 말았다.

조현병에는 로고테라피가 그야말로 효과적인 치료법이지만, 때로는 잠깐 언급한 바 있는 반성 제거 기법을 활용하는 것이 좋다. 아서 버튼의 《현대 임상심리치료Modern Psychotherapeutic》 전집에는 반성 제거 기법을 설명하기 위해 테이프 레코더로 녹음한 조현병 환자와의 상담 내용이 실려 있다. 아서 버튼은 최근에 이렇게 확인했다.

"지난 50년간의 심리치료는 환자의 심층 심리적 전력을 숭배의 대상으로 삼았다. 히스테리 분야에서 이룬 프로이트의 놀라운 성과들이 우리로 하여금 히스테리 이외의 경우들에서도 비슷한 트라우마적 경험을 찾고, 그런 시각에서 치료를 기대하게 하였다. 신경정신의학은 이제야 비로소 이런 오류에서 깨어나고 있다."

그러나 신경증, 즉 정신질환이 정말로 다양한 정신역동적 가설의 의미에서 해석될 수 있다는 것을 받아들일지라도, 로고테라피는 비특정적 치료로서 항시 적용될 수 있을 것이다. 그리고 그 자체로 누제닉(영인성)과는 관계가 없는 증상이라도 특히 실존적 공허 가운데서 번성하기 쉽다는 것을 염두에 두어야 한다. 이와 같은 생각이었을 것으로 예상되는 크럼보는 다음과 같이 언급했다.

"로고테라피는 대부분의 다른 치료, 특히 분석 지향적 방법들이 더 이상 통하지 않는 지점을 넘어서서 작용한다. 우리는 의미의 문제가 규명되지 않는 한 치료는 헛되다고 본다. 그렇지 않으면 원인은 그대로 있고 증상만 경감되기 때문이다."

로고테라피로 새로운 차원이, 즉 인간 본연의 차원이 열렸다고들 한다. 그리고 차원적 특성상, 로고테라피는 심리치료 분야의 위대한 선구자들의 발견을 도외시하지도, 과대평가하지도 않는다. 로고테라피는 심리치료를 대신하지 않는다. 하지만 심리치료를 다시금 인간적으로 만드는 데 기여할 것이다.

부록

■

인격에 대한 열 가지 명제

주석

찾아보기

인격에 대한 열 가지 명제

인격에 관해 이야기할 때마다 우리는 자연스럽게 인격이라는 개념과 중첩되는 '개체'라는 개념을 떠올린다. 그리하여 우리의 첫 번째 명제는 다음과 같다.

1. 인격은 개체다. 인격은 나뉠 수 없다. 분할할 수 없고 쪼갤 수 없다. 인격이 통일체이기 때문이다. 정신분열에서도 인격이 분열하는 것은 아니다. 정신의학의 어떤 질환과 관련해서도 인격의 분열을 이야기하지 않는다. 오늘날에는 '이중 의식double consciousness'도 인정하지 않고 '교대 의식alternating consciousness'에 대해 이야기할 따름이다. 블로일러Bleuler가 조현병(정신분열증)이라는 개념을 제창했던 당시에도 인격이 정말로 분열한다고 생각했던 것이 아니라, 동시대의 연합심리학의 영향 아래 특정 연합체가 분열할 가능성이 있다고 보았다.

2. 인격은 나눌 수 없을 뿐만 아니라 합칠 수도 없다. 그것은 인격이 통일성과 전체성을 띠기 때문이다. 인격은 군중이나 계급, 민족 같은 더 높은 질서에 녹아들 수도 없다. 인격 위에 위치할 수 있는 이 모든 통일체 혹은 전체는 인격체가 아니며, 기껏해야 사이비 인격체일 뿐이다. 그 가운데 녹아들고자 하면 그 가운데 사라져 버리게 된다. 그 가운데 녹아들면서 인격이기를 포기하는 것이다.

반면 인격과 달리 유기체는 나눌 수 있고 합칠 수도 있다. 드리슈 Driesch의 유명한 '성게알 실험'이 최소한 우리에게 이를 증명해 주었다. 아니, 이에 그치지 않고 나눌 수 있고 합칠 수 있는 것은 번식의 조건이자 전제이다. 그리고 바로 이로부터 인격은 번식될 수 있는 성질의 것이 아님이 드러난다. 유기체는 번식할 수 있고 부모의 유기체로부터 만들어진다. 그러나 인격, 인격적 영, 영적 존재는 전달할 수 있는 성질의 것이 아니다.

3. 모든 인격은 절대적으로 새로운 것이다. 아버지는 사정한 뒤 몸무게가 몇 그램 덜 나가고, 어머니는 분만한 뒤 몸무게가 몇 킬로그램 줄어든다. 그러나 영은 무게가 없다. 자녀를 낳고 그와 더불어 새로운 영이 탄생할 때, 부모의 영이 조금이라도 줄어드는가? 자녀 안에 새로운 '너'가 ─스스로에게 '나'라고 말할 수 있는 새로운 존재가─ 탄생하면, 부모는 예전보다 조금이라도 덜한 '나'가 될 수 있을까? 세상에 오는 모든 인간은 절대적으로 새로운 존재이고, 절대적으로 새로운 현실이다. 영적 존재는 전달될 수 없고, 부모에게

서 자녀로 번식될 수 없다. 번식할 수 있는 것은 건축 재료일 뿐, 건축가는 그럴 수 없다.

4. 인격은 영적인 것이다. 영적 인격은 경험적으로나 사실적으로나 정신-신체적 유기체와 상반된다. 정신-신체적 조직은 기관들, 즉 도구들의 총합이다. 그러므로 신체가 그를 지지하는, 그리고 그에 의해 지지받는 인격을 실현해야 하는 과제는 우선은 도구적인 것이고, 그것을 넘어 표현적인 것이다. 인격은 행동하고 스스로를 표현하고자 신체와 정신을 필요로 한다. 이런 의미에서 정신-신체적 유기체는 도구로서 목적을 위한 수단이며, 그로써 이용가치를 갖는다. 이용가치의 반대 개념은 존엄이다. 인격만이 존엄하며, 인격의 존엄은 모든 신체적, 사회적 유용성과는 본질적으로 무관하다.[1]

이를 간과하고 잊어버리는 사람만이 안락사를 지지할 수 있다. 하지만 각 인격의 무조건적인 존엄을 아는 사람은 인간의 인격에 대해 무조건적인 경외감을 갖게 된다. 그 사람이 병자 혹은 불치의 정신병자라도 말이다. 사실 영적 질환은 있을 수 없다. '영', 즉 영적 인격 자체는 병들 수가 없기 때문이다. 신경정신과 의사에게조차 거의 안 보일지 몰라도, 정신질환 뒤에도 영적 인격이 있다. 언젠가 나는 겉으로 보이는 증상 배후에 영적 인격이 계속 존재한다고 믿는 것이 신경정신의학의 신조라고 말하기도 했다. 그렇지 않다면 의사로서 정신-신체적 조직을 정상화하려고, 즉 고치려고 노력하지 않을 것이기 때문이다. 또한 유기체만을 염두에 두고 그 뒤에 있는 인격을 보지 않는 사람은 한번 고칠 수 없게 된 신체를 ─그 어떤 이용가치의 부족으로 인해─ 안락사할 용의가 있을 것이다. 이용가치와 무관한 인격적 존엄에 대해서는 아무것도 알지 못하기 때문이다. 이렇게 생각하는 의사가 표방하는 의사의 모습은 의학 기술자의 모습이다. 그러나 이런 의학 기술자 유형의 의사는 그런 생각으로 인해 그에게 환자는 인간 기계에 불과하다는 걸 보여 줄 따름이다.

정신-신체적 유기체까지만 이를 수 있고 영적 인격까지는 나아가지 못하는 것은 질병뿐 아니라 치료도 마찬가지다. 전두엽 백질 절제술에 대해서도 그렇게 말할 수 있다. 신경외과 의사의 ─오늘날로 말하자면 정신외과 의사의─ 메스도 영적 인격에 손을 대지는 못한다. 백질절제술이 할 수 있는 것은 정신-신체적 조건들에 영향을 미치는 것이다. 영적 인격은 그보다 더 깊은 곳에 놓여 있다. 수술이 이루어질 때마다 이런 정신-신체적 조건들은 개선된다. 그리하여 의료적 개입은 더 작은 불행과 더 커다란 불행 간의 비교를 통해 이루어진다. 즉 수술을 통해 야기될 수 있는 장애가 질병을 통해 주어지는 장애보다 더 작은지를 고려해야 한다. 더 작다는 결과가 나올 때만이 의료적 개입이 정당화된다. 결국 모든 의료 행위는 인격이 정신질환을 통해 더 이상 속박되거나 제한되지 않고 스스로를 성취하고 실현할 수 있는 조건을 얻어 내기 위해, 더 작은 해악은 감수해야 할 필요성을 안고 있다.

우리의 환자 중 한 사람은 극심한 강박증에 시달렸고 이로 인해 여러 해 동안 정신분석과 개인심리학적 치료뿐 아니라, 인슐린, 메트라졸, 전기 충격 요법 치료도 받았으나 효과가 없었다.[2] 이어서 우리 쪽에서 실시한 심리치료적 노력도 수포로 돌아가자 우리는 백질절제술을 시행했고, 이 수술은 매우 두드러진 효과를 나타냈다. 환자의 이야기를 들어보자.

"저는 정말 많이 좋아졌어요. 건강할 때처럼 다시 일도 할 수 있어요. 강박적인 생각들은 있지만, 이제 그것을 막을 수 있어요. 전에는 강박으로 인해 도무지 책을 읽을 수가 없었어요. 모든 것을 열 번쯤 읽어야 했지요. 이제는 더 이상 그렇게 반복할 필요가 없어요."

이제 미학적 관심사는 어떻게 되었을까. 많은 학자들은 강박증 환자들의 경우 미학적인 관심사가 사라져 버린다고 이야기한다. 그녀는 "저는 이제 드디어 음악에 다시 커다란 관심을 두게 되었어요."라고 말한다. 윤리적 관심은 어떨까? 그녀는 이제 상당한 동정심을 느낄 수 있으며, 이런 동정심으로 인해 예전의 자기처럼 괴로움을 겪는 다른 환자들도 자신과 같은 방법으로 도움을 받았으면 하는 바람을 피력한다!

이제 우리가 그녀에게 뭔가가 변한 것 같은 느낌이냐고 묻자 그녀가 말했다. "나는 이제 다른 세계에 살고 있어요. 뭐라고 말해야 할지 모르겠는데, 전에는 내게 세계가 없었어요. 그냥 세계 속에서 목숨을 부지하고 있을 따름이었지요. 사는 게 아니었어요. 나는 너무 괴로웠어요. 이제 괴로움은 사라졌어요. 조금씩은 다시 등장하지만 그것을 빠르게 극복할 수 있어요." (당신은 '당신 자신'으로 남아 있습니까?) "나는 달라졌어요." (어느 정도로요?) "이제 다시금 삶을 살아가고 있어요." (과거와 지금 중에 어느 때의 모습이 더 '당신 자신'인가요?) "수술하고 난 지금이 더 나 자신이 되었죠. 전보다 모든 것이 훨씬 자연스러워요. 전에는 전부 강박이었어요. 내게 존재하는 모든 것이 다 강박이었죠. 지금은 모든 것이 원래대로 되었어요. 나는 다시 돌아왔어요. 수술 전에 나는 인간이 아니었어요. 인류와 나 자신에게 해악일 뿐이었죠. 지금은 다른 사람들도 내가 아주 달라졌다고 말해요." 자신의 자아를 잃어버렸느냐는 단도직입적인 질문에 그녀는 이렇게 대답한다. "전에 잃어버렸었죠. 수술을 통해 다시 자아로 돌아왔어요. 나의 인격(이 표현은 우리가 질문에서 의도적으로 피했던 것이었다!)으로요."

이렇듯 이 환자는 수술을 통해 오히려 인간이 되었다. '자기 자신'이 된 것이다.[3]

그러나 드러난 바와 같이 생리학은 인격에 미치지 못할 뿐 아니라, 심리학도 그렇게 하지 못한다. 최소 심리학이 심리주의로 변질될 때는 말이다. 인격을 지각하고 최소한 그것을 판별하기 위해서는 영학(靈學, Noologie)이 필요할 것이다.

주지하다시피 한때 '정신이 부재한 심리학'이 있었다. 이것은 오래전에 극복되었다. 그러나 오늘날의 심리학은 '영이 없는 심리학'이라는 비난을 면하기 힘들다. 이런 영이 없는 심리학은 인격의 존엄과 인격 자체를 보지 못할 뿐 아니라, 가치에 대해서도 눈멀어 있다. 인격적 존재와 짝을 이루는 가치에 대해, 의미의 세계에 대해,

우주적 가치의 세계에 대해, 로고스에 대해 눈멀어 있다.

심리주의는 영적 영역의 가치들을 정신적 차원에 투사한다. 그러면 그 가치들이 다의적으로 되어 버린다. 심리학이든, 병리학이든, 이런 차원에서는 베르나데트 수녀의 비전과 히스테리 환자의 환영이 구분되지 않는다. 나는 강의에서 학생들에게 이 같은 사실을 3차원의 구나 원뿔, 원통을 2차원으로 투영하면 똑같이 원형 단면으로 나타나 더 이상 무엇을 투영한 것인지 알 수 없어진다고 설명한다. 심리학적 투사에서는 양심을 초자아 혹은 '아버지 이마고의 내적 투사'로 보며, 신은 이런 아버지 이마고가 투사된 것으로 본다. 사실은 이런 정신분석적인 해석 자체가 투사, 즉 심리주의로의 투사인데 말이다.

5. 인격은 실존적이다. 어떤 사실로서 고정된 존재가 아니다. 인격으로서의 인간은 사실적인 존재가 아니라, 자유의지가 있는 존재다. 인간은 가능성으로 존재한다. 이쪽을 선택하고, 저쪽을 선택하지 않을 수 있다. 야스퍼스가 말했듯이 인간은 결정하는 존재다. 인간은 각각 다음 순간에 어떤 모습이 될 것인지를 결정한다. 결정하는 존재로서의 인간은 정신분석이 상정하는 본능에 떠밀리는 존재로서의 인간상과 정반대에 있다. 내가 늘 표현하는 대로 인간은 무엇보다 책임지는 존재다. 책임지는 존재는 단순히 자유로운 존재 그 이상이다. 책임성 가운데 인간 자유의 목적도 주어진다. 무엇을 위한 자유인지, 어느 쪽을 택하고, 어느 쪽을 택하지 않을지 말이다.

그리하여 정신분석과 달리 실존분석의 관점에서 본다면 인격은 충동에 지배되지 않고, 의미를 지향한다. 정신분석적 시각과는 대조적으로 실존분석적 시각에서 볼 때 인격은 쾌락을 지향하지 않고, 가치를 지향한다. 우리는 정신분석의 성충동(리비도!)이라는 개념과 개인심리학의 사회적 연대(공동체의식!)가 더 본연적인 현상인 사랑의 수정 버전이라고 본다. 사랑은 어느 경우든 너와 나 사이의 관계다. 정신분석적 관점에서는 이런 관계로부터 '이드', 즉 '성'만 남고, 개인심리학적 관점에서는 '편재하는 사회성'만이 남는다.

정신분석은 인간 존재가 쾌락에의 의지에 지배된다고 보고, 개인심리학은 권력에의 의지에 규정된다고 본다면, 실존분석은 인간은 의미에의 의지가 스며들어 있는 존재라고 본다. 실존분석은 '생존 경쟁'과 그것을 넘어 '상호적인 도움'(피터 크로포트킨Peter Kropotkin)뿐 아니라, 존재의 의미에 대한 추구와 이런 추구에서의 상호적 조력을 알고 있다. 우리가 심리치료라 부르는 것이 바로 그런 조력이다. 이것이 폴 투르니에Paul Tournier가 표방한 인격 의학이다. 이로부터 심리치료에서 중요한 것은 욕구나 본능의 역동적 변화가 아니라 실존적 전환임이 드러난다.

6. 인격은 자아적이다. 따라서 이드적이지 않다. 인격은 이드의 지배하에 있지 않다. 프로이트가 자아가 자기 집의 주인이 아니라고 주장했던 의미에서의 지배하에 있지 않은 것이다. 인격, 즉 자아는 역동적 관점뿐 아니라 유전적 관점에서도 결코 이드, 즉 본능의

인도를 받지 않는다. '자아충동'이라는 말은 그 자체로 모순적이며 도저히 받아들일 수 없는 말이다. 그러나 인격 역시 무의식적일 수 있다. 그 원천에서 영적인 것은 자유로울 뿐 아니라 무의식적이다. 그 원천에서, 기본적으로 영은 자의식적이지 않고 완전 무의식적이다. 따라서 우리는 정신분석이 이야기하는 충동적 무의식과 영적인 무의식을 구분해야 한다. 무의식적인 믿음과 무의식적인 종교성 또한 영적인 무의식, 무의식적 영성에 속한다. 인간과 초월과의 타고난 관계가 무의식적이고 종종 억압되어 나타나기 때문이다. 이를 조명한 것은 C. G. 융의 공적이다. 하지만 융은 이런 무의식적 종교성을 무의식적 성이 위치한 곳으로 위치시키는 실수를 범했다. 즉 충동적 무의식, 이드적인 것으로 보내 버렸다. 그러나 우리는 신에 대한 믿음과 신에게로 떠밀려 가는 것이 아니다. 믿을 것인지 말 것인지를 스스로 결정해야 한다. 종교성은 자아적인 것이며, 그렇지 않으면 존재할 수 없는 것이다.

7. 인격은 통일되고 전체적인 것일 뿐 아니라(1과 2를 보라) 통일성과 전체성을 만들어 낸다. 인격은 신체적, 정신적, 영적 통일성과 전체성, 즉 '인간' 존재를 만들어 낸다. 이런 통일성과 전체성은 비로소 인격에 의해 만들어지고, 정립되고, 보증된다. 인격을 통해서만 성립되고, 토대가 놓이고, 보장되는 것이다. 우리 인간은 정신-신체적 유기체와 공존할 때만이 영적 인격을 알게 된다. 그리하여 인간은 존재의 세 개 층, 즉 신체와 정신과 영의 교차점이다. 이런 존재

의 층들은 서로 분명하게 분리되지 않는다.(야스퍼스, N. 하르트만 참조)

그럼에도 인간이 신체와 정신과 영으로 구성된다고 하는 것은 틀린 말이 될 것이다. 인간은 통일적이고 전체적이지만, 이런 통일성과 전체성 안에서 영적인 것은 신체적인 것, 정신적인 것과 씨름한다. 내가 영과 정신의 불화[4]라고 칭했던 것이 바로 이것이다. 정신과 신체는 조화가 필수적인 반면, 영과 정신의 불화는 조건적이다. 그것은 가능한 것이며, 단순한 능력이다. 그러나 늘 호소할 수 있는, 특히 의사가 호소해야 하는 능력이다. 강력해 보이는 정신과 신체에 대항하여 내가 칭한바 '영의 저항력'을 일깨우는 것은 언제나 중요하다. 그러므로 심리치료에 이런 호소가 빠지면 안 된다. 그래서 나는 어떤 조건과 상황에서든 정신과 신체로부터 물러나 생산적인 거리를 두는 영의 능력을 믿는 것을 심리치료의 두 번째 신조로 보았다. 신경정신의학의 첫 번째 신조에 따라 모든 질병에도 불구하고 그 배후에 흠 없이 존재하는 영적 인격이 이런 회생을 기대하기에 정신-신체적 유기체를 고쳐야 하는 거라면, 두 번째 신조에 따라 영적-정신적 불화가 존재하지 않는 한, 우리는 신체적, 정신적인 것에 대해 인간 안의 영적 저항력을 일깨울 수 없을 것이다.

8. 인격은 역동적이다. 인격이 정신, 신체로부터 거리를 두고, 돌아설 수 있는 것을 통해 영적인 것이 비로소 드러난다. 우리는 영적 인격을 역동적인 것으로 실체화하고 그것을 전통적인 의미에서의 성분처럼 보아서는 안 된다. 존재한다는 것은 스스로로부터 나온다

는 것이고, 스스로에게 맞선다는 뜻이다. 인간은 그가 영적 인격으로서, 정신-신체적 유기체로서의 자기 자신에 맞선다는 점에서 스스로에게 맞선다. 정신-신체적 유기체로서의 자기 자신에 대해 이렇듯 거리를 두는 것이 비로소 영적 인격을 영적 인격이 되게 한다. 인간이 자기 자신과 씨름할 때야 비로소 영적인 것과 신체-정신적인 것이 분리된다.

9. 자기 자신 위에 위치할 수 없고, 자신에게 맞설 수도 없기에 동물은 인격체가 아니다. 그리하여 동물은 인격체와 대등한 짝을 이룰 수 없으며, 세계가 아니고 주변 세계일 따름이다. '동물-인간' 또는 '주변 세계-세계'라는 관계로부터 '초세계'를 추론할 수 있다. 좁은 동물적 주변 세계와 넓은 인간 세계의 관계, 인간 세계와 모든 것을 포괄하는 초세계의 관계를 황금분할에 비유하면 꽤 적절하다. 황금분할에 따르면 작은 부분과 큰 부분의 비는 큰 부분과 전체의 비와 같다. 가령 혈청을 얻기 위해 아픈 주사를 맞아야 하는 원숭이의 예를 들어 보자. 이 원숭이는 왜 자신이 아픔을 겪어야 하는지 파악할 수 있을까? 원숭이는 원숭이를 실험에 끌어들이려는 인간의 생각을 좇아오지 못한다. 원숭이는 인간적인 세계, 의미와 가치의 세계에 접근할 수 없기 때문이다. 원숭이는 그 세계에 도달하지 못하며, 그런 차원에 이르지 못한다. 그렇다면 우리도 인간 세계 외에 인간이 접근할 수 없는 더 높은 세계가 있다고, 그런 더 높은 세계의 의미, 즉 초의미가 비로소 인간의 고통에 의미를 줄 수 있을 거라고

볼 수 있지 않을까? 동물이 자신의 환경으로부터 인간의 세계를 이해할 수 없는 것처럼, 신앙 안에서 영감으로 뻗어 나가지 않는 이상 인간도 초세계를 파악할 수 없을 것이다. 길들여진 동물은 사람이 그를 줄에 묶어 놓는 목적을 알지 못한다. 인간 역시 전체로서의 세계가 어떤 초의미를 가지고 있는지 어찌 알 수 있겠는가?

10. 인격은 스스로를 초월적인 것으로부터 파악할 수밖에 없다. 더 나아가서 인간은 초월적인 것으로부터 스스로를 이해하는 만큼만 인간이다. 초월의 부름에 응하여, 초월적인 것으로부터 인격화되는 만큼만 인격이다. 그는 이런 초월의 부름을 양심에서 듣는다.

로고테라피에서 종교는 대상이 될 수 있을 뿐, 소재지가 될 수는 없다(로고테라피가 종교에 속하는 것은 아니다). 그리하여 로고테라피는 계시적인 믿음까지 나아가지 않은 상태에서 움직여야 하며, 유신론적, 무신론적 세계관과 상관없이 의미의 질문에 답해야 한다. 이처럼 로고테라피가 믿음의 현상을 신에 대한 믿음이 아니라 더 포괄적인 의미에의 믿음으로 파악하는 한, 로고테라피가 믿음의 현상을 다루는 것은 전적으로 합법적인 일이다. 그럴 때 로고테라피는 삶의 의미를 묻는 것이 바로 종교적인 것이라고 보았던 알베르트 아인슈타인과 맥을 같이한다.[5]

의미는 우리가 더 이상 뒤로 물러설 수 없는, 받아들여야 하는 벽 같은 존재다. 이런 최종적 의미를 받아들일 수밖에 없는 것은 그 배후를 물을 수 없기 때문이다. 즉, 존재의 의미에 대한 물음에 대답하려는 시도 자체가 이미 의미의 존재를 전제로 하기 때문이다. 한마디로 말해 의미에 대한 인간의 믿음은, 칸트의 의미에서 '초월적 카테고리'다. 칸트 이래로 우리가 공간, 시간과 같은 카테고리를 초월하여 묻는 것은 시간과 공간을 전제로 하지 않고는 생각할 수도, 질문할 수도 없기에 무의미하다는 것을 알고 있듯이, 인간의 존재는 이미 의미를 지향하는 존재다. 인간이 의미를 잘 모를지라도 의미에 대한 예지 같은 것이 존재한다. 로고테라피에서의 소위 '의미에 대한 의지'에도 의미에 대한 예감이 깔려 있다. 원하든 원하지 않든, 인정하든 인정하지 않든 숨 쉬는 한 인간은 의미를 믿는다. 자살하는 사람조차도 의미를 믿는다. 삶의 의미, 계속 사는 것의 의미는 아니어도 죽음이 지니는 의미를 믿는 것이다. 자살하는 사람이 정말로 아무런 의미도 믿고 있지 않다면, 그는 손가락 하나 까딱하지 않을 것이고, 자살로 나아갈 수 없을 것이다.

주석

■ 도입

1. 이것은 제5차 국제심리치료학회(빈, 1961)에서의 마지막 강연 내용이다. 필자는 이 학회의 부의장으로서 마지막 강연을 맡았다.

2. 신경쇠약이라는 개념을 창안한 비어드(Beard)도 "의사가 신경쇠약증 환자 둘을 같은 방식으로 치료하면, 틀림없이 한 경우는 잘못 치료하고 있는 것이다."라고 했다.

3. 내가 도구를 사용하는 것과 환자를 도구나 기계로 보는 것은 엄연히 다르다.

4. "환자는 사람들이 그의 신체 기능에만 관심을 가질 때뿐만 아니라, 그 자신이 심리적 연구와 비교와 조작의 객체가 될 때도 무시당하는 기분을 느낀다."(W. v. 바이어(Baeyer), 〈Gesundheitsfürsorge-Gesundheitspolitik〉 7, 197, 1958)

5. 〈요약〉의 주석 4 참조.

6. 인간은 보통 의미지향을 의식하고 있다. 오스트리아 노동조합의 설문조사 결과 1,500명의 젊은이 중 87퍼센트 정도가 '이상을 갖는 것이 의미가 있다'고 말했다. 암세포를 주입받았던 오하이오의 교도소 수감자들의 경우 전혀 보수가 없음을 알고 있었음에도 실험에 자원한 수감자가 원래 의사들이 필요로 했던 인원의 서너 배는 되었다는 사실도 이를 보여 준다. 다른 교도소에서도 지원자들이 넘쳐났다.

7. 내가 최근에 알게 된 바에 따르면 로버트 라이닝거(Robert Reininger)는 1925년에 이미 "존재의 의미에 대한 질문은 삶의 본능적 안전을 잃어버렸거나 잃어버릴 위기에 처했으며, 삶의 전통적 해석이 빈곤해졌거나 빈곤해질 위기에 처했고 이런 상실이 아프게 느껴질 때 비로소 제기된다."라고 말했다.

8. 요제프 B. 파브리(Joseph B. Fabry)는 이렇게 회상한다. "내가 어렸을 때는 가정의가 매주 나의 할머니를 찾아왔고, 할머니는 의사 앞에서 고통과 마음의 걱정들을 털어놓을 수 있었다. 오늘날 나는 매년 상세한 건강검진을 받는다. 검진을 받는 날이면 나는 세 시간에 걸쳐 이 간호사에게서 저 간호사에게로, 이 기기에서 저 기기로 이동하고, 마지막엔 질문지의 150개 문항에 답변도 한다. 그러면 컴퓨터가 이를 바탕으로 진단을 해 준다. 나는 해당 병원에서 옛날 가정의가 나의 할머니에게 제공했던 것과는 비교가 안 되는 양질의 의료 서비스를 받고 있음을 안다. 하지만 우리는 이런 의료 기술의 발달 가운데 무엇인가를 잃어버렸다. 프랭클의 미국 강연 뒤에 그에게 제기된 질문들을 들으며 나는 현대 심리치료에도 이런 무엇인가가 결여되어 있음을 알게 되었다."(《Das Ringen um Sinn

[Logotherapie für den Laien]》, Paracelsus Verlag, Stuttgart 1973) 파브리의 말은 의료의 비인격화와 비인간화가 심리치료 앞에서도 굴하지 않고 진행되고 있으며, 오히려 그 영역에서 훨씬 더 아프게 경험되고 있음을 새롭게 증명해 준다. "자연과학적인 의학뿐 아니라, 심리치료와 정신의학에도 차가운 객관주의가 지배하고 있는 것이다."(W. von Baeyer, 〈Gesundheitsfürsorge-Gesundheitspolitik〉 7, 197, 1958)

■ I 장. 심리치료에서 로고테라피로

1. 결국 우리는 또한 히포크라테스 또는 파라켈수스(Paracelsus)의 찬미자이자 숭배자에게 치료법과 수술법을 엄격하게 준수할 것을 기대하거나 요구할 수 없다.
2. 존재는 예외가 없다. 또한 존재는 무(無)와 다르다.
3. 이 모든 것에 따르면 '붉다'는 현상은 본래는 존재할 수 없을 것이고, '빨강-초록'이라는 온전한 관계만이 있을 수 있다. 관계가 바로 본래적이고 최종적인 원형상이다. 적색맹, 녹색맹이 따로따로 존재하는 게 아니라, 결합된 버전인 적록색맹만 있을 수 있다는 사실이 바로 이런 주장을 경험적으로 확인해 준다. 하지만 위에서 말한 것처럼 다른 존재인 두 존재 사이의 관계가 존재에 실제적으로 선행한다는 것은 물리학, 천문학이 관계의 학문인 수학을 바탕으로 성립된다는 것으로도 이미 알 수 있다. 부수적으로 언급하자면 여기서 관계는 카테고리를 뜻하는 것이 아니라, 오히려 존재론적인 의미다.

동물심리학에서도 관계의 중요성이 드러나는데, 가령 카를 뷜러는 동물의 '관계 인식'에 관해 이야기하는 중에(《Die geistige Entwicklung des Kindes》, 4. Auflage, Jena, Gustav Fischer, 1924, p.180), W. 쾰러를 인용하여(〈Nachweis einfacher Strukturfunktionen beim Schimpansen und beim Haushuhn〉, Abh. der Berl. Akad. d. Wiss. 1918, Phys.-math. Kl. Nr. 2, p.178) 집닭 훈련에서 집닭은 '절대적인 인상보다는 인상들의 관계'에 더 잘 반응한다는 점을 언급한다.

물리학적 경험도 또 하나의 증거가 되어 준다. "전자의 존재를 확신하는 근거가 되는 경험을 파고들어 가 보면, 우리의 손에 남는 것은 일정한 관계 체계들뿐이라서, 우리가 본래의 현실로 여겨야 하는 것은 실제적인 입자가 아니라 이런 관계들이며, 본질은 …… 구조 안에 있는 것으로 드러난다. 오늘날 버트런드 러셀, 에딩턴, 슈뢰딩거, 그 외 많은 거장들이 이런 의견에 동의한다. 그들 모두는 물질에서 객관적인 현실을 보지 않는다." (A. March, 《Neuorientierung der Physik》, 《Der Standpunkt》, 9.5. 1952, p.5)

위에서 다른 존재 또는 다른 존재로서 존재하는 것들 사이의 관계에 대해 이야기했다.

특히 '빨강-초록'의 관계에 대해서 말이다. 빨강과 초록은 각각 다르다. 그러나 노랑과 보라도 각각 다르다. 마찬가지로 파랑과 주황도 각각 다르다. 하지만 이런 모든 쌍은 '다르게' 다르다. 초록 바탕 위의 빨간 도형이라도 크기가 큰 것과 작은 것은 또 다른 의미에서 각각 다르다. 사각형은 또 다른 의미에서 원형과 다르며, 공간 도형은 다른 의미에서 평면 도형과 다르다. 따라서 존재는 각각 다르게 구성될 뿐 아니라, 각각 다른 관계를 쌓아 나간다. 관계는 점점 더 높은 '차원'으로 쌓아 올려진다. 그러므로 세계를 쌓아 올려진 관계들의 시스템으로 파악할 수 있다. 이런 차원적 성격으로부터 이제 특정 차원의 존재 사이의 관계는 각각 다음으로 높은 차원에 속해야 한다는 결과가 나온다. 그리하여 두 점 사이의 관계는 그 점들을 연결한 선으로 일차원에 속하는 반면, 두 개의 일차원적인 선들 사이의 관계는 선을 연결하는 면으로 2차원에 속한다.

각각 다른 존재들 간에 다리를 놓는 것은 무엇보다 인식(깨달음)이다. 인식은 존재 간의 관계를 만듦으로써 다른 존재 사이에 다리를 놓는다. 그러나 인식은 그 자체로 또한 관계이기도 하다. 하지만 인식은 영적인 존재와 다른 존재 사이의 관계이다. 즉 '관계를 가지다'라고 말할 때의 관계이다. 지금까지 말한 것으로부터 또한 인식은 이런 관계의 관계항들과 같은 차원에 속하지 않는다는 것이 드러난다. 즉 한편에는 인식하는 존재가 있고, 다른 한편에는 인식되는 존재 내지 다른 존재로서의 존재 사이의 인식된 관계가 있는 것이다. 이런 이유에서 한 대상의 인식은 인식의 대상과 더불어 동시에 인식될 수 없다. '대상인식'은 따라서 '인식대상'의 희생을 대가로 인식된다. 결국 그것이 대상인식으로서 존재하기를 그칠 때까지 말이다.

4. Viktor E. Frankl, 《Das Menschenbild der Seelenheilkunde》, Hippokrates Verlag, Stuttgart 1959, p.13.

5. "인간 존재의 더 높은 층을 받아들여, 이런 의미에서 심층심리학이라는 말과 반대로 고층심리학이라 불릴만한 치료적 심리학은 어디에 있단 말인가?" 이에 대해 고층심리학의 한 대표자는 이렇게 말했다. "이상은 생존의 중요한 요소다. 사람은 이상을 지향하며 살 때만이 생존할 수 있다." 그로써 그는 이 모든 내용이 개인뿐 아니라, 전체 인류에게도 적용된다는 생각이었다. 이렇게 말한 고층심리학자는 누구였을까? 그는 바로 미국 최초의 우주비행사 존 H. 글렌이었다. 그를 고층심리학자라 불러도 되리라.(V. E. Frankl, 《Zentralblatt für Psychotherapie》 10, 33, 1938)

6. Sigmund Freud, 《Briefe》 1873-1939, Frankfurt am Main 1960, p.429.

7. J. C. Crumbaugh and L. T. Maholick, 'The Psychometric Approach to Frankl's Concept of Noogenic Neurosis', 〈Journal of Clinical Psychology〉 24, 74, 1968.

8. Arthur Burton, 'Death as a Contertransference', 〈Psychoanalysis and the Psychoanalytic Review〉 49, 3, 1962/63.

9. 심리치료는 이데올로기의 심리적 배경을 발견하려 하는 반면, 로고테라피는 세계관의

논리적 핑계들을 허상의 것으로 노출시키고, 그로써 이유들을 무력화하려 한다.

10. V. E. Frankl, 《Anthropologische Grundlagen der Psychotherapie》, Bern 1975, p.109 참조.

11. 사안을 그것이 속하지 않는 전혀 다른 유나 다른 영역에 적용함으로써 부당하게 개념의 혼동을 빚는 것.(아리스토텔레스, De coel. I 1. 268b 1)

12. 범결정론, 즉 지나친 결정주의와 맥락을 함께하는 것이 지나친 주관주의와 상대주의다. 특히나 통용되는 동기이론에서 범결정주의는 일방적이고 독점적으로 항상성을 추구한다.

13. "거기에 진정한 모순은 없다. …… 왜냐하면 우리는 현실을 서로 다른 두 가지 시각에서 볼 수 있기 때문이다."(Rabbi Yehuda Leove ben Bezalel, 《The Maharal of Prague》, The Book of Divine Power: Introduction on the Diverse Aspects and Levels of Reality, Cracow, 1582[translated by Shlomo Mallin, Feldheim, New York, 1975, p.24]) "하나의 대상은 서로 다른 두 가지 시각에 연관된 두 가지 모순적인 성질을 가질 수 있다. 즉 서로 다른 두 가지 차원을 포함하고 있는 것이다."(위의 책, p.36)

14. 이 모든 이데올로기의 계보는 다음과 같다. 심리주의, 생물주의, 사회주의의 아버지는 자연주의다. 하지만 생물주의와 사회주의의 소위 근친교배적 연관으로부터 뒤늦게 기형적으로 집단적 생물주의가 배태했다. 집단적 생물주의를 인종주의에서 발견할 수 있다.

15. '미덕의 실수'뿐 아니라 '실수의 미덕'을 가지고 있는 것은 개인뿐만 아니라 민족 전체에게도 해당된다. 이것은 또한 특정 민족의 구성원으로서 자기 안에 가지고 있는 것들로부터 무엇을 만들어 내느냐 하는 것은 각 개인에게 달려 있다는 뜻이다. 이런 준비된 조건은 가능성에 불과하다. 개개인은 그 가능성을 실현할 수 있고, 그 가능성들 중에 선택할 수 있고, 이것을 하고, 저것을 하지 않을 수 있다. 선택하고 결정하자마자 그 자체로 가치중립적인 민족의 소질은 개인의 인격의 긍정적 혹은 부정적 특성이 된다. 이 모든 것에서 개인은 '그의 민족'의 미덕들을 실수 없이 '받아 지니도록' 부름을 받았음을 알 수 있다.

16. V. E. Frankl, 'Zur geistigen Problematik der Psychotherapie', 〈Zentralblatt für Psychotherapie〉(1938), 및 〈Zur Grundlegung einer Existenzanalyse〉, Schweiz. med. Wschr.(1939) 참조.

■ Ⅱ장. 정신분석에서 실존분석으로

1. S. Freud, 《Gesammelte Werke》, Band XI, p.370.
2. 슈뢰딩거는 존재가 아니라 삶에 대해 비슷한 이론을 개진했다.
3. 행위를 완수하는 인격 본연의 존재로서의 '성취의 현실'에 대비되는 존재의 비본연적인 양상은 다음 세 가지다. 첫째는 객체 존재(눈앞에 있는 대상, 하이데거)이며, 둘째는 초월적인 존재를 지향하지 않고 그냥 상태적인 것을 고수하는 존재이다. 셋째는 자신을 지향하고 반추하는 존재로 이런 존재는 그로써 단순한 객체 존재로 강등된다(자신을 관찰하는 것을 통해 실존적이고 결정하는 현존재는 단순한 사실적 존재로 변질된다).
4. 이런 심리학적 인식은 어떤 사람이 카메라 옵스큐라(광학장치의 일종, 사진술의 전신)를 모방한 물리적 과정을 연구하려고 시체로부터 눈을 분리해 내는 경우, 정말로 망막의 상만을 보게 되는 특별한 경우와 비슷하다고 하겠다. 그러므로 마음의 일에 대한 심리학적 입장도 그 자체로 '살아서 연결되어 있는 전체로부터 분리해 낸 것'이 아니겠는가?
5. 인간에게 완전한 인식을 요구하는 것은 작곡가에게 단순한 교향곡이 아니라, 형태와 내용에서 정말로 완전하고 완벽한 교향곡을 쓰라고 요구하는 것이나 마찬가지다. 그러나 모든 교향곡, 모든 예술작품은 불완전한 것들이다. 인식도 다르지 않다. 모든 인식도 불완전할 수밖에 없다. 인식하는 자는 제한된 상황 속에 있고 그 시각은 한쪽으로 치우쳐 있으므로, 그 결과 단편적이고 미완적인 인식밖에 할 수가 없다.
6. 루돌프 알러스와 더불어 이를 대략 '초주관적(trans-subjective)'이라 말할 수 있을 것이다.
7. 주관주의는 본래 의미의 존재를 부정한다. 의미가 존재하는 것이 아니라, 우리 자신이 어떤 상황에 의미를 부여하는 것이라고 주장하는 것이다.
8. V. E. Frankl, 《Die Kraft zu leben》, Bekenntnisse unserer Zeit, Gütersloh 1963.
9. 'Psychological Models for Guidance', 〈Harvard Educational Review〉 32, 373, 1962.
10. J. C. Crumbaugh and L. T. Maholick, 'The Case of Frankl's Will to Meaning', 〈Journal of Existential Psychiatry〉 4, 42, 1963.
11. Wertheimer, 'Documents of Gestalt Psychology', 〈University of California Press〉 1961.
12. 가브리엘 마르셀(Gabriel Marcel)의 다음 발언을 참조하라. "베토벤의 피아노 소나타 작품 111번이나 현악사중주 작품 127번은 명백한 동시에 형언할 수 없는 의미를 부여하는 가운데 인류로 하여금 스스로를 넘어설 수 있게 인도한다."
13. 마렉 에델만(Marek Edelman)은 그런 것이 진정한 성취이며, 아주 위대한 성취라는 것을 보여 주었다. 그는 1943년 17세의 나이로 바르샤바의 유대인 강제수용소에서 봉기를 이끌었고, 오늘날에는 폴란드 우치로치에서 의사로 활동하고 있다(2009년에 타계함- 옮긴이). 에델만은 영웅이라는 존재를 이렇게 정의했다. "투쟁하는 사람은 일찍 죽

는다. 그러나 당신이 더 이상 행동할 수 없을 때, 그들이 당신을 사살하고 당신이 장엄하게 간다면, 당신은 영웅이 된다."

14. 자살하는 것이 용기 있는 것이냐 비겁한 것이냐 하는 진부한 질문은 쉽게 대답할 수 없다. 자살 시도를 하기까지의 그 내적 투쟁을 깡그리 무시해 버릴 수는 없기 때문이다. 그리하여 우리는 이렇게 말할 수밖에 없다. 자살은 실로 죽음에는 용기가 있는 것이지만, 삶에는 비겁한 것이라고.

15. "삶의 '이유'를 아는 사람은 어떤 모습의 삶도 감수할 수 있다."(《Der Wille zur Macht》, 3. Buch, Musarionausgabe, München 1926, Gesammelte Werke XIX, 205.)

16. 우리는 더 나아가 평균적인 인간은 아마도 그리 선하지 않지만, 그래도 개중에 선한 사람이 늘 있다는 것을 인정할 수 있다. 하지만 이런 상황에서 각 개인은 이제 '평균'보다 더 선해져서, 그 '개중에' 한 사람이 되어야 하는 과제를 가지고 있지 않을까?

17. 종교적 인간이 경험하는 책임 의식이 얼마나 심오한 것인지는 다음과 같은 인용에서도 드러난다. L. G. 바흐만(L. G. Bachmann)은 안톤 브루크너(Anton Bruckner)에 관한 논문에서 이렇게 적었다. "신에 대한 그의 책임감은 무한까지 뻗어 나갔다. 그리하여 브루크너는 그와 친한 클로스터노이부르크 수도원 참사회 회원인 요제프 클루거(Josef Kluger) 박사에게 이렇게 말했다. '그들은 내가 다르게 쓰기를 원해요. 나도 그렇게 할 수 있을 거예요. 하지만 난 그렇게 해서는 안 돼요. 수많은 사람 중에서 하느님이 나를 용서해 주시고, 내게 재능을 주었어요. 나는 하느님 앞에서 언젠가 결산을 해야 해요. 그러니 내가 다른 사람들을 따르고 주님을 따르지 않으면 어떻게 주님 앞에 설 수 있겠어요?'" 따라서 종교적인 태도가 사람을 수동적으로 만든다고 주장하는 것보다 당치 않은 말은 없을 것이다. 그 반대로 종교적인 태도는 사람을 굉장히 능동적으로 만들 수 있다. 스스로를 세상 속의 신의 동지로 인식하는 실존적 태도를 가진 사람은 특히나 능동적이 될 수 있다. 그리하여 그는 여기 이 세상에서 꿋꿋하다. 현세에서 벌어지는 모든 싸움을 견디고 이겨 낸다. 무엇보다 자기 자신의 싸움과 자기 안에서 벌어지는 싸움을 말이다. 이제 하시드 유대교의 어느 랍비의 이야기를 인용하고자 한다. 어느 날 제자가 그에게 물었다. "말씀해 주세요. 하늘이 자신의 죄를 용서해 주었다는 걸 당사자가 언제 어떻게 알 수 있을까요?" 그러자 랍비가 대답했다. "하늘이 자신의 죄를 용서해 주었다는 것은 스스로 그 죄를 다시는 범하지 않는 것으로만 알 수 있다."

18. 여기서는 신을 인격적인 존재이자 인격의 원형으로 경험하는 종교성을 이야기한다. 그럴 때 신은 처음과 끝의 '너'가 될 수 있을 것이고, 그런 종교적 인간에게 신의 경험은 원초적 '너'의 경험이다.

19. Ludwig von Bertalanffy, 《Problems of Life》, Wiley, New York 1952.

20. Kurt Goldstein, 'Human Nature in the Light of Psychopathology', 〈Harvard University Press〉, Cambridge 1940.

21. Gordon W. Allport, 《Personality and Social Encounter》, Bacon Press, Boston 1960.

22. 〈Journal of Individual Psychology〉 16, 174, 1960.

23. Gordon W. Allport, 《Becoming》, New Haven 1955, p.48.

24. S. Freud, 《Gesammelte Werke》, Band XI, p.370.

25. Basic Tendencies in Human Life, in: 《Sein und Sinn》, Tübingen 1960.

26. Psychol. Rdsch. 8, 1956.

27. S. Freud, 《Gesammelte Werke》, Band XI, p.370.

28. Rollo May, 〈Review of Existential Psychology and Psychiatry〉 1, 249, 1961.

29. Z. exp. angew. Psychol. 6, 1959.

30. "강력한 사상을 대변하는 한, 인간은 강하다. 그것을 거스를 때 인간은 무력해진다."(S. Freud, 《Gesammelte Werke》, Band X. p.113)

31. Psychol. Rep. 10, 1962.

32. Gehlen, 《Anthropologische Forschung》, Hamburg 1961, p.65.

33. E. D. Eddy, 〈The College Influence on Student Character〉, p.16.

34. 책임과 자유의 차이를 죄와 방종의 대비로 설명할 수 있다. 방종을 책임 없는 자유로 정의할 수 있다면, 죄는 어느 정도 자유 없는 책임이라 할 수 있다. 죄를 지은 사람은 죄를 없앨 자유를 지니지 못한 채 책임을 져야 하기 때문이다. 그럴 때는 올바른 태도, 올바른 행동만이 중요한데, 자신의 죄에 대한 올바른 태도는 바로 참회이다. 셸러는 참회가 일어난 일, 죄를 범한 일을 되돌리지는 못해도 최소한 도덕적 차원에서는 그런 일들을 다시금 만회할 수 있음을 관련 논문을 통해 보여 주었다.

35. 그래서 군중은 개인의 개성을 억압하고, 평등을 위해 자유를 제한한다. 그러면 형제애의 자리에 집단본능이 들어온다.

36. 개개인은 다른 모든 사람에 대하여 절대적으로 다르기에, 상존재(Sosein, 본질)로서 모든 인간은 유일하며, 현존재(Dasein, 실존)로서 모든 인간은 일회적이다. 그리하여 존재의 의미는 일회적이고 유일하다. 인간의 책임성은 바로 여기서 연유한다. 인간 존재의 이렇듯 순차적이고 병렬적인, 즉 시간적이고 공간적인 유한성에서 말이다. 하지만 이런 인간 존재의 두 가지 유한성에 세 번째 구성 요소가 더해진다. 이것은 유한성을 깨뜨리는 요소로서 실존의 초월성, 즉 인간이 무엇인가를 지향하는 존재라는 점이다. 인간은 그 자체로는 유일하고 일회적이지만, 스스로를 위한 존재는 아니기 때문이다. 이런 사실을 우리의 빈약하고 궁색한 언어로는 잘 표현할 길이 없어서, 힐렐(Hillel)의 말로 표현해 보겠다. 힐렐은 자신의 삶의 지혜를 세 가지 질문으로 요약했다. "내가 하지 않으면 누가 그걸 하겠는가? 지금 하지 않으면 언제 하겠는가? 나만을 위해 그걸 한다면 나는 어떤 사람이 될 것인가?"

37. 불행 앞에서 마비된 인간의 주관주의 내지 심리주의에 대하여 언급한 것을 참조하라.

그는 도취나 환각 속에서 불행을 '의식하지 않는 것'으로 도피하거나, 자살로써 절대적인 무의식으로 도피한다.

죽음도 삶의 의미를 앗아 가지 못한다는 것을 이해하지 못하는 여환자에게 지금은 고인이 되었지만 특별한 업적을 남긴 사람을 알지 않느냐고 물었다. "네. 내가 어릴 적 가정의 선생님이셨어요. 아주 좋은 분이셨죠."라는 그녀의 대답에 다시 이렇게 물었다. "그 의사가 돌보았던 환자 중에 아직 살아 있는 환자는 건망증이 심하다고 해 봅시다. 아마도 그들은 연로할 거고, 아무도 그 의사의 선행을 기억하지 못해요. 하지만 잊히거나 그를 기억하는 환자가 죽는다고 해서 그의 선행이 없어지는 것일까요?" 여환자는 대답했다. "아니요. 남습니다."

38. 물론 자아처럼 보이는 모든 것이 자아가 아니고, 이드처럼 보이는 모든 것이 이드가 아니다. 그리고 그런 점에서 정신분석과 개인심리학은 전적으로 옳다. 즉, 신경증의 경우 —전적으로 정신분석적 의미에서— 인간의 충동은 도덕적 외투를 입으며, 의식이 '상징적인 변장'을 하고 나타날 수 있다. 그리고 —전적으로 개인심리학적인 의미에서— 충동으로 보이는 것 뒤에 자아가 숨어 있는 경우도 많다. 그렇다. 우리는 심지어 한 걸음 더 나아가 가령 꿈에 관하여 정신분석이 우리에게 가르쳐 준 모든 것이 기본적으로 예나 지금이나 유효하다는 것을 인정할 수 있다. 하지만 내가 꿈꾸는 것이 아니라, '이드'가 꿈을 만들어 낸다고?

39. 자유는 잃어버릴 수 있는 물건처럼 '소유'하는 것이 아니라, '내가 바로 자유'인 것이다.

40. 중요한 것은 언제나 인간이다. 인간이란 무엇인가? 인간은 늘 결정하는 존재다. 무엇을 결정하는가? 다음 순간 어떤 사람이 될지를 결정한다.

41. V. E. Frankl, 《Man's Search for Meaning》, Preface by Gordon W. Allport, 70. Auflage, Simon and Schuster, New York 1985.

42. 개인심리학은 열등감을 신경증적 증상으로 보지만, 실존분석은 열등감을 경우에 따라 진정한 업적으로 본다. 정말로 결핍이 존재하는 곳에서, 그리고 결핍이 존재하지 않는 곳에서는 더더욱 말이다. 무엇보다 인간이 —자신의 눈앞에 아른거리는 가치들에 입각해서!— 열등감을 느낄 때야말로, 이렇듯 가치를 볼 수 있음으로 말미암아 이미 인정을 받을 만하기 때문이다.

43. 단순한 마비에 대해 도취하는 것은 긍정적이다. 취함의 본질은 대상적인 존재의 세계와 결별하여 상태적인 체험, 가상의 삶으로 나아가는 것이다. 반면 마비는 단지 불행을 의식하지 않는 것으로만, 즉 부정적인 의미에서의 행복에만 이를 수 있을 따름이다.

44. 피할 수 있거나 자초한 운명(비속한 불행)과 불가피하고 변화시킬 수 없는 진정한 운명(숭고한 불행)—후자의 운명에서만 태도의 가치를 실현할 가능성이 있다—의 구분은 등반가가 주관적인 위험과 객관적인 위험을 구분하는 것과 비슷하다. 등반가가 (낙석 같은) 객관적인 위험에 희생당하는 것은 불명예가 되지 않는 반면, 주관적인 위험

(가령 장비 부족, 혹은 등반 경험이나 등반 기술의 부족)에 걸려드는 것은 수치스러운 것으로 여겨진다.

45. 삶 역시 우리에게 말로 묻지 않고, 우리가 당면한 사실의 형태로 질문한다. 그리고 우리 역시 말로써가 아니라 행동의 형태로 답변한다. 우리가 사실에 비로소 대답을 해야 하는 한, 우리는 미완의 사실 앞에 서 있는 것이다.

46. V. E. Frankl, 'Wirtschaftskrise und Seelenleben vom Standpunkt des Jugendberaters', 〈Sozialärztliche Rundschau〉 43, 1933.

47. 행동과 자기 관찰 사이에는 반비례 관계가 있는 듯하다. 최소한 완전히 행동에 몰두하는 것과 아주 예리하게 거리를 두고 자신을 관찰하는 것은 동시에 일어날 수 없다. 인간의 충동성과 반성적인 자기 관찰 사이의 반비례 관계 앞에서 자연스럽게 하이젠베르크의 '불확정성의 원리'가 떠오르지 않는가?

48. 이 역시 모든 이상(ideal)처럼 맞추어야 하는 것이다. "이것은 맞추어야 하지만, 언제나 맞출 수 없는 과녁의 정중앙처럼 세워져 있다."(괴테) 평균적인 인간이 진정한 사랑을 할 능력이 없거나 진정한 사랑을 하는 경우가 드문 것처럼, 평균적인 인간은 성숙한 사랑의 가장 높은 단계까지 이르는 일이 없거나 드물다. 하지만 결국 인간의 모든 과제가 영원한 것이고, 인간의 모든 진보가 무한한 것이 아니겠는가. 무한에 놓인 목표를 향해 무한하게 전진하는 것이다. 그리고 여기에서도 중요한 것은 개인이 개인의 역사 가운데 진보하는 것이다. 인류의 역사에서 진정한 진보가 있는지, 어떤 의미에서 있는지 하는 것은 의심스럽기 때문이다. 여기서 확실한 것은 기술적인 진보뿐이다. 단 기술적인 진보가 우리에게 인상적으로 느껴지는 것은 우리가 바야흐로 기술의 시대에 살고 있기 때문이다.

49. 수음 가운데 성은 순수하게 '상태적인' 방식으로 경험된다. 수음 행위에는 스스로를 넘어서서 파트너를 향하는 지향성과 의도성이 결여된다. 수음은 질병이거나 질병의 원인은 아니다. 오히려 그것은 그저 발달 지체 현상 내지 사랑에 대한 잘못된 태도라 하겠다. 그리하여 그것의 병적 후유증에 대해 걱정하는 것은 근거 없는 일이다. 하지만 수음 행위에 비참한 기분이 따르곤 하는 것은 이런 걱정과는 무관하게 지향적인 체험으로부터 상태적인 체험으로 도피할 때마다 사람에게 밀려오는 죄책감 때문이다. 우리는 이미 도취를 논하면서 인간 행동의 이런 비본연적인 양상을 접한 바 있다. 그러므로 수음에도 —무엇인가에 취하는 것과 마찬가지로— 비참한 기분이 뒤따른다는 사실은 주목할 만하다.

50. 결혼과 사랑은 긴밀한 관계에 있는 것처럼 보인다. 하지만 이것은 소위 연애결혼이 가능해진 이래, 즉 결혼과 결혼의 성립이 사랑에 토대하게 된 이후의 일이다. 사회학자 헬무트 셸스키가 《성의 사회학(Soziologie der Sexualität)》이라는 저서에서 강조하고 있는 바, 이런 의미에서의 연애결혼은 상대적으로 얼마 되지 않은 현상이다. 그럼에도 사

랑이 소위 행복한 결혼생활의 조건이자 전제라는 것은 분명하다. 문제는 사랑에 기초한 행복이 오래 가는가 하는 것일 뿐이다. 그리하여 사랑은 행복한 결혼생활의 필수조건일 수 있지만, 충분조건이기도 한 것은 아니다.

51. V. E. Frankl, 〈Die Neurose als Ausdruck und Mittel〉, Dritter internationaler Kongress für Individualpsychologie, Düsseldorf 1926.

52. V. E. Frankl, 'Zur medikamentösen Unterstützung der Psychotherapie bei Neurosen', 〈Schweizer Archiv für Psychiatrie〉 43, I, 1939.

53. 알러스는 언젠가 이렇게 말했다. "이기는 걸 포기한 사람은 패배가 있을 수 없다고 생각하는 사람만큼이나 위험과 공포를 적게 느낀다."

54. 고든 W. 올포트의 말을 참조하라. "자기 자신을 비웃는 것을 배운 신경증 환자는 스스로를 제어하는 길에 들어선 것이고 치료될 확률이 높다."

55. V. E. Frankl, 〈Die Neurose als Ausdruck und Mittel〉, Dritter internationaler Kongress für Individualpsychologie, Düsseldorf 1926.

56. V. E. Frankl, 'Zur medikamentösen Unterstützung der Psychotherapie bei Neurosen', 〈Schweizer Archiv für Psychiatrie〉 43, I, 1939.

57. 이런 측면에서 요한나 뒤르크(Johanna Dürck)와 알러스의 강박증에 대한 해석은 적확하다. 요한나 뒤르크는 이렇게 말한다. "언젠가 강박신경증 환자가 내게 신은 곧 질서임이 틀림없다고 말했어요. 그는 꼼꼼하게 규칙을 조망할 수 있는 것으로 안정감을 얻고 존재 본연의 긴장감에서 벗어나고자 하는 것이죠. 강박신경증적인 '꼼꼼함'을 기본적으로 이런 시각에서 비로소 이해할 수 있다고 봐요." 알러스는 "세밀하고 꼼꼼한 태도는 바로 주변의 작은 것들에 자신의 법칙을 부과하려는 의지"라고 말한다. 하지만 질서에 대한 강박신경증적인 의지와 같은 이런 의지는 아직은 인간적인 것이라고 할 수 있다. "질서를 통해 영원의 의미가 충족되며, 그 사람은 오로지 질서를 통해서만 자신의 이미지를 만족시킨다."(베르펠) 질서는 우리가 보기에 다름 속의 같음으로 정의할 수 있기 때문이다(아름다움은 "다양성 속의 통일성"이라는 유명한 정의와 비슷하게 말이다).

58. 회의주의의 자기 지양은 이성주의의 자기 논증에 상응한다.

59. 레오 톨스토이의 말을 참조하라. "이성은 오페라 안경과 같아서 어느 정도까지만 돌려야지, 계속 돌리면 더 안 보인다."

60. 나는 1929년에 이미 역설적 의도 기법을 시행했다(Ludwig J. Pongratz, 《Psychotherapie in Selbstdarstellungen》, Hans Huber, Bern 1973). 하지만 그것을 기술한 것은 1939년이었고(Viktor E. Frankl, 'Zur medikamentösen Unterstützung der Psychotherapie bei Neurosen', 〈Schweizer Archiv für Neurologie und Psychiatrie〉 43, 26, 1939), 1947년에야 비로소 그 내용을 공식적으로 발표했다(Viktor E. Frankl, 《Die

Psychotherapie in der Praxis》, Franz Deuticke, Wien 1947). 역설적 의도 기법은 그
보다 더 늦게 등장한 불안유발 요법(anxiety provoking), 실제적 노출법(exposure in
vivo), 홍수법(flooding), 내파 치료(implosive therapy), 모델링(modeling), 부적 시행
(negative practice), 포만(satiation), 지속적 노출법(prolonged exposure) 등과 같은
행동치료 방법들과 유사성이 있으며, 이는 각각의 치료자들이 충분히 의식하고 있다.
"역설적 의도를 기점으로 행동기법들이 개발되었다."(L. Michael Ascher, 〈paradoxical
Intention〉, in Handbook of Behavioral Interventions, herausgegeben von A. Goldstein
und E. B. Foa, John Wiley, New York 1978) 더 특기할 만한 것은 역설적 의도의 효용
성을 실험적으로 증명한 첫 시도를 행동치료사들이 주도했다는 것이다. 이들은 맥길
대학 신경정신과 병원의 L. 솔리옴(L. Solyom), J. 가르시아 페레스(J. Garza-Perez), B.
L. 르위지(B. L. Ledwidge), C. 솔리옴(C. Solyom)으로, 만성 강박신경증에서 가장 두
드러진 두 가지 증상을 선택하여 한 가지 목표 증상은 역설적 의도 기법으로 치료했
고, 다른 한 가지 '비교' 증상은 치료하지 않고 남겨 두었다.('Paradoxical Intention in
the Treatment of Obsessive Thoughts: A Pilot Study', 〈Comprehensive Psychiatry〉
13, 291, 1972) 그 결과 정말로 치료한 증상은 몇 주 지나지 않아 사라진 것으로 나타
났다.(Ralph M. Turner und L. Michael Ascher, 'Controlled Comparison of Progressive
Relaxation, Stimulus Control, and Paradoxial Intention Therapies for Insomnia',
〈Journal of Consulting and Clinical Psychology〉 47, 500, 1979) 그리고 다른 증상으
로 대체된 경우가 단 하나도 없었다! "증상이 도로 나빠진 경우도 없었다."(L. Michael
Ascher, 'Employing Paradoxical Intention in the Behavioral Treatment of Urinary
Retention', 〈Scandinavian Journal of Behaviour Therapy〉, Vol. 6, Suppl. 4, 1977, 28)

61. Viktor E. Frankl, 〈Theorie und Therapie der Neurosen: Einführung in Logotherapie
und Existenzanalyse〉, Uni-Taschenbücher 457, E. Reinhardt, München 1982.

62. 'Ergebnisse der klinischen Anwendung der Logotherapie', 〈Handbuch der
Neurosenlehre und Psychotherapie〉, herausgegeben von Viktor E. Frankl, Victor E.
Frhr. v. Gebsattel und J. H. Schultz, 3. Band, Urban & Schwarzenberg, Muenchen und
Berlin 1959.

63. 〈Methodologic Approaches in Psychotherapy〉, Am. J. Psychother. 17, 554, 1963.

64. 〈Zur Behandlung phobischer und zwangsneurotischer Syndrome mit der 'Paradoxen
Intention' nach Frankl〉, Z. Psychother. med. Psychol. 12, 145, 1962. Es handelt sich
um die gekürzte Übersetzung eines im englischen Original in den USA unter dem
Titel 'The Treatment of the Phobic and the Obsessive-Compulsive patient Using
Paradoxical Intention sec. Viktor E. Frankl', 〈Journal of Neuropsychiatry〉 3, 375, 1962,
erschienenen Aufsatzes.

65. 〈Offizielles Protokoll der Gesellschaft der Ärzte in Wien〉, Wien. klin. Wschr. 67, 152, 1955.

66.《Behaviour Therapy and the Neuroses》, Pergamon Press, New York 1960, p.82.

67. N. Petrilowitsch, 〈Logotherapie und Psychiatrie〉, 'Symposium on Logotherapy' auf dem Sechsten internationalen Kongress für Psychotherapie in London.

68. 〈Klinische Erfahrungen mit der paradoxen Intention〉, Vortrag, gehalten vor der Österreichischen Ärztegesellschaft für Psychotherapie am 18. Juli 1963.

69. 'Über die Stellung der Logotherapie in der klinischen Psychotherapie', 〈Die medizinische Welt〉 270-2794, 1964.

70. Viktor E. Frankl, 《Die Psychotherapie in der Praxis: Eine kasuistische Einführung für Ärzte》, F. Deuticke, Wien 1975 - Viktor E. Frankl, 〈Theorie und Therapie der Neurosen: Einführung in Logotherapie und Existenzanalyse〉, Uni-Taschenbücher 457, E. Reinhardt, Muenchen 1982 - Viktor E. Frankl, 'Grundriss der Existenzanalyse und Logtherapie', 〈Handbuch der Neurosenlehre und Psychotherapie〉, herausgegeben von Viktor E. Frankl, Victor E. Frhr. v. Gebsattel unf J. H. Schultz, 3. Band, Urban & Schwarzenberg, München und Berlin 1959, und Viktor E. Frankl, 《Der Wille zun Sinn: Ausgewählte Vorträge über Logotherapie》, H. Huber, Bern 1972.

71. 〈Hypnose und Tiefenperson〉, Z. Psychother. med. Psychol. 11, 207, 1961.

72. Hans O. Gerz, 〈Zur Behandlung phobischer und zwangsneurotischer Syndrome mit der 'Paradoxen Intention' nach Frankl〉, Z. Psychother. med. Psychol. 12, 145, 1962.

73. 미국 미시건주 입실란티 신경정신과 병원의 글렌 G. 골로웨이(Glenn G. Golloway) 박사는 언젠가 이렇게 말했다. "역설적 의도의 목표는 방어기제를 다루는 것이지, 배후에 놓인 갈등 해결이 아니다. 이것은 정말로 훌륭한 전략이며 탁월한 심리치료다. 병든 담낭을 치료하지 않고 떼어 낸다고 해서 수술이 나쁘다고 할 수는 없다. 환자의 상태는 더 나아진다. 이와 마찬가지로 역설적 의도가 효과가 있는 이유에 대한 다양한 설명이 존재한다고 하여 성공적인 기법으로서의 역설적 의도 기법의 가치가 손상되는 것은 아니다."

74. 볼페 병원의 L. 마이클 애셔(L. Michael Ascher)도 역설적 의도 기법의 중요성을 실험적으로 입증하는 데 공을 세웠다. 이런 로고테라피 기법은 일반적으로는 여러 행동치료적 '개입'과 동등한 가치를 지니는 것으로 나타났다. 하지만 수면장애와 배뇨장애의 경우에는 로고테라피 기법이 다른 행동치료 기법들보다 더 효과가 좋았다. 수면장애와 관련하여 애셔의 환자들은 원래 잠이 드는 데 평균 48.6분이 소요되었는데, 10주간 행동치료를 받은 결과 39.36분으로 단축되었다. 하지만 이어 2주간 역설적 의도를 적용한 결과 잠드는 데 걸리는 시간이 10.2분으로 단축된 것으로 나타났다.(L. M. Ascher

and J. Efran, 'Use of paradoxical intention in a behavioral program for sleep onset insomnia', ⟨Journal of Consulting and Clinical Psychology⟩, 1978, 46, 547-550) "역설적 의도 기법은 플라시보군, 대기군과 비교하여 수면장애에 대해 유의미한 감소 효과를 나타냈다."(Ralph M. Turner and L. Michael Ascher, 'Controlled Comparison of progressive Relaxation, Stimulus Control, and Paradoxical Intention Therapies for Insomnia', ⟨Journal of Consulting and Clinical Psychology⟩, Vol.47, No.3, 1979, 500-508)

Heinz Gall, 'Behandlung neurotischer Schlafstörungen mit Hilfe der Logotherapie V. E. Frankls', Psychiatrie, Neurologie und medizinische Psychologie (Leipzig) 31, 369, 1979 참조.

75. Z. Psychotherap. med. Psychol. 3, 1, 1953.
76. Z. Psychotherap. med. Psychol. 5, 215, 1955.
77. ⟨Psychosomatische Gynäkologie⟩, Urban & Schwarzenberg, München und Berlin 1964, p.160.
78. V. E. Frankl, 'Psychagogische Betreuung endogen Depressiver', ⟨Handbuch der Neurosenlehre und Psychotherapie⟩, herausgegeben von Viktor E. Frankl, Victor E. Frhr. v. Gebsattel und J. H. Schultz, 4. Band, Urban & Schwarzenberg, München und Berlin 1959.

■ Ⅲ장. 세속적인 고해로부터 의료적 영혼 돌봄으로

1. 단순하게 말해서 종교성은 기본적으로 결국 '절대적인' 배경 앞에서 자신의 불완전함과 상대성을 경험하는 것이다. 그런데 이때의 절대성은 정말로 절대적인 것을 말하는 것이 아니다! 오히려 기껏해야 불완전하지 않은 것, 상대적이지 않은 것을 이야기하는 것이다. 그렇다면 직접적으로 관계를 맺을 수 없는 대상과 관련하여 불완전함과 상대성을 경험하는 것은 무엇일까? 그것은 단순히 안도감을 느끼는 것이다. 종교적 인간이 안도감을 느끼는 대상은 초월적인 것 가운데 숨겨져 있다. 그리하여 찾긴 하지만 찾아내지는 못한다. 그 대상은 여전히 초월적인 것 안에 머무른다. 그러나 찾는 자에게는 어쨌든 추구 대상이 있다. 그리고 그렇게 이 추구의 대상은 추구하는 자에게 주어진다. 찾아낸 것으로서가 아니라, 찾는 것 그 자체로 말이다. 그리하여 지향성은 내재성을 넘어서지만, 그럼에도 초월성 앞에 남는다. 따라서 종교적 인간에게도 신은 언제나 초월적인 존재다. 그러나 언제나 지향의 대상이 된다. 그리하여 신은 종교적 인간에게 늘 침묵하는 존재이

지만, 늘 부름의 대상이 되는 존재다. 그리고 신은 종교적 인간에게 결코 이야기하는 존재가 아니지만, 늘 말을 거는 대상이 된다!

2. 〈Jahrbuch für Psychologie und Psychotherapie〉 6, 200, 1958.

3. V. E. Frankl, 〈Das Menschenbild der Seelenheilkunde〉, Stuttgart 1959.

4. V. E. Frankl, 《Die Psychotherapie in der Praxis》, 5. Auflage, Wien 1986 참조.

5. R. C. Leslie, 〈Jesus and Logotherapy: The Ministry of Jesus as Interpreted Through the Psychotherapy of Viktor Frankl〉, New York 1965와 D. F. Tweedie, 〈Logotherapy and the Christian Faith: An Evaluation of Frankl's Existential Approach to Psychotherapy〉, Grand Rapids 1961 그리고 〈An Introduction to Christian Logotherapy〉, Grand Rapids 1963 참조.

6. 문제는 신에 관해 이야기할 수 있는 게 아니라 신을 향해서만 이야기할 수 있는 게 아니냐 하는 것이다. 루트비히 비트겐슈타인(Ludwig Wittgenstein)은 "말할 수 없는 대상에 대해서는 침묵해야 한다."고 말했다. 이 문장을 불가지론적인 문장에서 유신론적인 문장으로 바꾸어 본다면 이렇게 말할 수 있을 것이다. "말할 수 없는 대상에 대해서는 기도할 수밖에 없다."

7. 니체 이래로 "신은 죽었다."라는 말이 유행했다. 그러는 동안에 '신은 죽었다' 운동은 이미 그 자체로 사그라졌다. 그러나 이에서 더 나아가, 이제 가치들도 더 이상 살아 있지 않다. 가치가 죽어 버린 것은 오늘날의 인간이 더 이상 뭐 하러 그 가치들을 실현해야 하는지를 묻지 않기 때문이다. 즉 가치를 실현하는 것이 과연 무슨 의미가 있는가 하고 생각하는 것이다. 하지만 우리는 언제 어디서나 의미가 있음을 살펴보았다. 다만 이것은 우리가 '의미에의 의지'를 통해, 그리고 의미 기관인 '양심'으로 말미암아 의미를 느낄 수 있다는 특수한 의미에서다. 의미에 대한 의지는 무조건적이다. 우리는 의미를 원할 수밖에 없다. 의미에의 의지는 이런 의미에서 초월적인 것이며 선험적인 것(칸트), 혹은 실존적인 것(하이데거)이다. 이런 의지는 인간 조건에 심어진 것이라서 우리는 의미를 발견했다고 믿을 때까지 계속해서 의미를 추구할 수밖에 없다. 하지만 이제 궁극적인 질문, 즉 메타 질문이 제기된다. 인간은 어찌하여 의미에의 의지 같은 것을 타고 났는가 하는 질문이다. 우선 모든 것이 "모든 의지는 당위성이 있기에 생기는 것"이라는 괴테의 말을 입증해 주는 것처럼 보인다. 그러나 모든 당위(가치 또는 의미)는 의지(의미에의 의지) 때문에 생기고, 의지는 다시 당위 때문에 생긴다고 말하는 것은 지나치게 쉽게 말하는 것이 될 것이고, 그것은 그냥 닭이 먼저냐 달걀이 먼저냐를 따지는 형국이 될 것이다. 나는 우리가 자연(생물학자들에겐 '진화', 신학자들에겐 '신'에 해당하는)은 그 근거를 캐물을 수 없다는 확인으로 만족해야 한다고 생각한다. 우리는 그냥 자연이 —또는 무엇인가 혹은 누군가가— 우리 안에 의미에 대한 욕구를 심어 준 목적을 찾아내는 것은 불가능함을 확인하는 수밖에 없다. 그에 대한 이유, 이것이 무슨 의미가 있는지 하는 것은

우리가 알 수 없다. 이런 의미는 '초의미'이며, 그에 대해서는 알 수 없고 그냥 믿는 수밖에 없는 것이다. 우리가 의미 없는 세계로 만족할 수 없으며, 의미를 추구할 수밖에 없는 현상에 어떤 초의미가 있는 게 분명하다는 사실을 받아들일 수밖에 없다. 우리는 자연이 뭔가 생각이 있어서 우리가 의미를 추구하게 만드는 거라고 받아들일 수밖에 없다. 우리가 의미의 이유를 알 수 없을지라도 자연이 그로써 스스로 의미를 추구하고 있는 거라고 말이다. 어쨌든 의미를 만들어 내는 것은 그 자체로 '의미'가 있는 일이다. 성서의 시편은 이런 질문에 대해 이와 비슷한 대답을 제시한다. "눈을 만드신 이가 보지 않겠는가? 귀를 만드신 이가 듣지 않겠는가?"

8. W. v. 베이어의 다음과 같은 글도 같은 맥락이다. "우리는 플뤼게(Plügge)가 이야기한 관찰과 생각을 따른다. 객관적으로 보면 더 이상 희망이 없다. 명백한 의식이 있는 환자는 아마 오래전부터 자신이 가망이 없음을 알 것임이 틀림없다. 그러나 희망은 끝까지 남아 있다. 그런 환자의 희망은, 주로는 이 세상에서의 치료를 지향하는 희망이자, 숨겨진 토대에서 그의 초월적인 의미 내용을 예감케 하는 희망이다. 이런 희망은 희망 없이는 존재할 수 없는 인간 존재에 심어진 것이 틀림없다. 이런 희망은 미래의 완성을 지향하며, 이것을 믿는 것은 무슨 교리 없이도 인간에게는 자연스러운 것이다." (《Gesundheitsfürsorge-Gesundheitspolitik》 7, 197, 1958)

9. ⟨Logotherapy and the Christian Faith: An Evaluation of Frankl's Existential Approach to Psychotherapy⟩, Baker Book House, Grand Rapids, Michigan 1961.

10. Paul Polak, 'Existenz und Liebe: Ein kritischer Beitrag zur ontologischen Grundlegung der medizinischen Antropologie durch die Daseinsanalyse Binswangers und die Existenzanalyse Frankls', ⟨Jahrbuch für Psychologie und Psychotherapie⟩ 1, 355, 1953.

11. ⟨Schweizerische Zeitschrift für Psychologie und ihre Anwendungen⟩ 19, 299, 1960.

12. William Stern, 《Allgemeine Psychologie auf personalistischer Grundlage》, 2. Auflage, Nijhoff, Haag 1950.

13. Robert W. White, 《The Abnormal Personality》, Second Edition, Ronald Press, New York 1956.

14. Rudolf Dreikurs, 'The Current Dilemma in Psychotherapy', ⟨Journal of Existential Psychiatry⟩ 1, 187, 1960.

15. Boss, 'Die Bedeutung der Daseinsanalyse für die psychoanalytische Praxis', ⟨Zeitschrift für Psycho-somatische Medizin⟩ 7, 162, 1961.

16. Karl Bühler, 《Sprachtheorie: Die Darstellungsfunktion der Sprache》, 1934.

17. 실존분석은 내재성의 방을 꾸미고 설비해야 한다. 그러나 그렇게 하면서 초월성에 이르는 문을 막지 않도록 조심해야 한다. 그리하여 실존분석은 열린 문 정책을 수행한다. 종교적 인간은 열린 문을 통해 거침없이 드나들 수 있다. 진정한 종교적 인간은 그런

즉흥성에 의존되어 있다.

18. 의료적 영혼 돌봄을 포기한 수석 외과 의사는 환자를 수술대에서가 아니라, 자살한 환자를 대하는 맨 마지막 공간인 부검실에서 발견해도 놀라지 말아야 할 것이다.

19. 간호사도 마찬가지다. 로고테라피에 기초하여 이와 관련한 교과서(《Interpersonal Aspects of Nursing》, F. A./ Davis Company, Philadelphia 1966)가 나오기도 했다. 그것을 집필한 사람은 뉴욕의 교수 조이스 트래블비(Joyce Travelbee)다. 트래블비는 처음부터 "이 작업의 바탕이 된 가정은 프랭클의 로고테라피 개념에 근거한다."라고 말하며(p.164), "간호사는 환자에게 의미를 제공하지는 못하지만, 환자가 의미에 도달할 수 있도록 도와줄 수 있다."고 강조한다(p.176). 그러고는 환자가 실존적 위기를 넘길 수 있도록 도와줄 수 있는 방법과 테크닉을 체계화했다. 그녀가 사용한 방법 중 하나를 소개한다. "비유를 활용하는 것이 특히나 적절한 환자들이 있다. 특히 유용한 비유는 '겨자씨 비유'다. 고타니는 아들을 낳았는데 아들이 죽었다. 스승은 그녀에게 마을을 두루 다니며 질병이나 죽음으로 고통받은 적이 없는 집에 가서 겨자씨 한 줌을 얻어 오라고 했다. 그녀는 이 집 저 집 다녀 보았지만, 그간 아무도 죽은 적이 없는 집을 단 한 집도 발견하지 못했다. 그리고 자신의 아들만 죽은 것이 아니며, 고통은 인간이면 누구나 겪어야 하는 것임을 깨달았다."(p.176)

■ **요약**

1. 제6차 국제심리치료학회(런던, 1964)의 '로고테라피 심포지엄'에서 저자가 맡았던 주 강연 내용이다.

2. 우리는 인간의 모든 욕구를 채우는 또는 이런저런 욕구들을 비로소 만들어 내는 산업 및 소비 사회에 살고 있다. 그러나 현 사회에서 도저히 채워지지 않는 욕구가 단 한 가지 있으니, 그것은 바로 인간의 욕구 중 가장 인간적인 욕구인 의미의 욕구이다.

3. 실존적 공허가 생기는 원인과 관련하여 신경정신과 의사 볼프강 G. 이렉(Wolfgang G. Jilek)과 캐나다 밴쿠버 브리티시컬럼비아 대학의 루이제 이렉-알(Louise Jilek-Aall)은 제1차 로고테라피 국제학회에서 이렇게 설명했다.
"북아메리카 인디언 10대 청소년 중 대다수는 무의미해 보이는 삶 앞에서 자살이 유일하게 의미 있는 행위라고 느낀다. 4년 사이에 캐나다 인디언의 자살 건수는 두 배로 늘었다(Department of National Health and Welfare, 1979). 온타리오의 인디언 보호 구역에서는 자살률이 이전의 8배로 뛰었다(Ward and Fox, 1976). 우리가 발견한 배후의 갈등은 정신분석이론의 심리성적(psychosexual) 콤플렉스와는 상당히 거리가 멀었다. 제

1차 세계대전 이전의 중상위층 의뢰인들을 대상으로 자유연상을 통해 추론한 결과, 우리는 심리역동 이론이 그다지 유효하지 않다는 것을 깨닫게 되었다."

위의 연구자들이 규명한 바에 따르면, 이들이 연구한 인디언들의 자살 배후의 원인은 명백히 전통의 몰락에 있었다. "대부분의 전통적 원주민 문화의 구조가 해체되어 버렸던 것이다."

4. 현재 열 가지의 로고테라피 테스트가 있다. 제임스 C. 크럼보와 레오나드 T. 매홀릭의 PIL 테스트(purpose in life), 제임스 C. 크럼보의 SONG 테스트(seeking of noetic goals)와 MILE 테스트(meaning in life evaluation), 베르나르드 단자르트(Bernard Dansart)의 Attitudinal Values Scale 테스트, R. R. 후첼(R. R. Hutzell)과 루스 아블라스(Ruth Hablas)의 Life Purpose Questionnaire 테스트, 엘리자베스 S. 루카스의 Logo 테스트, 발터 뵈크만(Walter Böckmann)의 S. E. E. 테스트(Sinn-Einschätzung und Erwartung), 그리고 빈 대학의 제럴드 코바치크, 더블린 대학의 브루노 조르지(Bruno Giorgi), 앨라배마 대학의 패트리샤 L. 스탁(Patricia L. Starck)이 현재 개발 중인 세 가지 테스트가 있다.

5. 내가 보기에 형태 지각과 구별되는 의미 지각의 특징은 다음과 같다. 의미 지각은 배경 앞에서 눈에 들어오는 형상을 지각하는 것이 아니라, 현실이라는 배경 앞에서의 가능성을 발견하는 것이다. 즉 현실을 변화시킬 가능성을 지각하는 것이다.

6. 의지의 자유, 존재의 의지 외에 로고테라피를 떠받치는 세 번째 기둥이 바로 고통의 의미다. 이 얼마나 위로가 되는 3화음인지 모른다! 인간은 의미를 원한다. 하지만 의미뿐 아니라, 그것을 성취할 자유도 인간에게 있다.

7. 고통의 원인을 제거할 수 있는 한, 그렇게 하여 고통을 없애 버려야 한다. 신체적, 정신적, 정치적 고통 모두 마찬가지다.

8. 과도한 반성에 대해 로고테라피는 반성 제거로 나아간다. 성 불능에서 아주 병적으로 나타나는 과도한 지향에 대해 로고테라피 기법을 마련하게 된 것은 1947년으로 거슬러 올라간다(Viktor E. Frankl, 《Die Psychotherapie in der Praxis》, Franz Deuticke, Wien). 우리는 성신경증 환자들에게 성행위를 목적 지향적으로 꾀하지 말고, 그냥 상호 간의 전희 정도의 수준에서 미완의 애무로 끝내라고 조언한다. 또한 우리가 일단은 엄격하게 성교 금지령을 내렸음을 파트너에게 설명해 주라고 한다. 그리고 정말로 환자는 당분간 성행위를 하는 데 집착하지 말고, 여성 파트너 편에서 행해졌던 성적 요구의 압박에서 벗어나 충동의 목표로 점점 더 다가가야 한다. 이런 금지령 앞에서 파트너가 환자를 거부할 위험을 감수하고 말이다. 거부당할수록 그는 더 성공적이 된다. 윌리엄 S. 사하키언(William S. Sahakian)과 바바라 재클린 사하키언(Barbara Jacquelyn Sahakian)은 W. 매스터스(W. Masters)와 V. 존슨(V. Johnson)의 연구 결과가 우리의 연구 결과를 확인해 주었다는 의견이다('Logotherapy as a Personality Theory', 〈Israel Annals of Psychiatry〉 10, 230, 1972). 1970년에 매스터스와 존슨이 개발한 치료법도 1947년에 우리가 소개하

고 기술한 치료기법과 많은 점에서 매우 유사하다.

9. 필라델피아 대학병원 행동치료 클리닉에서 울프를 보조하는 L. 마이클 애셔 교수는 대부분의 심리치료 시스템이 다른 시스템의 대표자들에게는 전혀 사용될 수 없는 기법들을 개발했다고 지적하며, 단 로고테라피의 역설적 의도 기법은 예외라고 지적한다. 서로 다른 진영에 속한 많은 심리치료사들이 이 기법을 자신들의 시스템에 끼워 넣고 있다는 점에서다. "최근 20년간, 역설적 의도 기법의 효과에 놀란 많은 치료사들이 이 기법을 대중화했다."('Paradoxical Intention', in 〈Handbook of Behavioral Interventions〉, A. Goldstein und E. B. Foa, eds., New York, John Wiley, 1980) 애셔는 나아가 단순히 역설적 의도 기법을 학습이론으로 옮겨 놓은 치료 방법들이 개발되었다며, 특히나 '노출 요법(implosion)', '포만 요법(satiation)'이라 불리는 방법들이 그런 것이라고 말한다.

스탠퍼드 대학 교수 어빈 D. 얄롬(Irvin D. Yalom)은 밀턴 에릭슨(Milton Erickson), 제이 핼리(Jay Haley), 돈 잭슨(Don Jackson), 폴 바츠라빅(Paul Watzlawick)이 로고테라피 기법을 도입하여 '증상 처방(symptom prescription)'이라는 방법으로 발전시켰다고 본다(〈Existential Psychotherapy〉, Kapitel 'The Contributions of Viktor Frakl', New York, Basic Books, 1980).

애셔는 역설적 의도 기법이 이렇게 대중화된 것은 뛰어난 효과 때문이라고 보는데, Y. 라몽타뉴(Y. Lamontagne)가 12년간 '정상 생활을 불가능하게 만드는 적면공포증'에 시달려 온 환자를 단 4번 만에 치료할 수 있었던 일도 역설적 의도의 효과를 보여 주는 사례 중 하나이다.('Treatment of Erythrophobia by Paradoxical Intention', 〈The Journal of Nervous and Mental Disease〉, 166, 4, 1978, 304-306)

10. 애셔가 역설적 의도 기법을 적용한 뒤 대체 증상이 나타난 경우는 없었다('Employing Paradoxical Intention in the Behavioral Treatment of Urinary Retention', 〈Scandinavian Journal of Behavior Therapy〉, Vol. 6, Suppl. 4, 1977, 28). 이것은 L. 솔리옴, 가르시아 페레스, 르위지, C. 솔리옴의 관찰과 일치한다.(Ⅱ장 주석 60번 참조)

11. 울프 병원의 L. 마이클 애셔 교수도 역설적 의도가 암시로 인해 효과를 나타내는 것이 아니라고 말한다. "역설적 의도는 환자가 이 기법이 통하지 않을 거라고 생각함에도 불구하고 효과가 있었다."(〈A review of literature on the treatment of insomnia with paradoxical intention〉, unpublished paper)

12. 신성모독 강박인 경우는 강박증 환자로 하여금 그가 계속 강박적으로 신성모독 죄를 범하지는 않을지 두려워함으로써 오히려 신성모독을 범하고 있음을 상기시켜 주어야 한다. 왜냐하면 그렇게 함으로써 그는 신을 신성모독과 강박증도 구별하지 못하는 진단 능력이 결여된 존재로 여기는 것이고, 그 자체가 바로 신성모독이 될 것이기 때문이다. 우리는 환자에게 실제로는 신이 그런 신성모독적 강박적 사고를 환자 자신에게 돌리지 않을 것임을 확신시켜 주어야 한다. 이런 면에서 환자는 자유롭지도, 책임을 질 수

도 없는 형편이다. 그럴수록 그는 강박적 사고에 매이게 된다. 계속해서 신성모독적 생각과 싸우면 그 생각이 발휘하는 힘은 더 세지고, 고통도 증가할 뿐이다. 이런 싸움의 동기를 무력화하면서 증상과 싸우는 것을 멈추게 하는 것이 이런 기법의 목적이다.

13. V. E. Frankl,《Die Psychotherapie in der Praxis》, 5. Auflage, Deuticke, Wien 1986, p.230, 《Theorie und Therapie der Neurosen》, 6. Auflage, München 1983, p.65.

■ 부록 – 인격에 대한 열 가지 명제

1. 인간의 존엄성은 인간이 가지고 있을지도 모르는 가치에 근거하여 주어지는 것이 아니라, 그가 이미 실현한 가치에 근거하여 주어지는 것이다. 그리하여 인간은 더 이상 존엄성을 잃어버릴 수 없다. 노인—가치들을 실현한 자!—을 공경해야 하는 이유도 그래서다. 노인이 되도록 젊어 보이려 하고, 그로써 스스로를 우습게 만든다는 이유로 노인을 공경하지 않는 젊은이들이 있다. 그런 젊은이들은 유감스럽게도 자신이 나이가 들면 자기 자신 역시 존중하지 못하게 되고, 나이로 인한 열등감에 시달리게 된다.

2. "나는 충격 치료 후에 모든 것을 잊어버렸어요. 집 주소까지요. 하지만 강박은 잊어버리지 않았어요."

3. 베링거(Beringer)를 참조하라. "경우에 따라 질병의 증상들이 경감되거나 사라짐으로써 원래의 성격들이 다시금 발현되어, 질병에 가려졌던 책임 의식과 양심이 다시 일깨워질 수 있다. 내 경험에 따르면 백질절단술 후에 개인적인 결정능력이 감소하지 않고 더 증가했다. …… 정신질환 또는 끊임없는 강박에 매여 활동할 수 없었던 포괄적이고 스스로를 의식하는 자아가 질병 증상이 경감되면서 풀려났기 때문이다. …… 그리하여 다시금 질병의 영향에서는 불가능했던 자아실현에 이르게 된다."(〈Medizinische Klinik〉 44, 854 및 856, 1949)

4. 여기서 '층'이라는 말은 '차원'이라고도 할 수 있다. 영적인 차원은 비로소 인간만이 가지고 있기에, 인간 고유의 차원이다. 인간을 영적인 영역으로부터 정신적 혹은 신체적 차원으로 투사하면, 하나의 차원만이 아니라 그 인간적인 차원이 희생되는 것이다. 파라켈수스의 말을 참조하라. "인간의 높은 것만이 인간이다."

5. 그렇게 보면 종교 또는 의미에 대한 믿음은 그것이 '궁극적인 의미에의 의지', '초의미에의 의지'라는 점에서 '의미에의 의지'의 급진적인 버전이라 할 수 있다.

찾아보기

■ 인명 색인

/ㄴ/

/ㅂ/

■ 용어 색인

/ㄱ/

/ㅅ/

영혼을 치유하는 의사

초판 1쇄 인쇄 · 2017. 11. 25.
초판 1쇄 발행 · 2017. 12. 15.

지은이 · 빅터 프랭클
옮긴이 · 유영미
발행인 · 이상용 이성훈
발행처 · 청아출판사
출판등록 · 1979. 11. 13. 제9-84호
주소 · 경기도 파주시 회동길 363-15
대표전화 · 031-955-6031   팩시밀리 · 031-955-6036
E - mail · chungabook@naver.com

ISBN 978-89-368-1113-6 04180
    978-89-368-1112-9 04180 (세트)